高等教育经济管理类"十四五"系列规划教材

管理研究量化方法

主编 孙兆刚 高 霞 刘大宁

郑州大学出版社

内 容 简 介

本书围绕管理问题的定量化研究,从特定量化方法应用于什么问题、应用步骤、计算过程、结果分析、软件的使用等方面,重点讲述了比较方法、数据标准化方法、权重确定方法、层次分析法(AHP)、逼近理想解排序法(TOPSIS)、灰色关联分析法(GRA)、偏离份额分析法(SSM)、秩和比法(RSR)、耦合协调度法(CCM)、统计分析与 SPSS 软件、问卷调查法、双重差分法(DID)、文献综述与 Cite Space 软件、社会网络分析方法与 Ucinet 软件、定性比较分析方法与 fsQCA 软件、结构方程分析方法与 Amos 软件、数据包络法与 Deap 及 Frontier 软件、系统分析与 Vensim 软件等 18 种方法,并对研究问题来源、理论与假设、研究设计、研究方法规范、研究不端行为的防范等问题进行穿插性介绍。

本书为 2023 年河南省研究生教育改革与质量提升工程项目(YJS2023JC30)研究生精品教材项目成果。

图书在版编目(CIP)数据

管理研究量化方法 / 孙兆刚,高霞,刘大宁主编
. -- 郑州:郑州大学出版社,2024.9
ISBN 978-7-5773-0224-9

Ⅰ.①管… Ⅱ.①孙… ②高… ③刘… Ⅲ.①管理学
-定量化-研究生-教材 Ⅳ.①C93

中国国家版本馆 CIP 数据核字(2024)第 048907 号

管理研究量化方法

GUANLI YANJIU LIANGHUA FANGFA

策划编辑	许久峰		封面设计	苏永生
责任编辑	许久峰		版式设计	苏永生
责任校对	李 香		责任监制	李瑞卿

出版发行	郑州大学出版社		地　　址	郑州市大学路 40 号(450052)
出 版 人	卢纪富		网　　址	http://www.zzup.cn
经　销	全国新华书店		发行电话	0371-66966070
印　刷	郑州宁昌印务有限公司			
开　本	787 mm×1 092 mm　1 / 16			
印　张	19.5		字　　数	477 千字
版　次	2024 年 9 月第 1 版		印　　次	2024 年 9 月第 1 次印刷

书　号	ISBN 978-7-5773-0224-9		定　　价	65.00 元

《管理研究量化方法》
编写人员

主　编　孙兆刚　高　霞　刘大宁

副主编　刘　蕴　余留源　王　贺

　　　　　樊　慈　臧红波

前　言

恩格斯说:"数学是研究现实世界的数量关系和空间形式的科学"。他在《自然辩证法》中指出:"数学的应用,在固体力学中是绝对的,在气体力学中是近似的,在液体力学中已经比较困难了,在物理学中多半是尝试性的和相对的,在化学中是最简单的一次方程式,在生物学中 = 0"。数学方法是马克思在研究政治经济学过程中不可或缺的主要方式和手段,并将之上升为精神修养的"主要朋友"。马克思认为,一门科学只有当它达到了应用数学时,才算真正发展了。现代科学和数学的发展充分证明了马克思的预见。管理学作为研究管理规律、探讨管理方法、建构管理模式、取得最大管理效益的学科,在实际工作中,经常出现各种困难、矛盾和不和谐等,这些问题阻碍着企业的正常运营和发展,这些管理问题看似简单,其实却包括了多个方面,需要从不同的角度进行分析,将数学方法应用到处理管理问题的过程,正是本教材的出发点。

本教材以河南省研究生教育改革与质量提升工程项目《管理问题定量化研究入门》为依托,围绕管理问题的定量化研究,从特定量化方法应用于什么问题、应用步骤、计算过程、结果分析、软件使用等方面,重点介绍了一些有效的评价方法及研究方法的规范,旨在提高研究和论文撰写工作的效率和质量。本教材不同于以往的《管理研究方法论》模式,不注重管理研究的要素、概念、描述、逻辑推理、归纳演绎,侧重于量化方法在管理问题中的应用,从基本思想、量化技术、案例应用三个方面展开,在量化技术中,从关注原理转变到关注实际操作,对于高年级本科生、研究生和初涉研究领域的工作者而言,容易掌握、简单易学、易于上手。

随着管理专业发展,管理类本科生和研究生数量逐年增长。然而,与这种迅速增长态势不太协调的是,他们尚不能有效的将方法应用到管理学问题分析过程中。国内有关管理学研究方法的书籍要么综合性较强，要么理论性较深，在实际应用中，管理学科专业学生不能合理的选择科学的方法，而研究方法的教育也势必影响他们毕业设计和学术论文的写作水平。学好管理问题的定量化解决方法，有利于科学思维习惯的养成，有利于管理知识的创新，有利于现实管理问题的解决。规范的管理定量化研究方法的学习和训练，对培养本科生的量化思维，以及准备走上管理研究道路的研究生而言，是有必要且有所帮助的。本教材适用于具有经济学、管理学、文学、历史学、哲学、教育学、法学、社会学等文科类专业基础的学生，贯穿课程思政和育人逻辑，所选案例侧重于育人目标和功能，可作为进行社会问题定量化研究的入门参考书。

编　者

2024 年 4 月

目　录

第一章　管理问题研究方法概述

第一节　管理问题

一、管理知识回顾

管理是指一定组织中的管理者,通过实施计划、组织、领导、协调、控制等职能来协调他人的活动,使别人同自己一起实现既定目标的活动过程。管理活动是人类各种组织活动中最普遍和最重要的一种活动。管理活动始于人类群体生活中的共同劳动,距今已有上万年历史。对于什么是管理,到现在专家和学者们仍然各抒己见,没有统一的表述。通常情况下,管理可以定义为在特定的时空条件下,通过计划、组织、指挥、协调、控制、反馈等手段,对系统所拥有的生物、非生物、资本、信息、能量等资源要素进行优化配置,并实现既定系统诉求的生物流、非生物流、资本流、信息流、能量流目标的过程。

管理有五个要素:①管理主体,即行使管理的组织或个人,有政府部门和业务部门。②管理客体,即管理主体所辖范围内的一切对象,包括人群、物质、资金、科技和信息5类,其中人群为基本管理客体。③管理目标,即管理主体预期达到的新境界,是管理活动的出发点和归宿点,要反映上级领导机关和下属人员的意志。④管理方法,即管理主体对管理客体发生作用的途径和方式,包括行政方法、经济方法、法律方法和思想教育方法。⑤管理理论,即指导管理的规范和理论。

管理包括以下四个方面的内容:

(1)管理体系。管理包罗万象,渗透于各个领域,凡有人群活动的地方,就有管理。上至整个社会、一个国家,下到每个家庭和每个人,都离不开管理。

(2)管理手段。社会是个庞杂的大系统,千头万绪,怎样管理? 管理学家们提出机构、法、人和信息四种管理手段。①机构,是使管理对象构成系统的组织结构。没有机构就组织不成系统,不成系统便无法管理。②法,政策与法律来源于管理目标。在管理活动中,它规定被管理的人哪些应该做,哪些不应该做,是人们的行动准则。③人,是管理中最活跃的因素。机构是由人组成的,管理职权是由人行使的,政策与法是由人制定的。发挥人的积极性和创造性是搞好管理的重要手段。④信息,不利用信息,就不知道事物的发展形势,就会造成管理的盲目性。信息是管理的重要工具。

(3)管理对象。事物多种多样,纷繁复杂,千变万化,管理什么? 科学家们提出了五个主要管理对象:人、财、物、时间和信息。①人,是社会财富的创造者、物的掌管者、时间的利用者和信息的沟通者,是管理对象中的核心和基础。只有管好人,才有可能管好财、物、时间和信息。②财,是人类衣、食、住、行的基础。管理者必须考虑运用有限的财力,收获更多的经济效益。③物,是人类创造财富的源泉。管理者要充分合理和有效地运用它们,使之为社会系统服务。④时间,反映为速度、效率,一个高效率的管理系统,必须充分考虑如何尽可能利用最短的时间办更多的事。⑤信息,只有管理信息,及时掌握信息,正确地运用信息,才能使管理立于不败之地。

（4）管理职能。管理的职能究竟是什么,当前国内外还没有形成一个统一的看法。我国一些学者认为,管理应具有计划和预测、组织和指挥、监督和控制、教育和激励、挖潜和创新五个方面的功能。

管理相当复杂,层次不同,部门不同,行业不同,管理的内容和重点则存在着一定的差异。但是,管理的性质和职能,是一切管理中带有共性的东西,是实行科学管理的基本问题。管理的基本职能通常划分为计划、组织、人员管理、领导和控制。后来,又有学者认为人员配备、领导激励、创新等也是管理的职能。

二、管理问题研究

管理问题指的是管理决策过程中存在的问题。管理问题研究的目的是决策,管理决策是组织或个人为了实现某个目的而对未来一定时期内有关活动的方向、内容及方式的选择或者调整过程。简单地说,决策就是定夺、决断和选择。决策是计划的核心问题,只有对计划目标和实施方法等要素进行科学的决策,才能制订出科学合理的计划。一般认为,管理问题研究的主要内容包括:

（1）计划。计划就是确定组织未来发展目标以及实现目标的方式。

（2）组织。组织就是服从计划,并反映组织计划完成目标的方式。

（3）人员管理。人员管理就是对各种人员进行恰当有效的选择、培训及考评,其目的是配备合适的人员去充实组织机构规定的各项职务,以保证组织活动的正常进行,进而实现组织既定目标。人员与管理的其他四个职能——计划、组织、领导、控制,都有着密切的关系,直接影响到组织目标能否实现。

（4）领导。领导就是对组织内每名成员和全体成员的行为进行引导和施加影响的活动过程,其目的在于使个体和群体能够自觉自愿,有信心地为实现组织既定目标而努力。领导涉及的是主管人员与下属之间的相互关系,是一种行为活动,已形成了专门的领导科学,成为管理科学的一个新分支。

（5）控制。控制就是按既定目标和标准对组织的活动进行监督、检查,发现偏差,采取纠正措施,使工作能按原定计划进行,或适当调整计划以达到预期目的。控制工作是一个延续不断的、反复发生的过程,其目的在于保证组织实际的活动及其成果同预期目标相一致。

（6）创新。随着科学技术的发展,社会经济活动空前活跃,市场需求瞬息万变,社会关系日益复杂,每位管理者时刻都会遇到新情况新问题。变化要求创新,创新在管理循环中处于轴心地位。

管理问题研究是以解决问题为导向,以挖掘问题、表达问题、归结问题、处理问题为线索和切入点的一套管理理论和管理方法。也可以说,问题管理就是借助问题进行的管理。问题管理的三要素是挖掘问题、解决问题、表达问题。其中,挖掘问题包括发现问题、分析问题和界定问题,解决问题包括制订解决方案、实施解决方案和跟踪反馈,表达问题不是独立的环节,而是体现和融入挖掘问题和解决问题的每一个环节之中。

进行管理问题的研究主要有三方面内容：一是防患于未然，防止问题演化为危机。问题管理强调"从危机管理到问题管理"，并不是要取代危机管理，而是要以危机管理为主转向以问题管理为主，做到"以防为主，防消结合"；二是发现和解决关键问题，过滤假问题，解决真问题；三是跨专业、跨部门地分析和解决问题，打通专业管理或部门之间的鸿沟。它是在拓展全体员工的思维深度，而不是对现状不闻不问；它把由经理人士和其他管理人员执行的管理变成了全员管理；它造成了一种危机意识，人们不仅要对自身的岗位提问题，还可以对企业的所有生产经营管理和其他方面提问题；它将问题的发现变成一种经常性的活动和制度，而不是一时兴起的冷热病；它将由管理者进行的管理降到了办公、生产、营销、后勤等第一线的前沿，使管理的层次扁平化；问题管理强化了所有领导和普通员工的权责意识，培养了责任心；人们常常为自身的学识与见识所局限，为思维定式所左右，为体能惰性所埋没，问题管理力促人们超越自我，给组织带来活力，又极大地降低了组织风险等。

第二节　研究方法

一、研究方法的内涵

《论语·卫灵公》："工欲善其事，必先利其器。"这里的"器"指的是工具和方法。"方法"一词，在我国最早出现在春秋战国时期的思想家墨子的《天志》篇中，指的是度量方形之法。随后这个词的含义逐渐扩展和深化，成为做任何事情所需要的手段和办法。

列宁在《哲学笔记》中摘录过德国哲学家黑格尔《逻辑学》中的一段话："在探索的认识中，方法也就是工具，是主观方面的某个手段，主观方面通过这个手段和客体发生关系。"也就是说，方法一词表示研究和认识的途径、理论和学说。在《现代汉语词典》中，方法是指关于解决思想、说话、行动等问题的门路、程序等。人们可以从不同的角度对方法进行不同的定义。随着时间的推移，人们对方法的理解还会不断深入和丰富。综合以上定义，方法应该是关于认识世界、改造世界的途径、策略手段、工具及操作程序。

研究方法是指在研究中发现新现象、新事物或提出新理论、新观点，揭示事物内在规律的工具和手段，是运用智慧进行科学思维的技巧，一般包括文献调查法、观察法、思辨法、行为研究法、历史研究法、概念分析法、比较研究法等。研究方法是人们在从事学术研究过程中不断总结、提炼出来的。由于人们认识问题的角度、研究对象的复杂性等因素，加上研究方法本身处于一个不断相互影响、相互结合、相互转化的动态发展过程中，所以对于研究方法的分类目前很难有一个完全统一的认识。

"科学即方法"。简单地说，对于"科学"而言，它表明了人们观察世界、分析问题的一种思路或一种规范，而这种思路或者规范相对于科学的要求而言又是"中规中矩"的。科学的进步往往是伴随着方法的进步而达成的，没有方法论上的革新，就不会有新的科学成就。由此可见，"科学定义的重点不在于研究的题材，而在于研究的方法……不管研究的题材是什么，科学既然作为一种追求知识及解决问题的活动，它所采用的手段应该是一种科学方法"。英国法学家詹姆斯·布莱斯认为："道德科学、社会科学或政治科学之本质特征是它的方法，而正是通过拥有某种方法，其作为一门科学的主张才必须得到试验。"

方法可以一分为二:作为科学的方法和作为技术的方法。如果从方法问题的抽象性程度来划分,管理学方法问题可以分为三个层面:一是作为方法论的方法,这是方法本身的学问,或关于方法的方法。它研究方法问题和管理学方法的一般知识,研究方法的本体问题,研究自然科学方法和社会科学方法的异同,研究在追求真理的道路上何种方法是不可取的,研究方法宽容的哲理,研究管理学方法的内容与特点,等等。二是理论研究使用的具体方法以及规范,或作为科学的方法。这一层面上的方法包括实证分析和价值评价两种,以及这两种方法的综合运用或延伸——比较方法。三是管理实践的方法,或作为技术的管理方法。方法论科学知识体系包括三个相对独立的部分,即哲学方法论、学科间的方法论和个别学科方法论。哲学方法处于方法论系统的最高层次,它适应一切科学,"表现为一种思维定式和原则,对文艺学方法论体系的整体性有规定作用"。学科间的方法即一般研究方法,是能为多种学科所采用,处于中介环节的研究方法。它处于方法论系统的第二层次,主要包括系统论、控制论、信息论和逻辑思维方法。个别学科方法即特殊研究方法,又称具体方法,是某学科特有的研究方法,或者某学科某种角度的研究方法。特殊研究方法取决于该门学科对象的特殊性。根据研究活动的特征或认识层次,它可以分为经验方法和理论研究;根据研究对象的规模和性质,它可以分为战略研究方法和战术研究方法;以研究方法的规则性为依据,它可以分为常规方法和非常规方法;按方法的普遍程度不同,它还可以分为一般方法和特殊方法;根据研究手段的不同,它可以分为定性研究方法和定量研究方法。

二、研究方法的功能

从某种意义上说,有什么样的研究方法,就有什么样的学术研究。如果说归纳法产生经典科学,假说演绎法产生相对论,那么系统方法则产生复杂科学,恰如手工铁铲代表农业社会、蒸汽机代表资本主义社会、计算机代表信息社会一样。研究方法对于社会进步、学科建设和学术规范均有重要作用。

1. 有利于推进社会进步与社会发展

梁启超认为牛顿万有引力定律、瓦特改良蒸汽机都与培根的归纳法有关。他指出,近代社会与古代社会、中世纪社会的差异很多,但一个显著差异就是学术研究方法的革新,学术研究方法的革新成为道德、政治、技术、器物等领域进步的基础。学术研究方法不但是一种纯粹的学理性思维,而且有利于科学进步,有利于国计民生。因而吸收先进研究方法、推动学术研究方法的变革,对当时的中国而言势在必行。从近现代自然科学发展的历史来看,也可以看出研究方法的重要作用。伽利略、培根等科学家所倡导的科学实验方法,不仅为近代自然科学奠定了坚实的基础,还在自然科学与宗教神学、经验哲学的激烈斗争中取得了胜利。从16世纪哥白尼的天文学革命到17世纪末牛顿经典力学的完善,使建立在科学实验基础上的自然科学成为人们定量表述自然规律的一种知识体系。最为重要的是,它改变了人们的科学观、自然观,促进了科学与工业的结合,使人类历史出现了第一次工业革命。

2. 有利于各门学科的可持续发展

研究方法的多寡优劣及其应用水平,直接影响着学术研究的效果、效率、效能。不少科学家都非常重视对于研究方法的科学探讨,他们甚至认为,一切理论探讨都可以归结为对其研究方法的科学探讨,特定学科的研究方法的完善,某种程度上表征着该学科的完善程度。如经济理论发展是与经济学研究方法的不断创新密不可分的。借助于数学方法,经济学对经济规范的描述更加清晰、精确,逻辑性更为严密;使用抽样调查、谈话法等,使行为经济学成为经济学的一个很有生命力的分支学科。自古典经济学开始,天文学、力学、物理学等学科的发展都对经济学的发展产生过深刻的影响。情报学的发展也借助了数学、计算机科学、经济学、心理学等领域的研究方法和成果,使其研究内容更加广泛,研究问题的角度更新、更有深度。现在科学的发展正在呈现出杂交化、整体化的发展趋势,学科间的交叉与整合日益加强,其中一个重要的方面就是研究方法的相互借用、相互促进。研究方法的创新将为各学科的理论发展提供有力的保障,同时也依赖于理论的指导。

　　3.有利于学术规范的形成

　　学术规范是研究者在从事科学研究过程中所要遵循的一些基本程序、基本方法和要求,它是人们在长期从事科学活动的过程中所形成的,而且在动态的过程中不断完善。研究方法是人们解决科学问题时所采取的一些基本手段、途径和规则,它对于学术规范的形成和完善具有重要的意义。自然科学研究方法中的实验方法、归纳方法、实证方法都要求有严密的论证过程和对结论的检验,是对自然规律的正确解释,要求研究人员有一种"求真"与"平等"精神。唯物辩证法坚持实事求是、一切从实际出发的原则,要求研究人员有整体的、发展的眼光和"批判"的精神。人文主义的研究方法则要求关注人的生命与权利,肯定人的价值,它有助于培育学术研究者的主体性、原创性和独立性,培养其"独立"精神。研究方法对于学术争鸣中的"平等"、规范学术评论中的"量性统一"同样具有一定的促进作用。这些都是学术规范的重要组成内容。我们应该努力把研究方法应用于学术研究中,并且注意把研究方法中所蕴含的积极精神转换成学术研究的规范。

第三节　定量化方法

一、定量研究的内涵与外延

　　科学管理根据标准动作确定工作定额,这是定量思维要求。科学管理是运用定量分析方法解决管理问题的首倡者。在泰罗的管理方法中,大多数规定和指标都是量化的,所使用的表述管理内容的概念许多都是定量概念,如时间、劳动强度、生产效率、工作量、产量、工作额等。可以说,由于"科学管理在确定从事一项工作的最佳方式时使用了高等数学的方法,从而表现为定量分析学说的开端"。此后,定量方法在管理中也就开始从一种次要的、辅助性的方法上升为一种有其相对独立作用和地位的基本的科学管理方法。当然,要想得到可靠的事实,还必须坚持观察的客观性和全面性原则,力求使观察对象全面、系统。同时,在观察中还需要注意细节的搜寻,力求尽可能地排除观察者个人生理特征的影响和心理预期、先入之见的干扰,以保证所获经验材料的确实可靠,目的在于使这种观察具备可重复性。科学管理是由对生产事务的系统观察——工场作业的研究和分析发展而来的,这就是实证主义所强调的科学精确性或定量性目标。

　　定量分析法是对管理现象的数量特征、数量关系与数量变化进行分析的方法。在企业管理上,定量分析法是以企业报表为主要数据来源,按照某种数理方式进行加工整理,得出企业信用结果。定量化方法是投资分析师使用数学模块对公司可量化数据进行的分析,通过分析对公司经营给予评价并做出投资判断。定量分析的对象主要为财务报表,如资金平衡表、损益表、留存收益表等。定量分析的功能在于揭示和描述社会现象的相互作用和发展趋势。

定量研究一般是为了对特定研究对象的总体得出统计结果而进行的。定性研究具有探索性、诊断性和预测性等特点,它并不追求精确的结论,而只是了解问题之所在,摸清情况,得出感性认识。定性研究的主要方法包括:与几个人面谈的小组访问,要求详细回答的深度访问,以及各种投影技术等。在定量研究中,信息都是用某种数字来表示的。在对这些数字进行处理、分析时,首先要明确这些信息资料是依据何种尺度进行测定、加工的。

定量调查就是对一定数量的有代表性的样本,进行封闭式(结构性的)问卷访问,然后对调查的数据进行计算机的录入、整理和分析,并撰写报告的方法。

定量决策方法是利用数学模型进行优选决策方案的决策方法。定量决策方法一般分为确定型决策、风险型决策和不确定型决策三类。

定量研究是指主要收集用数量表示的资料或信息,并对数据进行量化处理、检验和分析,从而获得有意义的结论的研究过程,是以数字化符号为基础去测量,确定事物某方面量的规定性的科学研究,是科学研究的重要步骤和方法之一。它通过对研究对象的特征按某种标准作量的比较来测定对象特征数值,或求出某些因素间的量的变化规律。由于其目的是对事物及其运动的量的属性作出回答,故称定量研究。

定量研究就是通过统计调查法或实验法,像自然科学那样建立研究假设,收集精确的数据资料,然后进行统计分析和检验的研究过程。定量分析作为一种古已有之但没有被准确定位的思维方式,其优势相对于定性分析的确很明显,它把事物定义在了人类能理解的范围,由定量而定性。

二、定量研究的尺度

定量研究的尺度可分为四种类型,即名义尺度、顺序尺度、间距尺度和比例尺度。

名义尺度所使用的数值,用于表现它是否属于同一个人或物。名义尺度的数值不能进行加减乘除。

顺序尺度所使用的数值的大小,是与研究对象的特定顺序相对应的。顺序尺度的数值不能进行加减乘除。例如,给封建社会阶层中的上上层、中上层、中层、中下层、下下层等分别标为"5、4、3、2、1"或者"3、2.5、2、1.5、1"就属于这一类。只是其中表示上上层的 5 与表示中上层的 4 的差距,和表示中上层的 4 与表示中层的 3 的差距,并不一定是相等的。5、4、3 等是任意加上去的符号,如果记为 100、50、10 也可以。

间距尺度所使用的数值,不仅表示测定对象所具有的量的多少,还表示它们大小的程度即间隔的大小。不过,这种尺度中的原点可以是任意设定的,但并不意味着该事物的量为"无"。例如,0 ℃为绝对温度 273.15 K,华氏 32 ℉。间距尺度的数值是可以进行加减运算的。然而,由于原点是任意设定的,所以不能进行乘除运算。例如,5 ℃和 10 ℃的差,可以说与 15 ℃和 20 ℃的差是相同的,都是 5 ℃。但不能说 20 ℃就是比 5 ℃高 3 倍的温度。

比例尺度的意义是绝对的,即它有着含义为"无"量的原点 0。长度、质量、时间等都是比例尺度测定的范围。比例尺度测定值的差和比都是可以比较的。例如,5 min 与 10 min 的差和 10 min 与 15 min 的差都是 5 min,10 min 是 2 min 的 5 倍。比例尺度可以进行加减乘除运算。

三、定量研究与定性研究的关系

任何人进行任何调查,都是为了发现问题、解决问题,因此都离不开定性分析和定量分析。定性研究方法是根据社会现象或事物所具有的属性和在运动中的矛盾变化,从事物的内在规定性来研究事物的一种方法或角度。它以普遍承认的公理、一套演绎逻辑和大量的历史事实为分析基础,从事物的矛盾性出发,描述、阐释所研究的事物。进行定性研究,要依据一定的理论与经验,直接抓住事物特征的主要方面,将同质性在数量上的差异暂时略去。定性研究有两个不同的层次:一是没有或缺乏数量分析的纯定性研究,结论往往具有概括性和较浓的思辨色彩;二是建立在定量分析的基础上的、更高层次的定性研究。在实际研究中,定性研究与定量研究常配合使用。在进行定量研究之前,研究者须借助定性研究确定所要研究的现象的性质;在进行定量研究过程中,研究者又须借助定性研究确定现象发生质变的数量界限和引起质变的原因。定性研究是在反实证主义理论影响下形成的一种社会科学研究方法。它趋向于运用访问、观察和文献法收集资料,并依据主观的理解和定性分析进行研究。定性研究强调人类行为是一种有意义的行动,人们对社会现实的建构是在主体以及参与互动的他人对社会客体赋予意义的基础上共同完成的,日常生活中具有共识的规则或知识也由此产生。对这些规则或知识及其产生过程,很难用定量的方式进行研究。定性分析就是对研究对象进行"质"的方面的分析,具体地说是运用归纳和演绎、分析与综合以及抽象与概括等方法,对获得的各种材料进行思维加工,从而能去粗取精、去伪存真、由此及彼、由表及里,达到认识事物本质、揭示内在规律,由定性而定量。

管理学中的定性调查研究在于确定性质,定量调查研究在于确定数量。从人力资源管理方面看,定性分析就是理论分析,解决为什么的问题;定量分析是实证分析,解决是什么的问题。比如人力资源管理中的激励方面,如果用定性分析,就运用马斯洛需求理论、公平理论等有关激励的理论来分析;如果用定量分析,就做个实证调查,通过对数据的统计来分析激励的相关情况。

定量研究与定性研究有下列不同点:①着眼点不同。定量研究着重事物量的方面,定性研究着重事物质的方面。②在研究中所处的层次不同。定量研究是为了更准确地定性。③依据不同。定量研究依据的主要是调查得到的现实资料数据,定性研究的依据则是大量历史事实和生活经验材料。④手段不同。定量研究主要运用经验测量、统计分析和建立模型等方法,定性研究则主要运用逻辑推理、历史比较等方法。⑤学科基础不同。定量研究是以概率论、社会统计学等为基础,而定性研究则以逻辑学、历史学为基础。⑥结论表述形式不同。定量研究主要以数据、模式、图形等来表达,定性研究结论多以文字描述为主。

定性分析与定量分析应该是统一的,相互补充的;定性分析是定量分析的基本前提,没有定性的定量是一种盲目的、毫无价值的定量;定量分析使定性分析更加科学、准确,它可以促使定性分析得出广泛而深入的结论。定量方法是依据统计数据,建立数学模型,并用数学模型计算出分析对象的各项指标及其数值的一种方法。定性分析则是主要凭分析者的直觉、经验,凭分析对象过去和现在的延续状况及最新的信息资料,对分析对象的性质、特点、发展变化规律作出判断的一种方法。

定性分析和定量研究是科学研究的两种不同的方法。在自然科学领域,定性与定量方法是结合在一起的。随着社会科学从主要使用自然语言逐渐转到运用与自然语言相结合的概念语言、逻辑语言、数学语言等,社会科学的研究方法也由定性分析转变为定性和定量相结合的系统研究。定性与定量在客观事物的研究中不是互相排斥的,它们之间是相互联系、相互补充的关系。定性分析是定量研究的前提和基础,定量研究是定性分析的深化和检验,两者互为补充。从定性到定量,又从定量到定性,是认识不断深化的过程。实现定性与定量的有机结合,还要坚持多学科方法的运用,以克服单学科方法的局限。只有多学科方法并用,才能改变单一学科方法的狭窄性,为处理研究对象的复杂性创造条件。

四、定量研究方法步骤

定量研究包括选题、文献综述、研究设计、资料收集、统计分析、论文撰写等,其中研究设计阶段包括研究假设的确定,抽样,编码表或问卷的制定,以及信效度分析等步骤。

(1)设定研究课题。选择研究课题并非人人可以做,其更多依赖于层次较高的科研人员去寻找熟悉的、实用性强的题目。

(2)参考相关的理论与研究。查阅大量的资料(如学术刊物、专业性刊物、大众传播媒介),以了解与选题相关的最新研究创意与成果。

(3)提出假设。研究假设是研究者根据经验事实和科学理论对所研究的问题的规律或原因作出的一种推断性论断和假定性解释,需通过研究来证实假设是否成立。

(4)确定适当的研究方法和设计研究计划。究竟采取何种研究方法,要看具体研究的问题,有些研究拟采取实地调查的方法,而有的研究需采用实验法。

(5)汇集有关研究资料。

(6)分析和说明研究结果。分析方法包括描述性统计分析和推断性统计分析。前一种主要是通过各种数据如总数、平均数等来解释和表达研究结果,后一种主要根据概率论和统计学原理,对随机抽取的样本进行统计,并以此推断研究总体。

(7)提出研究报告。

(8)必要时再进一步研究同样的课题。

五、定量研究的注意事项

对量化研究和实证精神不断呼唤、充分尊重和增加使用的同时,也需要对这一研究方法可能会带来的问题保持清醒认识。特别是对于新闻传播学而言,当前不少实证量化研究成果呈现出“唯实证主义”的明显弊端,值得总结和反思。

(1)问题先行,而不是唯方法论。研究应基于某个或某种问题,在研究之初,首先厘清和阐释研究的“问题意识”。在问题意识优先的理念下,反对研究起点是盲目的“方法优先”“价值优先”等。在当前一些新闻传播学的量化研究中,常常可以看到“先坐拥方法,后寻找问题”的痕迹。研究者掌握了一定的量化方法、手段甚至数据之后,“削足适履”式地就量化方法和现有数据生硬地人为“拼凑”和“反推”出问题,此时问题反而在为方法服务,而这些拼凑、反推出的问题常常是伪问题。

(2)贡献思想,而不是唯数据论。之所以肯定“量化”而反对“唯量化”,另一个重要原因在于大量品质一般的量化研究往往止于数据的呈现,而缺乏思想的贡献。此处所说的贡献思想并非让量化研究“本末倒置”,方法的严谨、过程的完整、态度的客观、对数据的尊重、对篇幅的合理分配等实证原则和规范不能改变。此外,贡献思想的种种方式和维度不能偏离该研究所量化的问题,不能天马行空和漫无边际,特别是应该理解量化研究有一套追寻"客观性"的标准,主观性思考不能有害于该研究的客观性释放。

(3)允许例外,而不是唯精确论。量化研究追求精确、精准地呈现和解决问题,而管理问题研究(特别是人文研究)很多时候恰恰在模糊、例外之处彰显出思想的光辉,两者呈现出矛盾。"唯量化论"者需要反思:"精确""客观性"是否被目标化?是否在研究时更多地将"精确""客观性"作为工具?下意识地期盼这种工具能实现功利性较强的结果,然后遵循这种结果来逆向"塑造"不允许模糊与例外的研究过程。以结果和方法逆向推导问题和研究过程是不可取的。

第四节　研究方法的应用

从一定意义上说,科学的发展史在实质上就是科学方法论的演化史。科学技术的每一次重大发展,几乎都伴随有研究方法的重要发展,而研究方法论的每次发展又总是使人类对客观规律普遍性的认识更深化一步。科学的发展和体系的形成就是在新旧方法论的更迭和进化中实现的,管理学及其研究方法论的发展也同样如此。在方法论上迥异于前人,使得后人的理论异于前人。因此,从多元学科方法论的视域去探究管理学方法论的流变也就显得非常必要。科学管理理论的建立、管理过程论的创立、科层制理论的建立以及此后管理理论的创新无不跟科学方法有关。

一、必用性

任何一项研究都离不开方法的支撑,没有研究方法的学术研究是不存在的,没有研究方法,其研究就成了无源之水、无本之木,就不是真正的研究。培根用实验法最早发现了热的运动本质;笛卡儿用他提出的直觉—演绎创立了解析几何学;伽利略用实验—数学方法发现了自由落体定律,运用理想实验发现了惯性定律,开创了动力学研究的先河;牛顿用公理化的方法、归纳与演绎的方法完成了经典力学体系;汤姆孙、卢瑟福、玻尔等用模型化的方法揭开了物质微观粒子的结构,建立了各种原子结构模型;爱因斯坦运用理想实验方法、演绎方法和各种非理性的直觉、顿悟方法创立了相对论;康德和拉普拉斯运用思辨的方法与假说方法提出了天体演化学说;拉瓦锡用定量方法、理论思维方法创立了氧化学说;凯库勒以基本灵感与想象发现了苯的环状结构式;门捷列夫用分类、比较法发现了元素周期表;达尔文用观察法、实验法、分类法、比较法等提出了进化论。从中不难发现,这些物理学、数学、天文学、化学、生物学等自然科学领域的研究成果都是通过各种各样的方法来实现的。吴文俊的数学、袁隆平的杂交水稻等最新研究成果都是采用新的方法取得的。因此,要想做好研究工作,取得一定研究成果,必须使用一定的研究方法。

二、明确性

在研究计划、研究报告、学位论文等研究成果中,明确把自己的研究方法提出来,这样做至少有两个作用:其一,可以增加成果的可信度和可行性,以利于读者审核、检验;其二,可以为以后做相关课题或项目的研究人员提供参考,进而有利于研究工作的可持续发展。无论是论文还是研究报告,或者硕士学位论文、博士学位论文,在论文的摘要中要用一定的篇幅对自己的研究方法进行描述,清楚表达对研究数据的处理过程,对论证材料的组织和加工,对自己理论运用和实践活动的思考。可以说,没有研究方法的论文是不符合要求的,没有明确提到使用何种研究方法的论文也是不完整的。

三、恰当性

从方法论的角度来看,方法是有层次性的,不同层次的方法有其特定的应用范围和应用对象。在从事具体的科学研究时,研究人员要首先了解所在学科及研究课题的特点、性质和研究对象,然后有针对性地选择相应的研究方法。如在物理学领域,理论物理和实验物理的研究方法在选择上是有一定区别的。简单来说,实验物理首先要考虑的是运用观察法和实验法获得相关数据后再借助数学方法、统计方法对数据进行加工整理,最后分析数据,通过模型法、比较法等来提出一个科学结论。而理论物理则通常是建立假说,设计模型,然后通过动手实验、理想实验来验证假说,当然在研究过程中,还会大量用到形象思维、直觉或灵感等逻辑思维方法及系统论、信息论、控制论等系统科学方法等。再如在社会学的具体实践研究中,通常会用到抽样调查法、访谈法、问卷法等来进行相关调查,获得相关资料,然后利用统计方法、分类方法等对数据进行处理,最后借助数学方法推出模型或者得出实质性的结论。又如在语言研究当中,由于研究的对象不同,相应的采取的研究方法也有所侧重。在语言系统研究中多采用演绎法、推理法;语言使用和语言教学的研究方面,多用观察方法和实验方法做定性研究、比较研究或描述性研究。哲学研究则采用抽象与具体方法、分析与综合方法、历史与逻辑统一的方法、批判与继承的方法和比较法等。

四、选择性

选择研究方法时,一定要充分考虑各种研究方法的特点和功能。比如,假说既是科学发展的一个重要的环节和思维方式,又是一种重要的研究方法。假说经过实践的验证可以上升为理论。假说包括基础事实、背景理论、对现象本质的猜测、推演出的预言和预见等基本要素,具有科学性、假定性和易变性。在科技发展史上,许多科学家都提出了一系列假说:数学中的费马猜想、哥德巴赫猜想,物理学中的普朗克量子假说及爱因斯坦的光的波粒二象性假说,化学中的门捷列夫元素周期说,天文学中的哥白尼太阳中心说,地质学中的大陆漂移说、板块构造假说,生物学中的达尔文生物进化假说、中心突变假说等。从中不难发现,人们在自然科学领域内运用这种方法取得了很多突破性的成果。黑箱方法是一种重要的控制论方法,它是在对研究对象内部情况还不清楚的情况下,通过外部观测和试验来考察其输入和输出情况,进而认识其功能和特性的系统。它比较适合从整体上、从事物之间的相互联系上研究问题。如可以通过对社会系统与社会环境之间的相互联系的研究,考察和认识社会现象,对社会系统做整体上的探讨。

五、一致性

研究方法是人们从大量的认识和实践活动当中形成的,特别是直接产生在实践基础上的认识活动中所获得的结果——知识。因此,研究方法通常要与一定的研究内容相适应,也就是与研究内容有一致性的问题。研究方法与研究内容的关系可以比拟成主观与客观的关系,研究方法是人们以实践为基础形成的主观意识,而研究内容是客观存在的。在一种具体方法的使用过程中,研究者既要对研究方法的"性能"有充分的认识,又要对研究内容的特点有所把握,以避免研究方法与研究内容的"互斥"。如社会观测方法是以社会为其研究内容,而自然观测方法是以自然界为其研究对象。它们之间有相通之处,如都有其客观感性形式和客观规律可循。但是由于社会由有意识、有目的而活动的人组成,而自然界则由无意识的自然存在物构成,两者不能简单等同。从介入程度来看,观测者只能从外部来观测自然现象;而在社会观测过程中,观测者要从事社会调查,往往要深入到观测对象中。从时态特点来看,自然观测大多是在共时态意义上进行的;而社会观测除了做共时态的静态观测外,还需要进行历时态的动态观察。从价值特性来看,自然观测中,观测主体容易保持价值中立;而社会观测中,主客观双方互相缠绕,观测活动往往具有非中立价值性。从环境调控角度看,在自然观测中,实验的条件往往可以严格控制;而社会观测中,实验就具有非完全受控性。

综上,当我们研究科学管理以来的管理思想史时,可以发现,管理思想史上的管理(实践)学家很多,但具有开创性的管理学家则屈指可数,大凡开创性管理学家的开创性成就的取得无不是源于其方法论上的革命。

第二章　比较方法

第一节　比较方法概述

一、比较方法的内涵与作用

比较是指确定对象之间差异点和共同点的逻辑方法,是人类认识事物的一种基本思维方法,是人们根据一定的需要和标准,对彼此有某种联系的事物加以分析、对比,从而找出它们的内在联系、共同规律和特殊本质的方法。客观事物的相互联系与相互区别是比较的客观基础。比较是一种科学的认识方法。有比较才能有鉴别。比较方法在人类认识史、科学史上占有重要的地位。无论是自然科学还是社会科学,都离不开比较。马克思曾高度评价比较方法,称它为"理解现象的钥匙"。唐代医学家孙思邈在行医中发现:富人常得脚气病。他比较了富人与穷人的饮食:富人多吃荤腥精米,穷人吃素食粗粮,从而推断脚气病可能是因为缺少米糠之类东西引起的。比较方法有助于认识事物的本质和普遍规律。"不怕不识货,只怕货比货"就是这个道理。比较方法有助于人们更好地认识本国、本地的具体状况。"不识庐山真面目,只缘身在此山中"说的就是没有比较的反证法。此外,比较方法有助于获得新的发现,有助于研究政策的制定。

二、比较方法的不同类型

按照不同的属性,可以将比较方法分为不同的类型。常用分法有四种:

第一,按属性的数量,可分为单项比较和综合比较。单项比较是按事物的一种属性所做的比较。综合比较是按事物的所有(或多种)属性进行的比较。

第二,按时空的区别,可分为横向比较与纵向比较。横向比较也叫类型比较法,指对同一时期不同对象进行对比分析,或对同一类事物内部不同部分之间进行对比,是对空间上同时并存的事物的既定形态进行比较。纵向比较是指对同一对象不同时期的状况进行对比分析,也叫历史比较法,实际上是时间上的比较,就是比较同一事物在不同时期的形态,从而认识事物的发展变化过程,揭示事物的发展规律。

第三,按目标的指向,可分成求同比较和求异比较。求同是基础,求异是比较的价值所在。求同比较是寻求不同事物的共同点以寻求事物发展的共同规律。求异比较是比较两个事物的不同属性,从而说明两个事物的不同,以发现事物发生发展的特殊性。对事物的求同、求异分析比较,可以使我们更好地认识事物发展的多样性与统一性。

第四,按比较的性质,可分成定性比较与定量比较。任何事物都是质与量的统一,因此在科学研究过程中既要把握事物的质,也要把握事物的量。定性比较就是通过事物间的本质属性的比较来确定事物的性质。定量比较是对事物属性进行量的分析以准确地判定事物的变化。定性分析与定量分析各有长处,应追求两者的统一,而不能盲目追求量化;但也不能一点数量观念都没有,而应做到心中有"数",并让数字来讲话。

三、比较方法的应用条件

比较方法广泛运用于科研实践,但并不是任何时候都能运用,只有在符合如下条件时才能运用。运用比较方法必须满足三个条件,即同一性、双(多)边性、可比性。

第一,同一性。所谓同一性,是指进行比较研究的对象必须是同一范畴、同一标准、同一类事物,否则,不可以比较。

第二,双(多)边性。比较只有在两个或两个以上事物之间才可能发生。换言之,比较的对象必须是在两个或两个以上。当然,比较方法还要求从不同的角度对两个被比较的对象进行分析比较。

第三,可比性。可比性是指被比较的对象之间具有一定的内在联系,具有本质上而不是表面上的共性。为了保证可比性,必须注意概念的统一。

综上,确定比较的问题,确定比较的标准,找出同类现象或事物;收集和整理资料,按照比较的目的将同类现象或事物编组做表;根据比较结果做进一步分析,然后得出结论。

四、比较方法的一般步骤

贝雷迪在对历史法、因素分析法进行研究、吸收、批判的基础上创建了四阶段比较法,从而使比较方法进一步具体化、科学化。他把比较方法的工作实施分成描述、解释、并列、比较四个步骤。

第一,描述。比较从详细描述比较的对象开始,对研究对象的现状尽可能周密、完整、客观地进行描述,必须收集资料,明确比较目的,选定比较主题。明确想比较什么,通过比较想达到的目的,这是比较的前提和基础。研究者明确比较的内容和范围,这既是比较标准的选定问题,也是比较目标的具体化问题。这是比较的依据和基础。选定比较的维度是比较研究能否科学进行的前提。实地考察,收集和鉴别资料,保证资料的权威性、客观性、代表性、普遍性和有效性。

第二,解释。对这些归类好的资料做出原理性解释,即赋予资料以现实和历史意义,为下一步的比较分析奠定基础。在完成第一步后,对所了解的研究对象的现状进行解释。即说明这些现状所具有的意义,以便不仅了解事物是怎样的,还了解事物为什么那样。这就是解释阶段的目的。在解释资料时,应当根据当时当地的客观实际,运用科学的理论加以全面的分析,保证解释的客观性。

第三,并列。对各种资料按比较的指标进行归类、并列。从严格意义上讲,比较研究从并列阶段才算真正开始。首先对前一阶段已描述并解释过的事物进行分类整理,并按可以比较的形式排列起来;然后确定比较的格局,并设立比较的标准;最后进一步分析资料,提出比较分析的假设。

第四,比较。在比较阶段,要对并列阶段提出的假设按照"同时比较"来证明正确与否。这是比较研究的最重要的一步,在这个阶段要对收集到的材料逐项按一定的标准进行比较,并分析其产生差异的原因,并且要尽可能地进行评价。比较时应以客观事实为基础,对所有的材料进行全面客观的分析。

总之,运用比较方法时,确定比较的问题是运用比较方法的前提;制定比较的标准是运用比较方法的依据;材料的分类与解释是运用比较方法的基础;比较分析是运用比较方法的重心;得出结论是运用比较方法的目的。

第二节　常用的比较方法

一、相对指标法

统计比较的基本方法通常有以下两种,即差额法和比率法。差额法是两个有联系的同类统计指标相减而得到的差额,用以说明同类现象之间的差异。比率法是用两个具有联系的统计指标对比而得到的比率,用以说明现象之间的数量关系及其变化特征。相对指标又称相对数或比率,能够反映现象发展变化的速度、比例、结构及现象之间的联系程度,可以使原来不能直接地对比的总量指标找到共同对比的基础,是比较、评估、考核工作质量和经济效益的重要依据。相对指标的基本计算公式如下:

相对指标＝比较对象的指标数值/比较基础的指标数值

相对指标是说明现象之间数量关系的综合指标,是统计比较分析中最常用的方法,它具有三个特点:第一,通常采用无名数(系数、倍数、百分数、千分数)作为计量形式,个别采用有名数,如人口密度用"人/平方千米"表示。第二,相对指标可以是两个同类指标在不同时间、空间对比,也可以是两个有联系的不同统计指标在同一时空范围内对比。第三,相对指标可以是两个有联系的总量指标进行对比的比值。

相对指标根据对比的指标性质和作用不同,可归纳为以下"六比六看":①报告与基期比,看增减变化的速度,实际是动态相对数。②实际与计划比,看计划完成程度或执行进度,实际是计划完成相对数。③部分与总体比,看结构与分布特征,实际是结构相对数。④部分与部分比,看比例关系及其变化,实际是比例相对数。⑤落后与先进比,看差异及其发展潜力,实际是比较相对数。⑥与有关现象比,看强度、密度和普遍程度,实际是强度相对数。

相对指标一般遵循可比性原则、正确选择对比基数的原则、相对指标和总量指标结合运用的原则、多项指标综合运用的原则、动态比较与横向比较相结合的原则。

二、动态相对指标法

动态相对指标是同类统计指标在不同时间状态下的对比而求得的相对数,是综合说明现象发展变化的速度或增长程度的综合指标,有发展速度和增长速度两种基本形式。

第一,发展速度,报告期水平与基期水平之比,用以说明报告期水平为基期水平的多少倍或百分之几。计算公式如下:

$$发展速度 = \frac{\alpha_n}{\alpha_0}, n = 1,2,3,\cdots$$

第二,增长速度,是报告期水平与基期水平的差额(增长量)除以基期水平而求得的相对

数,说明报告期水平比基期水平增长了多少倍或百分之几。计算公式如下:

$$增长速度 = \frac{\alpha_n - \alpha_0}{\alpha_0} = \frac{\alpha_n}{\alpha_0} - 1, n = 1, 2, 3, \cdots$$

增长速度又称增长率,按其数值大小,通常可区分为负增长、零增长、略有增长、低速增长、适度增长、较快增长、高速增长等不同等级。而且,当各年的增长率逐步扩大时,称为加速增长;各年的增长率逐步减小时,称为减速增长;各年的增长率大体相同时,称为等速增长或稳步增长;各年的增长率起伏波动较大时,则应考察现象是否存在周期性波动。

三、计划完成相对指标法

计划完成相对指标有计划完成程度和计划执行进度两种。计划完成程度是本期的实际完成数与计划任务数对比而求得的相对数,用以评价计划期终了时计划目标是否实现。计算公式如下:

$$计划完成程度 = 实际完成数/计划完成数$$

计算和应用计划完成程度指标时,应注意:①分子、分母在指标含义、计算口径、计算方法、计量单位、时空范围等方面应保持可比性。②当计划目标是按最低限额规定的,则计划完成程度大于100%为好;当计划目标是按最高限额规定时,则计划完成程度以小于或等于100%为好,否则应查明失控的原因。③当计划指标是规定各期应累计达到的总量指标时,则实际数应是计划期内各期累计实际完成数,即采用累计法计算计划完成数;当计划指标是规定计划期末期应达到的目标值时,则实际数应是计划期末实际达到的水平,即采用水平法计算计划完成程度。④当计划指标和实际指标都是用增减率或差率表示时,应把增减率或差率还原为发展速度或比率,再计算计划完成程度。⑤当计划指标和实际指标均为相对数时,采用差额法(实际指标-计划指标)说明计划完成情况比用计划完成程度要直接通俗一些。

计划执行进度是评价计划执行进度快慢的综合指标。计算公式如下:

$$计划执行进度 = \frac{某段时间的实际完成数}{全时期的计划数} \times 100\%$$

计算和应用计划执行进度的指标时,应注意以下几点:

(1)分子与分母的时期长度虽然不同,但两者在指标含义、计算口径、计算方法、计量单位和空间范围等方面应保持可比性。

(2)当计划指标(年度计划、长期计划)是按累计法规定的总量指标时,则应先求某段时间的实际累计完成数,再与全时期的计划数对比,求计划执行进度。而计划执行进度的快慢,应根据已执行的时间长度和综合其他因素的影响作出评价。如时间过半,计划执行进度一般应≥50%。在累计法条件下如果计划提前完成,则提前完成计划时间如下:

$$提前完成计划时间 = \frac{累计完成数 - 计划任务数}{全时期平均计划数} + 剩余时间$$

(3)当长期计划指标是按水平法规定的计划期末年应达到的总量指标时,一般只需要有连续一年时间的实际水平达到了计划规定的末年水平时,就算达到了长期计划的要求。如在五年计划期间内,第4年第5个月到第5年第4个月实际完成数已达到了计划规定的第5年的计划水平时,则提前8个月实现了计划规定的目标。

（4）当计划指标为平均数、相对数等质量指标时，一般应先计算期内某段时间的实际质量指标数值，再与计划规定的目标值对比，以评价实际质量指标是否符合计划要求。

（5）有些质量指标如月度劳动生产率或月度资产周转率等，与规定的年度目标值对比，仍具有计划执行进度的性质，也可采用下列公式进行预计分析：

$$预计计划完成程度 = \frac{月劳动生产率 \times 12}{年劳动生产率目标值} \times 100\%$$

四、结构相对指标法

结构相对指标是总体中部分数值与总体全部数值进行对比而求得的相对数，又称比重或频率，是评价总体内部结构及其分布特征的综合指标。结构相对指标必须以品质数列、变量数列、空间数列为计算依据，计算结果可用系数、成数、百分数表示，各组的比重值介于0与1之间，各组比重之和等于1或100%。结构相对指标可以认识事物的类型和分布特征，认识事物发展变化的过程、趋势和规律，反映人力、物力、财力的利用程度，评价工作质量，评价经济结构或资源配置是否合理，研究现象之间的联系程度或协调程度。计算公式如下：

$$结构相对数 = 总体部分数值 / 总体全部数值$$

五、比例相对指标法

比例相对指标是总体各部分数值之间相互对比而求得的相对数，是评价总体中各组成部分之间的比例关系和联系程度的综合指标，是同一时间不同空间的同类统计指标对比而求得的相对数，是表明同类事物在不同空间条件下的数量对比关系及其差异程度的综合指标。比例相对指标计算结果可用 $1:m:n$ 的形式表示，也可用百分比的形式表示。比例相对指标属于一种结构性比例，也具有反映总体结构的作用。比例相对指标和结构相对指标可互相转换。比例相对指标要求比数以较简单的整数表示，一般只能根据总体中各组的绝对数计算，而根据组平均水平或组相对水平计算的比例，从性质上说是一种比较相对数，是一种差异性比例，而不是结构性比例，计算公式如下：

$$比例相对数 = 总体中某部分数值 / 总体中另一部分数值$$

比例相对指标可以就某一同类统计指标在各个地区或单位之间进行比较，也可就多个同类统计指标在多个地区或单位之间分别进行比较，并通过简单平均或加权平均的方法求得综合比例相对指标。比如，农业、轻工业、重工业比例；积累与消费的比例；霍夫曼系数（消费资料工业与资本资料工业的净产值之比）；人口的性别比例；劳动者负担系数；物质生产与非物质生产的比例等。

六、强度相对指标法

强度相对指标是同一时空条件下两个性质不同但有联系的统计指标对比而求得的相对数，是表明现象强度、密度、普遍程度和依存关系的综合指标。强度相对指标的数值表现形式一般采用有名数。强度相对指标的分子、分母可以互换，因而有正指标与逆指标之分。强度相对数大小与现象的强度、密度或普遍程度成正比，则为正指标；若成反比，则为逆指标。相对指标一般情况下采用正指标。强度相对指标说明的是现象之间的依存性或相关性比例关系,而不是结构性比例关系,具有"平均"的含义,但它与平均指标在含义上是有严格区别的。平均指标是同一总体的各单位某一数量标志的一般水平,而强度相对指标是两个性质不同的现象的统计指标之间的比值,计算公式如下:

强度相对数＝某现象的统计指标/有联系的现象的统计指标

强度相对指标一般根据总量指标计算,也可根据平均指标或相对指标计算。同一现象往往与多个现象存在着依存关系,因而可计算多个强度相对指标,以便从不同角度说明现象的强度、密度和普遍程度。

总之,强度相对指标能够反映现象的密度和普遍程度,反映一个国家或地区的经济实力,反映社会经济活动条件的优劣程度,评价社会经济活动的效果或效益。

第三节　比较方法的应用

对比分析是统计分析中最简单、最常用的一种基本方法。根据现象之间的客观联系,将两个有关的统计指标进行对比来反映数量上的差异或变化。对比分析有两类方法,即相减的方法和相除的方法(常用)。

相减的方法即对比的结果表现为绝对数的形式。两个绝对数(或平均数)之差,表示现象变动(或差异)的绝对数量;两个百分数之差,表示现象变动的百分点,即以1%为单位,每变动1%就称为变动1个百分点。

相除的方法就是对比的结果表现为相对数的形式。大多数相对数是由计量单位相同的同种指标相除求得,其计算结果是一个抽象化的数值,用百分比、千分比、倍数、系数、成数等无名数的形式表示;也有一些相对数是由两个性质不同、计量单位不同的指标对比得到的,其计算结果的表现形式就是分子与分母的计量单位构成的复名数。如人口密度等于某地区的人口数除以土地面积,计量单位为"人/平方千米"。

相对数是进行对比分析最常用的形式,原因有二:一是绝对数形式的对比结果受到总体规模的影响,因而使不同时空的数据常常缺乏可比性;二是相减的方法只能适用于计量单位相同的同种统计指标对比,因此无法反映不同量纲的统计指标之间的差异。相对数形式的对比分析结果则可以避免这些问题。

相对数揭示了现象之间数量上的相互联系和对比关系,可以使一些不能直接对比的数据变成具有可比性的数据,从而正确判断现象之间的差异程度。

比较研究可从时间、空间、进程、内容、形式、内部结构、外部联系等不同角度进行。进行比较的时候,要求资料具有可靠性与解释的客观性,应当全方位多角度进行比较,最好比较事物的本质。

比较研究一般包括五个步骤:第一,确定比较的问题(包括选定比较的主题、确定比较的内容、确定比较的范围);第二,确定比较的标准;第三,收集和整理资料;第四,比较分析;第五,写出比较结论。

我们结合《中国专利申请量比较分析》这篇文章谈一下比较方法的应用。该文通过对专利申请量进行横向、纵向的比较研究,得出我国专利工作中存在的问题,并指出今后专利工作的发展方向,进而提出对策研究。结合比较方法步骤,分析该文的研究脉络如下:

第一步,确定比较的问题。共有三个问题,①选定比较的主题:专利的国内外申请量对比。②确定比较的内容:申请总量、申请量结构、向国外申请量、职务与非职务专利申请量、典型国家实用新型与发明专利申请量。③确定比较的范围:中国、韩国、巴西、日本、德国等。

第二步,确定比较的标准。即申请量在国际的排名。

第三步,收集和整理资料。资料来源于世界知识产权统计年鉴、中国科学技术指标、中国国际竞争力发展报告,根据不同的标准进行分类处理,并对数据进行统计,最后汇总,必要时制成表或图。

第四步,比较分析。根据以上资料该研究从几个方面进行分析:申请总量、申请量结构、向国外申请量,通过比较发现中外专利申请量存在一定差距,原因何在? 这需要进一步分析。本案例又从职务与非职务专利申请量、典型国家实用新型与发明专利申请量进行对比分析。

第五步,写出比较结论。主要有三个:①中国专利申请量逐年有较大增长。②我国专利事业与发达国家相比仍有较大差距。③建立国家创新体系,广泛开展创新活动,宣传、贯彻专利法,加强知识产权保护,以及积极开展专利软课题的研究,对于中国 21 世纪的发展至关重要。

综上,比较研究能帮助人们认识各种社会现象的异同,把握其实质与规律性。其缺点是难以准确界定比较分析的单位和拟定客观有效的标准,选择样本的客观性和随机性往往难以保证。

第三章 数据标准化方法

第一节 数据标准化概述

一、数据标准化的内涵

评价是现代社会各领域的一项经常性的工作,是做出科学管理决策的重要依据。随着人们研究领域的不断扩大,所面临的评价对象日趋复杂,仅依据单一指标对事物进行评价往往不尽合理,必须全面地从整体的角度考虑问题,多指标综合评价方法应运而生。所谓多指标综合评价方法,就是把描述评价对象不同方面的多个指标的信息综合起来,并得到一个综合指标,由此对评价对象做一个整体上的评判,并进行横向或纵向比较。

数据的标准化是将数据按比例缩放,使之落入一个小的特定区间。在某些比较和评价的指标处理中经常会用到,去除数据的单位限制,将其转化为无量纲的纯数值,便于不同单位或量级的指标能够进行比较和加权。目前数据标准化方法有多种,归结起来可以分为直线型方法(如极值法、标准差法)、折线型方法(如三折线法)、曲线型方法(如半正态分布)。不同的标准化方法,对系统的评价结果会产生不同的影响。在数据标准化方法的选择上,还没有通用的法则可以遵循。其中最典型的就是数据的归一化处理,即将数据统一映射到 $[0,1]$ 区间上。

当原始样本数据中各维度特征的分布范围存在较大差异时,若直接采用原始数据进行模型训练,会增强数值尺度较大特征对模型的影响程度,削弱甚至忽略数值尺度较小特征的作用。因此,为了较大程度降低特征在不同取值尺度方面的干扰,保证模型训练拟合过程的有效性,需要对原始样本数据的特征变量进行标准化处理,从而使各维度特征对模型目标函数有相同权重的影响。特征标准化处理除了可以提高模型训练的合理性,还可以有效加快模型拟合的速度。也就是说,数据的标准化目的在于去除数据的单位限制,转化为无量纲的纯数值,便于不同单位或量级的指标能够进行比较和加权。在多指标评价体系中,由于各评价指标的性质,通常具有不同的量纲和数量级。当各指标间的水平相差很大时,如果直接用原始指标值进行分析,就会突出数值较高的指标在综合分析中的作用,相对削弱数值水平较低的指标的作用。因此,为了保证结果的可靠性,需要对原始数据进行标准化处理,让不同维度之间的特征在数值上有一定比较性,从而大大提高分类的准确性。

二、数据标准化的类型

常见的数据标准化方法有多种,主要包括 min-max 标准化(Min-max normalization)、Z-Score 标准化(Zero-mean normalization)、log 函数转换、arctan 函数转换、模糊量化法、中心化

标准化等方法。在实际应用中,min-max 标准化与 Z-Score 标准化最为常用。

min-max 标准化方法也叫离差标准化,是对原始数据的线性变换,使结果落到[0,1]区间,转换函数如下:$x^* = \dfrac{x-\min(x)}{\max(x)-\min(x)}$,其中 max 为样本数据的最大值,min 为样本数据的最小值。这种方法有一个缺陷,就是当有新数据加入时,可能导致 max 和 min 的变化,需要重新定义。

Z-Score 标准化方法。Z 标准化是最常见的标准化方法,也是 SPSS 中最为常用的标准化方法。Z-Score 标准化也叫标准差标准化,经过处理的数据符合标准正态分布,即均值为0,标准差为1,其转化函数为

$$x^* = \frac{x-\mu}{\sigma}$$

式中,μ 为所有样本数据的均值;σ 为所有样本数据的标准差。

log 函数转换方法。通过以 10 为底的 log 函数转换的方法同样可以实现归一化,具体方法如下:$x^* = \dfrac{\lg(x)}{\lg \max(x)}$,这个结果一定落到[0,1]上,max 为样本数据最大值,并且所有的数据都要小于或等于1。

arctan 函数转换方法。用反正切函数也可以实现数据的归一化:使用这个方法需要注意的是如果想映射的区间为[0,1],则数据都应该大于或等于0,小于0的数据将被映射到[-1,0)区间上。

三、数据标准化与数据归一化的关系

标准化是指在不改变数据分布的情况下,将数据处理为均值为0、标准差为1的数据集合。归一化是指将数据缩放到[0,1]范围内。

归一化和标准化虽然都是在保持数据分布不变的情况下(为什么能够保持数据的分布不变? 因为两者本质上都只是对数据进行线性变化),对数据进行处理,但是从公式上还是能够明显看出来,归一化的处理只是和最大值最小值相关,标准化却是和数据的分布相关(均值、方差),所以标准化的统计意义更强,是对数据缩放处理的首选。只是有些特殊场景下,比如需要数据缩放到[0,1]之间(标准化并不保证数据范围),以及在一些稀疏数据场景,想要保留0值,会采用归一化,其他的大部分时候标准化是首选。

什么时候用归一化? 什么时候用标准化? ①如果对输出结果范围有要求,用归一化。②如果数据较为稳定,不存在极端的最大最小值,用归一化。③如果数据存在异常值和较多噪声,用标准化,可以间接通过中心化避免异常值和极端值的影响。

第二节　min-max 规范化方法

min-max 标准化是根据样本各变量 x 的数据分布,分别取最大值 max 与最小值 min,然后通过以下公式计算得到标准化后的数据 x^*,最终结果数据的取值范围会缩放至[0,1]。

$$x^* = \frac{x-\min(x)}{\max(x)-\min(x)}$$

此外,min-max 标准化还有另外一种表现形式,即结果数据的取值范围会缩放至 $[-1,1]$,对应计算公式如下所示:

$$x^* = \frac{x - \min(x)}{\max(x) - \min(x)} - 1$$

以上两种表现形式,原理逻辑类似,只是表现形式有区别,一般情况下以前者应用较多。

现有某场景案例,具体需求是通过数据搭建一个价值客户预测模型,样本数据共包含 2000 条样本和 5 个特征,其中"订单号"为样本主键,"价值客户"为目标变量,"年龄""月收入""消费等级"均为特征 x 变量,部分样例如表 3-1 所示。从数据分布(表 3-2)看,三个特征的取值分布存在比较大的差异。

表 3-1　数据样例

订单号	年龄	月收入	消费等级	价值客户
N0001	47	11000	2	0
N0002	35	5000	3	0
N0003	26	12000	1	1
N0004	40	7000	3	0
N0005	41	8000	5	1
N0006	34	5000	1	1
N0007	32	9000	3	1
N0008	41	7000	6	0

表 3-2　min-max 标准化结果

编号	年龄	月收入	消费等级
1	1.0000	0.8571	0.2000
2	0.4286	0.0000	0.4000
3	0.0000	1.0000	0.0000
4	0.6667	0.2857	0.4000
5	0.7143	0.4286	0.8000
6	0.3810	0.0000	0.0000
7	0.2857	0.5714	0.4000
8	0.7143	0.2857	1.0000

对于 min-max 标准化,虽然实现了平衡样本各维度特征权重的目标,但是由于不同特征数据分布的差异较大,数据缩放变换的程度也是不同的,这样从整体上使原始数据的分布情况发生了一定的变化。

第三节　Z-Score 标准化方法

　　Z-Score 标准化是指基于原始数据的均值和标准差来进行数据的标准化,然后通过以下公式计算得到标准化后的数据 x^*,最终结果数据是以 0 为中心、标准差为 1 的分布形态。其主要目的是将不同量级的数据统一化为同一个量级,统一用计算出的 Z-Score 值衡量,保证了数据间具有可比性。

$$x^* = \frac{x - \text{mean}(x)}{\text{std}(x)}$$

$$\text{mean}(x) = \frac{1}{n}\sum_{i=1}^{n} x_i, \ \text{std}(x) = \frac{1}{n}\sum_{i=1}^{n} x_i \sqrt{[x_i - \text{mean}(x)]^2}$$

　　Z-Score 标准化方法适用于属性 A 的最大值和最小值未知的情况,或有超出取值范围的离群数据的情况。

　　Z-Score 标准化与 min-max 标准化类似,都是对原始样本的特征数据进行了线性转换,也就是将特征样本点平移且缩短距离,使不同维度特征的原始数据具有可比性,从而保证特征在模型训练时权重得到统一。但是,Z-Score 标准化与 min-max 标准化最大的区别,是 Z-Score 仅使原始数据的量级发生了变化,但数据的分布类型是不变的,而 min-max 标准化后的结果在数据量级与数据分布上都与原始数据不同。

　　例如,2015—2021 年某市经济状况原始数据如表 3-3 所示。

表 3-3　2015—2021 年某市经济状况原始数据

年份	公共财政收入	地区生产总值	人均生产总值
2015	10748	8726500	87458
2016	12423	9794800	97587
2017	13551	11023960	105908
2018	15420	11418044	119695
2019	16896	12431000	129938
2020	18313	13494700	137793
2021	19782	15367400	150678

　　利用"=AVERAGE"函数和"=STDEVP"求出三个指标的均值和标准差(表 3-4)。

表 3-4　三个指标的均值和标准差

	公共财政收入	地区生产总值	人均生产总值
均值	15304.71429	11750914.86	118436.7143
标准差	3018.627584	2076914.062	21042.09782

利用 $x^* = \dfrac{x - \text{mean}(x)}{\text{std}(x)}$ 计算出各数值的标准化数据,结果如表 3-5 所示。

表 3-5　2015—2021 年某地市经济状况标准化数据

年份	公共财政收入	地区生产总值	人均生产总值
2015	-1.5096	-1.4562	-1.4722
2016	-0.9546	-0.9418	-0.9908
2017	-0.5808	-0.3500	-0.5954
2018	0.0384	-0.1603	0.0598
2019	0.5275	0.3275	0.5466
2020	0.9970	0.8396	0.9199
2021	1.4838	1.7413	1.5323

第四节　均值归一化方法

均值归一化处理是一种常见的数据预处理技术,用于将数据点映射到一定范围内的值,以便于后续处理。其基本思路是,通过对数据点进行均值的平移和缩放,使得数据点的分布在一定程度上接近标准正态分布,从而达到归一化的目的。

均值归一化处理的基本原理是将数据点减去均值,然后除以方差的值,从而使得数据点的分布在一定程度上接近标准正态分布。具体而言,均值归一化处理可以分为两个步骤:①均值平移。将数据点减去均值,从而使得数据点呈现出以 0 为中心的分布。②方差缩放。将均值平移后的数据点除以其方差值,从而使得数据点呈现出以单位标准差为尺度的分布。这样做的好处是可以避免不同尺度的数据点之间的差异影响后续处理结果,同时,减少了数据点之间的相关性,方便进行后续处理。

均值归一化处理的优点主要体现在两个方面:①改善算法的收敛效率。由于归一化可以减少数据点之间的相关性,因此可以在训练模型时大大加快优化算法的收敛速度。②增强算法的鲁棒性。由于归一化可以避免不同尺度的数据点之间的差异影响,因此可以减少算法输出的偏差和方差,增强算法的鲁棒性。

均值归一化处理的缺点也不可忽略,主要有两个方面:①可能对稀疏数据造成影响。当数据中存在稀疏特征时,归一化处理可能会对数据点造成影响,从而增加了噪声的风险。②可能导致过拟合。当样本数量较小时,均值归一化处理可能会对数据点造成过多的调整,从而可能导致过拟合问题的出现。

综上所述,均值归一化处理是一种常用的数据预处理技术,可以提高数据处理效率和算法鲁棒性,也可以方便地在机器学习、数据可视化和数据库管理等领域得到应用。然而,我们也需要认识到归一化处理的局限性,并根据实际场景的需要选择合适的预处理方法。

均值归一化方法通过原始数据中的均值、最大值和最小值来进行数据标准化,与 min-max 标准化的原理结构类似,两者都是归一化的表达形式,其计算公式如下:

$$x^* = \frac{x - \text{mean}(x)}{\max(x) - \min(x)}$$

从公式可知,mean 归一化的分子参数是特征的均值 mean,而 min-max 归一化是特征的最小值 min。

例如,某班级考试成绩原始数据如表 3-6 所示,请对该数据进行标准化处理。读者可以自行练习。

表3-6　某班级考试成绩原始数据

科目	期中考试平均成绩	期末考试平均成绩	班级全年成绩
语文	89	96	7921
数学	72	74	5184
英语	94	87	8836
综合	69	78	4761

第五节　log 函数转换法

对数归一化方法是对特征的原始数据直接取对数,也是归一化的表达形式,但属于一种非线性标准化的处理方法。因此,对数归一化没有将原始各维度特征数据缩放到某一范围内,而是仅仅对各维度特征的数据尺度进行了缩放,其计算公式如下:

$$x^* = \frac{\log(x)}{\log[\max(x)]}$$

对数归一化的处理方法不仅起到了特征量纲统一的效果,而且并没有改变特征原始数据的分布性质以及相关程度。但是,这里需要注意的是,采用这种方法的前提是特征数据的取值均大于或等于 1 才能保证公式有效。

数据标准化还可以利用 Softmax 函数。计算公式如下:

$$x' = \frac{e^x}{\sum_{i=1}^{n} e^{xi}}$$

x 为原始数据中的一个数据,e 为自然常数,分母表示的是原始数据中每个数据被 e 求指数后的和。分子表示的是原始数据中的一个数据被 e 求指数。

数据标准化也可以利用 Sigmoid 函数。计算公式如下:

$$x' = \frac{1}{1 + e^{-x}}$$

同样,x 为原始数据中的一个常数,e 为自然常数。

综合以上内容,我们从整体上介绍了特征标准化的业务背景、常见方法、应用场景等,同时通过实际案例数据,对比分析了不同特征标准化方法的建模效果。当然,在实际工作中,大家在熟悉各种特征标准化方法原理的基础上,要重点掌握 min-max 与 Z-Score 的处理方法与应用场景。

第四章　权重确定方法

第一节　德尔菲法

一、德尔菲法的理论分析

（1）德尔菲法的内涵。德尔菲法也称专家调查法，20世纪40年代由兰德公司设计和发展而成，是一种采用通信方式分别将所需解决的问题单独发送到各个专家手中，征询意见，然后回收汇总全部专家的意见，并整理出综合意见。随后将该综合意见和预测问题再分别反馈给专家，再次征询意见，各专家依据综合意见修改自己原有的意见，然后汇总。这样多次反复，逐步取得比较一致的预测结果的决策方法。德尔菲法依据系统的程序，采用匿名发表意见的方式，即专家之间不得互相讨论，不发生横向联系，只能与调查人员发生关系，通过多轮次调查专家对问卷所提问题的看法，经过反复征询、归纳、修改，最后汇总成专家基本一致的看法，作为预测的结果。这种方法具有广泛的代表性，较为可靠。德尔菲这一名称起源于古希腊太阳神阿波罗的有关神话，传说中阿波罗具有预见未来的能力。因此，这种预测方法被命名为德尔菲法，后来该方法被广泛采用。

（2）德尔菲法的特征。德尔菲法吸收专家参与预测，充分利用专家的经验和学识；采用匿名或背靠背的方式，能使每一位专家独立自由地作出自己的判断；预测过程几轮反馈，使专家的意见逐渐趋同。因此，德尔菲法具有资源利用的充分性、最终结论的可靠性和统一性等特点。正是由于德尔菲法具有以上特点，它在诸多判断预测或决策手段中脱颖而出。这种方法的优点主要是简便易行，具有一定科学性和实用性，可以避免会议讨论时由于害怕权威而随声附和，或固执己见，或因顾虑情面不愿与他人意见冲突等弊病；也可以使大家发表的意见较快集中，参加者易接受结论，具有一定的客观性。

（3）德尔菲法的具体实施步骤。①组成专家小组。按照课题所需要的知识范围，确定专家。专家人数的多少，可根据预测课题的大小和涉及面的宽窄而定，一般不超过20人。②向所有专家提出所要预测的问题及有关要求，并附上有关这个问题的所有背景材料，同时请专家提出还需要什么材料。然后，由专家做书面答复。③各个专家根据所收到的材料，提出自己的预测意见，并说明自己是怎样利用这些材料并提出预测值的。④对各位专家第一次判断意见进行汇总，列成图表，进行对比，再分发给各位专家，让专家比较自己同他人的不同意见，修改自己的意见和判断。也可以对各位专家的意见加以整理，或请身份更高的其他专家加以评论，然后把这些意见再分送给各位专家，以便他们参考后修改自己的意见。⑤将所有专家的修改意见收集起来并汇总，再次分发给各位专家，以便做第二次修改。逐轮收集意见并向专家反馈信息是德尔菲法的主要环节。收集意见和信息反馈一般要经过三四轮。

在向专家进行反馈的时候,只给出各种意见,但并不说明发表各种意见的专家的具体姓名。这一过程重复进行,直到每一个专家不再改变自己的意见为止。⑥对专家的意见进行综合处理。

(4)德尔菲法实施注意事项。①由于专家组成成员身份和地位上的差别及其他原因,有可能使其中一些人因不愿批评或否定其他人的观点而放弃自己的合理主张。要防止这类问题的出现,必须避免专家们面对面的集体讨论,而是由专家单独提出意见。②对专家的挑选应基于其对企业内外部情况的了解程度。专家可以是第一线的管理人员,也可以是企业高层管理人员和外请专家。例如,在估计未来企业对劳动力需求时,企业可以挑选人事、计划、市场、生产及销售部门的经理作为专家。

此外,运用德尔菲法的过程中,还应当注意以下几点:①为专家提供充分的信息,使其有足够的根据做出判断。例如,为专家提供所收集的有关企业人员安排及经营趋势的历史资料和统计分析结果等。②所提问的问题应是专家能够回答的问题。③允许专家粗略的估计数字,不要求精确。但可以要求专家说明预计数字的准确程度。④尽可能将过程简化,不问与预测无关的问题。⑤保证所有专家能够从同一角度去理解员工分类和其他有关定义。⑥向专家讲明预测对企业和下属单位的意义,以争取他们对德尔菲法的支持。

二、德尔菲法的案例应用

德尔菲法在赋值过程中存在较为浓厚的主观色彩,其结果更容易受到所选专家的知识、经验和能力等的影响,但德尔菲法仍然受到大多数人的青睐。我们通过一个实例说明德尔菲法决定指标权重的过程。

某地有三个旅游点的资料,请确定景色、住宿、费用、交通、人文的权重。

第一步,确定专家成员及权威程度。按照权威性、代表性与地域性相结合的原则,从全国范围内选择 5 位长期在本领域工作的专家,分别来自广东、江苏、上海、北京等省市 AAAAA 景区。专家成员打分规则如下:专家打分的权重由"判断依据"与"熟悉程度"的均值标准化数据决定。比如 5 名专家权威程度的得分为 0.9、0.8、0.7、0.6、0.5,那么第 1 名专家的标准化数据为 0.9/(0.9+0.8+0.7+0.6+0.5) = 0.26,其他四人分别为 0.23、0.20、0.17、0.14。

表 4-1　专家权威程度量化值

判断依据	量化值	熟悉程度	量化值
实践经验	1.0	很熟悉	1.0
理论分析	0.8	熟悉	0.8
对国内外相关进展的了解	0.6	比较熟悉	0.6
参考国内文献	0.4	不太熟悉	0.4
直觉	0.1	不熟悉	0.1

第二步,确定影响因素的权重赋值分。按照李克特 5 级量表建立评价标准,如表 4-2 所示。李克特量表是评分加总式量表最常用的一种,同一构念的项目用加总方式来计分,单独

或个别项目是无意义的。它是由美国社会心理学家李克特于1932年在原有的加总量表基础上改进而成的。该量表由一组陈述组成,每一陈述有很重要、重要、一般、不重要、很不重要(或者非常同意、同意、不一定、不同意、非常不同意)五种回答,量化值分别记为5、4、3、2、1,每个被调查者的态度总分就是他对各道题的回答所得分数的加总,这一总分可说明他的态度强弱或他在这一量表上的不同状态。

表4-2　影响因素评价标准

评价等级	很重要	重要	一般	不重要	很不重要
量化值	5	4	3	2	1

　　第三步,选定的5名专家成员根据景色、住宿、费用、交通、人文等5个影响因素的重要程度,进行独立打分,并进行统计分析。标准差即方差的算术平方根,反映一个数据集的离散程度。平均数相同的两组数据,标准差未必相同。变异系数代表评价波动大小的重要指标,表明专家对特征指标要素相对重要性认识上的差异程度,也就是协调程度。变异系数越小,专家们的协调程度越高。权重通过"单指标均值/均值总和"计算获得(结果见表4-3)。

表4-3　专家咨询集中和离散程度统计结果

指标	样本数量 n	均值	标准差	变异系数	权重
景色	5	4.7222	0.6691	0.14	0.2471
住宿	5	4.0502	0.8255	0.20	0.2120
费用	5	3.1001	0.8522	0.27	0.1623
交通	5	2.6842	0.5823	0.22	0.1405
人文	5	4.5502	0.6863	0.15	0.2381

第二节　熵权法

一、熵权法的理论分析

　　(1)熵权法的内涵。德尔菲法是一种具有很强主观性的赋权方法,而熵权法则是一种客观赋权法,即可以通过数据本身计算出权重。按照信息论基本原理的解释,信息是系统有序程度的一个度量,熵是系统无序程度的一个度量;根据信息熵的定义,对于某项指标,可以用熵值来判断某个指标的离散程度,其信息熵值越小,指标的离散程度越大,该指标对综合评价的影响(权重)就越大,如果某项指标的值全部相等,则该指标在综合评价中不起作用。因此,可利用信息熵这个工具,计算出各个指标的权重,为多指标综合评价提供依据。

（2）熵权法的原理。对于任一事件（X），若已知相关信息量（I）越大，该事件的发生概率（p）也更加明确。因此，对于该事件其I与p大致有图4-1所示关系。

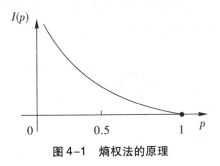

图4-1　熵权法的原理

由于信息量的增加与减少主要呈指数级趋势，因此可定义如下关系式：

$$I(X) = -k \times \ln[p(X)]$$

用X_i表示事件X的可能情况，由此可定义事件X的信息熵为$H(X)$：

$$H(X) = \sum_{i=1}^{n} [P(x_i)I(x_i)] = -k \times \sum_{i=1}^{n} \{P(x_i) \times \ln[P(x_i)]\}$$

当$P(x_i) = 1/n$，$H(X)$取最大值$k\ln(n)$。

（3）熵权法的步骤。熵权法的基本步骤是：原始数据归一化（标准化）→计算第j项指标下第i个方案的指标值比重→计算第j项指标的信息熵值→计算各指标权重。

第一步，原始数据归一化（标准化）。由于各项指标计量单位不统一，因此在计算综合权重前要先对其进行归一化处理，即把指标的绝对值转化为相对值。下式中的系数0.998和0.002的目的是使x_{ij}的值大于0，防止在后续计算时出现负数的情况。这里的0.998可以更改成任意更接近于1的数，如0.999、0.997等。

正向指标的归一化处理：$x_{ij} = 0.998 \times \dfrac{x_{ij} - \min\{x_{1j}, x_{2j}, \cdots, x_{nj}\}}{\max\{x_{1j}, x_{2j}, \cdots, x_{nj}\} - \min\{x_{1j}, x_{2j}, \cdots, x_{nj}\}} + 0.002$

负向指标的归一化处理：$x_{ij} = 0.998 \times \dfrac{\min\{x_{1j}, x_{2j}, \cdots, x_{nj}\} - x_{ij}}{\max\{x_{1j}, x_{2j}, \cdots, x_{nj}\} - \min\{x_{1j}, x_{2j}, \cdots, x_{nj}\}} + 0.002$

第二步，计算第j项指标下第i个方案的指标值比重P_{ij}，利用下面的公式计算：

$$P_{ij} = \frac{x_{ij}}{\sum_{i=1}^{n} x_{ij}} \text{ 且 } \sum P_{ij} = 1$$

第三步，计算第j项指标的信息熵值e_j，利用下面的公式计算：

$$e_j = -k \times \sum_{i=1}^{n} P_{ij} \times \ln P_{ij} \text{ 且 } K = 1/\ln(n)$$

第四步，计算各指标权重ω_j，利用下面的公式计算：

$$\omega_j = \frac{1 - e_j}{\sum_{j=1}^{m} (1 - e_j)}$$

二、熵权法的案例应用

已知判断某一水域水质情况的好坏时可以通过 $X_1 \sim X_9$ 共 9 种指标来评判,现有 $A \sim K$ 共 11 条河流的指标测量情况,请以此判断各河流水质的好坏。

表 4-4 河流的指标值原始数据

河流	X_1	X_2	X_3	X_4	X_5	X_6	X_7	X_8	X_9
A	100	90	100	84	90	100	100	100	100
B	100	100	78.6	100	90	100	100	100	100
C	75	100	85.7	100	90	100	100	100	100
D	100	100	78.6	100	90	100	94.4	100	100
E	100	90	100	100	100	90	100	100	80
F	100	100	100	100	90	100	100	85.7	100
G	100	100	78.6	100	90	100	55.6	100	100
H	87.5	100	85.7	100	100	100	100	100	100
I	100	100	92.9	100	80	100	100	100	100
J	100	90	100	100	100	100	100	100	100
K	100	100	92.9	100	90	100	100	100	100

第一步,利用上述公式按照正向化指标将原始数据归一化处理,结果如表 4-5 所示。

表 4-5 河流的指标值标准化数据

河流	X_1	X_2	X_3	X_4	X_5	X_6	X_7	X_8	X_9
A	1.00	0.00	1.00	0.00	0.50	1.00	1.00	1.00	1.00
B	1.00	1.00	0.00	1.00	0.50	1.00	1.00	1.00	1.00
C	0.00	1.00	0.33	1.00	0.50	1.00	1.00	1.00	1.00
D	1.00	1.00	0.00	1.00	0.50	1.00	0.87	1.00	1.00
E	1.00	0.00	1.00	1.00	1.00	0.00	1.00	1.00	0.00
F	1.00	1.00	1.00	1.00	0.50	1.00	1.00	0.00	1.00
G	1.00	1.00	0.00	1.00	0.50	1.00	0.00	1.00	1.00
H	0.50	1.00	0.33	1.00	1.00	1.00	1.00	1.00	1.00
I	1.00	1.00	0.67	1.00	0.00	1.00	1.00	1.00	1.00
J	1.00	0.00	1.00	1.00	1.00	1.00	1.00	1.00	1.00
K	1.00	1.00	0.67	1.00	0.50	1.00	1.00	1.00	1.00
求和	9.50	8.00	6.00	10.00	6.50	10.00	9.87	10.00	10.00

第二步,计算第 j 项指标下第 i 个方案的指标值比重 P_{ij} ,结果如表4-6所示。

表4-6　河流的指标值比重 P_{ij}

河流	X_1	X_2	X_3	X_4	X_5	X_6	X_7	X_8	X_9
A	0.11	0.00	0.17	0.00	0.08	0.10	0.10	0.10	0.10
B	0.11	0.13	0.00	0.10	0.08	0.10	0.10	0.10	0.10
C	0.00	0.13	0.06	0.10	0.08	0.10	0.10	0.10	0.10
D	0.11	0.13	0.00	0.10	0.08	0.10	0.09	0.10	0.10
E	0.11	0.00	0.17	0.10	0.15	0.10	0.10	0.10	0.00
F	0.11	0.13	0.17	0.10	0.08	0.10	0.10	0.00	0.10
G	0.11	0.13	0.00	0.10	0.08	0.10	0.00	0.10	0.10
H	0.05	0.13	0.06	0.10	0.15	0.10	0.10	0.10	0.10
I	0.11	0.13	0.11	0.10	0.00	0.10	0.10	0.10	0.10
J	0.11	0.00	0.17	0.10	0.15	0.10	0.10	0.10	0.10
K	0.11	0.13	0.11	0.10	0.08	0.10	0.10	0.10	0.10

第三步,计算第 j 项指标的信息熵值 $e_j = -k \times \sum_{i=1}^{n} P_{ij} \ln P_{ij}$ 且 $K = 1/\ln(n)$,以及 $\omega_j = \dfrac{1 - e_j}{\sum_{j=1}^{m}(1 - e_j)}$,结果如表4-7所示。

表4-7　河流的信息熵值 e_{ij} 与 ω_{ij}

指标	X_1	X_2	X_3	X_4	X_5	X_6	X_7	X_8	X_9
e_j	0.95	0.87	0.84	0.96	0.94	0.96	0.96	0.96	0.96
ω_j	0.08	0.22	0.27	0.07	0.11	0.07	0.07	0.07	0.07

根据计算出的指标权重,以及对11条河流9项指标的评分,设 Z_i 为第 i 条河流的最终得分,则 $Z_j = \sum_{i=1}^{9} X_{ij} \omega_j$,各河流最终得分如表4-8所示。

表4-8　各河流的最终得分

河流	A	B	C	D	E	F	G	H	I	J	K
得分	95.71	93.14	93.17	92.77	95.84	98.01	90.21	95.17	95.97	97.81	97.02

第三节 变异系数法

一、变异系数法的原理

（1）统计学意义的变异系数。在统计学上，变异系数又称标准差率，是衡量资料中各观测值变异程度的一个统计量。当进行两个或多个资料变异程度的比较时，如果度量单位与平均数相同，可以直接利用标准差来比较。如果单位和（或）平均数不同，比较其变异程度就不能采用标准差，而需采用标准差与平均数的比值（相对值）来比较。标准差与平均数的比值称为变异系数，记为 CV。常用的是标准差系数，用公式表示为 $CV = \sigma/\mu$。变异系数可以消除单位和（或）平均数不同对两个或多个资料变异程度比较的影响。标准变异系数是一组数据的变异指标与其平均指标之比，是一个相对变异指标。变异系数分为全距系数、平均差系数和标准差系数等。变异系数又称离散系数，反映单位均值上的离散程度，常用在两个总体均值不等的离散程度的比较上。若两个总体的均值相等，则比较标准差系数与比较标准差是等价的。

（2）变异系数法确定权重。变异系数法确定权重是根据统计学方法计算得出系统各指标变化程度的方法，是直接利用各项指标所包含的信息，通过计算得到指标的权重，因此是一种客观赋权的方法，能够客观地反映指标数据的变化信息。该方法根据各评价指标当前值与目标值的变异程度来对各指标进行赋权，当各指标现有值与目标值差距较大时，能明确区分各被评价对象，说明该指标的分辨信息丰富，较难实现目标值，应该赋予较大的权重；反之，若各个被评价对象在某项指标上的数值差异较小，那么这项指标区分各被评价对象的能力较弱，因而应给该指标较小的权重，应根据指标的统计学规律确定其重要程度。在统计学中，通常使用全距系数、平均差系数和标准差系数的大小来表示变异程度。例如，在评价各个国家的经济发展状况时，之所以选择人均国民生产总值（GNP）作为评价的标准指标之一，是因为人均 GNP 不仅能反映一个国家的经济发展水平，还能反映一个国家的现代化程度。如果各个国家的人均 GNP 没有多大的差别，则这个指标用来衡量现代化程度、经济发展水平就失去了意义。

（3）变异系数法确定权重的步骤。假设一组数据中有 m 个指标，n 条待评价样本，即一个 $n \times m$ 的矩阵，令其为 X。其中 x_{ij} 表示第 i 行第 j 列的数据，则有

$$X = \begin{pmatrix} x_{11} & \cdots & x_{1m} \\ \vdots & & \vdots \\ x_{n1} & \cdots & x_{nm} \end{pmatrix}$$

第一步，指标数据正向化。其目的就是把所有的指标都转换为正向指标。正向指标又叫越大越优型指标，即该指标下的数据数值越大越好，例如成绩。负向指标，又叫越小越优型指标，即该指标下的数据数值越小越好，例如排名。

对于正向指标，保持其原数据不变，$x'_{ij} = x_{ij}$。

对于负向指标，其原数据变化为 $x'_{ij} = \dfrac{1}{k + \max|x_j| + x_{ij}}$，其中 k 为指定的任意系数，其值

可为 0.1、0.2 等；$\max|x_j|$ 表示第 j 列数据（指标）绝对值的最大值。

第二步，数据标准化（消除量纲）。由于不同指标数据的单位不同，因此无法直接计算，而数据标准化的目的就是消除单位的影响，使所有数据都能够用同一种方法进行计算，换算公式为 $x_{ij} = \dfrac{x'_{ij}}{\sqrt{\sum\limits_{i=1}^{n}(x'_{ij})^2}}$，令标准化后的数据矩阵为 $\boldsymbol{R}$。

第三步，首先计算每个指标的均值 A_j，$A_j = \dfrac{1}{n}\sum\limits_{i=1}^{n} r_{ij}$；然后计算每个指标的标准差（均方差）$S_j$，$S_j = \sqrt{\dfrac{1}{n}\sum\limits_{i=1}^{n}(r_{ij} - A_j)^2}$。因为标准差可以描述取值的离散程度，即某指标的方差反映了该指标的分辨能力，所以可用标准差定义指标的权重。最后，计算每个指标的变异系数 V_j，$V_j = \dfrac{S_j}{A_j}$。

第四步，计算权重及得分。权重 $\omega_j = \dfrac{V_j}{\sum\limits_{i=1}^{n} V_j}$，得分 $S_j = \sum\limits_{i=1}^{n} \omega_j r_{ij}$。

二、变异系数法的案例应用

假设有表 4-9 指标值数据，$X_1 \sim X_7$ 为指标，A、B、C 为三个待评价对象，其中 X_4 和 X_6 为负向指标，其余为正向指标。

表 4-9 指标值

待评价对象	X_1	X_2	X_3	X_4	X_5	X_6	X_7
A	0.7430	0.8267	0.8324	12	0.8637	0.0743	0.0409
B	0.7567	0.8033	0.8736	−10	0.8538	0.0665	0.0716
C	0.8104	0.7667	0.8539	16	0.9038	0.0881	0.0657

由于有逆向指标，按照上述公式进行转化，转化为正向化矩阵，如表 4-10 所示。

表 4-10 指标正向化

待评价对象	X_1	X_2	X_3	X_4	X_5	X_6	X_7
A	0.6050	0.8267	0.8324	0.0360	0.8637	0.0743	0.0409
B	0.6000	0.8033	0.8736	0.1640	0.8538	0.0665	0.0716
C	0.5810	0.7667	0.8539	0.0310	0.9038	0.0881	0.0657

根据变异系数法原理，分别计算标准化矩阵、均值矩阵、标准差矩阵、变异系数矩阵、权重矩阵，结果如表 4-11 所示。

表4-11　指标计算结果

标准化矩阵	0.5866	0.5972	0.5631	0.2108	0.5705	0.5584	0.3879
	0.5818	0.5803	0.5910	0.9605	0.5640	0.4998	0.6791
	0.5634	0.5538	0.5776	0.1816	0.5970	0.6621	0.6232
均值矩阵	0.577	0.577	0.577	0.451	0.577	0.238	0.563
标准差矩阵	0.010	0.018	0.012	0.361	0.014	0.526	0.127
变异系数矩阵	0.017	0.031	0.020	0.801	0.025	2.211	0.225
权重矩阵	0.005	0.009	0.006	0.241	0.007	0.664	0.068

第四节　主成分分析法

一、主成分分析法的原理

在很多场景中需要对多变量数据进行观测,这在一定程度上增加了数据采集的工作量。更重要的是,多变量之间可能存在相关性,从而增加了问题分析的复杂性。如果对每个指标进行单独分析,其分析结果往往是孤立的,不能完全利用数据中的信息,因此盲目减少指标会损失很多有用的信息,从而产生错误的结论。因此,需要找到一种合理的方法,在减少需要分析的指标的同时,尽量减少原指标包含信息的损失,以达到对所收集数据进行全面分析的目的。由于各变量之间存在一定的相关关系,所以可以考虑将关系紧密的变量变成尽可能少的新变量,使这些新变量是两两不相关的,那么就可以用较少的综合指标分别代表存在于各个变量中的各类信息。

主成分分析法是最早由英国数学家卡尔·皮尔逊对非随机变量引入的一种统计方法,然后哈罗德·霍特林将此方法推广到随机向量的情形。主成分是指通过正交变换将一组可能存在相关性的变量转换为一组线性不相关的变量,转换后的这组变量就叫主成分。主成分分析法的使用是相当普遍的,如问卷的效度分析、因子分析的降维处理等。

主成分分析法是一种最常用的无监督降维方法,是通过降维技术把多个变量化为少数几个主成分的统计分析方法。这些主成分能够反映原始变量的绝大部分信息,它们通常表示为原始变量的某种线性组合。那么,主成分分析法又是如何确定指标权重的呢?用主成分分析法确定权重的方法是:以主成分的方差贡献率为权重,然后对该指标在各主成分线性组合中的系数进行加权平均的归一化。因此,要确定指标权重需要知道三点:①指标在各主成分线性组合中的系数;②主成分的方差贡献率;③指标权重的归一化。

利用主成分分析法对数据降维,可以得到以下数据:①前 p 个主成分的特征值以及对应的特征向量;②前 p 个主成分特征值各自的方差贡献率。

二、主成分分析法的应用步骤

第一步,确定指标在各主成分线性组合中的系数。现有一组数据,有 n 个指标,m 条待

评价对象。用主成分分析法可以得到前 p 个主成分及其对应的特征值和特征向量,则每个主成分中对应指标的系数为

$$\sigma = \frac{\beta}{\sqrt{\alpha}} = \frac{每个主成分中每个指标对应的元素}{\sqrt{每个主成分对应的特征值}}$$

$$\sigma = (\sigma_1, \sigma_2, \cdots, \sigma_p) = \begin{bmatrix} \frac{\beta_1^1}{\sqrt{\alpha_1}} & \frac{\beta_1^2}{\sqrt{\alpha_2}} & \cdots & \frac{\beta_1^p}{\sqrt{\alpha_p}} \\ \frac{\beta_2^1}{\sqrt{\alpha_1}} & \frac{\beta_2^2}{\sqrt{\alpha_2}} & \cdots & \frac{\beta_2^p}{\sqrt{\alpha_p}} \\ \vdots & \vdots & & \vdots \\ \frac{\beta_n^1}{\sqrt{\alpha_1}} & \frac{\beta_n^2}{\sqrt{\alpha_2}} & \cdots & \frac{\beta_n^p}{\sqrt{\alpha_p}} \end{bmatrix}$$

每个主成分都可以用如下的线性组合表示:

$$F_i = \sigma_{i1} X_1 + \sigma_{i2} X_2 + \cdots + \sigma_{in} X_n$$

第二步,利用主成分的方差贡献率确定综合得分模型系数,前 p 个主成分特征值的方差贡献率为 φ,综合得分模型系数为 γ(γ 对应每个指标的综合系数),则

$$\gamma_i = \frac{\sum_{j=1}^{n} \varphi_i \sigma_{ij}}{\sum_{k=1}^{p} \varphi_k}$$

得到综合得分模型为

$$\gamma = \gamma_1 X_1 + \gamma_2 X_2 + \cdots + \gamma_n X_n$$

第三步,指标权重归一化处理:

$$\omega_i = \frac{\gamma_i}{\sum_{i=1}^{n} \gamma_i}$$

三、主成分分析法的案例应用

表4-12 给出了我国部分地区居民的人均消费支出的部分数据,具体分为食品烟酒、衣着、居住、生活用品及服务、交通通信、教育文化娱乐、医疗保健、其他用品及服务等8个部分。试对8个部分确定权重。

表4-12 我国部分地区居民人均消费支出 单位:元

地区	类别							
	食品烟酒	衣着	居住	生活用品及服务	交通通信	教育文化娱乐	医疗保健	其他用品及服务
北京	7548.9	2238.3	12295.0	2492.4	5034.0	3916.7	2899.7	1000.4
天津	8647.0	1944.8	5922.4	1655.5	3744.5	2691.5	2390.0	845.6

续表 4-12

地区	类别							
	食品烟酒	衣着	居住	生活用品及服务	交通通信	教育文化娱乐	医疗保健	其他用品及服务
河北	3912.8	1173.5	3679.4	1066.2	2290.3	1578.3	1396.3	340.1
山西	3324.8	1206.0	2933.5	761.0	1884.0	1879.3	1359.7	316.0
内蒙古	5205.3	1866.2	3324.0	1199.9	2914.9	2227.8	1653.8	553.8
辽宁	5605.4	1671.6	3732.5	1191.7	3088.4	2534.5	1999.9	639.3
吉林	4144.1	1379.0	2912.3	795.8	2218.0	1928.5	1818.3	435.9
黑龙江	4209.0	1437.7	2833.0	776.4	2185.5	1898.0	1791.3	446.6
上海	10005	1733.4	13708.7	1824.9	4057.7	4685.9	2602.1	1173.3
江苏	6524.8	1505.9	5586.2	1443.5	3496.4	2747.6	1510.9	653.3
浙江	7750.8	1585.9	6992.9	1345.8	4306.5	2844.9	1696.1	556.1
安徽	5143.4	1037.5	3397.6	890.8	2102.3	1700.5	1135.9	343.8
福建	7212.7	1119.1	5533.0	1179.0	2642.8	1966.4	1105.3	491.0
江西	4626.1	1005.8	3552.2	859.9	1600.7	1606.8	877.8	329.7
山东	4715.1	1374.6	3565.8	1260.5	2568.3	1948.4	1484.3	363.6
河南	3687.0	1184.5	2988.3	1056.4	1698.6	1559.8	1219.8	335.2
湖北	5098.4	1131.7	3699.0	1025.9	1795.7	1930.4	1838.3	418.2
湖南	5003.6	1086.1	3428.9	1054.0	2042.6	2805.1	1424.0	316.1
广东	8717.0	1230.3	5790.9	1447.4	3380.0	2620.4	1319.5	714
广西	4409.9	564.7	2909.3	762.8	1878.5	1585.8	1075.6	237.1
海南	5935.9	631.1	2925.6	769.0	1995.0	1756.8	1101.2	288.1
重庆	5943.5	1394.8	3140.9	1245.5	2310.3	1993.0	1471.9	398.1
四川	5632.2	1152.7	2946.8	1062.9	2200.0	1468.2	1320.2	396.8
贵州	3954.0	863.4	2670.3	802.4	1781.6	1783.3	851.2	263.5
云南	3838.4	651.3	2471.1	742.0	2033.4	1573.7	1125.3	223.0
西藏	4788.6	1047.6	1763.2	617.2	1176.9	441.6	271.5	213.5
陕西	4124.0	1084.0	2978.6	1036.2	1760.7	1857.6	1704.8	353.7
甘肃	3886.9	1071.3	2475.1	836.8	1796.5	1537.1	1233.4	282.8
青海	4453.0	1265.9	2754.5	929.0	2409.6	1686.6	1598.7	405.8
宁夏	3796.4	1268.9	2861.5	932.4	2616.8	1955.6	15536	365.1
新疆	4338.5	1305.5	2698.5	943.2	2382.6	1599.3	1466.3	353.4

用 SPSS 软件解决主成分求解的计算问题。观察表4-12的数据,发现数据的数量级差别较大,因此本例选择从相关系数矩阵出发求解主成分。打开 SPSS 软件,在菜单栏中依次执行"分析"→"降维"→"因子"→命令,弹出"因子分析"对话框。在该对话框左侧的候选变量列表框中选择全部变量,均添加至"变量"列表框中。

然后,单击"描述"按钮,在弹出对话框的"统计量"选项中选择"单变量描述性",输出分析变量的初始共同度、特征值以及解释方差的百分比等。在"相关矩阵"选项中选中"系数""显著性水平""行列式""KMO 和 Bartlett 的球形度检验"。单击"抽取"按钮,在"方法"下拉菜单中选择"主成分"。单击"得分"按钮,选择"保存为变量",默认的方法是"回归"。由表4-13中相关矩阵的结果可以看出8个变量有较高的相关性,可以做主成分分析。

表4-13　相关矩阵

类别	食品烟酒	衣着	居住	生活用品及服务	交通通信	教育文化娱乐	医疗保健	其他用品及服务
食品烟酒	1.000	0.525	0.803	0.757	0.779	0.743	0.507	0.842
衣着	0.525	1.000	0.625	0.785	0.787	0.662	0.796	0.799
居住	0.803	0.625	1.000	0.876	0.836	0.902	0.709	0.904
生活用品及服务	0.757	0.785	0.876	1.000	0.890	0.835	0.772	0.886
交通通信	0.779	0.787	0.836	0.890	1.000	0.843	0.761	0.878
教育文化娱乐	0.743	0.662	0.902	0.835	0.843	1.000	0.807	0.893
医疗保健	0.507	0.796	0.709	0.772	0.761	0.807	1.000	0.816
其他用品及服务	0.842	0.799	0.904	0.886	0.878	0.893	0.816	1.000

由结果中的 KMO 和 Bartlett 的检验可知,KMO $=0.822>0.6$,说明数据适合做因子分析;Bartlett 球形检验的显著性 P 值 $=0.000<0.05$,也说明数据适合做因子分析。

由表4-14可以看出每个因子提取的程度。如主成分提取了"食品烟酒"变量68.2%的信息,提取了"其他用品及服务"变量94.6%的信息。各变量提取信息均超过了65%。

表4-14　公因子方差

类别	食品烟酒	衣着	居住	生活用品及服务	交通通信	教育文化娱乐	医疗保健	其他用品及服务
初始	1.000	1.000	1.000	1.000	1.000	1.000	1.000	1.000
提取	0.785	0.682	0.879	0.893	0.897	0.854	0.962	0.946

从表4-14中可以看到前两个主成分的累计贡献率达86.217%,因此可以考虑只取前面两个主成分,它们能够很好地概括原始变量。

表4-15 解释的总方差

成分	初始特征值			提取平方和载入		
	合计	方差的%	累积%	合计	方差的%	累积%
1	5.846	73.074	73.074	5.846	73.074	73.074
2	1.051	13.143	86.217	1.051	13.143	86.217
3	0.487	6.091	92.307			
4	0.249	3.112	95.420			
5	0.150	1.875	97.295			
6	0.117	1.460	98.755			
7	0.068	0.847	99.602			
8	0.032	0.398	100.000			
提取方法:主成分分析。a.使成分相关联后,便无法通过添加平方和载入来获得总方差。						

在初始特征值和主成分分析系数(表4-16)的基础上,确定主成分在各线性组合中的系数(表4-17)。系数=载荷数/对应特征值的开方,例如食品烟酒在成分1中的系数=0.851/$\sqrt{5.846}$≈0.3520。在成分2中的系数=−0.248/$\sqrt{1.051}$≈−0.2419。其他因素以此类推。

表4-16 主成分分析的系数

	成分1	成分2
食品烟酒	0.851	−0.248
衣着	0.809	0.162
居住	0.933	−0.089
生活用品及服务	0.945	−0.021
交通通信	0.944	0.082
教育文化娱乐	0.924	0.016
医疗保健	0.119	0.974
其他用品及服务	0.972	−0.027

表4-17 各线性组合中的系数

	成分1	成分2
食品烟酒	0.3520	−0.2419
衣着	0.3346	0.1580
居住	0.3859	−0.0868

续表 4-17

	成分 1	成分 2
生活用品及服务	0.3908	−0.0205
交通通信	0.3904	0.0800
教育文化娱乐	0.3822	0.0156
医疗保健	0.0492	0.9501
其他用品及服务	0.4020	−0.0263

由各线性组合中的系数,确定各因素在综合得分模型中的系数(表 4-18)。综合系数 = [系数(成分 1) * 方差百分比(成分 1)+系数(成分 2) * 对应方差百分比(成分 2)]/累积方差百分比。例如食品烟酒的综合系数 = [0.3520 * 73.074% +(−0.2419) * 13.143%]/86.217% ≈0.211。

表 4-18　各因素的综合系数

	综合系数	因素权重
食品烟酒	0.2614	0.1088
衣着	0.3076	0.1280
居住	0.3138	0.1306
生活用品及服务	0.3281	0.1365
交通通信	0.3430	0.1427
教育文化娱乐	0.3263	0.1358
医疗保健	0.1865	0.0776
其他用品及服务	0.3367	0.1401

最后,确定各因素的权重。将各因素在综合得分模型中的系数进行归一化处理,权重 = 综合系数 1/各因素综合系数之和(结果见表 7 最后一列)。例如食品烟酒的权重 = 0.2614/(0.2614+0.3076+0.3138+0.3281+0.3430+0.3263+0.1865+0.3367) ≈0.101。

第五节　CRITIC 权重法

一、CRITIC 权重法的原理与应用步骤

CRITIC 权重法是由 Diakoulaki 提出的一种客观权重赋权法,是一种比熵权法和标准离差法更好的客观赋权法,也是一种基于数据波动性的客观赋权法。通常在确定指标权重时更多关注的是数据本身,而数据之间的波动性大小也是一种信息,或者数据之间的相关关系

大小也是一种信息,可利用数据波动性大小或数据相关关系大小计算权重。其思想在于两项指标,分别是波动性(对比强度)和冲突性(相关性)指标。对比强度用标准差表示,数据标准差越大说明波动越大,权重会越高;冲突性用相关系数表示,指标之间的相关系数值越大,说明冲突性越小,那么其权重也就越低。计算权重时,对比强度与冲突性指标相乘,并且进行归一化处理,即得到最终的权重。

运用 CRITIC 权重法要去除数据的奇异点。奇异点是指某个体的某项指标远超出(大于或者小于)同类个体的同项指标的数据。一般地,采用 3σ 原则去检测奇异点,即认为如果某个体的某项指标远超出数据集中同类个体的同项指标平均值的 3 倍标准差范围,则认为此数据为奇异点,应被去除。

CRITIC 权重法适用于数据稳定性可视作一种信息,并且分析的指标或因素之间有着一定的关联关系的数据。

第一步,假设现有一组数据,有 m 个待评价对象,n 个评价指标,构成原始数据矩阵 $\boldsymbol{X}$:

$$\boldsymbol{X} = \begin{pmatrix} x_{11} \cdots x_{1n} \\ \vdots \ddots \vdots \\ x_{m1} \cdots x_{mn} \end{pmatrix}$$

第二步,数据标准化。其主要目的是消除量纲影响,使所有数据能用统一的标准去衡量。对于正向指标,

$$x'_{ij} = \frac{x_{ij} - \min(x_j)}{\max(x_j) - \min(x_j)}$$

对于逆向指标,

$$x'_{ij} = \frac{\min(x_j) - x_{ij}}{\max(x_j) - \min(x_j)}$$

第三步,计算信息承载量波动性 S_j:

$$S_j = \sqrt{\frac{\sum_{i=1}^{m} (x_{ij} - \overline{x_j})^2}{n - 1}}$$

其中,$\overline{x_j}$ 为每个指标(列向量)数据的均值。

第四步,计算冲突性。要用到的指标相关性矩阵为 $\boldsymbol{R}$,$\boldsymbol{R}$ 矩阵对应的每个值为 r_{ij},计算公式为

$$\boldsymbol{R} = \frac{\sum_{j,k=1}^{n} (x_{ij} - \overline{x_j})(x_{ik} - \overline{x_k})}{\sqrt{\sum_{j=1}^{n} (x_{ij} - \overline{x_j})^2 \sum_{k=1}^{n} (x_{ik} - \overline{x_k})^2}}$$

则冲突性计算公式为

$$A_j = \sum_{i=1}^{n} (1 - r_{ij})$$

式中,r_{ij} 表示第 i 个指标与第 j 个指标的相关系数。

第五步,计算信息量 C_j,计算公式为

$$C_j = S_j \times A_j。$$

第六步,计算权重 W_j,计算公式为

$$W_j = \frac{C_j}{\displaystyle\sum_{j=1}^{n} C_j} \text{。}$$

二、CRITIC 权重法的案例应用

现有四家银行的运营情况数据(表4-19),利用 CRITIC 权重法确定各指标的权重。

表4-19　中国商业银行运营情况

指标	资产收益率	费用利润率	逾期贷款率	资产使用率	自有资本率
中信银行	0.4830	13.2682	0.0000	4.3646	5.1070
光大银行	0.4035	13.4909	39.0131	3.6151	5.5005
浦发银行	0.8979	25.7776	9.0513	4.8920	7.5342
招商银行	0.5927	16.0245	13.2935	4.4529	6.5913

经过数据清洗与无量纲化工程之后,得到标准化数据(表4-20)。其中,逾期贷款率越低越好,故使用逆向指标数据标准化公式计算,其余指标用正向指标数据标准化公式计算。

表4-20　标准化之后的数据表

指标	资产收益率	费用利润率	逾期贷款率	资产使用率	自有资本率
中信银行	0.16080	0.00000	1.00000	0.58697	0.00000
光大银行	0.00000	0.01780	0.00000	0.00000	0.16212
浦发银行	1.00000	1.00000	0.76799	1.00000	1.00000
招商银行	0.38269	0.22034	0.65926	0.65612	0.61153

S_j 的计算过程略。

根据指标相关性矩阵公式,得到的相关系数矩阵 $\boldsymbol{R}$ 如下:

$$\boldsymbol{R} = \begin{pmatrix} 1.00 & 0.98 & 0.43 & 0.88 & 0.92 \\ 0.98 & 1 & 0.77 & 0.27 & 0.92 \\ 0.43 & 0.77 & 1.00 & 0.80 & 0.16 \\ 0.88 & 0.27 & 0.80 & 1.00 & 0.72 \\ 0.92 & 0.92 & 0.16 & 0.72 & 1.00 \end{pmatrix}$$

依据 $\boldsymbol{R}$ 矩阵,还需计算 A_j 的值。

根据 $C_j = S_j \times A_j$,计算出实例中各指标的权重(表4-21),$W_j = \dfrac{C_j}{\displaystyle\sum_{j=1}^{n} C_j}$。

表 4-21　各指标的权重

资产收益率	费用利润率	逾期贷款率	资产使用率	自有资本率
0.12191	0.16497	0.38126	0.13543	0.19683

第五章　层次分析法

第一节　层次分析法概述

一、层次分析法的应用背景

人们在实际生活中常常会遇到各种各样的决策问题,这些问题往往涉及经济、社会、人文等方面的因素。在做比较、判别、评价、决策时,这些因素的重要性、影响力或者优先程度往往难以量化,人的主观选择会起着相当重要的作用,这就给用一般的数学方法解决问题带来本质上的困难。层次分析法是美国运筹学家托马斯·塞蒂于 20 世纪 70 年代提出的一种系统分析方法。它综合定性与定量分析,模拟人的决策思维过程,来对多因素复杂系统,特别是难以定量描述的社会系统进行分析。层次分析法是一种系统化的、层次化的多目标综合评价方法。在评价对象的待评价属性复杂多样、结构各异、难以量化的情况下,层次分析法也能发挥作用。层次分析法把复杂的问题分解为各个组成因素,又将这些因素按支配关系分组形成递阶层次结构。通过两两比较的方式确定层次中诸因素的相对重要性。然后综合有关人员的判断,确定备选方案相对重要性的总排序。整个过程体现了"分解—判断—综合"的决策思维特征。

二、层次分析法的应用思路

目前,层次分析法是分析多目标、多准则的复杂公共管理问题的有力工具。它具有思路清晰、方法简便、适用面广、系统性强等特点,便于普及推广,可成为人们工作和生活中思考问题、解决问题的一种方法。将层次分析法引入决策,是决策科学化的一大进步。它最适宜于解决那些难以完全用定量方法进行分析的公共决策问题。应用层次分析法解决问题的思路是:首先,把要解决的问题分层次系列化,将问题分解为不同的组成因素,按照因素之间的相互影响和隶属关系将其分层聚类组合,形成一个递阶的、有序的层次结构模型;然后,对模型中每一层次因素的相对重要性,依据人们对客观现实的判断给予定量表示,再利用数学方法确定每一层次全部因素相对重要性次序的权值;最后,通过综合计算各层因素相对重要性的权值,得到最底层(方案层)相当于最高层(总目标)的相对重要性次序的组合权值,以此作为评价和选择方案的依据。层次分析法将人们的思维过程和主观判断数学化,不仅简化了系统分析与计算工作,还有助于决策者保持其思维过程和决策原则的一致性,对于那些难以全部量化处理的复杂问题,能得到比较满意的决策结果。因此,它在能源政策分析、产业结构研究、科技成果评价、发展战略规划、人才考核评价以及发展目标分析等许多方面得到广泛的应用。

三、层次分析法的特点

第一,系统性。层次分析法把研究对象作为一个系统,按照分解、比较判断、综合的思维方式进行决策,成为继机理分析法、统计分析法之后发展起来的系统分析的重要工具。

第二,实用性。层次分析法将定性和定量方法结合起来,能处理许多用传统的最优化技术无法解决的实际问题,应用范围很广。同时,这种方法使得决策者与决策分析者能够相互沟通,决策者甚至可以直接应用它,增加了决策的有效性。

第三,简洁性。本科生可以了解它的基本原理并掌握它的基本步骤,计算也非常简便,并且所得结果简单明确,容易被决策者了解和掌握。

以上三点体现了层次分析法的优点,该法的局限性主要表现在:①只能从原有的方案中优选一个出来,没有办法得出更好的新方案;②该法中的比较、判断以及结果的计算过程都是粗糙的,不适用于精度较高的问题;③从建立层次结构模型到给出比较矩阵,人的主观因素对整个过程的影响很大,这就使得结果难以被所有决策者接受。当然,采取专家群体判断的办法是克服这个缺点的一种途径。

第二节　层次分析法的应用过程

一、层次分析法的基本原理

为了说明层次分析法的基本原理,首先分析下面这个简单的事实。假定已知 n 个西瓜中每个西瓜的质量分别为 $\omega_1,\omega_2,\cdots,\omega_n$ 且总和为1,即 $\sum_{i=1}^{n}\omega_i = 1$。把这些西瓜两两比较(相除),很容易得到表示 n 个西瓜相对质量关系的比较矩阵(以下称为判断矩阵):

$$\begin{pmatrix} \dfrac{\omega_1}{\omega_1} & \dfrac{\omega_1}{\omega_2} & \cdots & \dfrac{\omega_1}{\omega_n} \\[2ex] \dfrac{\omega_2}{\omega_1} & \dfrac{\omega_2}{\omega_2} & \cdots & \dfrac{\omega_2}{\omega_n} \\[1ex] \vdots & \vdots & \vdots & \vdots \\[1ex] \dfrac{\omega_n}{\omega_1} & \dfrac{\omega_n}{\omega_2} & \cdots & \dfrac{\omega_n}{\omega_n} \end{pmatrix} = (a_{ij})_{n\times n}$$

显然 $a_{ii}=1, a_{ij}=\dfrac{1}{a_{ji}}$。对于矩阵 $(a_{ij})_{n\times n}$,如果满足关系 $a_{ij}=\dfrac{a_{ik}}{a_{jk}}(i,j,k=1,2,\cdots,n)$,则

称矩阵具有完全一致性。$\dfrac{a_{ik}}{a_{jk}}$ 可以证明具有完全一致性的矩阵 $\boldsymbol{A}=(a_{ij})_{n\times n}$ 有以下性质:

第一,$\boldsymbol{A}$ 的转置也是一致阵。

第二,矩阵 $\boldsymbol{A}$ 的最大特征根 $\lambda_{\max}=n$,其余特征根均为0。

第三,设 $\boldsymbol{u}=(u_1,u_2,\cdots,u_n)^{\mathrm{T}}$ 是 $\boldsymbol{A}$ 对应 $\lambda_{\max}$ 的特征向量,则 $a_{ij}=\dfrac{u_i}{u_j}(i,j=1,2,\cdots,n)$。

第四,若 $W = \begin{pmatrix} W_1 \\ W_2 \\ \vdots \\ W_n \end{pmatrix}$,则矩阵 A 是完全一致的矩阵,且有 $AW=nW$。即 n 是 n 个西瓜相对质量关系的判断矩阵 A 的一个特征根,每个西瓜的质量对应于矩阵 A 特征根为 n 的特征向量 W 的各个分量。

我们会提出一个相反的问题,如果事先不知道每个西瓜的质量,也没有衡器去称量,如果能设法得到判断矩阵 A (比较每两个西瓜的质量是容易的),能否导出每个西瓜的质量呢?显然是可以的,在判断矩阵具有完全一致的条件下,可以通过解特征值 $AW = \lambda_{max}W$ 求出正规化特征向量(假设西瓜总质量为1),从而得到 n 个西瓜的相对质量。

同样,对于复杂的社会公共管理问题,通过建立层次分析结构模型,构造出判断矩阵,利用特征值方法即可确定各种方案和措施的重要性排序权值,以供决策者参考。

对于层次分析法,判断矩阵的一致性是十分重要的。此时矩阵的最大特征根 $\lambda_{max} = n$,其余特征根均为0。在一般情况下,可以证明判断矩阵的最大特征根为单根,且 $\lambda_{max} \geq n$ 。当判断矩阵具有满意的一致性时,矩阵的最大特征值为 n ,其余特征值接近于0,这时,基于层次分析法得出的结论才基本合理。由于客观事物的复杂性和人们认识上的多样性,要求判断矩阵都具有完全一致性是不可能的,但我们要求一定程度上的一致,因此对构造的判断矩阵需要进行一致性检验。

二、层次分析法的计算步骤

第一步,建立层次结构模型。运用层次分析法进行系统分析,首先要对所包含的因素分组,每一组作为一个层次,把问题条理化、层次化,构造层次分析的结构模型。这些层次大体上可分为3类:①最高层。在这一层次中只有一个元素,一般就是分析问题的预定目标或理想结果,因此又称目标层。②中间层。这一层次包括了为实现目标所涉及的中间环节,可由若干个层次组成,包括所需要考虑的准则、子准则,因此又称为准则层。③最底层。表示为实现目标可供选择的各种措施、决策、方案等,因此又称为措施层或方案层。

层次分析结构中各项称为此结构模型中的元素,这里要注意,层次之间的支配关系不一定就是完全的,即可以有元素(非底层元素)并不支配下一层次的所有元素而只支配其中部分元素。这种自上而下的支配关系所形成的层次结构,称为递阶层次结构。递阶层次结构中的层次数与问题的复杂程度及分析的详尽程度有关,一般可不受限制。为了避免由于支配的元素过多而给两两比较判断带来困难,每层次中各元素所支配的元素一般不要超过9个,多于9个时可将该层次再划分为若干子层。

例如,四个国家综合实力比较的层次结构模型如图5-1所示。

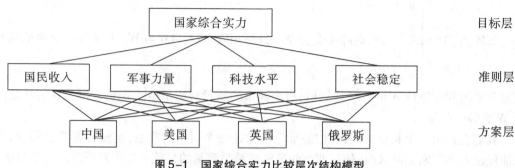

图5-1　国家综合实力比较层次结构模型

图5-1中,最高层表示解决问题的目的,即应用层次分析法所要达到的目标;中间层表示采用某种措施与政策来实现预定目标所涉及的中间环节,一般又分为策略层、约束层、准则层等;最底层表示解决问题的措施或政策(方案)。然后,用连线表明上一层因素与下一层的联系。如果某个因素与下一层所有因素均有联系,那么称这个因素与下一层存在完全层次关系。有时存在不完全层次关系,即某个因素只与下一层次的部分因素有联系。层次之间可以建立子层次。子层次从属于主层次的某个因素。它的因素与下一层次的因素有联系,但不形成独立层次,层次结构模型往往由结构模型表示。

第二步,构造判断矩阵。任何系统分析都以一定的信息为基础。层次分析法的信息基础主要是人们对每一层次各因素的相对重要性给出的判断,这些判断用数值表示出来,写成矩阵形式就是判断矩阵。判断矩阵是层次分析法工作的出发点,构造判断矩阵是层次分析法的关键一步。当上、下层之间关系被确定之后,需确定与上层某元素(目标 A 或某个准则 Z)相联系的下层各元素在上层元素 Z 之中所占的比重。假定 A 层中因素 A_k 与下一层次中因素 $B_1,B_2,\cdots,B_n$ 有联系,则我们构造的判断矩阵如表5-1所示。

表5-1　判断矩阵

A_k	B_1	B_2	$\cdots$	B_n
B_1	b_{11}	b_{12}	$\cdots$	b_{1n}
B_2	b_{21}	b_{22}	$\cdots$	b_{2n}
$\vdots$	$\vdots$	$\vdots$	$\vdots$	$\vdots$
B_n	b_{n1}	b_{n2}	$\cdots$	b_{nn}

表5-1中, b_{ij} 是对于 A_k 而言, B_i 对 B_j 的相对重要性的数值表示,判断矩阵表示针对上一层次某因素而言,本层次与之有关的各因素之间的相对重要性。填写判断矩阵的方法是:向填写人(专家)反复询问,如针对判断矩阵的准则,其中两个元素两两比较哪个重要,重要多少。对重要性程度,可用 1~9 尺度赋值,见表5-2。

表5-2 重要性标度含义

重要性标度	含义
1	表示两个元素相比,具有同等重要性
3	表示两个元素相比,前者比后者稍重要
5	表示两个元素相比,前者比后者明显重要
7	表示两个元素相比,前者比后者强烈重要
9	表示两个元素相比,前者比后者极端重要
2,4,6,8	表示上述两相邻判断的中间值
倒数	若元素 i 与元素 j 的重要性之比为 b_{ij},则元素 j 与元素 i 的重要性之比为 $b_{ji}=1/b_{ij}$

采用 1~9 的比例标度的依据是:①心理学的实验表明,大多数人对不同事物在相同属性上差别的分辨能力在 5~9 级,采用 1~9 的标度反映了大多数人的判断能力。②大量的社会调查表明,1~9 的比例标度早已为人们所熟悉和采用。③科学考察和实践表明,1~9 的比例标度已完全能区分引起人们感觉差别的事物的各种属性。因此,目前在层次分析法的应用中,大多数都采用尺度。当然,关于不同尺度的讨论一直存在着。

第三步,层次单排序。所谓层次单排序,是指根据判断矩阵计算对于上一层某因素而言本层次与之有联系的因素的重要性次序的权值。它是本层次所有因素相对上一层而言的重要性进行排序的基础。层次单排序可以归结为计算判断矩阵的特征根和特征向量问题,即对判断矩阵 B,计算满足公式 $AW=\lambda_{max}W$ 的特征根与特征向量。式中,λ_{max} 为 A 的最大特征根;W 为对应于 λ_{max} 的正规化特征向量;W 的分量 ω_i 即是相应因素单排序的权值。

为了检验矩阵的一致性,需要计算它的一致性指标 CI,CI 的定义为

$$CI=\frac{\lambda_{max}-n}{n-1}$$

显然,当判断矩阵具有完全一致性时,$CI=0$。$\lambda_{max}-n$ 越大,CI 越大,判断矩阵的一致性越差。注意到矩阵 B 的 n 个特征值之和恰好等于 n,因此 CI 相当于除 λ_{max} 外其余 $n-1$ 个特征根的平均值。为了检验判断矩阵是否具有满意的一致性,需要找出衡量矩阵 B 的一致性指标 CI 的标准,引入了随机一致性指标表(表5-3)。

表5-3 1~9 矩阵的平均随机一致性指标

阶数	1	2	3	4	5	6	7	8	9
RI	0	0	0.58	0.90	1.12	1.24	1.32	1.41	1.45

对于 1 阶、2 阶判断矩阵,RI 只是形式上的,按照我们对判断矩阵所下的定义,1 阶、2 阶判断矩阵总是完全一致的。当阶数大于 2 时,判断矩阵的一致性指标 CI,与同阶平均随机一致性的指标 RI 之比(CI/RI)称为判断矩阵的随机一致性比率,记为 CR。当 $CR=CI/RI<0.1$ 时,判断矩阵具有满意的一致性,否则就需对判断矩阵进行调整。

第四步,层次总排序。利用同一层次中所有层次单排序的结果,就可以计算针对上一层次而言本层次所有因素重要性的权值,这就是层次总排序。层次总排序需要从上到下逐层顺序进行。

第五步,一致性检验。为评价层次总排序的计算结果的一致性如何,需要计算与单排序类似的检验量。由高层向下,逐层进行检验。设第 k 层中某些因素对 $k-1$ 层第 j 个元素单排序的一致性指标为 CI,平均随机一致性指标为 RI,$CI=0$,有完全的一致性;CI 接近于 0,有满意的一致性;CI 越大,不一致越严重。

层次分析法被正式提出以后,由于它在处理复杂决策问题上的实用性和有效性,很快就在世界范围内得到普遍的重视和广泛的应用,目前它的应用已遍及经济计划和管理、能源政策和分配、行为科学、军事指挥、运输、农业、教育、医疗、环境等领域。从处理的类型看,主要是决策、评价、分析、预测等,这个方法在 20 世纪 80 年代初引入我国,很快被广大的数学工作者和有关领域的科技人员接受,得到了大量的应用。

第三节　层次分析法的应用案例

空调的选购要考虑各方面的因素,比如空调的价格、性能、品牌等。下面就用层次分析法对我国三大空调品牌的选择进行分析,为消费者提供一种购买决策。选购的准则有空调的品牌信誉、产品技术、性能指标、空调的经销商和价格。三大空调品牌为格力、海尔、美的。

第一步,建立层次结构模型,如图 5-2 所示。

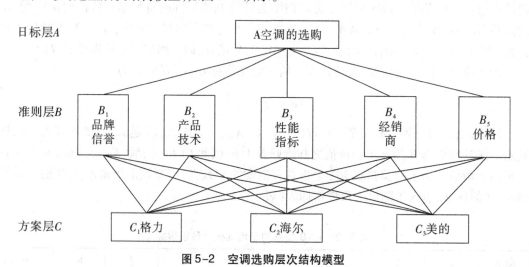

图 5-2　空调选购层次结构模型

第二步,构造成对比较矩阵并赋值。根据递阶层次结构构造判断矩阵。构造判断矩阵的方法是:每一个具有向下隶属关系的元素(被称作准则)作为判断矩阵的第一个元素(位于左上角),隶属于它的各个元素依次排列在其后的第一行和第一列。构造判断矩阵并赋值,填写后的判断矩阵中,目标层 A 的判断矩阵如表 5-4 所示。

表5-4　目标层 A 的判断矩阵

A	B_1	B_2	B_3	B_4	B_5
B_1	1	1/3	1/5	5	3
B_2	3	1	1/2	3	3
B_3	5	2	1	7	5
B_4	1/5	1/3	1/7	1	1
B_5	1/3	1/3	1/5	1	1

准则层 B 的各类准则判断矩阵如表5-5所示。

表5-5　准则层 B 的判断矩阵

B_1	C_1	C_2	C_3	B_2	C_1	C_2	C_3
C_1	1	3	1	C_1	1	2	1
C_2	1/3	1	1/5	C_2	1/2	1	1/3
C_3	1	5	1	C_3	1	3	1
B_3	C_1	C_2	C_3	B_4	C_1	C_2	C_3
C_1	1	4	3	C_1	1	3	3
C_2	1/4	1	2	C_2	1/3	1	1
C_3	1/3	1/2	1	C_3	1/3	1	1
B_5	C_1	C_2	C_3				
C_1	1	5	2				
C_2	1/5	1	1/3				
C_3	1/2	3	1				

第三步,层次单排序(计算权向量)与检验。对于赋值后的判断矩阵,利用一定数学方法进行层次排序。层次单排序是指每一个判断矩阵各因素针对其准则的相对权重,因此本质上是计算权向量。用求和法计算权向量,对于一致性判断矩阵,每一列归一化后就是相应的权重。对于非一致性判断矩阵,每一列归一化后近似其相应的权重,再对这 n 个列向量求取算术平均值作为最后的权重。

将目标层 A 的判断矩阵各列归一化: $b_{ij} = \dfrac{a_{ij}}{\sum a_{ij}}$ 。矩阵 A 第一列的和为9.533,第二列的和为4,第三列的和为2.043,第四列的和为17,第五列的和为13,则得到如表5-6所示的矩阵。

表5-6 目标层 *A* 判断矩阵归一化后的结果

A	B_1	B_2	B_3	B_4	B_5
B_1	0.105	0.083	0.098	0.294	0.231
B_2	0.315	0.250	0.244	0.176	0.231
B_3	0.524	0.500	0.490	0.412	0.384
B_4	0.021	0.083	0.070	0.059	0.077
B_5	0.035	0.084	0.098	0.059	0.077

将矩阵各行求和得到如下结果(矩阵 *V*),如表5-7所示。

表5-7 矩阵 *V*

	B_1	B_2	B_3	B_4	B_5
各行求和	0.811	1.216	2.310	0.310	0.353

再进行归一化,得到准则层权重,如表5-8所示。

表5-8 准则层权重

	B_1	B_2	B_3	B_4	B_5
准则层权重	0.162	0.243	0.462	0.062	0.071

第四步,一致性检验。正确地判断矩阵重要性排序是有一定逻辑规律的,例如若 *A* 比 *B* 重要,*B* 又比 *C* 重要,则从逻辑上讲,*A* 应该比 *C* 明显重要,若两两比较时出现 *C* 比 *A* 重要的结果,则该判断矩阵违反了一致性准则,在逻辑上是不合理的。因此在实际中要求判断矩阵满足大体上的一致性,需进行一致性检验。只有通过检验,才能说明判断矩阵在逻辑上是合理的。为了判断矩阵的一致性,利用最大特征根 λ_{max} 与矩阵 *A* 的 *n* 阶的差 $\lambda_{max} - n$ 来检验。

$$AW = \begin{bmatrix} 1 & \frac{1}{3} & \frac{1}{5} & 5 & 3 \\ 3 & 1 & \frac{1}{2} & 3 & 3 \\ 5 & 2 & 1 & 7 & 5 \\ \frac{1}{5} & \frac{1}{3} & \frac{1}{7} & 1 & 1 \\ \frac{1}{3} & \frac{1}{3} & \frac{1}{5} & 1 & 1 \end{bmatrix} \times \begin{bmatrix} 0.162 \\ 0.243 \\ 0.462 \\ 0.062 \\ 0.071 \end{bmatrix} = \begin{bmatrix} x_1 \\ x_2 \\ x_3 \\ x_4 \\ x_5 \end{bmatrix}$$

则 $x_1 = 0.8584$,$x_2 = 1.359$,$x_3 = 2.547$,$x_4 = 0.3124$,$x_5 = 0.3604$。

$$\lambda_{max} = \frac{1}{5} \left(\frac{x_1}{0.162} + \frac{x_2}{0.243} + \frac{x_3}{0.462} + \frac{x_4}{0.062} + \frac{x_5}{0.071} \right) = 5.30$$

再计算一致性指标 $CI = \dfrac{\lambda_{\max} - n}{n-1} = \dfrac{5.30-5}{5-1} = 0.075$。

然后查表确定相应的平均随机一致性指标 RI。根据判断矩阵不同阶数查表 5-3,得到平均随机一致性指标 RI。例如,对于 5 阶的判断矩阵,查表 5-3 得到 $RI=1.12$。然后计算一致性比例 $CR = \dfrac{CI}{RI} = \dfrac{0.075}{1.12} = 0.06$。由于 $CR<0.1$,所以认为判断矩阵的一致性是可以接受的。

同理,可得准则层 B 的各类准则(B_1、B_2、B_3、B_4、B_5)经归一化求权重和一致性检验后的一致性比例的结果,如表 5-9 所示。

表 5-9 准则层 B 一致性结果

B_1	单排序权值	B_2	单排序权值	B_3	单排序权值
C_1	0.405	C_1	0.387	C_1	0.620
C_2	0.115	C_2	0.170	C_2	0.220
C_3	0.480	C_3	0.443	C_3	0.160
CR	0.014	CR	0.008	CR	0.053
B_4	单排序权值	B_5	单排序权值		
C_1	0.600	C_1	0.580		
C_2	0.200	C_2	0.110		
C_3	0.200	C_3	0.310		
CR	0.000	CR	0.003		

根据以上结果可以看出 CR 的值均小于 0.10,因此认为各准则层的判断矩阵的一致性是可以接受的。

第五步,层次总排序与检验。方案层单排序权值分别与对应准则层权值相乘后再相加即可得到总排序权值。层次总排序如表 5-10 所示。

表 5-10 层次总排序

准则		品牌信誉	产品技术	性能指标	经销商	价格	总排序权值
准则层权值		0.162	0.243	0.462	0.062	0.071	
方案层单排序权值	格力	0.405	0.387	0.620	0.600	0.580	0.524
	海尔	0.115	0.170	0.220	0.200	0.110	0.182
	美的	0.480	0.443	0.160	0.200	0.310	0.294

然后对层次总排序进行一致性检验,检验公式为

$$CR = \frac{\sum\limits_{j=1}^{m} CI\, \alpha_j}{\sum\limits_{j=1}^{m} RI\, \alpha_j}$$

经计算得 $CR=0.03<0.1$,认为判断矩阵的整体一致性是可以接受的。

通过对以上层次单排序和总排序的分析,从方案层总排序的结果来看,人们购买格力空调的比重大于购买海尔和美的空调的比重,人们倾向于购买格力空调。

第六章 逼近理想解排序法

第一节 逼近理想解排序法的原理

一、逼近理想解排序法的应用背景

TOPSIS(Technique for Order Preference by Similarity to Ideal Solution)是 C. L. Hwang 和 K. Yoon 于 1981 年首次提出的适用于根据多项指标对多个方案进行比较选择的一种分析方法,可翻译为逼近理想解排序法,或称优劣解距离法或理想点法,是一种常用的综合评价方法。

TOPSIS 是一种多属性的决策分析方法,可以帮助人们在多个因素之间做出权衡和选择。它的思想来源于多元统计分析中的判别问题,通过有限个评价指标与理想目标的接近程度来进行排序,并对现有的分析对象进行相对优劣的评价。该方法的主要思想是构造方案的正理想系统和负理想系统,以此作为评价各个方案的基准,并将所需要评价的方案与理想方案和负理想方案进行对比分析来排序,离理想方案越近,离负理想方案越远,则评判该方案越佳。在运用 TOPSIS 进行评价分析时,对于样本含量指标多少以及数据分布规律并没有严格限制,既适合一些小样本的评价系统,又适用于多指标、多评价单元的大样本评价系统,既能用于多单位之间的横向对比,又能用于不同年度的纵向分析,该方法应用广泛,计算方便,结果客观。

其基本原理是通过检测评价对象与最优解、最劣解的距离来进行排序,若评价对象最靠近最优解同时又最远离最劣解,则为最好;否则不为最优。其中最优解的各指标值都达到各评价指标的最优值,最劣解的各指标值都达到各评价指标的最差值。为了对众多方案给出一个排序,在给出所有方案之后,可以根据这些数据,构造出一个所有方案组成的系统中的理想最优解和最劣解。而 TOPSIS 的思路就是,通过一定的计算,评估方案系统中任何一个方案距离理想最优解和最劣解的综合距离。如果一个方案距离理想最优解越近,距离最劣解越远,我们就有理由认为这个方案更好。那理想最优解和最劣解又是什么呢?很简单,理想最优解就是该理想最优方案的各指标值都取到系统中评价指标的最优值,最劣解就是该理想最劣方案的各指标值都取到系统中评价指标的最劣值。理想最优解中的数据都是各方案中的数据,而不要选择方案中没有的数据,理想最劣解同理。

二、逼近理想解排序法的基本思想

TOPSIS 法的中心思想在于首先确定各项指标的正理想解(最优方案)和负理想解(最劣方案),所谓正理想解是一设想的最好值(方案),它的各个属性值都达到各候选方案中最好的值,而负理想解是另一设想的最坏值(方案),然后求出各个方案与正理想解、负理想解之间的欧氏距离,由此得到各方案与最优方案的接近程度,作为评价方案优劣的标准。TOPSIS法是根据有限个评价对象与理想化目标的接近程度进行排序的方法,是在现有的对象中进行相对优劣的评价。TOPSIS法是一种逼近于理想解的排序法,该方法只要求各效用函数具有单调递增(或递减)性就行,是多目标决策分析中一种常用的有效方法。方案排序的规则是把各备选方案与理想解和负理想解做比较,若其中有一个方案最接近理想解,而同时又远离负理想解,则该方案是备选方案中最好的方案。

TOPSIS与层次分析法、熵权法相比,层次分析法主要用来确定每个指标在每个方案中所占权重,在得到权重后与每个指标对应的值求积再求和就能得到每个方案的综合评分,因此也可以用来进行评价。但是也有各自的局限性,例如层次分析法主观性太强且方案层不能太多,否则很难通过一致性检验,而熵权法而只适用于计算权重,其所得评价结果具有一定的局限性。

TOPSIS法的优点主要表现为以下几点:①性能略受备选方案数量的影响,随着备选方案数量和标准数量的增加,排名差异在较小程度上被放大。②使用消极和积极标准轻松做出决策。③相对容易实现,易懂且快速,提供了一个结构良好的分析系统过程。④对定性和定量数据很有用。⑤决策过程中可应用的标准数量多。⑥输出(基于结构良好的分析框架)可以是基于数值的可行备选方案优先排序,从而更好地理解备选方案之间的差异和相似性。⑦在选择集的定义上具有很大的灵活性。⑧TOPSIS法被证明是解决排序反转问题的最佳方法之一。

TOPSIS法的缺点主要表现为以下几点:①标准化决策矩阵的操作,其中每个标准的标准化尺度通常是从执行的度量之间的狭窄差距中推导出来的。也就是说,TOPSIS法中的差距过小不利于排名,也无法反映备选方案的真正优势。②我们从未在TOPSIS法中考虑决策者的风险评估。③与层次分析法类似,TOPSIS法提出了排名逆转的问题(当模型中包含新的备选方案时,最终排名可以互换)。从研究结果中可以发现,TOPSIS法也显示出一定的失败率。④按相对欧氏距离对方案进行排序时,可能会出现与理想点欧氏距离更近的方案或可能与负理想点的欧氏距离也更近的情况,在此情形下的评价结果并不能完全反映出各方案的优劣性,因此TOPSIS法在这种特殊情况下需要通过其他手段进行改进。

第二节　逼近理想解排序法的应用步骤

第一步,原始矩阵正向化(统一转化为极大指标),分为三种情况:①极小型指标转化为极大型指标。极小型指标指其数值越小所代表的效果越好,例如排名,数值越小越好。其转换方法有以下两种:$max - x$ 或者 $\frac{1}{x}$ (要求 x 为整数)。②中间型指标转化为极大型指标。中间型指标指其数值在某个中间值时为其最佳值,例如 pH 值,pH = 7 即为其中间值(最佳值)。其转换方法如下:参数 M(到最佳值距离的最大值)$= max\{|x_i - x_{best}|\}$。③区间型指标转化为极大型指标。区间型指标指其数值落在某一个区间内时均为最佳值,例如人的体温区间为 $[36, 37.2]$。假设其最佳区间为 $[a, b]$,则其转换方法如下:

$$x_{i\text{new}} = \begin{cases} 1 - \dfrac{a - x_i}{M}, & x_i < a \\ 1, & a < x_i < b \\ 1 - \dfrac{x_i - b}{M}, & x_i > b \end{cases}$$

第二步，正向化矩阵标准化。假设已正向化的矩阵有 n 个评价对象，m 个指标。

$$X = \begin{pmatrix} x_{11} & \cdots & x_{1m} \\ \vdots & \ddots & \vdots \\ x_{n1} & \cdots & x_{nm} \end{pmatrix} \longrightarrow Z = \left[z_{ij} = \dfrac{x_{ij}}{\sqrt{\sum\limits_{i=1}^{n} x_{ij}^2}} \right]$$

第三步，计算得分并归一化，计算每一列的最大值 Z^+ 和最小值 Z^-。那么，第 i 个评价对象（方案）与最大值距离：

$$D_i^+ = \sqrt{\sum_{j=1}^{m} \omega_j \left(Z_j^+ - z_{ij} \right)^2}$$

第 i 个评价对象（方案）与最小值距离：

$$D_i^- = \sqrt{\sum_{j=1}^{m} \omega_j \left(Z_j^- - z_{ij} \right)^2}$$

式中，ω_j 为每个指标的权重，默认权重都相同，在实际计算中可以根据实际情况对每个指标赋予不同的权重，其主要方法有层次分析法和熵权法，具体操作步骤在前文已有详细解说。

第四步，计算第 i 个评价对象的得分（未归一化）：

$$S_i = \dfrac{D_i^-}{D_i^+ + D_i^-}$$

第三节　逼近理想解排序法的应用案例

已知判断某一水域水质情况的好坏时可以通过 $x_1 \sim x_9$ 共9种指标来评判，现有 $A \sim K$ 共11条河流的指标测量情况，请以此判断各河流水质的优良情况（表6-1）。其中 x_1、x_3、x_6、x_7 为极大型指标，x_2、x_5 为中间型指标，其中间值分别为45、52，x_4、x_8、x_9 为区间型指标，其最佳区间依次为 $[30,65]$，$[40,50]$，$[30,70]$。

表6-1　某一水域水质情况原始数据

河流	x_1	x_2	x_3	x_4	x_5	x_6	x_7	x_8	x_9
A	88	63	17	50	53	49	64	24	32
B	75	1	2	43	14	53	31	18	42
C	79	48	73	62	43	48	72	76	98
D	73	95	9	34	20	46	54	4	59
E	36	70	53	5	100	6	74	25	43
F	40	46	92	60	68	19	2	76	8

续表6-1

河流	x_1	x_2	x_3	x_4	x_5	x_6	x_7	x_8	x_9
G	20	78	35	98	83	70	35	58	1
H	67	29	38	3	32	27	3	47	75
I	38	30	28	72	46	20	50	42	74
J	95	25	20	42	13	54	56	54	82
K	40	32	27	14	22	59	6	81	53

第一步,原始矩阵正向化、标准化,如表6-2所示。

表6-2　原始矩阵正向化、标准化

河流	x_1	x_2	x_3	x_4	x_5	x_6	x_7	x_8	x_9
A	0.0490	0.3019	0.3652	0.3786	0.5143	0.1827	0.0714	0.2658	0.3826
B	0.1401	0.0566	0.4383	0.3786	0.1094	0.1479	0.3070	0.1861	0.3826
C	0.1121	0.4434	0.0925	0.3786	0.4267	0.1914	0.0143	0.1329	0.0132
D	0.1541	0.0000	0.4042	0.3786	0.1751	0.2088	0.1428	0.0000	0.3826
E	0.4133	0.2359	0.1899	0.0918	0.0000	0.5568	0.0000	0.2791	0.3826
F	0.3853	0.4623	0.0000	0.3786	0.3502	0.4437	0.5140	0.1329	0.0924
G	0.5254	0.1604	0.2776	0.0000	0.1860	0.0000	0.2784	0.3721	0.0000
H	0.1961	0.3208	0.2630	0.0688	0.3064	0.3741	0.5068	0.4784	0.3166
I	0.3993	0.3302	0.3117	0.2983	0.4596	0.4350	0.1713	0.4784	0.3298
J	0.0000	0.2830	0.3506	0.3786	0.0985	0.1392	0.1285	0.4253	0.2243
K	0.3853	0.3491	0.3165	0.1950	0.1970	0.0957	0.4854	0.0664	0.3826

第二步,由熵权法可得9个指标权重,如表6-3所示。

表6-3　各指标权重

指标	x_1	x_2	x_3	x_4	x_5	x_6	x_7	x_8	x_9
权重	0.0974	0.0819	0.1279	0.1214	0.1708	0.0830	0.1330	0.0928	0.0918

第三步,输入权重可以得到11条河流水质综合评分,如表6-4所示。

表6-4　综合评分

河流	A	B	C	D	E	F	G	H	I	J	K
结果	0.294	0.245	0.209	0.214	0.202	0.307	0.203	0.312	0.354	0.220	0.278

由此可见,11 条河流水质优劣排序依次为 $I>H>F>A>K>B>J>D>C>G>E$。

而直接使用熵权法得到的 11 条河流水质情况为 $C>G>E>A>F>J>I>D>K>H>B$。

对比可见还是有很大差别,这是因为熵权法最后只是得到了各指标的权重,直接用权重求出的得分很笼统,没有对数据进行细化处理。

第七章　灰色关联分析法

第一节　灰色关联分析法的原理

一、灰色系统分析方法

信息不完全性与非唯一性在人们认识与改造客观世界的过程中会经常遇到。客观世界是物质世界,也是信息世界。所谓系统,是指由客观世界中相同或相似的事物按一定的秩序相互关联、相互制约而构成的整体,例如工程技术系统、社会系统、经济系统等。

所谓白色系统,是指信息完全明确的系统。如一个家庭,其人口、收入、支出、父子及母女上下间的关系等完全明确;一个工厂,其职工、设备、技术条件、产值、产量等信息完全明确。像家庭、工厂这样的系统就是白色系统。

所谓黑色系统,是指信息完全不明确的系统。如遥远的某个星球,对其质量、体积、是否有生命等全然不知,这一类的系统就是黑色系统,还有飞碟、百慕大三角区等目前只能看成黑色系统。

所谓灰色系统,是指介于白色系统与黑色系统之间的系统,即系统内部信息和特性是部分已知的,另一部分是未知的。例如人体,其身高、体重、年龄、血压、脉搏、体温等都是已知的,而人体穴位的多少,穴位的生物、化学、物理性能,生物信息的传递,温度场,意识流等,尚未确知或者知道不透彻,因此把人体看成灰色系统。

“白”指信息完全确知;“黑”指信息完全不确知;“灰”则指信息部分确知,部分不确知,或者说信息不完全。这是“灰”的基本含义。

对于不同问题,在不同的场合,“灰”可以引申为别的含义。例如:从表象看,“明”是白,“暗”是黑,那么“半明半暗或若明若暗”就是灰;从态度看,“肯定”是白,“否定”是黑,那么“部分肯定,部分否定”就是灰;从性质看,“纯”是白,“不纯”是黑,那么“多种成分”就是灰;从结果看,“唯一”是白,“无数”是黑,那么“非唯一”就是灰;从过程看,“新”是白,“旧”是黑,那么“新旧交替”就是灰;从目标看,“单目标”是白,“无目标”是黑,那么“多目标”就是灰。类似地,可以举出许多例子,就其基本含义而言,“灰”是信息不完全性与非唯一性。

灰色系统分析方法主要根据具体灰色系统的行为特征数据,充分利用数量不多的数据和信息寻求相关因素与各因素之间的数学关系,即建立相应的数学模型。

二、灰色关联分析法的应用背景

1982 年,邓聚龙教授首先提出灰色系统的概念,并建立了灰色系统理论,之后灰色系统理论得到较深入的研究,并在许多方面获得了成功的应用。灰色系统理论认为,人们对客观事物的认识具有广泛的灰色性,即信息的不完全性和不确定性,因而由客观事物所形成的是一种灰色系统,即部分信息已知、部分信息未知的系统,比如社会系统、经济系统、生态系统等都可以看作是灰色系统。人们对综合评价的对象——被评价事物的认识也具有灰色性,因而可以借助于灰色系统的相关理论来研究综合评价问题。下面首先介绍灰色关联分析法,然后探讨其在综合评价中应用的一些问题。

灰色系统分析方法针对不同性质问题有几种不同的做法,灰色关联分析(Grey Relational Analysis,GRA)是其中的一种。灰色关联分析是依据各因素数列曲线形状的接近程度做发展态势的分析。灰色系统理论提出了对各子系统进行灰色关联分析的概念,意在通过一定的方法,去寻求系统中各子系统(或因素)之间的数值关系。简言之,灰色关联分析的意义是指在系统发展过程中,如果两个因素变化的态势是一致的,即同步变化程度较高,则可以认为两者关联较大;反之,则两者关联度较小。因此,灰色关联分析对于一个系统的发展变化态势提供了量化的度量,非常适合动态的历程分析。灰色关联度可分成相对灰色关联度与绝对灰色关联度两类。两者主要的差别在于,相对灰色关联度有一标准的序列作为参考序列,而绝对灰色关联度是任一序列均可作为参考序列。图7-1所示的不同时间数据序列中,关联度为 $r_{12}>r_{23}>r_{13}>r_{14}$。也就是说,关联分析是一种曲线间几何形状的分析比较,即几何形状越接近,则关联程度越大,反之则越小。

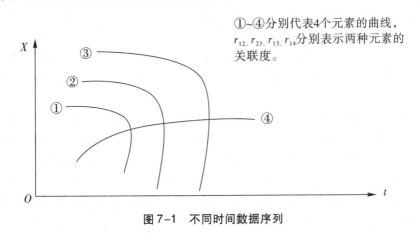

①~④分别代表4个元素的曲线,
r_{12}、r_{23}、r_{13}、r_{14}分别表示两种元素的
关联度。

图7-1　不同时间数据序列

灰色系统理论的关联分析与数理统计学的相关分析是不同的,主要表现在:第一,它们的理论基础不同。关联分析基于灰色系统的灰色过程,而相关分析则基于概率论的随机过程。第二,分析方法不同。关联分析是进行因素间时间序列的比较,而相关分析是因素间数组的比较。第三,数据量要求不同。关联分析不要求数据太多,而相关分析则需有足够的数据量。第四,研究重点不同。关联分析主要研究动态过程,而相关分析则以静态研究为主。因此,关联分析适应性更广,在社会经济系统中更有其独到之处。此外,数理统计中的回归分析、方差分析、主成分分析等都是用来进行系统分析的方法。这些方法存在不足之处:①要求有大量数据,数据量少就难以找出统计规律。②要求样本服从某个典型的概率分布,要求各因素数据与系统特征数据之间呈线性关系,且各因素之间彼此无关,这种要求往往难以得到满足。③计算量大,一般要借助计算机来完成。④可能出现量化结果与定性分析不符的现象,导致系统的关系和规律遭到歪曲和颠倒。

在我国,由于历史和经济发展以及管理制度不完善等原因,统计数据十分有限,且不很规范,现有数据灰度较大,再加上人为的原因,许多统计数据可能会出现几次大起大落,没有什么典型的分布规律,因此采用数理统计方法往往难以奏效。灰色关联分析法弥补了采用数理统计方法做系统分析所导致的缺陷。它对大样本量的多少和样本有无规律都同样适用,而且计算量小,十分方便,更不会出现量化结果与定性分析结果不符的情况。目前,关联分析应用十分广泛,几乎渗透到社会和自然科学各个领域,如种植业、渔业、教育、卫生、政法、环保、军事、地质、石油、水文、气象、生物等,尤其在社会经济领域取得了较好的应用效果。

三、灰色关联分析法的优缺点

(1)灰色关联分析法的优点。灰色关联分析是按发展趋势做分析,因此对样本量的多少没有过多的要求,也不需要典型的分布规律,而且计算量比较小,其结果与定性分析结果会比较吻合。因此,灰色关联分析是系统分析中比较简单、可靠的一种分析方法。

(2)灰色关联分析法的缺点。灰色关联分析法是借助于灰色关联度模型来完成计算分析工作的,目前已经建立起来的一些计算灰色关联度的量化模型都有各自的优点和适用范围,随着灰色关联分析理论应用领域的不断扩大,现有的一些模型存在的不足之处使其不能很好地解决某些方面的实际问题,也使得灰色关联分析整个理论体系目前还不是很完善,其应用受到了某些限制。因此,灰色关联分析模型及其应用的研究工作者不断地对灰色关联分析模型进行改进和完善。本文针对其中的几个量化模型做进一步的改进工作,使其尽量地克服自身存在的不足,以期扩大灰色关联理论与方法的适用范围,使之更加适合于现实问题的分析。

(3)灰色关联分析法的限制。要利用该方法,这个系统必须是灰色系统。灰色系统中灰的主要含义是信息不完全性(部分性)和非唯一性,其中的非唯一性是灰色系统的重要特征,非唯一性原理在决策上的体现是灰靶思想,即体现的是决策多目标、方法多途径,处理态度灵活机动;在分析上体现的是关联序,关联度的大小并不重要,重要的是关联序;在求解过程中体现的是定性与定量相结合,面对可能的解,需要通过信息补充,定性分析,以确定一个或几个满意解。因此,灰色关联分析模型不是函数模型,是序关系模型,其技术内涵为:获取序列间的差异信息,建立差异信息空间;建立和计算差异信息比较测度;建立因子间的序关系。灰色关联空间涉及灰色关联因子空间、灰色关联差异信息空间等。灰色关联因子空间是灰色关联分析的基础,其由具备可比性、可接近性、极性一致性的序列构成,灰色关联差异信息空间则是灰色关联分析的依据。

第二节　灰色关联分析法的应用步骤

一、灰色关联模型的计算步骤

第一步,确定分析数列。确定反映系统行为特征的参考数列和影响系统行为的比较数列。反映系统行为特征的数据序列,称为参考数列。影响系统行为的因素组成的数据序列,称为比较数列。设参考数列(又称母序列)为 $Y=\{Y(k)\}$,比较数列(又称子序列)为 $X_i=\{X_i(k)\}$,$i=1,2,\cdots,m$。

第二步,变量的无量纲化。由于系统中各因素列中的数据可能因量纲不同,不便于比较或在比较时难以得到正确的结论,所以在进行灰色关联度分析时,一般都要进行数据的无量纲化处理。

$$x_i(k)=\frac{X_i(k)}{X_i(l)},i=k=1,2,\cdots,m$$

第三步,计算关联系数。$x_0(k)$ 与 $x_1(k)$ 的关联系数为 $\xi_i(k)$。

$$\xi_i(k)=\frac{\min i \min k |y(k)-x_i(k)|+\max i \max k |y(k)-x_i(k)|}{|y(k)-x_i(k)|+\rho \max i \max k |y(k)-x_i(k)|}$$

其中,$\rho\epsilon(0,\infty)$ 称为分辨系数。ρ 越小,分辨力越大,一般 ρ 的取值区间为 $(0,1)$,具体取值可视情况而定。当 $\rho\leq0.5463$ 时,分辨力最好,通常取 $\rho=0.5$。

第四步,计算关联度。因为关联系数是比较数列与参考数列在各个时刻(曲线中的各点)的关联程度值,所以它的数不止一个,而信息过于分散不便于进行整体性比较。因此,有必要将各个时刻(曲线中的各点)的关联系数集中为一个值,即求其平均值,作为比较数列与参考数列间关联程度的数量表示,关联度 r_i 公式如下:

$$r_i=\frac{1}{n}\sum_{k=1}^{n}\xi_i(k) \quad i=k=1,2,\cdots,n$$

第五步,关联度排序。在算出 $X_i(k)$ 序列与 $Y(k)$ 序列的关联系数后,计算各类关联系数的平均值,平均值 r_i 就称为 $Y(k)$ 与 $X_i(k)$ 的关联度。关联度按大小排序。

二、绝对灰色关联度模型

第一步,求 X_0 与 X_i($i=1,2,\cdots,m$)的差序列 X_i^0,具体公式如下:
$$X_i^0=[x_i(1)-x_i(1),x_i(2)-x_i(1),\cdots,x_i(n)-x_i(1)]$$
$$X_i^0=[x_i^0(1),x_i^0(2),\cdots,x_i^0(n)]$$

第二步,求 $|S_0|$、$|S_i|$ 和 $|S_i-S_0|$。具体公式如下:

$$|S_0|=\left|\sum_{k=2}^{n-1}x_0^0(k)+\frac{1}{2}x_0^0(n)\right|$$

$$|S_i|=\left|\sum_{k=2}^{n-1}x_i^0(k)+\frac{1}{2}x_i^0(n)\right|$$

$$|S_i-S_0|=\left|\sum_{k=2}^{n-1}[x_i^0(k)-x_0^0(k)]+\frac{1}{2}[x_i^0(k)-x_0^0(n)]\right|$$

第三步,求各灰色绝对关联度 ε_{0i}。具体公式如下:

$$\varepsilon_{0i}=\frac{1+|S_0|+|S_i|}{1+|S_0|+|S_i|+|S_i-S_0|}$$

三、绝对灰色关联度与相对灰色关联度

第一步,求 X_0 与 X_i($i=1,2,\cdots,m$)的初值化 X_i',具体公式如下:

$$X_i' = \frac{X_i}{x_i(1)} = \left(\frac{x_i(1)}{x_i(1)}, \frac{x_i(2)}{x_i(1)}, \cdots, \frac{x_i(n)}{x_i(1)} \right)$$

第二步,求 X_i' 的始点零化像 $X_i'^0$。

第三步,计算 $|S_0|$、$|S_i|$ 和 $|S_i - S_0|$。

第四步,计算灰色相对关联度 r_{0i}。

第三节 灰色关联分析法的应用案例

表 7-1 所示为某地区国内生产总值的统计数据(以百万元计),试问该地区从 2018—2023 年之间,哪个产业对 GDP 总量影响最大。

表 7-1 2018—2023 年某地国内生产总值统计数据

年份	国内总产值	第一产业	第二产业	第三产业
2018	1988	386	839	763
2019	2061	408	846	808
2020	2335	422	960	953
2021	2750	482	1258	1010
2022	3356	511	1577	1268
2023	3806	561	1893	1352

第一步,正向化处理。就是将极小型、中间型以及区间型指标统一转化为极大型指标。因为指标变量国内总产值、第一产业、第二产业、第三产业都是正向化指标,所以无须正向化。

第二步,确定分析数列。参考数列(又称母序列)是能反映系统行为特征的数据序列,其类似于因变量 Y,此处记为 X_0。比较数列(又称子序列)是影响系统行为的因素组成的数据序列,其类似于自变量 X。在本例中,国内总产值就是母序列,第一、第二和第三产业就是子序列。

第三步,对变量进行预处理,见表 7-2。对变量进行预处理的目的是:去除量纲的影响;缩小变量范围,简化计算;对母序列和子序列中的每个指标进行预处理,先求出每个指标的均值,再用该指标中的每个元素都除以其均值。

表 7-2 变量预处理

年份	国内总产值	第一产业	第二产业	第三产业
2018	0.7320	0.8361	0.6828	0.7439
2019	0.7589	0.8838	0.6885	0.7878

续表7-2

年份	国内总产值	第一产业	第二产业	第三产业
2020	0.8597	0.9141	0.7812	0.9292
2021	1.0125	1.0440	1.0237	0.9847
2022	1.2356	1.1069	1.2833	1.2363
2023	1.4013	1.2152	1.5405	1.3182

第四步,得出中间的差值矩阵(表7-3),根据以上矩阵得出两级最小差 $a = 0.0006$,两级最大差 $b = 0.1862$。

表7-3 差值矩阵

$|X_0 - X_1|$	$|X_0 - X_2|$	$|X_0 - X_3|$
0.1041	0.0492	0.0119
0.1249	0.0704	0.0289
0.0544	0.0785	0.0695
0.0315	0.0112	0.0278
0.1287	0.0477	0.0007
0.1861	0.1392	0.0831

第五步,根据公式 $\xi_i(k) = \dfrac{\min i \min k |y(k) - x_i(k)| + \max i \max k |y(k) - x_i(k)|}{|y(k) - x_i(k)| + \rho \max i \max k |y(k) - x_i(k)|} = \dfrac{0.0006 + 0.1862}{|y(k) - x_i(k)| + 0.5 \times 0.1862}$,计算得出关联系数矩阵,见表7-4。

表7-4 关联系数矩阵

$y(x_0(k), x_1(k))$	$y(x_0(k), x_2(k))$	$y(x_0(k), x_3(k))$
0.4751	0.6586	0.8922
0.4299	0.5733	0.7680
0.6356	0.5462	0.5766
0.7520	0.8985	0.7753
0.4224	0.6657	1.0000
0.3356	0.4035	0.5317

第六步,将关联系数矩阵每列求均值,为灰色关联度,排序并得出结论。

$y(x_0(k), x_1(k)) = 0.5084, y(x_0(k), x_2(k)) = 0.6243, y(x_0(k), x_3(k)) = 0.7573$。最终

得出结论:该地区在 2018—2023 年间的国内总产值受第三产业影响最大。

第四节 绝对与相对灰色关联分析的应用案例

设序列 $X_1 = (30.5, 34.7, 35.9, 38.2, 41)$ 与 $X_2 = (22.1, 25.4, 27.1, 28.3, 31.5)$,求其绝对关联度、相对关联度和综合关联度$(\rho = 0.5)$。

一、求灰色绝对关联度

第一步,始点零像化,得 $X_1^0 = [x_1^0(1), x_1^0(2), \cdots, x_1^0(5)] = (0, 4.2, 1.2, 2.3, 2.8)$;$X_2^0 = [x_2^0(1), x_2^0(2), \cdots, x_2^0(5)] = (0, 3.3, 1.7, 1.2, 3.2)$。

第二步,求 $|S_0|$、$|S_1|$ 和 $|S_1 - S_0|$。

$$|S_0| = \left| \sum_{k=2}^{4} x_0^0(k) + \frac{1}{2} x_0^0(5) \right| = 9.1$$

$$|S_1| = \left| \sum_{k=2}^{4} x_1^0(k) + \frac{1}{2} x_1^0(5) \right| = 7.8$$

$$|S_1 - S_0| = \left| \sum_{k=2}^{4} [x_1^0(k) - x_0^0(k)] + \frac{1}{2} x_1^0(5) - x_0^0(5) \right| = 1.3$$

第三步,计算灰色绝对关联度。

$$\varepsilon_{01} = \frac{1 + |S_0| + |S_1|}{1 + |S_0| + |S_1| + |S_1 - S_0|} = 0.9323$$

因此,可以看出两个序列是高度相关的。

二、求相对关联度

第一步,将序列初值化。有的初值化处理即把序列第一个数据除该序列所有数据,得到一个新数列。本文的初值化处理采用后一项数据除以前一项数据得到新数列。

得 $X_1^0 = [x_1^0(1), x_1^0(2), \cdots, x_1^0(5)] = (1, 1.138, 1.035, 1.064, 1.073)$;$X_2^0 = [x_2^0(1), x_2^0(2), \cdots, x_2^0(5)] = (1, 1.149, 1.067, 1.044, 1.113)$。

再将其始点零像化。有的初值化处理即把序列第一个数据减去该序列所有数据,得到一个新数列。

$X_1'^0 = [x_1'^0(1), x_1'^0(2), \cdots, x_1'^0(5)] = (0, 0.138, -0.104, 0.029, 0.009)$;

$X_2'^0 = [x_2'^0(1), x_2'^0(2), \cdots, x_2'^0(5)] = (0, 0.149, -0.082, -0.023, 0.069)$。

第二步,求 $|S_0'|$、$|S_i'|$ 和 $|S_i' - S_0'|$。

$$|S_0'| = \left| \sum_{k=2}^{4} x_0'^0(k) + \frac{1}{2} x_0'^0(5) \right| = 0.0687$$

$$|S_1'| = \left| \sum_{k=2}^{4} x_1'^0(k) + \frac{1}{2} x_1'^0(5) \right| = 0.0787$$

$$|S_1' - S_0'| = \left| \sum_{k=2}^{4} [x_1'^0(k) - x_0'^0(k)] + \frac{1}{2} x_1'^0(5) - x_0'^0(5) \right| = 0.009995$$

第三步,求相对关联度。

$$\varepsilon_{01} = \frac{1 + |S_0| + |S_1|}{1 + |S_0| + |S_1| + |S_1 - S_0|} = 0.9914$$

两个序列的相对关联度也是高度相关的。

三、求灰色综合关联度

$$\rho_{0i} = \rho\,\varepsilon_{0i} + (1 - \rho)\,r_{0i} = 0.9618\ (\text{取}\ \rho = 0.5)$$

灰色综合关联度如表7-5所示。

表7-5　灰色综合关联度

ρ 取值	0.2	0.3	0.4	0.6	0.8
综合关联度	0.9796	0.9736	0.9677	0.9559	0.9441

由表7-5可知,由于 $\varepsilon_{0i} < r_{0i}$,所以当 ρ 不断增大时,综合关联度的值在减小。

第八章 偏离份额分析法

第一节 偏离份额分析法概述

一、偏离份额分析法的背景

偏离份额分析法最初由美国经济学家 Daniel(1942)和 Creamer(1943)相继提出,后经 Muth(1960)等学者总结并逐步完善,20 世纪 80 年代初由 Dunn 集各家之所长,总结成现在普遍采用的形式。

偏离份额分析法是将一个特定区域在某一时期经济总量的变动分为三个分量,即份额分量、结构偏离分量和竞争力偏离分量,以此说明区域经济发展和衰退的原因,评价区域经济结构优劣和自身竞争力的强弱,找出区域具有相对竞争优势的产业部门,进而确定区域未来经济发展的合理方向和产业结构调整的原则。偏离份额分析法最常采用的变量是就业人数,通常应用于对制造业各部门增长的比较研究,其次是采用部门劳动生产率。在近几十年的文献研究中,偏离份额分析法不但在经济学和地理学等研究领域得到了广泛应用,而且其分析模型也得到了不断修正与拓展。Thirlwall(1967)提出动态偏离份额分析思想,将研究时段分为两个或更多的时段,以减少对产业结构中激烈变化信息的忽略,并且 Richard 和 Prentice(1988)以新英格兰为例做了动态偏离份额的实证分析;Esteban Marquillas(1972)引入了同位概念用来解释产业结构影响与竞争影响之间的交互作用,并增加了被称为分配影响分量的第四分量;Nazara 和 Hewing(2004)在偏离份额分析中结合空间结构,考虑到区域之间的空间相互作用,并且推演了 20 种含空间结构和不含空间结构的区域增长分解公式。偏离份额分析法于 20 世纪 80 年代初被引入中国,周起业、刘再兴(1989)、崔功豪(1999)对该方法都有很详细的介绍。此后,偏离份额分析法在我国区域经济学和城市经济学领域得到了广泛的应用,但仅仅是将传统的静态模型应用于一个特定区域、特定的产业部门中。

二、偏离份额分析法的基本原理

偏离份额分析法是国内外区域经济和产业结构分析中被普遍使用的一种方法。它将计划期间的区域经济发展状况与标准区(标准区是指在比较过程中所选取的参照量)做比较,能比较准确地确定区域内各部门或产业的发展状况与标准区相关部门或产业相比竞争力的大小,且具有较强的综合性和动态性,是揭示区域与城市部门结构变化原因,确定未来发展主导方向的有效方法。

根据偏离份额分析法,一个地区的经济增长(G)可以分为 3 个部分:地区增长份额(N)、产业结构偏离份额(P)和区位份额(竞争力份额 D)。其关系式表示为:区域经济增长(G)=

地区增长份额(N)+产业结构偏离份额(P)+区位份额(D)。进而将区域经济的实际增长量分解为 3 个分量:

(1)地区增长份额。

$$N = \sum Y_i^0 R$$

式中,N 为假定某小地区各产业均按整个研究大区域 GDP 增长率增长所应实现的增长份额;Y 为某小地区第 i 产业的基期产值;R 为大区域 GDP 增长率。把这种假定的增长水平同实际的增长水平相比较,如果高于实际增长水平,则某小地区总偏离值为正;反之,则为负。

(2)产业结构偏离份额。

$$P = \sum Y_i^0 R_i^0 - \sum Y_i^0 R = \sum Y_i^0 (R_i^0 - R)$$

式中,P 为某小地区按大区域第 i 产业增长率计算的增长额与按大区域 GDP 增长率所实现的增长额之差,反映了某小地区第 i 产业随区域第 i 产业增长(或下降)而增长(或下降)的情况;R 为大区域第 i 产业的增长率。若某小地区以快速增长型产业为主,则 $P>0$;反之,$P<0$。

(3)区位份额(竞争力份额)。

$$D = \sum Y_i^0 r_i^0 - \sum Y_i^0 R_i = \sum Y_i^0 (r_i^0 - R_i)$$

式中,D 为某小地区第 i 产业按实际增长率所实现的增长额与按大区域同一产业所实现的增长额之差,反映了与大区域相比,某小地区在发展第 i 产业方面具有区位(竞争)优势或劣势;Y 为某小地区第 i 产业的实际增长率。

三者之间的关系如下:

$$G = N + P + D = \sum Y_i^0 R + \sum Y_i^0 (R_i^0 - R) + \sum Y_i^0 (r_i^0 - R_i)$$

同样,某小地区经济增长率(G_r)也可以分为小地区增长份额(N)、产业结构份额($R^* - R$)和区位(竞争力)份额($G_r - R^*$),用公式表述为

$$G_r = N + (R^* - R) + (G_r - R^*)$$

式中,G_r 为某小地区的经济增长率;R 为 GDP 增长率;R^* 为某小地区各产业按照整个研究大区域该产业的增长率计算的假定增长率,即

$$R^* = \frac{\sum Y_i^0 (R_i + 1)}{\sum Y_i^0 - 1}$$

若某小地区以快速增长型产业为主,则 $R^* - R > 0$;反之,则 $R^* - R < 0$;若某小地区竞争力水平高于整个研究大区域水平,则 $G_r - R^* > 0$;反之,则 $G_r - R^* < 0$。

三、偏离份额分析法的计算步骤

第一步,在选定时间范围和背景区域内,把区域经济变化看作一个动态过程,以其所处的更大区域的经济发展为参照系。将区域自身经济总量 G 在某一时期的变动分解为份额分量 N、结构分量 P 和竞争力分量 D 三部分。

第二步,划分部门结构,构造偏离-份额分析表。根据所研究问题的性质和深度要求,考虑统计资料的可能性,按照某种分类体系,把区域经济划分为若干个完备的部门,然后收集数据,建造偏离份额分析表。汇集原始数据、中间结果、最终分析结果三部分内容。

偏离份额分析的模型可表示如下：

$$\sum_{i=1}^{n} G_i = \sum_{i=1}^{n} N_i + \sum_{i=1}^{n} P_i + \sum_{i=1}^{n} D_i = \sum_{i=1}^{n} R e_{i0} + \sum_{i=1}^{n} (R_i - R) e_{i0} + \sum_{i=1}^{n} (r_i - R_i) e_{i0}$$

式中，R 为参考区在 $(0,t)$ 时间段所有产业的总增长率，$R = (E_t - E_0)/E_0$；R_i 为参考区第 i 产业在 $(0,t)$ 时间段的增长率，$R_i = (E_{it} - E_{i0})/E_{i0}$；$r_i$ 为参考区和研究区第 i 产业在 $(0,t)$ 时间段的增长率，$r_i = (e_{it} - e_{i0})/e_{i0}$；$e_{i0}$、$e_{it}$、$E_{i0}$、$E_{it}$ 分别代表研究区域和全国三次产业在基期和末期的经济增长规模；G_i 为研究区第 i 产业产值的增加额；N_i、P_i、D_i 分别为地区份额分量、结构偏离分量和竞争力偏离分量。

第三步，计算 N_i、P_i、D_i 所代表的地区份额分量、结构偏离分量和竞争力偏离分量的具体数值。N_i 为全国增长分量，$N_i = \sum_{i=1}^{n} R e_{i0}$，表示假定研究区各产业均按参考区经济增长率 R 增长所应实现的增长份额，把这种假定的增长水平同实际的增长水平 (G) 相比较，如果高于实际增长水平，则研究区总偏离 $(G-N)$ 为正；反之，则为负。

ρ_i 为区域产业结构偏离分量，$P_i = \sum_{i=1}^{n} (R_i - R) e_{i0}$，代表研究区按照参考区第 i 产业增长率计算的增长额与按照参考区经济增长率 R 所实现的增长额之差，它反映了研究区域相对于全国产业结构的优劣程度。P 为正值时，表示区域产业结构素质较好，促进区域经济总量增长，P 为负值时，则说明区域产业结构素质较差，影响区域经济总量增长。

D_i 代表研究区第 i 产业按实际增长率所实现的经济增长额与按参考区同一产业增长率所实现的经济增长额之差，$D_i = \sum_{i=1}^{n} (r_i - R_i) e_{i0}$，反映了与参考区域相比，研究区在发展第 i 产业方面具有区位优势或劣势；若某个地区竞争力高于参考区水平，则 $D>0$；反之，$D<0$。区位竞争力分量的构成相当复杂，实际上竞争力分量包括了除产业结构以外的其他一切因素的影响，它的大小由生产率水平、投资规模、产业政策等各方面因素共同影响。

第四步，计算总体效果，对区域总的结构效果和竞争能力做出分析判断。

$K_{j0} = e_{j0}/E_{j0}$ 和 $K_{jt} = e_{jt}/E_{jt}$ 表示研究区三大产业在基期和末期占参照区（全国）相应部门的比重。

$$L = \left[\frac{\sum_{j=1}^{3} K_{j0} E_{jt}}{\sum_{j=1}^{3} K_{j0} E_{j0}} \times \frac{\sum_{j=1}^{3} E_{j0}}{\sum_{j=1}^{3} E_{jt}} \right] \times \frac{\sum_{j=1}^{3} K_{jt} E_{jt}}{\sum_{j=1}^{3} K_{j0} E_{jt}} = WU \text{ 表示研究区与全国的相对增长率。}$$

式中，W 和 U 分别代表结构效果指数和区域竞争效果指数。若 G 值愈大，$L>1$，说明区域增长快于全国。若 P 值愈大，$W>1$，说明区域经济中朝阳的、增长快的产业部门所占比例大，区域总体经济结构比较好，结构对于经济增长的贡献大；反之，说明区域经济衰退，夕阳产业所占的比例过大，经济结构需要调整。若 D 值较大，$U>1$，说明区域各产业部门总的增长势头大，具有很强的竞争能力；反之，则说明竞争力较弱，地位有下降趋势。

第五步，绘制偏离份额分析图。对产业部门进行分类比较，根据分析表计算数据，绘制偏离份额分析图，可以使结论更加清晰直观，明确各部门属于何种类型。在偏离份额分析图中，两条倾斜度为45°的等分线把坐标系分为八个扇面，先标出区域各部门以及总体在坐标系中所处的位置，再根据各部门所落的扇面，对其进行分类，以判断区域总体结构及竞争力的优劣强弱,确定哪些是具有竞争力的优势部门。同时,还可以用偏离份额分析图对各区域进行比较,识别各区域结构的优劣与竞争力的高低。

第二节 偏离份额分析法的类型

一、经典(传统)模型

研究区域某个产业部门的增长被分解为三个部分:国家增长分量、产业结构分量、竞争分量。

设 g 为研究区域经济增长率,e 为研究区域的经济总量,t 表示时期,则有 $g = \dfrac{e^{t+1} + e^t}{e^t}$。

设 G 为国家经济增长率,E 为国家的经济总量,t 表示时期,则有 $G = \dfrac{E^{t+1} + E^t}{E^t}$。

引入下标 i,表示第 i 个产业部门,则有 $g_i = \dfrac{e_i^{t+1} - e_i^t}{e_i^t}$,表示研究区域第 i 个产业部门的增长率。

同理,有 $G_i = \dfrac{E_i^{t+1} - E_i^t}{E_i^t}$,表示国家第 i 个产业部门的增长率。

偏离份额分析法将研究区域第 i 个产业部门的增长 Δe_i 分解为如下部分:

$$\Delta e_i = g_i e_i = \left[G + (G_i - G) + (g_i - G_i) \right] e_i = G e_i + (G_i - G) e_i + (g_i - G_i) e_i$$

式中,$G e_i$ 为研究区域中第 i 个产业部门按照国家经济总体增长速率的增长量(国家增长分量或份额分量);$(G_i - G) e_i$ 为研究区域中第 i 个产业部门按照国家第 i 个产业部门增长速率的增长量与其按照国家经济总体增长速率的增长量之间的差额(产业结构分量);$(g_i - G_i) e_i$ 为研究区域中第 i 个产业部门按自身增长率的增长量与其按国家第 i 个产业部门增长率的增长量之间的差额(竞争分量)。

这里的区域偏离份额(竞争分量)不仅与区域特殊产业竞争力大小的影响有关,还与区域经济专业化程度有关。

二、动态模型

传统模型不考虑产业结构和区域竞争在研究时段内的连续变化。动态模型通过创造动态的时间序列数据分析模型,计算多年的偏离分量来克服上述局限。动态偏离份额分析是在静态偏离份额分析的基础上,把考察时间段 $[0, t]$ 之间各个产业的变化份额进一步分解为各个时间分段各个产业各个分量的变化份额,从而考察每个时间分段内各产业对经济增长的贡献随时间维度的变化趋势。

$$\Delta e = \sum_{i=1}^{n} \Delta e_i = \sum_{i=1}^{n} G e_i + \sum_{i=1}^{n} (G_i - G) e_i + \sum_{i=1}^{n} (g_i - G_i) e_i$$

式中,设 N_i 为研究区域第 i 个产业部门的份额分量 $G e_i$,设 P_i 为研究区域第 i 个产业部门的结构分量 $(G_i - G) e_i$,设 D_i 为研究区域第 i 个产业部门的竞争分量 $(g_i - G_i) e_i$。在时间范

围 $[0,t]$ 内，增长总量可以分解为 $t-1$ 个分量，用上标 k 表示第 k 年相对于前一年的增量。

三、空间拓展模型

该模型认为传统模型仅强调经济增长的严格的区域等级观念，即国家（背景区域）影响区域，而假定区域之间互不影响。但是，事实上区域之间是相互联系的，周围拥有相似结构的区域的业绩必然影响到特定区域的增长。

这里需要用到空间权重矩阵 $W(R \times R)$ 来表示区域间的交互，其中第 r 行第 s 列的元素 W_{rs} 表示区域 r 和区域 s 之间的相互作用程度，因此第 r 行显示了该地区与系统中其他地区的关联结构。其中，有一种表示权重矩阵的方式是应用它的标准化形式 W'，当 $W' = 0.2$ 时，意味着 r 区域有 20% 的区域互动是和 s 区域进行的。标准做法是设置矩阵对角线元素都为零。

那么，如何解决这种相互作用的量化问题？有两类表示相互作用程度的变量可以考虑，即自然地理和经济变量。从自然地理的角度出发，认为区域间的互动与地理距离成反比关系，比如可以测量两个地区的主要城市或质心之间的距离。另外一个从自然地理角度出发的变量是两个地区共有边界的长度，即两个地区共同的边界越长，它们之间的感知或潜在相互作用越大。空间权重矩阵可以进一步由经济变量来表示，比如可以利用经济关联度来描述相互作用，包括人口迁移和贸易流动，当两个地区有更多经济互动的时候，这两个地区可以被认为更加接近。有人提出将欧氏距离应用于经济变量。用这种方式测量相互作用的时候，有可能两个距离远的区域反而有更近的经济关系。

行标准化后的权重矩阵对于获取空间滞后变量是有用的，例如对于任何向量 y，其空间滞后变量 $y' = W'y$。每个研究区域的这种空间滞后变量即为与其有相关关系的邻域中相应变量的加权平均。

研究区域 r 领域的经济总增长率可以表示为

$$g' = \frac{\sum_{s=1}^{r} w'_{rs} e_s^{t+1} - \sum_{s=1}^{r} w'_{rs} e_s^t}{\sum_{s=1}^{r} w'_{rs} e_s^t}$$

研究区域 r 邻域的 i 产业部门的增长率可以表示为

$$g'_i = \frac{\sum_{s=1}^{r} w'_{rs} e_s^{t+1} - \sum_{s=1}^{r} w'_{rs} e_s^t}{\sum_{s=1}^{r} w'_{rs} e_{is}^t}$$

研究区域 i 产业的增长分解将被替换为

$$growth_i = [G + (g'_i - G) + (g_i - g'_i)]$$

标准方法和引入空间效应后方法的区别就在于用 g_i 的空间滞后变量 g'_i 替代了 G_i。

第三节   偏离份额分析法的应用案例

某省服务业与同年份全国服务业的具体情况如表 8-1 所示，请以 2019 年为基期，

2023 年为末期,利用偏离份额分析法对某省的服务业进行分析。

表 8-1　服务业原始数据

	全国		某省	
	2019 年 E_{j0}	2023 年 E_{jt}	2019 年 e_{j0}	2023 年 e_{jt}
批发和零售业	67719.6	95650.9	1819.8	2147.9
交通运输、仓储和邮政业	30519.5	42466.3	1045.3	1311.2
住宿和餐饮业	12306.1	17903.1	268.5	316.9
金融业	56299.8	76250.6	1533.7	1988.1
房地产业	42573.8	7444.8	1057.3	1491.9
其他服务业	136856.5	227715.8	3893.5	5800.1
第三产业	349744.7	535371	20210.3	24855.3
总和	696020	1002802.5	29828.4	37911.4

第一步,求出全国的服务业增长率和某省的服务业增长率。全国第 i 类服务业增长率 $R_j = (E_{jt} - E_{j0}) / E_{j0}$,研究区域服务业增长率:$r_j = (e_{jt} - e_{j0}) / e_{j0}$,结果见表 8-2。

表 8-2　研究区域与参考区域的服务业增长率

	全国增长率 $R_j = (E_{jt} - E_{j0}) / E_{j0}$	某省增长率 $r_j = (e_{jt} - e_{j0}) / e_{j0}$
批发和零售业	0.4125	0.1803
交通运输、仓储和邮政业	0.3914	0.2544
住宿和餐饮业	0.4548	0.1803
金融业	0.3544	0.2963
房地产业	-0.8251	0.4110
其他服务业	0.6639	0.4897
第三产业	0.5307	0.2298
平均值	$R = 0.4408$	$r = 0.2710$

第二步,计算地区份额分量。N_i 为全国增长分量,$N_i = \sum_{i=1}^{n} Re_{i0}$,表示假定研究区各产业均按参考区经济增长率 R 增长所应实现的增长份额,把这种假定的增长水平同实际的增长水平(G)相比较,如果高于实际增长水平,则研究区总偏离($G-N$)为正;反之,则为负。结果见表 8-3。结果显示,研究区域的批发和零售业,交通运输、仓储和邮政业,住宿和餐饮业,金融业,房地产业,其他服务业,第三产业等各类服务业的总偏离($G-N$)均为正,表明经济增长效应为正。

表 8-3　研究区域的地区份额分量

	2019 年 e_{j0}	$e_{j0}R$	2023 年 e_{jt}	$N = e_{j0}R - e_{jt}$
批发和零售业	1819.8	802.2	2147.9	1345.7
交通运输、仓储和邮政业	1045.3	460.8	1311.2	850.4
住宿和餐饮业	268.5	118.4	316.9	198.5
金融业	1533.7	676.1	1988.1	1312.0
房地产业	1057.3	466.1	1491.9	1025.8
其他服务业	3893.5	1716.3	5800.1	4083.8
第三产业	20210.3	8908.7	24855.3	15946.6
总和	29828.4	13148.4	37911.4	24763.0

　　第三步，$P_i = \sum_{i=1}^{n} (R_i - R) e_{i0}$ 为区域产业结构偏离分量，代表研究区按照参考区第 i 产业增长率计算的增长额与按照参考区经济增长率 R 所实现的增长额之差，它反映了研究区域相对于全国产业结构的优劣程度。当 P 为正值，表示区域产业结构素质较好，能够促进区域经济总量增长；当 P 为负值，则说明区域产业结构素质较差，影响区域经济总量增长。结果见表 8-4。

表 8-4　研究区域的产业结构偏离分量

	2019 年 e_{j0}	$R_i - R$	$(R_i - R) e_{j0}$	P 的符号
批发和零售业	1819.8	-0.0283	-51.5	-
交通运输、仓储和邮政业	1045.3	-0.0494	-51.6	-
住宿和餐饮业	268.5	0.014	3.8	+
金融业	1533.7	-0.0864	-132.5	-
房地产业	1057.3	-1.2659	-1338.4	-
其他服务业	3893.5	0.2231	868.6	+
第三产业	20210.3	0.0899	1816.9	+
总和	29828.4	-1.103	1115.3	+

　　第四步，计算 $D_i = \sum_{i=1}^{n} (r_i - R_i) e_{i0}$，代表研究区第 i 产业按实际增长率所实现的经济增长额与按参考区同一产业增长率所实现的经济增长额之差，反映了与参考区域相比，研究区域在发展第 i 产业方面具有区位优势或劣势；若某个地区竞争力高于参考区域水平，则 $D>0$；反之，$D<0$。区位竞争力分量的构成相当复杂，实际上竞争力分量包括了除产业结构以外的其他一切因素的影响，它的大小由生产率水平、投资规模、产业政策等各方面因素共同影响。结果见表 8-5。

表8-5 研究区域的产业竞争力偏离分量

	2019 年 e_{j0}	$(r_i - R_i)$	$(r_i - R_i) e_{j0}$	D 的符号
批发和零售业	1819.8	−0.2322	−422.6	−
交通运输、仓储和邮政业	1045.3	−0.137	−143.2	−
住宿和餐饮业	268.5	−0.2745	−73.7	−
金融业	1533.7	−0.0581	−89.1	−
房地产业	1057.3	1.2361	1306.9	+
其他服务业	3893.5	−0.1742	−678.2	−
第三产业	20210.3	−0.3009	−6081.3	−
总和	29828.4	−0.1698	−5064.9	−

第五步，结果分析。根据以上计算结果，求出研究区域的服务业 i 部门增长量（G_i）、份额分量（N_i）、结构偏离分量（P_i）和竞争力偏离分量（D_i），后三者的含义分别如下：

份额分量（N_i）是指研究区域服务业 j 部门按全国服务业增长速度而应有的增长份额。

结构偏离分量（P_i）反映研究区域服务业 j 部门相对产业的效益状况。$P_i > 0$，表示部门效益相对较优；$P_i < 0$，表示部门效益处于劣势。

竞争力偏离分量（D_i）反映研究区域服务业 j 部门相对于全国相应部门竞争优势。$D_i > 0$，表示该部门与全国相应部门相比有较大的竞争优势；$D_i < 0$，表示该部门处于竞争劣势。

总偏离分量 PD_{ij} 在数值上是产业结构偏离分量与竞争力分量的总和，表示研究区域在经济发展过程中，相对于参照区域而言，存在差异引起的偏差。各分量为正（负）说明对研究区域经济的增长存在促进（抑制）作用，且各分量值越大说明其对经济增长贡献越大，相对于所在参照区增长的平均水平更有优势。研究区域的产业分量汇总如表8-6所示。

表8-6 研究区域的产业分量汇总

	$(r_i - R_i)$	G_i	N_i	P_i	D_i	PD_i
批发和零售业	−0.2322	871.6	1345.7	−51.5	−422.6	−474.1
交通运输、仓储和邮政业	−0.137	655.6	850.4	−51.6	−143.2	−194.8
住宿和餐饮业	−0.2745	128.6	198.5	3.8	−73.7	−69.9
金融业	−0.0581	1090.4	1312.0	−132.5	−89.1	−221.6
房地产业	1.2361	994.3	1025.8	−1338.4	1306.9	−31.5
其他服务业	−0.1742	4274.2	4083.8	868.6	−678.2	190.4
第三产业	−0.3009	11682.2	15946.6	1816.9	−6081.3	−4264.4
总和	−0.1698	20813.4	24763.0	1115.3	−5064.9	−3949.6

（1）$P_i > 0$，$D_i > 0$：说明该部门的结构效益高于全国服务业部门的平均水平。两部门对

研究区域作出较大贡献,属于结构增长性部门。根据两部门的结构偏离分量,求和得到其部门结构效益优势。同时,这两部门的增长速度又快于全国相应部门增长速度,具有很强的竞争优势,由两部门的竞争偏离分量求和得到其竞争优势大小。

(2) $P_i < 0$, $D_i > 0$:说明这些部门的贡献较低,属于结构非增长性部门,结合增长速度的比较,产业结构效益处于劣势。

(3) $P_i > 0$, $D_i < 0$:说明该部门产业结构基础较好,作出了一定的贡献,结合增长速度的比较,表现出竞争劣势。

(4) $P_i < 0$, $D_i < 0$:说明这些部门的贡献较低,属于结构非增长性部门,竞争力和产业结构效益均处于劣势。

第六步,可视化图谱分析。为了使对产业部门进行比较分类的结果更加清晰直观,根据偏离份额分析表相关数据,分别描绘部门优势分析图(图 8-1)和部门偏离分量图(图 8-2),其中由两条倾斜度为45°的等分线把坐标系分为 8 个象限。根据不同坐标系标出各部门在坐标系中的位置。

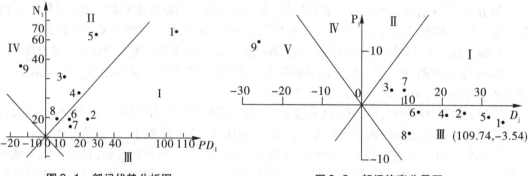

图 8-1　部门优势分析图　　　　　图 8-2　部门偏离分量图

第九章 秩和比法

第一节 秩和比法概述

一、秩和比法的应用场景

秩和比法是我国统计学家田凤调教授于 1988 年提出的一种新的综合评价方法,它是利用秩和比(Rank Sum Ratio, RSR)进行统计分析的一种方法。该法在医疗卫生等领域的多指标综合评价、统计预测预报、统计质量控制等方面已得到广泛的应用。近年来得到不断完善和充实。

秩和比指的是表中行(或列)秩次合计的平均值或加权平均值,是一个非参数计量的综合指数,具有 0~1 区间连续变量的特征,其所有比较组秩和比之和为 $(n+1)/2$;如果编秩不按照经典的秩变换方法,各组秩和比的合计可能不为 $(n+1)/2$。其基本思想是:在一个 n 行(n 个评价对象)m 列(m 个评价指标或等级)矩阵中,通过秩转换,获得无量纲的统计量 R_{SR},以 R_{SR} 值对评价对象的优劣进行排序,进而根据比较组数的多少,进行分档处理(比较组数较多)或进行 R_{SR} 平方根反正弦变换值可信区间处理(比较组数较少)。秩和比法是一种全新的统计信息分析方法,是数量方法中一种广谱的方法,针对性强,操作简便,使用效果明显,适合于医学背景的用户。本法从理论上,融古典的参数统计与近代的非参数统计于一体,兼具描述性与推断性。

秩和比是一种将多项指标综合成一个具有 0~1 连续变量特征的统计量,也可看成 0~100 的计分,多用于现成统计资料的再分析。不论所分析的问题是什么,计算的 R_{SR} 越大越好。为此,在编秩时要区分高优指标和低优指标,有时还要引进不分高低的情况。例如,评价预期寿命、受检率、合格率等可视为高优指标;发病率、病死率、超标率为低优指标。在疗效评价中,不变率、微效率等可看作不分高低的指标。指标值相同时应编以平均秩次。

二、秩和比法的优缺点

秩和比法的优点是以非参数法为基础,对指标的选择无特殊要求,适用于各种评价对象;此方法计算用的数值是秩次,可以消除异常值的干扰,合理解决指标值为零时统计处理中的困惑,融合了参数分析的方法,结果比单纯采用非参数法更为精确,既可以直接排序,又可以分档排序,使用范围广泛,不仅可以解决多指标的综合评价,还可用于统计测报与质量控制。

秩和比法的缺点是:排序的主要依据是利用原始数据的秩次最终算得的 R_{SR} 值,反映的是综合秩次的差距,而与原始数据的顺位间的差距程度大小无关,这样在指标转化为秩次时会失去一些原始数据的信息,如原始数据的大小差别等。当 R_{SR} 值实际上不满足正态分布时,分档归类的结果与实际情况会有偏差,且只能回答分级程度是否有差别,不能进一步回答具体的差别情况。为了解决这个问题,一些学者对秩和比法进行了改进,提出了非整秩次秩和比法,此方法用类似于线性插值的方式对指标值进行编秩,以改进秩和比法编秩方法的不足,所编秩次与原指标值之间存在定量的线性对应关系,从而克服了秩和比法秩次化时易损失原指标值定量信息的缺点。

第二节　秩和比法的计算步骤

一、编秩

将 n 个评价对象的 m 个评价指标列成 n 行 m 列的原始数据表。编出每个指标各评价对象的秩,其中高优指标从小到大编秩,低优指标从大到小编秩,同一指标数据相同者编平均秩。非整秩次秩和比法是对秩和比法的编秩方法作了一些改进,用类似于线性插值的方式进行编秩。所编秩次除最小和最大指标值必为整数外,其余基本上为非整数,故将改进后的秩和比法称为非整秩次秩和比法,简称为非整秩次 RSR 法。

非整秩次 RSR 法的编秩方法如下:

对于高优指标:$R = 1 + (n-1) \dfrac{x_{ij} - \min\{x_{1j}, x_{2j}, \cdots, x_{nj}\}}{\max\{x_{1j}, x_{2j}, \cdots, x_{nj}\} - \min\{x_{1j}, x_{2j}, \cdots, x_{nj}\}}$

对于低优指标:$R = 1 + (n-1) \dfrac{\min\{x_{1j}, x_{2j}, \cdots, x_{nj}\} - x_{ij}}{\max\{x_{1j}, x_{2j}, \cdots, x_{nj}\} - \min\{x_{1j}, x_{2j}, \cdots, x_{nj}\}}$

式中,R 为秩次;n 为样本数;x 为原始指标值;$\max\{x_{1j}, x_{2j}, \cdots, x_{nj}\}$、$\min\{x_{1j}, x_{2j}, \cdots, x_{nj}\}$ 分别为最小、最大的原始指标值。

对于不分高低指标,不论指标值的大小,秩次一律为 $R = (1+n)/2$。偏(或稍)高优指标、偏(或稍)低优指标的秩次公式同秩和比法。

二、计算秩和比

根据公式 $R_{SRi} = \sum\limits_{j=1}^{m} \dfrac{R_{ij}}{m \times n}$ 计算,式中 $i = 1, 2, \cdots, n$;R_{ij} 为第 i 行第 j 列元素的秩,最小 $R_{SR} = 1/n$,最大 $R_{SR} = 1$。

当各评价指标的权重不同时,计算加权秩和比(ω_{RSR}),其计算公式为 $\omega_{RSRi} = \dfrac{1}{n} \sum\limits_{j=1}^{m} \omega_j R_{ij}$,$\omega_j$ 为第 j 个评价指标的权重,$\sum \omega_j = 1$。通过秩和比值的大小,就可对评价对象进行综合排序,这种利用秩和比综合指标进行排序的方法称为直接排序。但是,在通常情况下还需要对评价对象进行分档,特别是当评价对象很多时,如几十或几百个评价对象,这时更需要进行分档排序,由此应首先找出秩和比的分布。

三、计算概率单位

将 R_{SR}(或 ω_{RSR})值由小到大排成一列,值相同的作为一组,编制 R_{SR}(或 ω_{RSR})频率分布

表,列出各组频数 f,计算各组累计频数 $\sum f$;确定各组 R_{SR}(或 ω_{RSR})的秩次范围 R 和平均秩次 $\bar{R}$;计算累计频率 $p = AR/n$;将百分率 p 转换为概率单位 P_{robit},P_{robit} 为百分率 p 对应的标准正态离差 μ 加 5,即 $P_{\text{robit}} = \mu + 5$。

四、计算直线回归方程

以累计频率所对应的概率单位 P_{robit} 为自变量,以 R_{SR}(或 ω_{RSR})值为因变量,计算直线回归方程,即 $R_{SR}(\omega_{RSR}) = a + b \times P_{\text{robit}}$。

五、分档排序

根据标准正态离差 μ 分档,分档数目可根据试算结果灵活掌握,最佳分档应该是各档方差一致,相差具有显著性,一般分 3~5 档。依据各分档情况下概率单位 P_{robit} 值,按照回归方程推算所对应的 R_{SR}(或 ω_{RSR})估计值对评价对象进行分档排序,具体的分档数根据实际情况确定。

第三节 秩和比法的应用案例

已知有 10 个地区的产前检查率、孕产妇死亡率和围生儿死亡率三个指标,请判断上述地区的生产质量。相关原始数据如表 9-1 所示。

表9-1 原始数据 单位:%

地区	产前检查率 $X_{1\_高优}$	孕产妇死亡率 $X_{2\_低优}$	围生儿死亡率 $X_{3\_低优}$
A	99.54	60.27	16.15
B	96.52	59.67	20.1
C	99.36	43.91	15.6
D	92.83	58.99	17.04
E	91.71	35.4	15.01
F	95.35	44.71	13.93
G	96.09	49.81	17.43
H	99.27	31.69	13.89
I	94.76	22.91	19.87
J	84.8	81.49	23.63

第一步,编秩。产前检查率 X_1 属于高优指标,孕产妇死亡率 X_2 和围生儿死亡率 X_3 属于低优指标。编秩结果见表 9-2。

表9-2 编秩结果 单位:%

地区	产前检查率 $X_{1\_高优}$		孕产妇死亡率 $X_{2\_低优}$		围生儿死亡率 $X_{3\_低优}$	
	$X(1)$	$R(1)$	$X(2)$	$R(2)$	$X(3)$	$R(3)$
A	99.54	10	60.27	2	16.15	6
B	96.52	7	59.67	3	20.1	2
C	99.36	9	43.91	7	15.6	7
D	92.83	3	58.99	4	17.04	5
E	91.71	2	35.4	8	15.01	8
F	95.35	5	44.71	6	13.93	9
G	96.09	6	49.81	5	17.43	4
H	99.27	8	31.69	9	13.89	10
I	94.76	4	22.91	10	19.87	3
J	84.8	1	81.49	1	23.63	1

第二步,计算秩和比。$R_{SRi} = \sum_{j=1}^{m} \frac{R_{ij}}{m \times n}$,式中,$i$ 是行;j 是列;m、n 分别是总行数、总列数(本案例中 10 个样本和 3 个指标,$m=10$,$n=3$);$R\{ij\}$ 为第 i 行第 j 列元素的秩。R_{SR} 排名根据 R_{SR} 值从大到小排列。R_{SR} 值计算结果如表9-3 所示。

表9-3 R_{SR} 值计算结果

地区	产前检查率 X_1(秩)	孕产妇死亡率 X_2(秩)	围生儿死亡率 X_3(秩)	R_{SR} 值	R_{SR} 排名
A	10	2	6	0.6000	4
B	7	3	2	0.4000	9
C	9	7	7	0.7667	2
D	3	4	5	0.4000	8
E	2	8	8	0.6000	4
F	5	6	6	0.6667	3
G	6	5	4	0.5000	7
H	8	9	10	0.9000	1
I	4	10	3	0.5667	6
J	1	1	1	0.1000	10

第三步,计算概率单位 P_{robit} 值。依据 R_{SR} 值大小重新进行排列,计算累计频数 $\sum f$。$R_{SR}=0.4000$ 时,出现的频数为 2;$\sum f$ 为 R_{SR} 小于或等于 0.4000 的频数,累计频数为 3。

$R_{SR} = 0.4000$ 时,秩次为 2 和 3,平均秩次为$(2+3)/2$,向下频率概率为 $2.5/10 = 25\%$。P_{robit} 为百分率 P 对应的标准正态离差 μ(p_i 分位数)加 5。例如:百分率 $P = 0.25$ 对应的标准正态离差 $\mu = -1.28$(查表得到),其相应的概率单位 P_{robit} 为 $5 - 1.28 = 3.72$;百分率 $P = 0.9$ 对应的标准正态离差 μ 约为 1.28(查标准正态分布概率表得到),其相应的概率单位 P_{robit} 为 $5 + 1.28 = 6.28$。P_{robit} 值计算结果如表 9-4 所示。

表 9-4　P_{robit} 值计算结果

R_{SR}值	频数 f	$\sum f$	秩次 R	平均秩次 $\overline{R}$	$\overline{R}/n \times 100\%$	P_{robit} 值
(1)	(2)	(3)	(4)	(5)	(6)	(7)
0.1000	1	1	1	1	10.0	3.72
0.4000	2	3	2,3	2.5	25.0	4.33
0.5000	1	4	4	4	40.0	4.75
0.5667	1	5	5	5	50.0	5.00
0.6000	2	7	6,7	6.5	65.0	5.39
0.6667	1	8	8	8	80.0	5.84
0.7667	1	9	9	9	90.0	6.28
0.9000	1	10	10	10	97.5 *	6.96

* 表示按$(1 - 1/4n) \times 100\%$校正。

第四步,计算回归方程。以累计频率所对应的概率单位值 P_{robit} 为自变量,以 R_{SR} 为因变量计算回归方程 $R_{SR} = a + b \times P_{\mathrm{robit}}$,得到模型公式为 R_{SR} 值 $= -0.609 + 0.222 \times P_{\mathrm{robit}}$。并结合此回归模型公式得到各个地区 R_{SR} 值的拟合值,用于最终的分档排序等。P_{robit} 值回归结果排名如表 9-5 所示。

表 9-5　P_{robit} 值回归结果排名

地区	R_{SR}位	R_{SR}排名	R_{SR}拟合位	分档等级
A	0.6	4	0.585	2
B	0.4	9	0.35	2
C	0.767	2	0.784	3
D	0.4	8	0.35	2
E	0.6	4	0.585	2
F	0.667	3	0.686	2
G	0.5	7	0.444	2
H	0.9	1	0.934	3
I	0.567	6	0.5	2
J	0.1	10	0.216	1

　　第五步,分档排序。由表9-5可知,将10个地区分为3个等级,其中C、H最优;A、B、D、E、F、G、I共6个地区其次;J地区最差,且也可以直接对10个地区进行排名。

第十章　耦合协调度法

第一节　耦合协调度法概述

一、耦合协调度法的背景

社会是一个复杂系统,资源、生态、经济、社会等不同系统之间存在多元内在耦合关系。随着对科学发展观认识的深入,对一个地区或社会发展程度的评判已经从单纯的发展水平转向基于协调水平与发展水平的整体均衡发展评价。整个系统的正常运行和高效性能通过耦合协调来保证,因此,耦合效应与耦合协调度已经成为有效的评价研究工具。在物理学上,耦合指两个或两个以上的体系或两种运动形式之间通过相互作用而彼此影响以至于联合起来的现象。

耦合协调度法(Coupling Coordination Method,CCM)用于分析事物的协调发展水平,指的是在多个系统或子系统之间进行协调和交互的过程。耦合度指两个或两个以上系统之间的相互作用和影响,实现协调发展的动态关联关系,可以反映系统之间的相互依赖相互制约程度。协调度指耦合相互作用关系中良性耦合程度的大小,它可体现出协调状况的好坏。比如,国家经济发展与社会民生的耦合关系情况,或者城市化与生态环境交互耦合关系情况,又或者科技创新与产业结构耦合关系情况,质量与数量的耦合可持续发展问题等。在实际应用中,耦合协调度的方法和技术十分丰富,包括了软件工程、物联网、机器学习、人工智能等多个领域的知识和技术。而随着技术的不断发展和应用的广泛推广,耦合协调度的重要性也越来越凸显,成为现代复杂系统控制和管理的重要手段和工具。

二、耦合度与耦合协调度的关系

耦合度和耦合协调度是工程中非常重要的概念,它们是评估系统质量的重要指标。耦合度指的是模块之间相互依赖的程度,模块之间的耦合度越高,模块之间的相互影响就越大,系统的可维护性和可扩展性就越差。

耦合协调度则是指模块之间依赖关系的合理程度。模块之间的依赖关系应该是合理的、清晰的、可维护的。如果模块之间的依赖关系不合理,就会导致系统的可维护性和可扩展性变差。提高耦合协调度的方法有很多,比如使用设计模式、遵循设计原则等方式来实现模块之间的合理依赖关系。

耦合度和耦合协调度是相互关联的。如果模块之间的耦合度很高,那么模块之间的依赖关系就很难合理,耦合协调度就会很低。耦合度和耦合协调度的合理控制可以有效地提高系统的可维护性、可扩展性和可重用性。因此,应该综合考虑耦合度和耦合协调度,尽量降低模块之间的耦合度,提高模块之间的耦合协调度,从而提高系统的质量。

对于耦合效应研究,国内目前普遍使用的有环境库兹涅茨曲线、双指数模型、非线性动力学模型、耦合度模型、动态耦合模型、向量自回归模型、空间回归模型、ArcGIS 重心曲线优化分级等。

耦合协调度的主要任务包括:确定各个子系统之间的关系和依赖程度,制定合理的协作策略和规则,确保各个子系统之间的信息交流和数据传输的有效性和准确性,调整和优化各个子系统的运行状态,以及管理系统整体的质量和安全性。

三、耦合协调度法的缺陷

第一,目前的耦合度研究中,各子系统的标准化值高度依赖于研究者所构建的各子系统的指标体系。研究者一般参照以往论文中所使用的指标体系,依据研究对象与地域特征,同时考虑数据的可获得性,构建不同的要素层和指标体系。因而指标体系的构建具有较强的主观性,同一个子系统在不同研究中二级指标差异较大。因此,指标构建的主观性进一步影响最终耦合结果的可靠性。

第二,当对不同年份或地区范围进行比较时,某年份或地区的标准化值会发生波动,进而影响最终子系统值发生变化。因此,耦合结果具有显著的波动性。

第三,由于指标构建的主观性,不同研究者之间的研究结果难以进行横向比较。更为关键的是,耦合结果的波动性导致每一个测算出来的耦合度 C 及耦合协调度 D 都只是在当前年份与地区范围内的相对值,而非绝对值。因此,相对耦合度与相对耦合协调度在年份与地区外就不具有可比性,即使同一个研究者使用相同数据,但扩充年份与地区后也不具有纵向与横向的可比性。因此,使用耦合度模型进行的研究,仅具有当下的良好使用效度,无可比性制约了该模型的实用价值。

第二节　耦合协调度法的计算步骤

一、数据标准化

由于数据需要进行无量纲化处理,所以首先需要对数据进行标准化,这里建议使用极差法。

正向指标为 $\dfrac{x_{ij} - \min\{x_{1j}, x_{2j}, \cdots, x_{nj}\}}{\max\{x_{1j}, x_{2j}, \cdots, x_{nj}\} - \min\{x_{1j}, x_{2j}, \cdots, x_{nj}\}}$。

负向指标为 $\dfrac{\min\{x_{1j}, x_{2j}, \cdots, x_{nj}\} - x_{ij}}{\max\{x_{1j}, x_{2j}, \cdots, x_{nj}\} - \min\{x_{1j}, x_{2j}, \cdots, x_{nj}\}}$。

二、权重计算

计算权重的方法很多,建议使用主成分分析法,因为可以借助统计产品与服务解决方案(Statistical Product and Service Solutions,SPSS)软件进行主成分分析,非常方便。

三、综合评价指数

综合考虑以往学者所使用的几类模型以及模型推广到 n 元系统的简洁性与实用性,下式最适合作为目前普遍采用的耦合度模型的规范公式:

$$C = \left[\frac{\prod\limits_{i=1}^{n} U_i}{\frac{1}{n}\sum\limits_{i=1}^{n} U_i} \right]^{\frac{1}{n}}$$

当 $n=2$ 时,$C = \sqrt{\dfrac{U_1 U_2}{\left(\dfrac{U_1 + U_2}{2}\right)^2}}$;

当 $n=3$ 时,$C = \sqrt[3]{\dfrac{U_1 U_2 U_3}{\left(\dfrac{U_1 + U_2 + U_3}{3}\right)^3}}$;

当 $n=4$ 时,$C = \sqrt[4]{\dfrac{U_1 U_2 U_3 U_4}{\left(\dfrac{U_1 + U_2 + U_3 + U_4}{4}\right)^4}}$ 。

四、耦合协调度

耦合度 C 的取值范围为 $0 \sim 1$,C 越接近 1,表示各系统间的耦合度越大;C 越接近 0,表示各系统间的耦合度越小,各序参量处于无关且无须发展的状态。

耦合协调度 $D = \sqrt{C \times T}$,其中,$T = \alpha f(x) + \beta g(y) + \cdots + \gamma h(z)$,其中 C 为耦合度,T 为耦合协调发展水平的综合评价指数,α、β、γ 分别为各子系统的权重。

第三节　耦合协调度法的应用案例

判断某地区农业经济发展水平与生态环境的耦合协调度,农业经济发展水平包括 8 个指标,分别为农村居民人均收入(X_1)(单位为元)、农林牧渔业总产值(X_2)(单位为亿元)、农民人均消费支出(X_3)(单位为元)、三大产业所占比例(X_4)(单位为%)、设施农业总收入(X_5)(单位为万元)、观光休闲农业总收入(X_6)(单位为万元)、农村旅游区收入(X_7)(单位为万元)、第一产业从业人口占比(X_8)(单位为%)等;生态环境包括 8 个指标,分别为万元地区生产总产值能耗(Y_1)(单位为吨标准煤)、万元地区生产总产值能耗下降率(Y_2)(单位为%)、工业企业万元产值水消费量(Y_3)(单位为 m^3)、SO_2 年浓度值(Y_4)、NO_2 年均浓度值(Y_5)、PM_{10} 年均浓度值(Y_6)、节能环保公共预算支出(Y_7)(单位为万元)、能源消耗总量(Y_8)(单位为万吨标准煤)。原始数据如表 10-1 所示。

表 10-1　原始数据

农业经济	X_1	X_2	X_3	X_4	X_5	X_6	X_7	X_8
2010	12256	17.08	9106	34.75	5715	26250	21300	30.29
2011	12991	18.26	9483	34.37	6477.6	27167	26040	30.35
2012	14585	19.13	9046	38.09	9339.5	28746	28229	29.92
2013	16356	20.3	10167	37.97	10952	30737	2988	2755
2014	18196	20.4	11254	37.76	11797	32099	32051	27.25
2015	19937	17.7	15567	41.21	7762	36350	37582	26.01
2016	21620	15.25	17195	41.53	6132	40016	34737	27.55
2017	23506	15.43	18754	40.75	5205	41878	38302	24.78
生态环境	Y_1	Y_2	Y_3	Y_4	Y_5	Y_6	Y_7	Y_8
2010	0.67	7.09	7711657	7.3	7.3	7.3	18093	99.8
2011	0.61	3.74	7990271	7.3	7.3	7.3	17479	103.8
2012	0.59	5.81	7331023	7.3	7.3	7.3	17168	106.9
2013	0.55	5.05	7715518	7.3	73	7.3	26579	112.3
2014	0.52	5.44	7687487	17.9	37.5	96.7	48496	114.9
2015	0.47	10.53	7226287	9.2	29.1	84.6	74271	110.6
2016	0.41	9.28	6744970	7	28	77	60.725	107.6
2017	0.39	2.86	7046977	5	27	71	68752	112.5

第一步,无量纲化处理,首先需要对数据进行标准化,这里建议使用极差法。

正向指标为 $\dfrac{x_{ij} - \min\{x_{1j}, x_{2j}, \cdots, x_{nj}\}}{\max\{x_{1j}, x_{2j}, \cdots, x_{nj}\} - \min\{x_{1j}, x_{2j}, \cdots, x_{nj}\}}$。

负向指标为 $\dfrac{\min\{x_{1j}, x_{2j}, \cdots, x_{nj}\} - x_{ij}}{\max\{x_{1j}, x_{2j}, \cdots, x_{nj}\} - \min\{x_{1j}, x_{2j}, \cdots, x_{nj}\}}$。

农业经济各指标的标准化如表 10-2 所示;生态环境各指标的标准化如表 10-3 所示。

表 10-2　农业经济各指标的标准化

农业经济	X_1	X_2	X_3	X_4	X_5	X_6	X_7	X_8
max	23506	20.4	18754	41.53	11797	41878	38302	30.35
min	12256	15.25	9046	34.37	5205	26250	2988	24.78
max−min	11250	5.15	9708	7.16	6592	15628	35314	5.57
2010	0.000	0.355	0.006	0.053	0.077	0.000	0.519	0.989
2011	0.065	0.584	0.045	0.000	0.193	0.059	0.653	1.000

续表 10-2

农业经济	X_1	X_2	X_3	X_4	X_5	X_6	X_7	X_8
2012	0.207	0.753	0.000	0.520	0.627	0.160	0.715	0.923
2013	0.364	0.981	0.115	0.503	0.872	0.287	0.000	0.497
2014	0.528	1.000	0.227	0.473	1.000	0.374	0.823	0.443
2015	0.683	0.476	0.672	0.955	0.388	0.646	0.980	0.221
2016	0.832	0.000	0.839	1.000	0.141	0.881	0.899	0.497
2017	1.000	0.035	1.000	0.891	0.000	1.000	1.000	0.000

表 10-3　生态环境各指标的标准化

生态环境	Y_1	Y_2	Y_3	Y_4	Y_5	Y_6	Y_7	Y_8
max	0.67	10.53	7990271	17.9	37.5	96.7	74271	114.9
min	0.39	2.86	6744970	5	7.3	7.3	60.725	99.8
max−min	0.28	7.67	1245301	12.9	30.2	89.4	74210.28	15.1
2010	0.000	0.449	0.224	0.822	1.000	1.000	0.757	1.000
2011	0.214	0.885	0.000	0.822	1.000	1.000	0.765	0.735
2012	0.286	0.615	0.529	0.822	1.000	1.000	0.769	0.530
2013	0.429	0.714	0.221	0.822	1.000	1.000	0.643	0.172
2014	0.536	0.664	0.243	0.000	0.000	0.000	0.347	0.000
2015	0.714	0.000	0.613	0.674	0.278	0.135	0.000	0.285
2016	0.929	0.163	1.000	0.845	0.315	0.220	1.000	0.483
2017	1.000	1.000	0.757	1.000	0.348	0.287	0.074	0.159

第二步,耦合协调度 $D = \sqrt{C \times T}$,其中, $T = \alpha f(x) + \beta g(y)$,其中 C 为耦合度, T 为耦合协调发展水平的综合评价指数, α 、 β 分别取 0.5 作为权重。农业经济发展水平与生态环境的耦合协调度如表 10-4 所示。

表 10-4　农业经济发展水平与生态环境的耦合协调度

耦合度 C	综合评价指数 T	耦合协调度 D	协调程度	耦合协调类型	耦合发展类型
0.9985	0.3348	0.5782	过度调和区	勉强协调发展	经济滞后性
0.9994	0.3860	0.6211	协调发展区	初级协调衰退	经济滞后性
0.9945	0.2045	0.4510	过度调和区	濒临失调衰退	经济滞后性
0.9904	0.6478	0.8010	协调发展区	良好协调发展	经济滞后性

续表 10-4

耦合度 C	综合评价指数 T	耦合协调度 D	协调程度	耦合协调类型	耦合发展类型
0.9799	0.8527	0.9141	协调发展区	优质协调发展	经济滞后性
0.9881	0.8251	0.9030	协调发展区	优质协调发展	经济滞后性
0.9923	0.8154	0.8995	协调发展区	良好协调发展	环境滞后性
0.9884	0.2341	0.4810	过度调和区	濒临失调衰退	环境滞后性

通过计算结果可以看出农业经济发展水平与生态环境的耦合协调度变化情况,说明其发展相互促进,联系越发紧密,同时整体水平呈现稳中有升的格局。

第十一章　统计分析方法

第一节　统计分析方法概述

一、什么是统计方法

统计方法是指有关收集、整理、分析和解释统计数据,并对其所反映的问题作出一定结论的方法。统计资料丰富且错综复杂,要想做到合理选用统计分析方法并非易事。对于同一个资料,若选择不同的统计分析方法处理,有时其结论是截然不同的。

正确选择统计方法的依据是:①根据研究的目的,明确研究试验设计类型、研究因素与水平数。②确定数据特征(是否正态分布等)和样本量大小。③正确判断统计资料所对应的类型(计量资料、计数资料和等级资料),同时应根据统计方法的适宜条件进行正确的统计量值计算。此外,还要根据专业知识与资料的实际情况,结合统计学原则,灵活地选择统计分析方法。

二、统计分析的步骤

(1)收集数据。收集数据是进行统计分析的前提和基础。收集数据的途径众多,可通过实验、观察、测量、调查等获得直接资料,也可通过文献检索、阅读等来获得间接资料。收集数据的过程中除了要注意资料的真实性和可靠性外,还要特别注意区分两类不同性质的资料:一是连续数据,也叫计量资料,指通过实际测量得到的数据;二是间断数据,也叫计数资料。

(2)整理数据。整理数据就是按一定的标准对收集到的数据进行归类汇总的过程。由于收集到的数据大多是无序的、零散的、不系统的,在进入统计运算之前,需要先按照研究的目的和要求对数据进行核实,剔除其中不真实的部分,再分组汇总或列表,从而使原始资料简单化、形象化、系统化,并能初步反映数据的分布特征。

(3)分析数据。分析数据指在整理数据的基础上,通过统计运算,得出结论的过程,它是统计分析的核心和关键。数据分析通常可分为两个层次:第一个层次是用描述统计的方法计算出反映数据集中趋势、离散程度和相关强度的具有外在代表性的指标;第二个层次是在描述统计基础上,用推断统计的方法对数据进行处理,以样本信息推断总体情况,并分析和推测总体的特征和规律。

三、统计数据的收集获取方法

统计数据又称统计资料,是统计分析的基础,是进行经济研究和制订发展计划,作出各种投资、管理决策的依据。根据数据来源,社会经济统计资料可以分为初级资料和次级资料两种。

(1)初级资料的收集方法。初级资料又称第一手资料,可以通过抽样调查、重点调查、典型调查、普查等调查方法收集数据。

1)抽样调查。抽样调查是一种非全面调查。根据随机抽样原则从总体中抽取一定数量的单位(样本)进行调查,并由得到的结果来推断总体的一般情况。与其他方法相比,抽样调查周期短、时效性强,能大大降低调查费用,提高调查的质量,还可以用于评价、修正和补充其他调查方式得到的统计资料。因此,抽样调查不仅是一种科学的、有效的、国际通行的统计调查方法,还将逐步成为我国统计调查的主体。

2)重点调查。重点调查是在所调查的对象中选择一部分重点单位进行调查,也是一种非全面调查。优点在于投入少、效益高、速度快,可调查较多的项目和指标,了解较详细的情况。但重点调查一般不用于推断总体,因为重点单位与一般单位的情况通常差别较大。

3)典型调查。典型调查是根据调查研究的目的和要求,在对调查对象进行全面分析的基础上有意识地选择具有代表性的典型单位进行深入调查。对于研究、分析社会经济生活中的新生事物,深入了解典型单位的情况,以及补充、验证说明全面调查资料,都具有重要的意义。

4)普查。普查是为了研究某种社会经济现象而专门组织的一时性全面调查,如全国人口普查、工业普查、物资普查等。普查项目一般属于重要的国情国力调查,通过普查能收集到全面而系统的资料,因此在统计调查方法体系中处于基础地位。

(2)次级资料的收集方法。次级资料来源于各种出版物和各级政府统计网站所公布的统计公报、统计分析报告和统计数据资料。随着现代信息的广泛传播,可以从网络、报表等多方面收集数据。

(3)统计数据调查的方法。具体有直接观察法、报告法、采访法和通信法。

四、按不同数据资料分类的统计方法

(1)计量资料的统计方法。计量资料的统计分析方法可分为参数检验法和非参数检验法。参数检验法主要为 T 检验和方差分析(F 检验)等,两组间均数比较时常用 T 检验和 u 检验,两组以上均数比较时常用方差分析;非参数检验法主要包括秩和检验等。T 检验可分为单组设计资料的 T 检验、配对设计资料的 T 检验和成组设计资料的 T 检验;当两个小样本比较时要求两总体分布为正态分布且方差齐性,若不能满足以上要求,宜用 T 检验或非参数方法(秩和检验)。方差分析可用于两个以上样本均数的比较,应用该方法时,要求各个样本是相互独立的随机样本,各样本来自正态总体且各实验组总体方差齐性。根据设计类型不同,方差分析中又包含了多种不同的方法。对于定量资料,应根据所采用的设计类型、资料所具备的条件和分析目的,选用合适的统计分析方法,不应盲目套用 T 检验和单因素方差分析。

(2)计数资料的统计方法。计数资料的统计方法主要针对四格表和 $R \times C$ 表利用 χ^2 检验进行分析。四格表资料:组间比较用 T 检验或 u 检验;若不能满足检验,当计数资料呈配对设计时,获得的四格表为配对四格表,其用到的检验公式和校正公式可参考相关书籍。$R \times C$ 表可以分为双向无序,单向有序、双向有序属性相同和双向有序属性不同四类,不同类的行列表根据其研究目的,其选择的方法也不一样。

(3)等级资料的统计方法。等级资料(有序变量)是对性质和类别的等级进行分组,再清点每组观察单位个数所得到的资料。在临床医学资料中,常遇到一些定性指标,如临床疗效的评价、疾病的临床分期、病症严重程度的临床分级等,对这些指标常采用分成若干个等级然后分类计数的办法来解决它的量化问题,这样的资料在统计上称为等级资料。

五、按不同标志分类的统计分析方法

按不同的分类标志,统计分析方法可划分为不同的类别,而常用的分类标准是功能标准,依此标准进行划分,统计分析可分为描述统计和推断统计。

(1)描述统计。描述统计是对研究中所得的数据加以整理、归类、简化或绘制成图表,以此描述和归纳数据的特征及变量之间的关系的一种最基本的统计方法。描述统计主要涉及数据的集中趋势、离散程度和相关强度,最常用的指标有平均数($\overline{X}$)、标准差(σ)、相关系数(r)等。

(2)推断统计。推断统计指用概率形式来决断数据之间是否存在某种关系及用样本统计值来推测总体特征的一种重要的统计方法。推断统计包括总体参数估计和假设检验,最常用的方法有 Z 检验、T 检验、卡方检验等。

描述统计和推断统计两者彼此联系、相辅相成,描述统计是推断统计的基础,推断统计是描述统计的升华。具体研究中,采用描述统计还是推断统计,应视具体的研究目的而定,如研究的目的是描述数据的特征,则需用描述统计;若还需对多组数据进行比较或需以样本信息来推断总体的情况,则用推断统计。

六、统计分析方法的局限性

统计分析方法有其自身的优势与局限,正确认识其优势和局限,两者同样重要。统计分析方法的局限,归结起来主要有下列几点:

(1)现实生活极其复杂,诸多因素常常纠缠交错在一起,仅靠统计分析方法去控制和解释这些因素及其相互关系,是不全面、不深刻的。

(2)统计分析方法的运用是有条件的,它依赖于数据资料本身的性质、统计方法的适用程度和研究者对统计原理及统计技术的理解、掌握程度与应用水平。方法选择不当,往往会得出错误的结论。

(3)统计决断以概率为基础,既然是概率,就存在误差,因而可以说,统计决断的结论并非绝对正确。例如,从样本统计量推断总体参数的信息时,由于推断建立在一定的概率基础上,没有百分之百的把握认为推断是正确的;当在 0.95 概率基础上比较两个总体平均数是否相等并认为它们之间存在或不存在显著差异时,从可靠度上看,决断错误的可能性尚有 5%。

第二节   SPSS 软件的功能

一、认识 SPSS 软件的结构

SPSS 是一种运行在 Windows 系统下的社会科学统计软件包。SPSS 的基本功能包括数据管理、统计分析、图表分析、输出管理等,具体内容包括描述统计、列联分析、总体的均值比较、相关分析、回归模型分析、聚类分析、主成分分析、时间序列分析、非参数检验等多个大类,每个类中还有多个专项统计方法。SPSS 提供了各种数据准备与数据整理技术,容易操作,输出结果美观漂亮,功能齐全。它也有自己的程序语言,但基本上已经"傻瓜化",对于非专业统计工作者是很好的选择。

(1)数据编辑模块。用于数据的录入、编辑与管理,可以进行数据的导入、导出、排序、筛选、汇总等操作。

(2)统计分析模块。包含描述统计、相关分析、回归分析、方差分析、生存分析等统计方法。可以进行变量的描述性统计、相关性分析、回归建模、方差分析等。

(3)Plots 绘图模块。可以进行散点图、折线图、柱状图、箱线图等各类统计图表的绘制,辅助分析结果的可视化与展示。

(4)供应商模块。集成了建模、统计等模型与算法库,提供关联规则、顺序分析、神经网络、决策树等高级分析方法。

(5)预测与数据挖掘模块。提供关联规则检测、聚类分析、顺序模式分析等数据挖掘技术,可以发现数据中的隐藏规律与知识。

(6)职业统计模块。提供与职业选择相关的统计分析工具,如兴趣测评、工作动机测评、工作价值观测评等,辅助用户进行职业规划与选择。

(7)实验设计与定性研究模块。提供实验设计与定性研究相关方法,如方差分析、共性分析、饱和度分析等。

(8)混合建模模块。提供混合效应模型分析方法与工具,可以进行线性混合模型、广义线性混合模型、结构方程混合建模等分析。

二、SPSS 窗口的基本功能

基本统计分析功能包括描述统计和行列计算,还包括在基本分析中最受欢迎的常见统计功能,如汇总、计数、交叉分析、分类比较、描述性统计、因子分析、回归分析及聚类分析等。具体功能如下:

(1)摘要性分析。摘要性分析是对原始数据进行描述性分析。对于计量资料,可完成均数、标准差、标准误等指标的计算;对于计数和一些等级资料,可完成构成比、构成率等指标的计算和 χ^2 检验。其中,频数分析过程可获得均数、中位数、众数、总和、标准差、方差、全距、最大最小值、标准误、偏度系数、峰度系数等信息;Explore 过程可获得 5% 修正均数,界外值(五个最大值、五个最小值),第 5%、10%、25%、50%、75%、90%、95% 位数;交叉表分析过程实际是 χ^2 检验。

（2）平均水平的比较。即 T 检验（显著性检验）和单因素方差分析。T 检验包括单样本 T 检验、独立样本 T 检验和配对样本 T 检验。

（3）方差分析。方差分析主要用于均数差别的显著性检验、分离各有关因素并估计其对总变异的作用、分析因素间的交互作用、方差齐性检验等。

（4）相关分析。涉及双变量分析过程、偏相关分析过程、距离分析过程。双变量分析过程可以判断变量之间相互关系的密切程度，调用该过程命令时允许同时输入两个或两个以上变量，但系统输出的是变量间两两相关的相关系数。偏相关分析过程可对变量进行偏相关分析。在偏相关分析中，系统可按用户的要求对两相关变量之外的某一或某些影响相关变量的其他变量进行控制，输出控制其他变量影响后的相关系数。距离分析过程可对变量内部各观察单位间的数值进行距离相关分析，以考察相互间的接近程度；也可对变量间进行距离相关分析，常用于考察预测值对实际值的拟合程度。

（5）回归分析。回归分析是处理两个及两个以上变量间线性依存关系的统计方法，涉及线性回归分析、曲线拟合、逻辑回归的运算，曲线型回归分析。

（6）对数线性模型。用于离散型数据或整理成列联表格式的计数资料的统计分析工具。在对数线性模型中，所有用作分类的因素均为独立变量，列联表各单元中的例数为因变量。（显示的统计量为实际例数、期望例数、残差和标准化残差，进而可以推算出 λ 值）

（7）分类分析。统计学中常用的分类统计方法主要是聚类分析与判别分析。聚类分析是直接比较各事物之间的性质，将性质相近的归为一类，将性质差别较大的归入不同的类。判别分析则先根据已知类别的事物的性质，利用某种技术建立函数式，然后对未知类别的新事物进行判断以将之归入已知的类别中。聚类分析事先并不知道对象类别的面貌，甚至连共有几个类别也不确定；判别分析事先已知对象的类别和类别数。其中，K–均值聚类分析过程可完成由用户指定类别数的大样本资料的逐步聚类分析。逐步聚类分析就是先对被聚对象进行初始分类，然后逐步调整，得到最终分类。层次聚类分析过程可完成系统聚类分析。在系统聚类分析中，用户事先无法确定类别数，系统将所有例数均调入内存，且可执行不同的聚类算法。系统聚类分析有两种形式：一种是对研究对象本身进行分类，称为 Q 型聚类；另一种是对研究对象的观察指标进行分类，称为 R 型聚类。判别分析可分析出各种因素对特定结果的作用力大小。

（8）因子分析。可对多指标或多因素资料进行因子分析。因子分析的基本目的就是用少数几个因子去描述许多指标或因素之间的联系，即将相关比较密切的几个变量归在同一类中，每一类变量就成为一个因子，以较少的几个因子反映原始资料的大部分信息。

（9）可靠性分析。了解量表中各测定项目之间的一致性（同质信度考核），将量表的测定项目按原编号的奇、偶数分半后，对各自的测定结果进行相关性检验（分半信度考核）等，即量表的可靠性分析（计算指标为平均数、方差、协方差和相关系数，可显示数据和相关矩阵）。

（10）非参数检验。在数据总体分布未知或无法确定的情况下，针对总体做出某些一般性假设，即非参数统计。非参数统计方法简便、适用性强，但检验效率较低，应用时应加以注意。

（11）生存分析。生存分析是指对某给定事件发生的时间进行分析和推断，研究生存时间和结局与预后因子间的关系及其程度大小的方法，是一种处理删失数据的数据分析方法,也称生存率分析或存活率分析,是既考虑结果又考虑生存时间的一种统计方法,并可充分利用截尾数据所提供的不完全信息,对生存时间的分布特征进行描述,对影响生存时间的主要因素进行分析。

(12)统计图。根据数据可以制作 3D 条形图、线图、面积图、饼图、高低图、箱图、双 Y 轴图、散点图、拟合线、密度图、质量控制图、诊断探索图以及概率图、受试者工作特征(ROC)曲线、观测点绘图和时间序列绘图等。

三、常用的统计方法

(1)参数估计。参数估计是根据从总体中抽取的样本估计总体分布中包含的未知参数的方法。它是统计推断的一种基本形式,是数理统计学的一个重要分支,分为点估计和区间估计两部分。

点估计是依据样本估计总体分布中所含的未知参数或未知参数的函数。通常它们是总体的某个特征值,如数学期望、方差和相关系数等。点估计问题就是要构造一个只依赖于样本的量,作为未知参数或未知参数的函数的估计值。例如,设一批产品的废品率为 θ。为估计 θ,从这批产品中随机地抽出 n 个做检查,以 X 记其中的废品个数,用 X/n 估计 θ,这就是一个点估计。

区间估计是依据抽取的样本,根据一定的正确度与精确度的要求,构造出适当的区间,作为总体分布的未知参数或参数的函数的真值所在范围的估计。例如人们常说的有百分之多少的把握保证某值在某个范围内,即是区间估计的最简单应用。求置信区间常用的三种方法有:①利用已知的抽样分布;②利用区间估计与假设检验的联系;③利用大样本理论。

(2)假设检验。假设检验是数理统计学中根据一定假设条件由样本推断总体的一种方法。参数估计和假设检验是统计推断的两个组成部分,它们都是用样本对总体进行某种推断,然而推断的角度不同。参数估计讨论的是用样本统计量估计总体参数的方法,总体参数在估计前是未知的。而在假设检验中,则是先对总体参数的值提出一个假设,然后利用样本信息去检验这个假设是否成立。假设检验的基本思想是小概率反证法思想。小概率思想是指小概率事件($P<0.01$ 或 $P<0.05$)在一次试验中基本上不会发生。反证法思想是先提出假设(检验假设 H_0),再用适当的统计方法确定假设成立的可能性大小,如可能性小,则认为假设不成立;若可能性大,则还不能认为假设成立。

1)基本原理。先对总体的特征作某种假设,然后通过抽样研究的统计推理,对此假设应该拒绝还是接受作出推断。生物现象的个体差异是客观存在的,以致抽样误差不可避免,因此不能仅凭个别样本的值来下结论。当遇到两个或几个样本均数(或率)、样本均数(率)与已知总体均数(率)有大有小时,应当考虑到造成这种差别的原因有两种可能:一是这两个或几个样本均数(或率)来自同一总体,其差别仅仅由于抽样误差即偶然性所造成;二是这两个或几个样本均数(或率)来自不同的总体,即其差别不仅由抽样误差造成,而且主要是由实验因素不同所引起的。假设检验的目的就在于排除抽样误差的影响,区分差别在统计上是否成立,并了解事件发生的概率。

2)具体做法。根据问题的需要对所研究的总体作某种假设,记作 H_0;选取合适的统计量,这个统计量的选取要使得在假设 H_0 成立时,其分布为已知;由实测的样本,计算出统计量的值,并根据预先给定的显著性水平进行检验,作出拒绝或接受假设 H_0 的判断。常用的假设检验方法有 u 检验法、T 检验法、χ^2 检验法、F 检验法、秩和检验等。

(3)方差分析。方差分析又称变异数分析或 F 检验,用于两个及两个以上样本均数差别的显著性检验。由于各种因素的影响,研究所得的数据呈现波动状。造成波动的原因可分成两类,一是不可控的随机因素,一是研究中施加的对结果形成影响的可控因素。方差分析是从观测变量的方差入手,研究诸多控制变量中哪些变量是对观测变量有显著影响的变量。

1)方差分析的假定条件。①各处理条件下的样本是随机的。②各处理条件下的样本是相互独立的,否则可能出现无法解析的输出结果。③各处理条件下的样本分别来自正态分布总体,否则使用非参数分析。④各处理条件下的样本方差相同,即具有齐效性。

2)方差分析的假设检验。假设有 K 个样本,如果原假设 H_0 样本均数都相同,K 个样本有共同的方差 σ,则 K 个样本来自具有共同方差 σ 和相同均数的总体。如果经过计算,组间均方远远大于组内均方,则推翻原假设,说明样本来自不同的正态总体,说明处理造成均值的差异有统计意义。否则,承认原假设,样本来自相同总体,处理间无差异。

3)方差分析的作用。一个复杂的事物,其中往往有许多因素互相制约又互相依存。方差分析的目的是通过数据分析找出对该事物有显著影响的因素,各因素之间的交互作用,以及显著影响因素的最佳水平等。方差分析是在可比较的数组中,把数据间的总的变差按各指定的变差来源进行分解的一种技术。对变差的度量,采用离差平方和。方差分析方法就是从总离差平方和分解出可追溯到指定来源的部分离差平方和,这是一个很重要的思想。经过方差分析若拒绝了检验假设,只能说明多个样本总体均数不相等或不全相等。若要得到各组均数间更详细的信息,应在方差分析的基础上进行多个样本均数的两两比较。

4)单因素方差分析。单因素方差分析是用来研究一个控制变量的不同水平是否对观测变量产生了显著影响。这里,由于仅研究单个因素对观测变量的影响,因此称为单因素方差分析。单因素方差分析的第一步是明确观测变量和控制变量;第二步是剖析观测变量的方差,将观测变量总的离差平方和分解为组间离差平方和与组内离差平方和两部分;第三步是通过比较观测变量总离差平方和各部分所占的比例,推断控制变量是否给观测变量带来了显著影响。

5)单因素方差分析原理。在观测变量总离差平方和中,如果组间离差平方和所占比例较大,则说明观测变量的变动主要是由控制变量引起的,可以主要由控制变量来解释,控制变量给观测变量带来了显著影响;反之,如果组间离差平方和所占比例小,则说明观测变量的变动不是主要由控制变量引起的,不可以主要由控制变量来解释,控制变量的不同水平没有给观测变量带来显著影响,观测变量值的变动是由随机变量因素引起的。

6)多因素方差分析。多因素方差分析用来研究两个及两个以上控制变量是否对观测变量产生显著影响。这里,由于研究多个因素对观测变量的影响,因此称为多因素方差分析。多因素方差分析不仅能够分析多个因素对观测变量的独立影响,还能够分析多个控制因素的交互作用能否对观测变量的分布产生显著影响,进而最终找到利于观测变量的最优组合。

(4)列联表检验。如果对样本资料按照两个指标变量进行复合分组,其结果必然就是各种双向列联表。对于列联表资料,人们经常需要检验所依据分类的两个变量是否独立或相关。这种对列联表中两分类变量是否独立的检验,也是假设检验的一个重要内容,称为列联表分析或列联表检验。一般地,若总体中的个体可按两个属性 A 与 B 分类,A 有 r 个等级 $A_1, A_2, \cdots, A_r$,B 有 c 个等级 $B_1, B_2, \cdots, B_c$,从总体中抽取大小为 n 的样本,设其中有 n_{ij} 个个体的属性属于等级 A_i 和 B_j,n_{ij} 称为频数,将 $r \times c$ 个 n_{ij} 排列为一个 r 行 c 列的二维列联表,简称 $r \times c$ 表。若所考虑的属性多于两个,也可按类似的方式做出列联表,称为多维列联表。

(5)回归分析。回归分析是确定两种或两种以上变数间相互依赖的定量关系的一种统计分析方法。回归分析运用十分广泛,按照涉及的自变量的多少,可分为一元回归分析和多元回归分析;按照自变量和因变量之间的关系类型,可分为线性回归分析和非线性回归分析。如果在回归分析中,只包括一个自变量和一个因变量,且两者的关系可用一条直线近似表示,这种回归分析称为一元线性回归分析。如果回归分析中包括两个或两个以上的自变量,且因变量和自变量之间是线性关系,则称为多元线性回归分析。

(6)时间序列分析。时间序列分析是一种动态数据处理的统计方法。该方法基于随机过程理论和数理统计学方法,研究随机数据序列所遵从的统计规律,以用于解决实际问题。它包括一般统计分析(如自相关分析、谱分析等),统计模型的建立与推断,以及关于时间序列的最优预测、控制与滤波等内容。经典的统计分析都假定数据序列具有独立性,而时间序列分析则侧重研究数据序列的互相依赖关系。后者实际上是对离散指标的随机过程的统计分析,因此又可看作随机过程统计的一个组成部分。例如,记录了某地区第 1 个月,第 2 个月,$\cdots$,第 N 个月的降水量,利用时间序列分析方法,可以对未来各月的雨量进行预报。

四、统计方法的选择

按照"定性—定量—定性"的顺序,做到定量分析与定性分析巧妙结合,这就是统计分析技巧。首先是通过定性分析,选择适当的统计分析方法,继而进行定量分析,有些最后还要落脚到定性分析。

(1)状态分析。对于客观存在的事物,需要经常研究一定时间、地点、条件下的状态,分析其量变情况,这属于状态分析。状态分析可以细分为若干不同性质的种类,有静态分析,有动态分析,有简单总体的状态分析,有复杂总体的状态分析。不同性质的状态分析,要分别选用不同的统计分析方法,静态分析一般用总量指标、相对指标、平均指标、抽样指标推断等方法,动态分析一般用时间数列、统计指数等方法。指数法也可以用于静态分析,如用指数法分析计划完成程度,就属于静态分析。对于简单总体的状态分析,上述方法均可以使用,而对于复杂总体的状态分析,只能用指数法。

(2)因素分析。因素分析是对构成事物的要素、成分和决定事物发展的内部条件进行定量分析。这是在统计分析中最常见的一种分析。例如,分析计划完成好坏的原因,分析产品产量增加的原因,分析经济效益好坏的原因等。通过因素分析,可以揭示事物内部最本质的联系,可以发现规律,还可以提出新的理论概念。因素分析主要有两种情况:一是各个因素变动之和等于总变动;二是各个因素变动的乘积等于总变动。前者可以采用离差法,后者可以运用指数体系,如果后者只需分析绝对数的变动,可以采用连环替代法。

(3)联系分析。社会经济现象是相互联系的,在其联系中存在因果关系、比例关系、平衡关系等。联系分析就是利用这种社会经济现象相互联系进行数量关系的分析,以研究其中存在的规律性。事物的发展变化,内因是根据,外因是条件。联系分析主要有用于因果关系的相关回归法,用于比例关系的比例法,用于平衡关系的平衡法等。

（4）趋势分析。社会经济现象的发展变化受许多因素影响，有长期起作用的基本因素，也有短期因素和偶然因素。趋势分析就是排除短期偶然因素的影响，使动态数列呈现出长期因素所造成的长期趋势，以揭示事物发展规律，据以预测未来。趋势分析的方法既有数学模型法，如趋势线配合法，也有非数学模型法，如时距扩大法、移动平均法等。对于趋势线配合法的运用，具体配合什么样的趋势线，首先也要做定性分析，即对客观现象发展的形态进行判断，一种判断方法是绘制散点图，另一种判断方法是根据动态指标来判定，当动态数列的逐期增长量大体相同，基本趋势是直线型的，可配合直线方程式；若二级增长量大体相同，基本趋势是抛物线型的，可配合指数抛物线方程式。

（5）决策分析。决策分析是人们在一定条件下，为寻找优化目标和优化地达到目标须采取的行动方案而进行的一系列分析研究、对比选择工作。决策方法很多，不同的内容，不同的情况，要选用不同的决策方法。例如，按掌握的信息情报资料的不同，有确定型决策、风险型决策和不确定型决策，要选择相应的决策方法。

（6）多层次分析。有些问题比较简单，一两个层次就能把问题分析清楚。有些问题则比较复杂，需要进行多层次的分析，层层解剖，才能找到问题的本质和规律。对于多层次的分析，每一层次都要经过"定性—定量—定性"的分析过程。

第三节　SPSS 软件的应用案例

一、交叉表分析

例 11-1　在设置学生评价实验教学的调查表时，"实验准备"是其中的一项指标（3 表示准备好、2 表示不确定、1 表示未准备好），50 名学生的评价结果原始数据见表 11-1（3 表示优秀、2 表示一般、1 表示较差），分析"实验准备"情况与评价结果的关系。

表 11-1　学生评价实验教学的调查

实验准备情况	3	2	2	1	3	2	3	2	1	2	1	3	2	3	1	1	2	3	3	1	1	1	2	1	2
学生评价结果	3	1	3	1	2	1	2	1	1	2	1	2	2	1	1	2	3	2	1	1	2	2	1	2
实验准备情况	1	1	1	3	1	2	3	3	2	2	3	2	2	2	3	2	3	2	1	1	1	3	3	2
学生评价结果	1	2	1	3	2	1	2	2	2	2	1	2	2	2	2	1	3	1	3	2	1	1	2	2

第一步，依次选择"分析"→"描述统计"→"交叉表"菜单项，打开"交叉表"对话框，将"实验准备"及"评价结果"字段分别加入"行(s)"及"列(c)"列表框中。

第二步，打开"统计量"对话框，选中"卡方"选项。

第三步，打开"单元显示"对话框，选中"观察值"及"四舍五入单元格计数"选项，两者都是缺省设置。单击"确定"按钮，结果见表 11-2。

表11-2   学生评价实验教学的卡方检验结果

	值	自由度	显著性水平（双侧）
Pearson 卡方	22.907a	4	0.000
似然比	29.897	4	0.000
线性和线性组合	20.357	1	0.000
有效案例中的 N		50	

注：a. 该单元格（33.3%）的期望计数小于5，最小期望计数为1.50。

表11-2 共使用了三种检验方法，显示行、列变量通过卡方检验给出的独立性检验结果。表11-2 的各种检验方法显著性水平都远远小于0.05，因此有理由拒绝实验准备与评价结果是独立的假设，即认为实验准备与评价结果是相关的。

二、多重响应交叉表分析

例11-2   对50名消费者拥有的数码产品的种类进行调查，有如下选项：数码相机；数码摄像机；MP3；DVD 机。可多选，按性别统计拥有各种数码产品的数量。原始数据见表11-3。

表11-3   原始数据

序号	性别	数码相机	数码摄像机	MP3	DVD 机
1	1	1	1	1	1
2	1	0	0	1	1
3	2	0	0	0	1
4	1	1	1	0	0
5	1	0	1	1	0
6	1	0	0	0	1
7	2	1	1	1	1
8	2	0	0	0	0
9	2	0	0	1	0
10	1	0	1	0	0
11	2	1	1	0	1
12	1	1	0	1	0
13	2	0	1	1	1
14	2	0	0	0	0
15	1	0	0	1	1
16	1	0	1	1	0

续表 11-3

序号	性别	数码相机	数码摄像机	MP3	DVD 机
17	1	1	1	1	0
18	1	1	0	0	0
19	1	1	1	1	1
20	2	1	0	1	0
21	1	0	1	1	1
22	2	0	0	0	0
23	1	0	0	1	1
24	2	0	1	1	0
25	2	1	1	1	0
26	1	1	0	0	0
27	1	1	1	1	1
28	1	1	0	1	0
29	1	0	1	1	0
30	1	1	0	0	0
31	2	0	0	1	1
32	1	0	1	1	0
33	2	1	1	1	0
34	1	1	0	0	0
35	2	1	1	1	1
36	2	1	0	1	0
37	1	0	1	1	1
38	1	0	0	0	0
39	1	0	0	1	1
40	1	0	1	1	0
41	1	1	0	1	0
42	2	1	0	0	0
43	1	1	1	1	1
44	2	1	0	1	0
45	1	0	0	0	1
46	2	0	0	0	0
47	2	0	0	1	1
48	1	0	0	1	0
49	1	1	1	1	0
50	1	1	0	0	0

　　第一步,分解多选项问题,定义多选项变量集。

　　分解多项式:按照二分法分解多选项问题,二分法记录表中,性别1为男性、2为女性;其他数据中的1表示拥有该产品、0表示没有。

　　定义多选项变量集:依次选择"分析"→"多重响应"→"定义变量集"菜单项,打开"定义多重响应集"对话框,将"数码相机""数码摄像机""MP3""DVD机"加入"集合中的变量"列表框中,"将变量编码为"选择为"二分法","计数值"设为"1",输入多响应集的名称为"dp",单击"添加"按钮,将定义好的数据集添加到"多响应集"列表中。

　　第二步,进行多重响应交叉分组下的频数分析。依次选择"分析"→"多重响应"→"交叉表"菜单项,弹出"多重响应交叉表"对话框,将第一步中建立的多响应集 $dp 添加到"列"列表框中作为交叉表的列,将"性别"字段添加到"行"列表框作为交叉表的行,确定"性别"的定义范围为最小值1、最大值2。

　　表11-4显示的是多重响应交叉表分析的频数表。由表11-4可以看出,男性拥有数码产品的数量高于女性,各种数码产品中拥有MP3的人数最多。

表11-4　多重响应交叉分析结果

			数码产品				总计
			数码相机	数码摄像机	MP3	DVD机	
性别	男	计数	15	16	22	13	30
	女	计数	9	7	13	8	15
总计		计数	24	23	35	21	45

　　注:百分比和总计以响应者为基础;值为1时制表的二分组。

三、单样本 T 检验

　　例11-3　某生产食盐的生产线,其生产的袋装食盐的标准质量为500 g,现随机抽取10袋,其质量分别为495 g、502 g、510 g、497 g、506 g、498 g、503 g、492 g、504 g、501 g。假设数据呈正态分布,请检验生产线的工作情况。

　　分析:这是一个典型的比较样本均值和总体均值的 T 检验问题。

　　第一步,数据组织。首先建立 SPSS 数据文件,只需建立一个变量"质量",录入相应的数据即可。

　　第二步,单样本 T 检验设置。依次选择"分析"→"比较均值"→"单样本 T 检验(S)"菜单项,打开"单样本 T 检验"对话框,将变量"质量"移入"检验变量"列表框,并输入检验值"500";打开"单样本 T 检验:选项"对话框,设置置信区间为95%(缺省为95%)。

　　本例置信水平为95%,显著性水平为0.05。由表11-5中可以看出,双尾检测概率 P 值(双侧)为0.650,大于0.05,故原假设成立,也就是说,抽样袋装食盐的质量与500 g无显著性差异,有理由相信生产线工作状态正常。

表11-5　单样本 T 检验结果

	T	自由度	无论数据的显著性（双侧）	均值差值	差分的95%置信区间	
					下限	上限
质量	0.469	9	0.650	0.80000	−3.0567	4.6567
检验值=500						

四、独立样本 T 检验

例11-4　为比较两种不同品种玉米的产量,分别统计了 8 个地区的单位面积产量,具体数据见表11-6。假定样本服从正态分布,且两组样本相互独立,试比较在置信度为95%的情况下,两种玉米产量是否有显著性差异。

表11-6　单样本 T 检验原始数据

A 品种玉米	85	87	56	90	84	94	75	79
B 品种玉米	80	79	58	90	77	82	75	65

第一步,数据组织。在 SPSS 数据文件中建立两个变量,分别为"品种"和"产量",度量标准分别为"名义"和"度量"。变量"品种"的值标签:a—品种 A,b—品种 B。录入数据后,保存名为 data5-2.sav 的 SPSS 数据文件。

第二步,独立样本 T 检验设置。选择"选择"→"比较均值"→"独立样本 T 检验"菜单项,打开"独立样本 T 检验"对话框,将"产量"作为要进行 T 检验的变量,将"品种"字段作为分组变量,定义分组变量的两个分组分别为"a"和"b"。打开"独立样本 T 检验:选项"对话框,具体选项内容及设置与单样本 T 检验相同。

表11-7"Levene(莱文)检验"中的无论数据的显著性为 0.752,远大于设定的显著性水平 0.05,故本例两组数据方差相等。在方差相等的情况下,独立样本 T 检验的结果应该看表中的"假设方差相等"一行,第 5 列为相应的双尾检测概率(双侧 Sig)为 0.332,在显著性水平为 0.05 的情况下,T 统计量的概率 P 值大于 0.05,故不应拒绝零假设,即认为两样本的均值是相等的,在本例中,不能认为两种玉米品种的产量有显著性差异。

表11-7　独立样本 T 检验结果

独立样本检验	Levene(莱文)检验		均值方程的 T 检验					差分的95%置信区间	
	F	显著性	T	自由度	显著性（双侧）	均值差值	标准误差值	下限	上限
假设方差相等	0.104	0.752	1.004	14	0.332	5.500	5.475	−6.243	17.243
假设方差不相等			1.004	13.64	0.333	5.500	5.475	−6.272	17.272

五、配对样本 T 检验

例 11-5　以下是某大学 15 个跆拳道选手的平衡训练数据,训练前为 86、77、59、79、90、68、85、94、66、72、75、72、69、85、88;训练后为 78、81、76、92、88、76、93、87、62、84、87、95、88、87、80;统计实验前、后平衡训练成绩是否有差异。

第一步,数据组织。首先建立 SPSS 数据文件,建立两个变量,分别为"训练前"和"训练后",录入相应数据。

第二步,配对样本 T 检验设置。依次选择"分析"→"比较均值"→"配对样本 T 检验"菜单项,弹出"配对样本 T 检验"对话框,同时选中"训练前"及"训练后"字段,将其加入"成对变量"列表框;打开"选项"对话框,指定置信水平和缺失值。

表 11-8 是配对样本 T 检验的最终结果。双侧 Sig. 显著性为双尾检测概率 P 值,在置信水平为 95% 时,显著性水平为 0.05,由于概率 P 值为 0.041,小于 0.05,拒绝零假设,可以认为训练前后对成绩有显著效果。

表 11-8　配对样本 T 检验结果

| | 均值 | 标准差 | 均值的标准误 | 差分的 95% 置信区间 | | T | 自由度 | 显著性(双侧) |
				下限	上限			
训练前-训练后	−5.933	10.187	2.630	−11.575	−0.292	−2.256	14	0.041

六、单样本的非参数检验

例 11-6　某公司质检负责人欲了解企业一年内出现的次品数是否均匀分布在一周的 5 个工作日中,随机抽取了 90 件次品的原始记录,其结果如表 11-9($\alpha=0.05$)所示。问:该企业一周内出现的次品数是否均匀分布在一周的 5 个工作日中?

表 11-9　原始数据

工作日	1	2	3	4	5
次品数	25	15	8	16	26

第一步,分析。由于考虑的是次品是否服从均匀分布的问题,故用卡方检验。

第二步,数据组织。建立 SPSS 数据文件,建立两个变量,分别为"工作日"和"次品数",录入相应数据,保存为文件 data5-4. sav。

第三步,"次品数"字段加权处理。通过分析"工作日"及"次品数"两个字段的含义及度量标准,确定"工作日"为被分析字段,而"次品数"表示各工作日出现的频数,因此应该对"次品数"进行加权处理。依次执行"数据"→"加权个案"命令,打开"加权个案"对话框,进行相应设置。

第四步,单因素的非参数检验设置。依次选择"分析"→"非参数检验"→"单样本"菜单项,在"目标"选项卡选择"自定义分析";在"字段"选项卡中选择"使用定制字段分配",并将"工作日"字段选入"检验字段";在"设置"选项卡中选择"自定义检验",并选中"比较观察可能性和假设可能性(卡方检验)",对"检验选项"及"用户缺失值"保持默认选项。

第五步,卡方检验的选项设置。打开"卡方检验选项"对话框,选择"所有类别概率相等(V)"选项。

第六步,运行结果及分析。卡方检验的假设检验数据摘要见表11-10。由于给出了卡方检验的原假设为"工作日的类别以相同的概率发生",其相伴概率值,即无论数据显著性 = 0.014 < 0.05,说明应拒绝原假设,"决策者"给出"拒绝原假设"的决策,认为工作日的类别是以不同概率发生的,即认为该企业一周内出现的次品数不是均匀分布在一周的5个工作日中。

表11-10　假设检验汇总

原假设	测试	无论数据显著性	决策者
工作日的类别以相同的概率发生	单样本卡方检验	0.014	拒绝原假设

七、单因素方差分析

例11-7　用四种饲料喂牛,共19头牛分为四组,每一组用一种饲料。一段时间后称重,牛体重增加数据如表11-11所示,比较四种饲料对牛体重增加的作用有无不同。

表11-11　原始数据

饲料1	饲料2	饲料3	饲料4
133.8	151.2	193.4	225.8
125.3	149.0	185.3	224.6
143.1	162.7	182.8	220.4
128.9	143.8	188.5	212.3
135.7	153.5	198.6	

第一步,分析。单因素方差分析也称一维方差分析,它检验由单一因素影响的一个(或几个相互独立的)因变量,由因素各水平分组的均值之间的差异,是否具有统计意义,或者说它们是否来源于同一总体。由于考虑的是一个控制变量(饲料)对一个观测变量(牛体重)的影响,而且是四种饲料,所以不适宜用独立样本 T 检验(仅适用两组数据),应采用单因素方差分析。

第二步,数据的组织。数据分成两列,一列是牛的体重,变量名为"weight",另一变量是饲料品种(变量值分别为1、2、3、4),变量名为"fodder",输入数据并保存。

第三步,方差相等的齐性检验。由于方差分析的前提是各个水平下(这里是不同的饲料影响下的体重)的总体服从方差相等的正态分布,且各组方差具有齐性。其中正态分布的要求并不是很严格,但对于方差相等的要求是比较严格的,因此必须对方差相等的前提进行检验。

本例中,方差齐性检验的 H_0 假设是:方差相等。由表 11-12 可看出,相伴概率=0.995>0.05,说明应该接受 H_0 假设,即方差相等。故下面就用方差相等的检验方法。表 11-13 所示是几种饲料方差检验的结果,组间平方和为 20538.698,自由度 1 为 3,均方为 6846.233;组内平方和为 652.159,自由度 2 为 15,均方为 43.477;F 统计量为 157.467。由于组间比较的相伴概率(P 值)= 0.000<0.05,故应拒绝 H_0 假设(四种饲料喂牛效果无显著差异),说明四种饲料对养牛的效果有显著性差异。

表 11-12　不同饲料的方差齐性检验结果

牛体重			
Levene(莱文)统计	自由度 1	自由度 2	显著性水平
0.024	3	15	0.995

表 11-13　几种饲料的方差检验结果

	平方和	自由度	均方	F 统计量	相伴概率
组间	20538.698	3	6846.233	157.467	0.000
组内	652.159	15	43.477		
总计	21190.858	18			

第四步,多重比较分析。通过上面的步骤,只能判断四种饲料喂牛效果是否有显著差异。如果想进一步了解究竟是哪种饲料与其他组有显著性的均值差别(哪种饲料更好)等细节问题,就需要在多个样本均值间进行两两比较。由于第三步检验出来方差具有齐性,故选择一种方差相等的方法,这里选最小显著差(least significance difference,LSD)方法;显著性水平默认取 0.05。

从表 11-14 反映出来四种饲料相互之间均存在显著性差异,从效果来看是第 4 种饲料最好,其次是第 3 种,第 1 种最差。

表 11-14　多重比较结果(牛体重 LSD)

(I)饲料品种	(J)饲料品种	均值差值 ($I-J$)	标准误差	相伴概率	95% 置信区间	
					下限	上限
1	2	−18.68000*	4.17024	0.000	−27.5687	−9.7913
	3	−56.36000*	4.17024	0.000	−65.2487	−47.4713
	4	−87.41500*	4.42321	0.000	−96.8428	−77.9872

续表 11-14

(*I*)饲料品种	(*J*)饲料品种	均值差值(*I-J*)	标准误差	相伴概率	95% 置信区间	
					下限	上限
2	1	18.68000*	4.17024	0.000	9.7913	27.5687
	3	-37.68000*	4.17024	0.000	-46.5687	-28.7913
	4	-68.73500*	4.42321	0.000	-78.1628	-59.3072
3	1	56.36000*	4.17024	0.000	47.4713	65.2487
	2	37.68000*	4.17024	0.000	28.7913	46.5687
	4	-31.05500*	4.42321	0.000	-40.4828	-21.6272
4	1	87.41500*	4.42321	0.000	77.9872	96.8428
	2	68.73500*	4.42321	0.000	59.3072	78.1628
	3	31.05500*	4.42321	0.000	21.6272	40.4828

注：* 表示均值差值在 0.05 默认显著性水平上是显著的。

八、多因素方差分析

例 11-8 研究一个班三组不同性别的同学(分别接受了三种不同的教学方法)在数学成绩上是否有显著差异,原始数据如表 11-15 所示。

表 11-15 原始数据

姓名	数学	组别	性别	姓名	数学	组别	性别
张青华	99	0	m	郭晓艳	99	2	m
王洁云	88	0	f	李福利	70	2	f
吴凌风	99	0	m	罗帆	89	2	m
刘行	89	0	m	宋丽君	55	1	f
马萌	94	0	f	辛瑞晶	50	1	m
单玲玲	90	0	m	王滢滢	67	1	f
罗超波	79	2	m	蔡春江	67	1	m
尹珣	56	2	f	武佳琪	56	1	f
张敏	89	2	m	陈雪吟	56	1	m

第一步,分析。多因素方差分析用来研究两个及两个以上的控制变量是否对观测变量产生显著影响。多因素方差分析不仅能够分析多个控制因素对观测变量的影响,也能够分析多个控制因素的交互作用对观测变量产生的影响,进而最终找到利于观测变量的最优组合。多因素方差分析不仅需要分析多个控制变量独立作用对观测变量的影响,还要分析多个控制变量的交互作用对观测变量的影响,及其他随机变量对结果的影响。因此,需要将观测变量总的离差平方和分解为多个控制变量单独作用引起的离差平方和、多个控制变量交

互作用引起的离差平方和、其他随机因素引起的离差平方和3个部分。本例需要研究不同教学方法和不同性别对数学成绩的影响。这是一个多因素（双因素）方差分析问题。

第二步，数据组织。如表11-15的变量名组织成4列数据。

第三步，变量设置。依次选择"分析"→"一般线性模型"→"单变量"菜单项，打开"单变量"对话框，将"数学"变量移入因变量框中，将"组别"和"性别"移入固定因子中。

第四步，设置方差齐性检验。由于方差分析要求不同组别数据方差相等，故应进行方差齐性检验，单击"选项"按钮，选中"方差齐性检验"，显著性水平设为默认值0.05。

第五步，设置控制变量的多重比较分析。单击"两两比较"按钮，在弹出的对话框中选出需要进行比较分析的控制变量，这里选"组别"，再选择一种方差相等时的检验模型，如LSD。

第六步，选择建立多因素方差分析的模型种类。打开"模型"对话框，本例用默认的全因子模型。

第七步，以图形方式展示交互效果。

第八步，对控制变量各个水平上的观察变量的差异进行对比检验。选择"对比"对话框，对两种因素均进行对比分析，用"简单"方法，并以最后一个水平的观察变量均值为标准。

第九步，主要结果及分析。

表11-16所示是对数学进行方差齐性检验的结果，从中可以看出方差无显著差异，应用前面的LSD方法的结果。

表11-16　误差方差齐性检验结果

因变量:数学			
Levene（莱文）统计量	自由度1	自由度2	相伴概率
0.039	5	12	0.879

表11-17是进行多因素方差分析的主要部分，由于指定建立全因子模型，因此总的离差平方和分为3个部分：多个控制变量对观察量的独立作用、交互作用及随机变量的影响。

表11-17　受试者间效应检验

来源	Ⅲ型平方和	自由度	均方	F检验	显著性水平
模型校正	4605.917a	5	921.183	17.163	0.000
截距	9523.5260	1	95235.260	1774.340	0.000
组别	3295.577	2	1647.788	30.700	0.000
性别	351.157	1	351.157	6.542	0.025
组别 * 性别	599.843	2	299.922	5.588	0.019
误差	644.083	12	53.674		
总和	112898.000	18			
校正总和	5250.000	17			

注：a. $R^2=0.877$（调整 $R^2=0.826$）。

表 11-18 所示是组别变量的均值比较结果,从中可以看出第 1、2 组与第 3 组的均值差异均显著。

表 11-18　组别比较结果(K 矩阵)

组别简单比较		因变量:数学
1 组与 3 组	对比度估计	16.625
	假设值	0
	假设估计差异	16.625
	标准误差	4.486
	显著性水平	0.003
	95% 置信区间	6.850
	置信区间上边界	26.400
2 组与 3 组	对比度估计	−17.500
	假设值	0
	假设估计差异	−17.500
	标准误差	4.360
	显著性水平	0.002
	95% 置信区间	−27.000
	置信区间上边界	−8.000

表 11-19 所示是性别比较结果,说明不同性别之间的成绩也有显著性差异。

表 11-19　性别 Contrast Results(K Matrix)

性别简单比较		因变量:数学
1 组与 2 组	对比度估计	16.625
	假设值	0
	假设估计差异	16.625
	标准误差	4.486
	显著性水平	0.003
	95% 置信区间	6.850
	置信区间上边界	26.400

表 11-20 所示是不同教学方法的比较,由于在前面检验方差具有齐性,从 LSD 方法的结果看出其均值第 0 组>第 2 组>第 1 组。

表 11-20 多重比较(数学 LSD)

组别(*I*)	组别(*J*)	均值差值 (*I-J*)	标准误差	显著性水平	差分的95%置信区间	
					下限	上限
0	1	34.6667*	4.22980	0.000	25.4507	43.8826
	2	12.8333*	4.22980	0.010	3.6174	22.0493
1	0	−34.6667*	4.22980	0.000	−43.8826	−25.4507
	2	−21.8333*	4.22980	0.000	−31.0493	−12.6174
2	0	−12.8333*	4.22980	0.010	−22.0493	−3.6174
	1	21.8333*	4.22980	0.000	12.6174	31.0493

注:* 表示 $p<0.05$。

九、协方差分析

例 11-9 已知一个班三组同学的入学成绩和分别接受了三种不同的教学方法后的数学成绩如表 11-21 所示,试研究这三组同学在接受不同的教学方法后在数学成绩上是否有显著性差异。

表 11-21 原始数据

姓名	数学	入学成绩	组别	姓名	数学	入学成绩	组别
张青华	99	98	0	郭晓艳	99	76	2
王洁云	88	89	0	李福利	70	89	2
吴凌风	99	80	0	罗帆	89	89	2
刘行	89	78	0	宋丽君	55	99	1
马萌	94	78	0	辛瑞晶	50	89	1
单玲玲	90	89	0	王滢滢	67	88	1
罗超波	79	87	2	蔡春江	67	98	1
尹珣	56	76	2	武佳琪	56	78	1
张敏	89	56	2	陈雪吟	56	89	1

第一步,分析。协方差分析是将那些很难控制的因素作为协变量,在排除协变量影响的条件下,分析控制变量对观察变量的影响,从而更加准确地对控制因素进行评价。入学成绩肯定会对最后成绩有所影响,这里着重分析不同教学方法的影响,应将入学成绩(数学基础)的影响去除,考虑用协方差分析。

第二步,数据组织。将"姓名""数学""入学成绩"和"组别"分别定义为"name""math""entrance"和"group"。

第三步,检验协方差分析的前提条件。该前提条件是各组方差是否一致和协变量"entrance"与控制变量"group"是否具有交互作用。

表 11-22 所示是方差的齐性检验结果,由于其相伴概率值=0.131>0.05,因此认为各组的方差具有齐性。

表 11-22　因变量数学成绩的方差齐性检验结果

因变量:数学			
F	自由度 1	自由度 2	显著性水平
2.337	2	15	0.131

注:检验因变量的误差方差在各组间相等的零假设。设计:截距+group(群组)+entrance(入学成绩)+…。

表 11-23 用于检验控制变量与协变量是否具有交互作用,从中可看出 group 与 entrance 的交互作用项的相伴概率值=0.784>0.05,因此认为它们之间没有交互作用。

表 11-23　控制变量与协变量的交互作用

来源	Ⅲ型平方和	自由度	均方差	F 值	显著性水平
模型校正	3757.122a	5	751.424	6.040	0.005
截距	862.817	1	862.817	6.935	0.022
组别	104.163	2	52.082	0.419	0.667
性别	0.467	1	0.467	0.004	0.952
组别 * 性别	61.932	2	30.966	0.249	0.784
误差	1492.878	12	124.406		
总和	112898.000	18			
总变差	5250.000	17			

注:a. R^2=0.716(调整 R^2=0.597)。

由以上分析可知,本例是满足协方差分析中关于方差齐性和协变量与控制变量之间没有交互作用这两个基本条件的,因此可用协方差分析来处理。

第四步,执行协方差分析。其设置与单因素方差分析相似。

第五步,主要结果及分析。由表 11-24 可以看出,入学成绩的影响是不显著的,而教学方法的影响是显著的。

表 11-24　入学成绩的影响

来源	Ⅲ型平方和	自由度	均方差	F 值	显著性水平
模型校正	3695.190a	3	1231.730	11.091	0.001
截距	1387.824	1	1387.824	12.496	0.003
入学成绩	8.857	1	8.857	0.080	0.782
组别	3364.083	2	1682.041	15.146	0.000
误差	1554.810	4	111.058		
总和	112898.000	18			
总变差	5250.000	17			

注:a. $R^2 = 0.704$(调整 $R^2 = 0.640$)。

十、二元变量相关分析

例 11-10　为了分析父亲与儿子身高之间的相关性,现抽样了 12 对父子的身高,数据如表 11-25 所示。请对其进行相关性分析(显著性水平取 $\alpha = 0.05$)。

表 11-25　原始数据

父亲身高	65	63	67	64	68	62	70	66	68	67	69	71
儿子身高	68	66	68	65	69	66	68	65	71	67	68	70

第一步,分析。衡量事物之间或变量之间线性相关程度的强弱并用适当的统计指标表示出来,这个过程就是相关分析。相关系数是衡量变量之间相关程度的一个指标,总体的相关系数用 ρ 表示,样本的相关系数用 r 表示。二元变量的相关分析是指通过计算变量间两两相关的相关系数,对两个或两个以上变量之间两两相关的程度进行分析。根据所研究的变量类型不同,又可以分为二元定距变量的相关分析和二元定序变量的相关分析。本例中,身高是定距变量,考虑用 Pearson 相关系数来衡量。

第二步,数据的组织。分成两列,一列是父亲的身高,另一列是儿子的身高。

第三步,依次选择"分析"→"相关"→"双变量"菜单项,将"father"和"son"两变量移入"变量"框中;"相关系数"选择"Pearson";在"显著性检验"中选择"双侧检验"。

第四步,主要结果及分析。其中包括了叉积离差矩阵、协方差矩阵、Pearson 相关系数及相伴概率 P 值。从表 11-26 中可看出,相关系数为 0.703>0,说明呈正相关,而相伴概率值=0.005<0.05,因此应拒绝零假设(H_0:两变量之间不具相关性),即说明儿子身高是受父亲身高显著性正影响的。

表 11-26 主要结果

		父亲身高	儿子身高
父亲身高	Pearson 相关性	1	0.703*
	显著性(双侧)		0.011
	平方与叉积的和	84.667	40.333
	协方差	7.697	3.667
	N	12	12
儿子身高	Pearson 相关性	0.703*	1
	显著性(双侧)	0.011	
	平方与叉积的和	40.333	38.917
	协方差	3.667	3.538
	N	12	12

注:* 表示 $p<0.05$。

十一、偏相关分析

例 11-11 表 11-27 所示是某地区 3 年生中山柏的数据,分析月生长量与月平均气温、月降水量、月平均日照时数、月平均湿度 4 个气候因素中哪些因素有关。

表 11-27 原始数据

月份	月生长量	月平均气温	月降水量	月平均日照时数	月平均湿度	月份	月生长量	月平均气温	月降水量	月平均日照时数	月平均湿度
1	0.01	4.2	17	54.5	81	7	18	24.7	96.9	101.6	83
2	0.5	7.4	10.8	73.8	79	8	19.3	24.5	269.5	164.6	86
3	1.5	10	17.4	84.7	75	9	14.8	22	194.8	81.6	83
4	10.8	16.1	19.7	137	75	10	10.3	18	58.1	84	82
5	13	21.1	248.7	149.6	77	11	8	13.1	4.9	79.3	81
6	16.3	23.9	72.2	109.5	79	12	6.8	12.6	66.5	82

第一步,分析。偏相关分析的任务就是在研究两个变量之间的线性相关关系时控制可能对其产生影响的变量,这种相关系数称为偏相关系数。偏相关系数的数值和简单相关系数的数值常常是不同的,在计算简单相关系数时,所有其他自变量不予考虑。本例的 4 个气候因素彼此均有影响,分析时应对生长量与 4 个气候因素分别求偏相关,如在求生长量与气候因素的相关关系时控制其他因素的影响。所以需进行偏相关分析。

第二步,数据组织。如表 11-27 所示,定义 4 个变量,输入数据。

第三步,进行偏相关分析。依次选择"分析"→"相关"→"双变量"菜单项,指定分析变量和控制变量,分析变量"hgrow"(月生长量)和"temp"(月平均气温)的偏相关系数,并将"rain"(月降水量)、"hsun"(月平均日照时数)、"humi"(月平均湿度)设为控制变量。

第四步,主要结果及分析。由表11-28可以看出,月降水量、月平均日照时数和月平均湿度为控制变量,生长量与月平均气温关系密切,偏相关系数为0.977,双尾检测的相伴概率为0.000(表示趋近于0的正数),明显小于显著性水平0.05。故应拒绝原假设,说明中山柏的生长量与气温间存在显著的相关性。

表11-28　分析结果

控制变量			生长量	月平均气温
月降水量、 月平均日照时数、 月平均湿度	生长量	相关性	1.000	0.977
		显著性(双侧)		0.000
		自由度	0	7
	月平均气温	相关性	0.977	1.000
		显著性(双侧)	0.000	
		自由度	7	0

十二、线性回归分析

例11-12　现有2006—2020年某地区财政收入和生产总值的数据(单位:亿元)如表11-29所示,请研究财政收入和生产总值之间的线性关系。

表11-29　某地区财政收入和生产总值原始数据

年份	国内生产总值	财政收入	年份	国内生产总值	财政收入
2006	26923.5	3483.37	2014	99214.6	13395.23
2007	35333.9	4348.95	2015	109655.2	16386.04
2008	48197.9	5218.1	2016	120332.7	18903.64
2009	60793.7	6242.2	2017	135822.8	21715.25
2010	71176.6	7407.99	2018	159878.3	26396.47
2011	78973	8651.14	2019	183867.9	31649.29
2012	84402.3	9875.95	2020	210871	38760.2
2013	89677.1	11444.08			

第一步,分析。变量与变量之间的关系分为确定性关系和非确定性关系,函数表达确定性关系。研究变量间的非确定性关系,构造变量间经验公式的数理统计方法称为回归分析。回归分析是指通过提供变量之间的数学表达式来定量描述变量间相关关系的数学过程,这一数学表达式通常称为经验公式。如果是多个因素作为自变量的时候,还可以通过因素分析,找出哪些自变量对因变量的影响是显著的,哪些是不显著的。线性回归假设因变量与自

变量之间为线性关系,用一定的线性回归模型来拟合因变量和自变量的数据,并通过确定模型参数来得到回归方程。根据自变量的多少,线性回归可有不同的划分。当自变量只有一个时,称为一元线性回归;当自变量有多个时,称为多元线性回归。本例是一个因变量和一个自变量之间的问题,故应该考虑用一元线性回归解决。

第二步,数据组织。定义 3 个变量,分别为"year"(年份)、"x"(国内生产总值)、"y"(财政收入)。

第三步,画散点图,观察两个变量的相关性。依次选择"图形"→"旧对话框"→"散点/点状"→"简单分布"菜单项,并将"国内生产总值"作为 x 轴,"财政收入"作为 y 轴。

第四步,一元线性回归分析设置。依次选择"分析"→"回归"→"线性"菜单项,打开"线性回归"对话框,将变量"财政收入"作为因变量,"国内生产总值"作为自变量。打开"统计量"对话框,选上"估计"和"模型拟合度"。单击"绘制(T)…"按钮,打开"线性回归:图"对话框,选用"DEPENDENT"作为 y 轴,"ZPRED"为 x 轴作图。并且选择"直方图"和"正态概率图"。做相应的保存选项设置,如预测值、残差和距离等。

第五步,主要结果及分析。表 11-30 中,$R=0.989$,说明自变量与因变量之间的相关性很强。$R^2=0.979$,说明"国内生产总值"可以解释"财政收入"的 97.9% 的差异性。

表 11-30　主要分析结果

模型	R	R^2	调整 R^2	标准估计的误差
1	0.989	0.979	0.977	1621.66312

注:预测变量(常量)为国内生产总值,因变量为财政收入。

表 11-31 中显示因变量的方差来源、方差平方和、自由度、均方、F 检验统计量的观测值和显著性水平。方差来源于回归、残差。由表 11-31 可以看出,F 统计量的观测值为 592.25,显著性概率为 0.000,即检验假设"H_0:回归系数 $B=0$"成立的概率为 0.000,从而应拒绝原假设,说明因变量和自变量的线性关系是非常显著的,可建立线性模型。

表 11-31　分析结果

模型		平方和	自由度	均方	F	显著性水平
1	回归	1.56×10^9	1	1.56×10^9	592.25	0.000
	残差	34187286.77	13	2629791.29		
	总计	1.59×10^9	14			

表 11-32 中显示回归模型的常数项、非标准化的回归系数 B 值及其标准误差、标准化的回归系数值、统计量 T 值以及显著性水平。由表 11-32 可看出,回归模型的常数项为 -4993.281,自变量"国内生产总值"的回归系数为 0.197。因此,可以得出回归方程:财政收入 = -4993.281+0.197×国内生产总值。回归系数的显著性水平为 0.000,明显小于 0.05,故应拒绝 T 检验的原假设,这也说明了回归系数的显著性,说明建立线性模型是恰当的。

表 11-32　回归系数表

模型		非标准化系数		标准系数	T	显著性水平
		B	标准误差	试用版		
1	（常量）	-4993.281	919.356		-5.431	0.000
	国内生产总值	0.197	0.008	0.989	24.336	0.000

十三、曲线估计

例 11-13　表 11-33 是 2000—2021 年某地区保费收入与生产总值的数据（单位：亿元），试研究保费收入与国内生产总值的关系。

表 11-33　原始数据

年度	保费收入	国内生产总值	年度	保费收入	国内生产总值
2000	4.6	4517.8	2011	239.7	21662.5
2001	7.8	4860.3	2012	378	26651.9
2002	10.3	5301.8	2013	525	34560.5
2003	13.2	5957.4	2014	630	46670
2004	20	7206.7	2015	683	57494.9
2005	33.1	8989.1	2016	776	66850.5
2006	45.8	10201.4	2017	1080	73142.7
2007	71.04	11954.5	2018	1247.3	76967.2
2008	109.5	14922.3	2019	1393.22	80579.4
2009	142.6	16917.8	2020	1595.9	88228.1
2010	178.5	18598.4	2021	2109.36	94346.4

第一步，分析。曲线估计（曲线拟合、曲线回归）是研究两变量间非线性关系的一种方法，选定一种用方程表达的曲线，使得实际数据与理论数据之间的差异尽可能地小。在曲线估计中，需要解决两个问题：一是选用哪种理论模型，即用哪种方程来拟合观测值；二是当模型确定后，如何选择合适的参数，使得理论数据和实际数据的差异最小。

第二步，数据组织。定义为三个变量，分别是"year"（年度）、"y"（保费收入）和"x"（国内生产总值），输入数据并保存。

第三步，进行曲线估计。依次选择"分析"→"回归"→"曲线估计"菜单项，将所有模型全部选上，看哪种模型拟合效果更好（主要看决定系数 R^2），其所有模型的拟合优度 R^2 如表 11-34 所示。

表 11-34　拟合效果比较

模型名称	直线	二次曲线	复合曲线	生长曲线	对数曲线	三次曲线	S 曲线	指数曲线	逆函数	幂函数	逻辑函数
R^2	0.941	0.973	0.789	0.789	0.772	0.99	0.946	0.789	0.481	0.972	0.789

　　从决定系数 R^2 来看,三次曲线效果最好(因为其 R^2 值最大),并且方差分析的显著性水平为 0。故重新进行上述过程,只选三次曲线一种模型。

　　第四步,结果与分析。三次曲线模型拟合效果的检验如表 11-35 所示,其中,复相关系数 $R=0.995$,$R^2=0.990$,经校正后的 R^2 值为 0.989。故可判断保费收入与国内生产总值之间有较显著的三次曲线关系。

表 11-35　三次曲线模型拟合效果的检验

R	R^2	调整 R^2	估计值的标准误
0.995	0.990	0.989	64.883

注:自变量为国内生产总值。

　　相伴概率 $=0.000$ 说明模型具有显著的统计学意义。从表 11-36 中可知因变量与自变量的三次回归模型为 $y=-166.430+0.029x-(5.364\mathrm{E}-7)x^2+(5.022\mathrm{E}-12)x^3$。

表 11-36　回归系数表

	未标准化系数		标准化系数	T	显著性水平
	B	标准误	Beta		
国内生产总值	0.029	0.005	1.506	5.836	0
国内生产总值 2 次曲线	-5.364E-07	0	-2.554	-4.277	0
国内生产总值 3 次曲线	5.022E-12	0	2.093		
(常数)	-166.43	45.399		-3.666	0.002

十四、逻辑回归分析

　　例 11-14　诊断发现运营不良的金融企业是审计核查的一项重要功能,审计核查的分类失败会导致灾难性的后果。表 11-37 列出了 66 家公司的部分运营财务比率,其中 33 家在 2 年后破产($Y=0$),另外 33 家在同期保持偿付能力($Y=1$)。请用变量 X_1(未分配利润/总资产)、X_2(税前利润/总资产)和 X_3(销售额/总资产)拟合一个逻辑回归模型。

表 11-37　原始数据

X_1	X_2	X_3	Y	X_1	X_2	X_3	Y
−62.8	−89.5	1.7	0	43	16.4	1.3	1
3.3	−3.5	1.1	0	47	16	1.9	1
−120.8	−103.2	2.5	0	−3.3	4	2.7	1
−18.1	−28.8	1.1	0	35	20.8	1.9	1
−3.8	−50.6	0.9	0	46.7	12.6	0.9	1
−61.2	−56.2	1.7	0	20.8	12.5	2.4	1
−20.3	−17.4	1	0	33	23.6	1.5	1
−194.5	−25.8	0.5	0	26.1	10.4	2.1	1
20.8	−4.3	1	0	68.6	13.8	1.6	1
−106.1	−22.9	1.5	0	37.3	33.4	3.5	1
−39.4	−35.7	1.2	0	59	23.1	5.5	1
−164.1	−17.7	1.3	0	49.6	23.8	1.9	1
−308.9	−65.8	0.8	0	12.5	7	1.8	1
7.2	−22.6	2	0	37.3	34.1	1.5	1
−118.3	−34.2	1.5	0	35.3	4.2	0.9	1
−185.9	−280	6.7	0	49.5	25.1	2.6	1
−34.6	−19.4	3.4	0	18.1	13.5	4	1
−27.9	6.3	1.3	0	31.4	15.7	1.9	1
−48.2	6.8	1.6	0	21.5	−14.4	1	1
−49.2	−17.2	0.3	0	8.5	5.8	1.5	1
−19.2	−36.7	0.8	0	40.6	5.8	1.8	1
−18.1	−6.5	0.9	0	34.6	26.4	1.8	1
−98	−20.8	1.7	0	19.9	26.7	2.3	1
−129	−14.2	1.3	0	17.4	12.6	1.3	1
−4	−15.8	2.1	0	54.7	14.6	1.7	1
−8.7	−36.3	2.8	0	53.5	20.6	1.1	1
−59.2	−12.8	2.1	0	35.9	26.4	2	1
−13.1	−17.6	0.9	0	39.4	30.5	1.9	1
−38	1.6	1.2	0	53.1	7.1	1.9	1
−57.9	0.7	0.8	0	39.8	13.8	1.2	1
−8.8	−9.1	0.9	0	59.5	7	2	1
−64.7	−4	0.1	0	16.3	20.4	1	1
−11.4	4.8	0.9	0	21.7	−7.8	1.6	1

第一步,分析。逻辑回归分析就是因变量是定性变量的回归分析。根据因变量取值数量不同,逻辑回归分析又分为二元逻辑回归分析和多元逻辑回归分析。二元逻辑回归模型中因变量只可以取 1 和 0(虚拟因变量)两个值,而多元逻辑回归模型中因变量可取多个值。本例共有 3 个自变量,均是定量数据类型,而因变量是定性的,取值有两种状态(0 和 1),这是一个典型的可用二元逻辑回归分析解决的问题。

第二步,数据组织。定义三个自变量 X_1、X_2 和 X_3,再定义因变量 Y,输入数据并保存。

第三步,二元逻辑回归分析设置。

第四步,主要结果及分析。表 11-38 中,常数项系数为 0.000,其相伴概率为 1,可见常数项不显著。X_1、X_2 和 X_3 的相伴概率分别是 0.000、0.000 和 0.094,如果以 5% 为置信水平的话,X_1 和 X_2 的系数通过了检验,即这两个变量是显著的。

表 11-38　原始数据

			得分	自由度	相伴概率
步骤 0	变量	X_1	31.621	1	0
		X_2	19.358	1	0
		X_3	2.8	1	0.094
	总统计量		37.613	3	0
		B	标准误差	Wald	自由度	显著性水平	Exp(B)
步骤 0	常量	0.000	0.246	0.000	1	1.000	1.000

表 11-39 共采用了三种检验方法,分别是步骤与步骤间的相对似然比检验、块间的相对似然比检验和模型间的相对似然比检验。由于本例中只有一个自变量组且采取强行进入法将所有变量纳入模型,所以三种检验方法的结果是一致的,模型有显著的统计意义。本例主要给出-2 对数似然值的两个决定系数,从数据上看,模型的拟合度不错。

表 11-39　模型全局检验结果

		卡方	自由度	相伴概率
步骤 1	步骤	85.683	3	0
	块	85.683	3	0
	模型	85.683	3	0
	-2 对数似然值	Cox 和 Snell R^2		Nagelkerke R^2
	5.813a	0.727		0.969

注:a. 因为参数估计的更改范围小于 0.001,所以估计在迭代次数 12 处终止。

表 11-40 从左到右依次表示变量及常数项的系数值(B)、标准误差、Wald 卡方值、自由度、相伴概率、Exp(B)。由于各回归系数均为正数,取相应的指数后会大于 1,表示 X_1、X_2 和 X_3 的取值越大,"两年后具有偿付能力"的可能性比"两年后破产"的可能性就越大。

表 11-40 逻辑模型的参数拟合表

		B	标准误差	卡方值	自由度	相伴概率	Exp(B)	Exp(B)的95%置信区间	
								下限	上限
步骤1a	X_1	0.331	0.301	1.213	1	0.271	1.393	0.772	2.511
	X_2	0.181	0.107	2.862	1	0.091	1.198	0.972	1.478
	X_3	5.087	5.082	1.002	1	0.317	161.979	0.008	3430718.695
	常量	−10.153	10.84	0.877	1	0.349	0		

注:a. 在步骤 1 中输入的变量为 X_1,X_2,X_3。

因此,逻辑回归模型为

$$\ln\left(\frac{p}{1-p}\right) = 0.331X_1 + 0.181X_2 + 5.087X_3 - 10.153$$

十五、K-均值聚类

例 11-15 测量 12 名大学生针对"高等数学"课程的学习心理状况和学习效果,主要包括学习动机、学习态度、自我感觉、学习效果四个因素,具体数据如表 11-41 所示。试将该 12 名学生分成 3 类,以分析不同心理状况下学生的学习效果。

表 11-41 原始数据

编号	学习动机	学习态度	自我感觉	学习效果
1	40	80	54	44
2	37	73	56	46
3	43	70	75	58
4	50	77	85	77
5	47	87	89	63
6	67	70	84	69
7	77	37	57	100
8	80	37	73	82
9	83	40	76	96
10	87	43	75	91
11	60	57	70	85
12	70	50	69	90

第一步,分析。聚类分析的基本思想是找出一些能够度量样本或指标之间相似程度的统计量,以这些统计量为划分类型的依据,把一些相似程度较大的样本(或指标)聚合为一

类,把另外一些彼此之间相似程度较大的样本又聚合为一类。根据分类对象的不同,聚类分析可分为对样本的聚类和对变量的聚类两种。K-均值聚类(也称快速聚类)是由用户指定类别数的大样本资料的逐步聚类分析。它先对数据进行初始分类,然后逐步调整,得到最终分类数。分类变量和连续变量均可以参与两步聚类分析。本例已知分成3类,故可采用快速聚类法。

第二步,数据组织。按表11-41的表头建立变量,将"编号"变量的数据类型设为字符型(作为标识变量)。

第三步,快速聚类设置。依次选择"分析"→"分类"→"K-均值聚类"菜单项,打开"K-均值聚类分析"对话框,将"学习动机""学习态度""自我感觉""学习效果"四个变量选入"变量"列表框。将"编号"变量移入"个案标记依据"框中;将"聚类数"设为"3"。

第四步,结果分析。查看数据文件,可看到多出两个变量,分别表示每个个案的具体分类归属和与类中心的距离(表11-42)。也就是说,1、2属于一类,3、4、5、6属于一类,其余的属于一类,共三类。

表 11-42 结果分析

编号	学习动机	学习态度	自我感觉	学习效果	QCL_1	QCL_2
1	40	80	54	44	1	4.062
2	37	73	56	46	1	4.062
3	43	70	75	58	2	16.037
4	50	77	85	77	2	10.592
5	47	87	89	63	2	13.809
6	67	70	84	69	2	16.559
7	77	37	57	100	3	17.487
8	80	37	73	82	3	12.158
9	83	40	76	96	3	11.276
10	87	43	75	91	3	11.978
11	60	57	70	85	3	21.505
12	70	50	69	90	3	18.687

十六、系统聚类

例 11-16 已知29例儿童的血液中钙(Ca)、镁(Mg)、铁(Fe)、锰(Mn)、铜(Cu)、血红蛋白(Hemogl)的含量如表11-43所示,试对数据进行变量聚类分析。

表 11-43 原始数据

编号	Ca	Mg	Fe	Mn	Cu	Hemogl
1	54.89	30.86	448.7	0.012	1.01	13.5
2	72.49	42.61	467.3	0.008	1.64	13
3	53.81	52.86	425.61	0.004	1.22	13.75
4	64.74	39.18	469.8	0.005	1.22	14
5	58.8	37.67	456.55	0.012	1.01	14.25
6	43.67	26.18	395.78	0.001	0.594	12.75
7	54.89	30.86	448.7	0.012	1.01	12.5
8	86.12	43.79	440.13	0.017	1.77	12.25
9	60.35	38.2	394.4	0.001	1.14	12
10	54.04	34.23	405.6	0.008	1.3	11.75
11	61.23	37.35	446	0.022	1.38	11.5
12	60.17	33.67	383.2	0.001	0.914	11.25
13	69.69	40.01	416.7	0.012	1.35	11
14	73.89	32.94	312.5	0.064	1.15	7.25
15	47.31	28.55	294.7	0.005	0.838	7
16	72.28	40.12	430.8	0	1.2	10.75
17	55.13	33.02	445.8	0.012	0.918	10.5
18	70.08	36.81	409.8	0.012	1.19	10.25
19	63.05	35.07	384.1	0	0.853	10
20	48.75	30.53	342.9	0.018	0.924	9.75
21	52.28	27.14	326.29	0.004	0.817	9.5
22	52.21	36.18	388.54	0.024	1.02	9.25
23	49.71	25.43	331.1	0.012	0.897	9
24	61.02	29.27	258.94	0.016	1.19	8.75
25	53.68	28.79	292.8	0.048	1.32	8.5
26	50.22	29.17	292.6	0.006	1.04	8.25
27	65.34	29.99	312.8	0.006	1.03	8
28	56.39	29.29	283	0.016	1.35	7.8
29	66.12	31.93	344.2	0	0.689	7.5

第一步,分析。系统聚类是效果最好且经常使用的聚类分析方法之一,国内外对它进行了深入的研究。系统聚类在聚类过程中是按一定层次进行的,具体分成两种,分别是 Q 型聚类和 R 型聚类,Q 型聚类是对样本(个案)进行的分类,它将具有共同特点的个案聚集在一起,以便对不同类的样本进行分析;R 型聚类是对变量进行的聚类,它使具有共同特征的变量聚在一起,以便对不同类的变量进行分析。根据题目要求,本例需进行变量聚类分析(R 型聚类),故采用系统聚类分析中的 R 型聚类进行处理。

第二步,数据组织。如表 11-43 所示,定义七个变量,即"order""Ca""Mg""Fe""Mn""Cu"和"Hemogl",其中"order"属于字符串型,其余变量属于数值型。

第三步,进行按变量聚类的设置。依次选择"分析"→"分类"→"系统聚类"菜单项,打开"系统聚类分析"对话框,将"Ca""Mg""Fe""Mn""Cu"和"Hemogl"几个变量选入"变量"列表框。设置按"变量"分类,并选择输出"统计量"和"图",以激活"统计量(S)…"和"绘制(T)…"两个按钮。

如图 11-1 所示,第一步将"Cu"和"Mn"聚成一类,第二步将"Hemogl"聚到"Cu"和"Mn"类中,第三步将"Ca"和"Mg"聚成一类。依此类推,最后聚成一个大类。

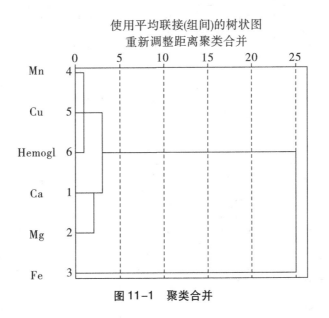

图 11-1　聚类合并

十七、判别分析

例 11-17　表 11-44 是健康人($c=1$)、硬化症患者($c=2$)和冠心病患者($c=3$)三种人群的心电图的 5 个指标($x_1 \sim x_5$)数据,其中有 19 个样本是确定的分类,另外又测出 4 个人的相关指标,试根据确定分类的样本对这些未确定的样本进行分类。

表 11-44　原始数据

序号	x_1	x_2	x_3	x_4	x_5	c
1	8.11	261.01	13.23	5.46	7.36	1
2	9.36	185.39	9.02	5.66	5.99	1
3	9.85	249.58	15.61	6.06	6.11	1
4	2.55	137.13	9.21	6.11	4.35	1
5	6.01	231.34	14.27	5.21	8.79	1
6	9.64	231.38	13.03	4.86	8.53	1
7	4.11	260.25	14.72	5.36	10.02	1
8	8.9	259.51	14.16	4.91	9.79	1
9	8.06	231.03	14.41	5.72	6.15	1
10	6.8	308.9	15.11	5.52	8.49	2
11	8.68	258.69	14.02	4.79	7.16	2
12	5.67	355.54	15.13	4.97	9.43	2
13	3.71	316.12	17.12	6.04	8.17	2
14	5.37	274.57	16.75	4.98	9.67	2
15	9.89	409.42	19.47	5.19	10.49	2
16	5.22	330.34	18.19	4.96	9.61	3
17	4.71	352.5	20.79	5.07	11	3
18	3.36	347.31	17.9	4.65	11.19	3
19	8.27	189.59	12.74	5.46	6.94	3
20	7.71	273.84	16.01	5.15	8.79	待定
21	7.51	303.59	19.14	5.7	8.53	待定
22	8.1	476.69	7.38	5.32	11.32	待定
23	4.71	331.47	21.26	4.3	13.72	待定

第一步，分析。判别分析是多元统计分析中用于判别样本所属类型的一种统计方法。它要解决的问题是在一些已知研究对象用某种方法已分成若干类的情况下，确定新的观察数据属于已知类别中的哪一类。判别分析是应用性很强的一种多元统计分析方法。由于本例部分样本已经有分类标记，还有几个待分类样本。这显然属于根据已知分类样本的信息对未分类样本进行分类的情况，可用判别分析进行处理。

第二步,数据组织。建立 7 个变量,分别是"序号""x_1""x_2""x_3""x_4""x_5"和"c",均为数值型变量。输入数据,对第 20~23 条的类别"c"变量,不填数据,作为缺失值处理,存盘并保存。

第三步,进行按变量聚类的设置。

第四步,表 11-45 为主要结果及分析。给出了这五个自变量之间的相关系数,如变量"x_1"与变量"x_2"之间的相关系数为 0.059。

表 11-45 相关系数

		x_1	x_2	x_3	x_4	x_5
相关系数	x_1	1	0.059	-0.008	-0.203	-0.09
	x_2	0.059	1	0.835	-0.328	0.762
	x_3	-0.008	0.835	1	-0.187	0.688
	x_4	-0.203	-0.328	-0.187	1	-0.659
	x_5	-0.09	0.762	0.688	-0.659	1

由于本例中预测变量为 5 个,类别数为 3,因此判别函数的个数为 2,即 $\min(3-1, 5) = 2$。判别函数的特征值越大,表明该函数越具有区别力。第一个判别函数的特征值为 1.386,第二个为 0.408,如表 11-46 所示。

表 11-46 判别函数

函数	特征值	方差的	累计	正则相关性
1	1.386a	77.3%	77.3%	0.762
2	0.408a	22.7%	100%	0.538

注:a. 分析中使用了前 2 个典型判别式函数。

表 11-47 中,"1 到 2"表示两个判别函数的平均数在 3 个级别间的差异情况。"2"表示在排除第一个判别函数后,第二个函数在 3 个级别间的差异情况。从最后的显著性概率 Sig. 来看,两个判别函数的效果并不十分显著。

表 11-47 函数检验

函数检验	Wilks Lambda	卡方	自由度	显著性水平
1 到 2	0.298	16.962	10	0.075
2	0.71	4.787	4	0.31

判别系数表见表 11-48。

表 11-48 判别系数表

	函数	
	1	2
x_1	0.626	0.234
x_2	-0.988	1.808
x_3	-0.664	-1.398
x_4	0.974	0.416
x_5	1.434	-0.336

$$F_1 = 0.626x_1 - 0.988x_2 - 0.664x_3 + 0.974x_4 + 1.434x_5$$
$$F_2 = 0.234x_1 + 1.808x_2 - 1.398x_3 + 0.416x_4 - 0.336x_5$$

分类函数系数表见表 11-49。

表 11-49 分类函数系数表

	c		
	健康	硬化病	冠心病
x_1	7.36	6.891	6.681
x_2	-0.222	-0.16	-0.211
x_3	-5.354	-5.209	-4.227
x_4	104.59	100.626	98.616
x_5	30.92	29.073	29.23
（常量）	-369.692	-349.655	-340.37
Fisher 的线性判别式函数			

分类保存结果见表 11-50。

表 11-50 分类保存结果

序号	x_1	x_2	x_3	x_4	x_5	c	Dis_ 1
1	8.11	261.01	13.23	5.46	7.36	1	1
2	9.36	185.39	9.02	5.66	5.99	1	1
3	9.85	249.58	15.61	6.06	6.11	1	1
4	2.55	137.13	9.21	6.11	4.35	1	1

续表 11-50

序号	x_1	x_2	x_3	x_4	x_5	c	Dis_1
5	6.01	231.34	14.27	5.21	8.79	1	1
6	9.64	231.38	13.03	4.86	8.53	1	1
7	4.11	260.25	14.72	5.36	10.02	1	1
8	8.90	259.51	14.16	4.91	9.79	1	1
9	8.06	231.03	14.41	5.72	6.15	1	1
10	6.80	308.90	15.11	5.52	8.49	2	2
11	8.68	258.69	14.02	4.79	7.16	2	2
12	5.67	355.54	15.13	4.97	9.43	2	2
13	3.71	316.12	17.12	6.04	8.17	2	2
14	5.37	274.57	16.75	4.98	9.67	2	3
15	9.89	409.42	19.47	5.19	10.49	2	2
16	5.22	330.34	18.19	4.96	9.61	3	3
17	4.71	352.50	20.79	5.07	11.00	3	3
18	3.36	347.31	17.90	4.65	11.19	3	3
19	8.27	189.59	12.74	5.46	6.94	3	1
20	7.71	273.84	16.01	5.15	8.79		1
21	7.51	303.59	19.14	5.70	8.53		3
22	8.10	476.69	7.38	5.32	11.32		2
23	4.71	331.47	21.26	4.30	13.72		3

十八、主成分分析

例 11-18　为了从总体上反映世界经济全球化的状况,现选择了具有代表性的 16 个国家的数据,这些国家参与经济全球化的程度指标值如表 11-51 所示。试分析一个国家参与经济全球化的程度主要受哪些因素的影响。

表 11-51　原始数据

国家	中国	印度	日本	韩国	新加坡	美国	加拿大	巴西
x_1	3.205	1.449	14.079	1.318	0.275	29.641	2.056	2.434
x_2	54.5	31.1	52.3	136.3	739.5	46.1	101.5	27.1
x_3	28.53	0.279	0.653	1.011	3.572	3.682	0.898	1.584
x_4	0.878	0.339	10.254	1.6	27.841	6.429	8.276	2.327

续表 11–51

国家	中国	印度	日本	韩国	新加坡	美国	加拿大	巴西
x_5	1.409	0.272	11.769	0.42	0.884	20.563	2.313	0.962
x_6	0.894	0.1	1.097	1.838	13.314	4.808	5.369	2.905
x_7	11.6	2.7	0	1.3	28.6	5.4	10.5	6.8
x_8	2.305	0.128	1.967	0.77	0.622	24.253	2.444	1.953
x_9	0.547	0.193	1.3	0.78	0.143	29.941	5.145	2.3
x_{10}	2.932	0.825	6.178	2.267	1.885	15.638	3.854	0.857
x_{11}	4.818	2.318	14.746	23.32	169.772	10.784	34.691	4.716
x_{12}	9.003	5.127	27.297	42.875	319.907	24.555	67.047	10.101
x_{13}	2.7	0.6	30.9	9.1	54.2	13.6	15.1	6.7
x_{14}	3.914	4	57.734	12.129	917.328	24.495	21.83	5.498
x_{15}	1.472	0.218	15.125	0.452	0.718	21.274	1.362	1.104
国家	墨西哥	英国	法国	德国	意大利	俄罗斯	澳大利亚	新西兰
x_1	1.567	4.67	4.639	6.84	3.792	1.3	1.309	0.177
x_2	151.4	118.4	120.6	132.9	104.5	58.6	94.5	110.5
x_3	1.657	0.497	1.84	2.252	0.321	1.533	0.502	0.218
x_4	2.837	26.151	9.242	9.558	8.153	1.499	5.773	7.374
x_5	0.797	12.456	4.492	6.646	3.724	0.552	0.941	0.179
x_6	1.471	22.137	10.848	7.747	1.059	0.499	1.987	3.04
x_7	10.9	11.2	8.5	2.2	2.5	2.5	18.9	31.5
x_8	0.67	16.552	8.282	8.589	0.77	0.31	0.527	0.126
x_9	0.212	19.642	5.841	8.971	1.913	0.298	1.371	0.338
x_{10}	2.186	5.542	5.21	8.843	4.032	0.987	1.131	0.248
x_{11}	18.485	28.434	28.46	32.121	22.869	7.77	15.745	23.221
x_{12}	37.986	58.7	54.052	63.174	43.924	12.581	33.795	47.387
x_{13}	4.5	66.1	29.2	36	27	1.1	13.2	19.8
x_{14}	4.887	278.968	56.453	51.514	17.776	2.001	24.117	41.274
x_{15}	0.468	11.289	8.889	12.18	5.678	0.469	0.797	0.215

第一步,分析。主成分分析就是考虑各指标之间的相互关系,利用降维的方法将多个指标转换为少数几个互不相关的指标,从而使进一步研究变得简单的一种统计方法。从本例数据来看,一共有 15 个因素,但有些因素是存在相关性的,同时各因素对经济全球化影响的程度也是不一样的,故可采用主成分分析。

第二步,数据组织。定义变量,输入数据并保存。

第三步,主成分分析的设置。依次选择"分析"→"降维"→"因子分析"菜单项,打开"因子分析"对话框,将 $x_1 \sim x_{15}$ 这 15 个变量移入"变量"对话框中。

第四步,因子分析的结果。由表 11-52 可以看出,前 3 个主成分已经解释了总方差的近86.7%,故可以选择前 3 个主成分进行分析。

表 11-52 初始特征值的累计方差

成分	初始特征值		
	合计	方差的	累计
1	6.049	40.325%	40.325%
2	5.813	38.755%	79.08%
3	1.142	7.616%	86.696%
4	0.876	5.842%	92.538%
5	0.599	3.996%	96.534%
6	0.326	2.175%	98.709%
7	0.119	0.796%	99.505%
8	0.041	0.271%	99.776%
9	0.018	0.121%	99.897%
10	0.01	0.064%	99.961%
11	0.004	0.027%	99.988%
12	0.001	0.009%	99.997%
13	0	0.002%	99.999%
14	0	0.001%	100%
15	0.000000408	0.00000272%	100%

表 11-53 所示为旋转前的因子载荷矩阵。通过主成分提取方法,得到 3 个成分。

表 11-53 旋转前的因子载荷矩阵

	成分		
	1	2	3
x_1	0.407	0.805	0.268
x_2	0.596	−0.727	0.209
x_3	−0.147	0.016	0.821
x_4	0.895	−0.333	−0.181
x_5	0.614	0.763	0.028
x_6	0.826	−0.124	−0.281

续表 11-53

	成分		
	1	2	3
x_7	0.273	-0.627	0.184
x_8	0.636	0.703	0.041
x_9	0.619	0.703	0.008
x_{10}	0.552	0.766	0.196
x_{11}	0.654	-0.691	0.172
x_{12}	0.666	-0.685	0.166
x_{13}	0.863	-0.191	-0.297
x_{14}	0.728	-0.632	0.144
x_{15}	0.579	0.76	0.005

十九、因子分析

例 11-19 为了研究几个省市的科技创新力问题,现取 2022 年 8 个省市的 15 个科技指标数据(表 11-54),试分析一个省的科技创新能力主要受哪些潜在因素的影响。

表 11-54 原始数据

省市	北京	天津	辽宁	上海	江苏	浙江	山东	广东
x_1	229	87	44	104	50	53	30	35
x_2	80.26	67.48	65.69	74.06	60.79	63.48	64.59	69.64
x_3	48.5	36.82	35.94	35.98	34.07	31.08	33.22	37.27
x_4	24.49	14.08	8.34	17.84	6.8	5.42	4.44	5.81
x_5	3.55	2.62	2.32	4.78	2.13	3.95	1.81	3.66
x_6	5.55	1.96	1.56	2.28	1.47	1.22	1.05	1.09
x_7	10.23	4.49	2.45	4.8	3.17	1.83	1.59	2.18
x_8	44774	35451	18974	51485	24489	27435	20022	24327
x_9	25.02	33.59	11.29	39.72	43.13	7.94	9.17	35.67
x_{10}	24.1	21.38	5.57	19.08	17.99	7.63	5.69	24.99
x_{11}	779.24	410.34	263.35	654.31	206.68	257.65	117.73	117.51
x_{12}	226.01	73.15	22.32	112.32	16.6	22.66	9.76	20.4
x_{13}	34.42	25.06	15.21	15.85	9.14	5.82	8.41	5.08
x_{14}	3183.29	495.78	204.98	1303.32	134.89	79.01	106.36	122.33
x_{15}	2.12	1.82	1.78	2	1.41	1.72	1.34	1.47

第一步，分析。因子分析是一种通过显在变量测评潜在变量，通过具体指标测评抽象因子的分析方法，它的基本思想是将实测的多个指标，用少数几个潜在指标(因子)的线性组合表示。本例中，要分析一个省的科技创新能力受哪些潜在的因素的影响，可用因子分析法进行分析。

第二步，数据组织。建立 $x_1 \sim x_{15}$ 共15个数据变量和1个"省市"字符型变量，将北京、天津等8个省市作为个案数据输入并保存。

第三步，因子分析设置。依次选择"分析"→"降维"→"因子分析"菜单项，打开"因子分析"对话框，将 $x_1 \sim x_{15}$ 这15个变量移入"变量"对话框中，表示对这15个变量数据进行因子分析。"得分"对话框的设置如下：单击"得分(S)…"按钮，弹出子对话框，选择"保存为变量"，即将因子得分保存下来。

第四步，主要结果及分析。由特征值与方差贡献表(表11-55)可以看出，前3个特征值大于1，同时这3个公共因子的方差贡献率占了93.924%，说明提取这3个公共因子可以解释原变量的绝大部分信息。

表11-55　特征值与方差贡献表

成分	初始特征值		
	合计	方差的	累计
1	11.135	74.237%	74.237%
2	1.706	11.371%	85.608%
3	1.247	8.316%	93.924%
4	0.508	3.386%	97.310%
5	0.205	1.365%	98.675%
6	0.125	0.832%	99.507%
7	0.074	0.493%	100.000%
8	3.201E-16	2.134E-15	100.000%
9	2.284E-16	1.523E-15	100.000%
10	1.572E-16	1.048E-15	100.000%
11	5.220E-17	3.480E-16	100.000%
12	-1.176E-16	-7.839E-16	100.000%
13	-2.144E-16	-1.430E-15	100.000%
14	-4.054E-16	-2.703E-15	100.000%
15	-4.979E-16	-3.319E-15	100.000%
取平方和载入			
	合计	方差的	累计
	11.135	74.237%	74.237%
	1.706	11.371%	85.608%
	1.247	8.316%	93.924%

续表 11-55

成分	初始特征值		
	合计	方差的	累计
	旋转平方和载入		
	合计	方差的	累计
	9.042	60.280%	60.280%
	2.926	19.507%	79.787%
	2.120	14.137%	93.924%

旋转后的因子载荷矩阵(表11-56)是按照前面设定的"方差极大法"对因子载荷矩阵旋转的结果。在旋转前的载荷矩阵中,因子变量在许多变量上均有较高的载荷,由旋转后的因子载荷矩阵可以看出,因子1在指标1、3、4、6、7、12、13、14上有较大载荷,反映科技投入与产出情况,可以命名为创新水平因子;因子2在指标5、8、15上有较大载荷,反映地区经济发展及财政科教投入水平,可以命名为创新环境因子;因子3在指标9和指标10上有较大载荷,可以命名为高技术产业发展因子。

表 11-56 旋转后的因子载荷矩阵

	成分		
	1	2	3
x_1	0.936	0.286	0.13
x_2	0.776	0.459	0.202
x_3	0.924	0.016	0.251
x_4	0.867	0.413	0.221
x_5	0.068	0.94	0.18
x_6	0.966	0.177	0.095
x_7	0.944	0.202	0.235
x_8	0.541	0.726	0.327
x_9	0.018	0.137	0.956
x_{10}	0.377	0.172	0.876
x_{11}	0.794	0.558	0.118
x_{12}	0.913	0.365	0.161
x_{13}	0.937	0.071	0.084
x_{14}	0.926	0.301	0.119
x_{15}	0.705	0.626	-0.069

第十二章　问卷调查法

第一节　问卷调查法概述

一、问卷调查法的内涵、功能及应遵循的原则

（1）问卷调查法的内涵。问卷又叫调查表，是调查人员依据调查目的和要求，以一定的理论假设为基础提出来，由一系列"问题"和"备选答案"以及其他辅助内容所组成，以书面形式了解被调查者的反应和看法并以此获得资料和信息的载体。简言之，问卷是一种以书面形式向被调查者了解情况，获取所需资料和信息的载体。问卷是国际上通行的调查工具和方式，也是我国近年来推行最快、应用最广的一种调查手段，广泛应用于社会调查、经济调查、市场调查的各个领域。它能够将定性问题转化为定量分析。根据调查目标设计出完整、科学的调查问卷，是调查人员获得全面而准确的调查资料、完成直接调查任务的关键步骤，调查问卷的质量直接影响到市场调查与预测的结果。设计是否科学合理，直接影响问卷的回收率，影响资料的真实性、实用性。

（2）问卷调查法的功能。一个设计成功的问卷应具备三个基本功能：①能将所要调查的问题明确地传达给被调查者；②设法取得对方的合作，最终获得真实、准确的答案；③问卷应该具有一些自我检测的功能，帮助确定被访者回答的认真程度。问卷是市场调查不可缺少的工具，使用调查问卷可以节省调查时间。问卷设计是依据调查与预测的目的，列出所需了解的项目，并以一定的格式将其有序地排列组合成调查表的活动过程。调查问卷作为收集信息的工具，是一套印刷在纸上的问答题目，其基本特征可概括为"四易"——易答、易记、易统计、易辨别，具体表现为：①问题形式多样、简明，易懂易答；②主题突出，问题相互关联而紧凑；③易于统计整理和分析；④用语准确规范，被调查者易于接受。

（3）问卷调查法遵循的原则。问卷调查法要遵循可接受性原则、简明性原则、目的性原则、匹配性原则、逻辑性原则。其中，可接受性原则指的是问卷说明要亲切、温和；提问部分要自然，有礼貌和趣味；可采用一些物质鼓励。简明性原则指的是内容简明、时间简短、格式易懂易读。目的性原则指的是询问的问题必须与调查主题有密切关联、重点突出，避免可有可无的问题，主题分解为更详细的细目，即把它分别做成具体的询问形式。匹配性原则指的是答案便于分类及解释调研目的、便于检查处理、便于数据处理和分析。逻辑性原则指的是按照某种逻辑顺序、时间顺序或者类别顺序安排问题，容易回答的问题（如行为性问题）放在前面，较难回答的问题（如态度性问题）放在中间，敏感性问题（如动机性、涉及隐私等问题）放在后面，有关个人情况的事实性问题放在末尾，封闭性问题放在前面，开放性问题放在后面。

二、问卷调查法的优劣与应用

（1）问卷调查法的优势。问卷调查是通过书面的形式，以严格设计的测量项目或问题，向研究对象收集研究资料和获取研究数据进行研究的一种方法。问卷调查法可以在同一时间内调查许多对象，省时、省力、省经费；对研究对象的行为及心理影响较小，使研究更能反映真实情况；可以进行一致性的控制，结果易于统计，适于量化研究；可以收集到对研究对象不能进行长期直接观察或观察不到的东西，尤其是调查生活史上的一些态度、事实、体验等；不受时间、地点及情境的限制，可随时进行研究，形式也比较灵活；采用问卷调查法收集资料，可使被调查者有充分考虑的时间，可以获得研究对象对问题的充分回答。

（2）问卷调查法的缺陷。主要表现为编制问卷中的问题难度较大，稍有含糊不清，就不能得到正确的回答；回答问题的人常有故意说谎的情况，因此所得到的结果不一定完全可靠；真假难以分辨或核实，因此根据问卷材料所得的结论，往往不能作为最后的定论。问卷中的问题太多，易使人产生厌烦情绪，不认真作答；问题太少，所得的数据又不能说明问题。这是问卷编制中的难题，不好把握。

（3）问卷调查法的应用范围。使用问卷调查法首先要明确调查的范围与人数。如果调查范围很广、地区跨度大、人数多、研究现象差别不大，适于运用问卷调查法进行研究。其次，能把握被研究者的文化程度与意愿。问卷调查法是以书面的形式呈现的，如果被研究者的文化程度不高，对问卷的某些问题不理解，则不适合用问卷调查法。被研究者的文化程度很高，但不愿牺牲时间与调查者面谈，也可以用问卷调查法。最后，问卷调查需要有清晰的调查内容。如果要调查的内容是常识性的事实、行为、态度，不触及个人的隐私，可以采用问卷调查法；如果是涉及个人生活的事情，或是在某种情况下被认为是"越轨"的行为，最好不用问卷调查法。因为被调查者会拒绝回答或不正确回答，从而影响问卷的信度。也就是说，使用问卷调查法，要了解研究对象的基本情况（如性别、受教育程度等），了解人们的行为方式（如对某项活动的参加程度：每天、经常、偶尔、从不等），了解人们的态度倾向（如对某个观点：同意、不同意、说不清等），以及其他的方面（如测试被调查者的心理特质，以便确定其属于哪种类型；测试被调查者在某个领域的常识、能力等）。

（4）问卷调查法的实施限度。从理论上讲，问卷的题目不能太少，但从现实上讲，为了不致让被调查者有厌烦情绪，问卷题目不能过多，一般应控制在70道题以内，最好是40~50道题。从时间上讲，理论上要求在30 min内完成，但现实中在15~20 min完成为好，否则就要删减题目或降低难度。也就是说，问卷调查法适用于那些能理解问卷中问题的人群（人群限度），适用于对现时问题的调查（内容限度），适用于较大样本的调查（样本限度），适用于较短时间可以完成的调查，问卷本身不能太长（时间限度）。

三、问卷的发放、回收及试用修改

（1）问卷的发放。通常情况下，问卷发放可以选择性采用邮政投递、专门递送、集中填答、报刊调查、网络调查等方式。

1）邮政投递式是指研究者通过邮局向被选定的调查对象寄发问卷，并要求被调查者按照规定的要求和时间填答问卷，然后通过邮局将问卷寄回给研究者。邮政投递式有利于控制发放问卷的范围和对象，有利于提高被调查者的代表性，可节省时间。但该方式的问卷回收率较低,为30% ~60%。

2)专门递送式是指研究者派专人将问卷送到选定的调查对象,待被调查者填答完后,再派专人收回问卷。最适合有组织的集体调查对象。问卷回收率可达90%以上,而且回收时间迅速、整齐。由于被调查对象过于集中,范围较窄,代表性较差;而且由于过于集中,被调查者之间可以相互询问,互相影响,回答结果容易失真,甚至可能出现请别人代答的现象。

3)集中填答式是指研究者亲自到被调查对象的单位,将调查对象集中起来,由研究者向被调查对象说明调查的目的和填答问卷的方法,被调查者即时填答,然后由研究者把问卷收集起来。该方式回收率可高达100%,效率也高,但费力、费时、费钱,只适合于特定的场合,且被调查者的填答容易受研究者主观因素的影响。

4)报刊调查式是将问卷印刷在报刊上,随报刊的传递分发问卷。调查对象只限于报刊的读者,其代表性差、回收率低,目前较少使用。

5)网络调查就是把问卷发布在网站上,问卷星等工具大大提高了该方式的推广,该方式获得的问卷回收数量较大,但回答者限于上网用户,代表性受到限制。

(2)问卷的回收。问卷的回收率是指发出问卷后,经被调查者填答并能被研究者收回的问卷比率。回收率的大小与问卷的发放方式和问卷设计质量有关。一般报刊投递问卷回收率为10% ~20%,邮寄问卷回收率为30% ~60%,送发问卷回收率为80% ~90%,直发问卷回收率可达100%。问卷回收率应达到70%,50%的回收率是最低要求,否则结论的可靠性就难以保证。有效率等于回收问卷总数减去无效问答数再除以回收总数。凡未回答或者不按要求填答,都属于无效回答。问卷调查的回收率和有效率一般不可能达到100%,因此选择调查对象时,其数目应多于抽样要求的研究对象数。

例如,假定通过抽样确定研究对象有100人,邮递问卷回收率一般在30% ~60%,取 $R=50\%$,预计问卷有效率可达 $K=85\%$,则应发问卷数是多少?答: $n=100/(50\% \times 85\%)=235$(人)。

(3)问卷的试用与修改。问卷的试测是为了使规模性试测信度和效度更高。试测一般在30~100份,对问卷是否全面、清楚、时间、难度、伦理性及后续分析过程中的编码、录入、汇总等会有哪些缺陷进行检查。如果问卷回收率低于60%,则问卷设计中有较大的问题,如填答内容错误多,答非所问,要修改用语;如填答方式错误多,要检查问题形式是否过于复杂,指导语是否不明确,如果有多数问题未作答,就要仔细分析原因。

第二节 问卷的设计

一、问卷的一般结构

一般地,调查问卷包括标题(概括说明调查主题)、说明(引言、引导词、前言、问卷说明)、被调查者项目(基本情况是问卷统计后分析的重要资料)、调查的主题内容(项目和问题)、方便以后进行问卷处理的编码、结束语等。此外,问卷还可以附加调查者情况(调查作业证明的记载),主要包括访问员(编号)、访问日期、时间、地点等,这是保证调查质量的重要环节。

（1）问卷的标题。标题概括说明调查研究主题,使被调查者对要回答什么方面的问题有一个大致的了解。问卷的标题应简明扼要,易于引起回答者的兴趣。例如"大学生消费状况调查""公众广告意识调查"等,而不要简单采用"问卷调查"这样的标题,它容易导致回答者因不必要的怀疑而拒答。

（2）问卷说明。问卷说明旨在向被调查者说明调查的目的、意义。有些问卷还有填表须知、交表时间、地点及其他事项说明等。问卷说明一般放在问卷开头,被调查者通过问卷说明可以了解调查目的,消除顾虑,并按一定的要求填写问卷。问卷说明既可采取比较简洁、开门见山的方式,又可进行一定的宣传,以引起调查对象对问卷的重视。问卷说明具体可分为两部分,即问候语和填写说明。填写说明又称指导语,是用来指导被调查者回答问题的各种解释和说明。不同的调查问卷对指导语的要求不同,所采取的形式也多种多样。有些调查问卷,指导语很少,只在问卷说明末尾附上一两句话,而没有专业的"填表说明"。如在问候语的结尾处加上:下面所列问题,请在符合您情况的项目旁"( )"内打"√"。有的问卷则有专业的指导语,并有专业的"填表说明"标题;还有一些问卷,其指导语分散在某些较复杂的问题前或问题后,用括号括起来,对这一类问题做专业的指导说明。如"本题可选三项答案,并按重要程度将其排列"。

（3）被调查者项目。被调查者项目是指被调查者的一些主要特征,如性别、年龄、民族、家庭人口、婚姻状况、文化程度、职业、单位、收入、所在地区等,又如企业名称、地址、所有制性质、主管部门、职工人数、商品销售额(或产品销售量)等情况。通过这些项目,便于对调查资料进行统计分组、分析。在实际调查中,列入哪些项、列入多少项目,应根据调查目的、调查要求而定,并非多多益善。

（4）调查的主题内容。调查的主题内容是调查者所要了解的基本内容,也是调查问卷中最重要的部分,它主要是以提问的形式提供给被调查者。这部分内容设计的好坏直接影响整个调查的价值。主题内容主要包括以下几方面:①对人们的行为进行调查,包括对被调查者本人行为进行了解或通过被调查者了解他人的行为。②对人们的行为后果进行调查。③对人们的态度、意见、感觉、偏好等进行调查。

（5）编码。编码是将问卷中的调查项目变成数字的工作过程,大多数市场调查问卷均需加以编码,以便分类整理,易于进行计算机处理和统计分析。因此,在问卷设计时,应确定每一个调查项目的编号和为相应的编码做准备。通常是在每一个调查项目的最左边按顺序编号。

（6）结束语一般用来简短地对被调查者的合作表示衷心的感谢,例如"问卷调查到此结束,谢谢您的帮助"。如果是访问式问卷调查,调查员还可以根据自己的感受把调查过程记录下来。

二、问卷调查法的问项和回答

（1）问题的设置。为了让受访者准确地提供真实的或客观的信息,一个基本环节就是要确保所有受访者对所要报告的东西有一致的理解,好让研究者确信所有的受访者都使用了同样的定义。这是调查问题的设计者所面临的最艰巨的任务之一。如果不能很好地做到这一点,就会成为调查研究误差的一个主要来源。为了撰写人们普遍能理解的调查问题,最常见的办法是在问题中加入所需的定义。为了减轻受访者报告的负担,用多重问题来涵盖所要报告的所有方面,而不是设法将每个细节都塞进单一的定义里,这往往是一个有效的办法。这是确保那些常被忽略的事件都计入总数的最简单方法。不过,可以进一步改进这个方法使之成为更好的问题设计策略。在有些情况下,如果定义非常复杂,就没有必要尝试用共同的定义与所有的受访者进行沟通。研究者不必尝试与受访者就如何界定家庭总收入进行沟通,可以向受访者询问一系列有关受访者及其家庭成员在某个时期的收入以及总收入的问题。然后将受访者所报告的各种收入汇总起来以符合某个特定的收入定义,而这个定义将用于某个特定的分析。这种方法有三个显著的优点:首先,问题变得更清晰,没有必要用复杂烦琐的定义与所有的受访者进行一致的沟通。其次,报告任务也更加简化和合理,受访者不必累加各种收入来源。最后,这种方法能够使研究者获得几种不同的收入测量,而这些测量可以用于不同的分析目的。比如,受访者工资收入可能是就业质量好坏的一个测量指标,而家庭总收入可能是关于可获得资源的一个测量指标。当然,询问多重问题需要更多的访谈时间。不过,时间长一点未必没有好处。通过多问几个问题,让访问者多花点时间,会改善受访者问卷回答的有效性。

(2)问卷调查法的问项准确性。如果调查访谈的目标不明确,当有访问者介入时,有些人际互动的规则可能会妨碍"获得准确报告"的目标。当我们与人交往时,通常希望以光彩的一面来展示自我,希望突出好的一面,希望取悦别人,希望尽量减少令人紧张不安的话题。这些外界因素可能会影响调查答案的准确性。如果受访者按这些准则行事,而不是尝试尽可能准确地作答,他们就有可能修饰答案。研究者可采取某些步骤来减少修饰访谈的外界因素影响。最简单的步骤是,让访问者向受访者解释清楚:提供准确答案是受访者所能做的最重要的事情。访问者的日常培训应当要求尽量淡化与受访者的个人关系,不谈论有关自己的事情,不要发表个人意见,应该建立一种切实可行的专业关系。

(3)问卷调查法的回答私密性。调查研究者通常要向受访者保证他们的答案是绝对保密的。确保回答的私密性,对隐私保护适当进行有效的沟通,尽可能对准确回答的重要性进行清楚的沟通,减少受访者对数据收集过程的影响。对保密性的主要威胁是有可能将受访者与答案挂起钩来。避免这种可能性的最好办法是绝对不要保存关于受访者与答案挂钩的信息。要做到这一点,可通过邮寄或自我填答法使回收问卷不带任何识别符。如果有识别符,研究者可尽快消除受访者与答案之间的联系,以此将泄密的风险降至最低。在设置问卷的时候,要尽量少用名字或其他简易识别符,或者将识别符与调查答案分开,或者将调查问卷锁在档案柜里,严禁非工作人员接触填好的调查答案,同时注意妥善保管调查问卷。

三、问卷的设计技巧

(1)问卷开头的设计技巧。问卷开头主要包括引言(问候语)和指导语(注释功能),是对问卷的情况说明。引言包括调查的目的、意义、主要内容、组织单位、调查结果的使用者、保密措施等;指导语是问卷的填写说明,包括问卷的填写方法和答题要求以及有关的注意事项。其目的在于引起被调查者对调查问卷的重视和兴趣并解释说明问卷。引言一般放在问卷的开头、标题之后,篇幅宜小不宜大(200~300字为好);指导语一般放在引言之后,问题及答案之前。简单调查时指导语可与引言合为一体。引言一般由称呼、问好、自我介绍、调查内责任交代、保密承诺、配合请求、致谢等部分构成。指导语主要由记录工具的规定、答题符号的统一、题型的答题规则、问卷的回收时间、问卷的回收方式等部分构成。

（2）调查问卷的提问技巧。一般情况，根据问题的提出方式，问卷的问题可以分为直接性问题（在问卷中能直接得到答案）、间接性问题（不宜在问卷中直接提问）、假设性问题（通过假设某一情境或现象而提出的问题）。按照提问的形式，问卷的问题可以分为封闭式提问和开放式提问。根据提问的内容，问卷的问题可以分为事实性提问、行为性提问、动机性提问、态度性提问。不管哪种类型的问题，问卷设计过程中，都应当遵循问题本身的必要性、问题细分的必要性、问题选择符合一定现象、问题符合被调查者的能力和愿望的要求。问卷中的所有问题都应与研究的目的相符合，即题目应是研究问题和假设所要测量的变量。一项研究课题有一个总的研究目的，问卷的设计过程就是将研究的总目的逐步具体化的过程。研究者在设计问卷时脑子里必须建立一个"目标体系"，将问卷中的所有大小问题都纳入"目标体系"结构中，令研究课题所需要探讨的每一具体问题在问卷中都有所反映，但不要贪多而乱出题目。整份问卷能显示一个重要的主题，使填答者认为重要而愿意合作。因此，在问卷中要清楚地说明问卷的重要性。整份答卷要尽可能简短，其长度只要足以获得重要的资料即可。如果问卷太长，花时间太多，回答者有可能不愿意或不认真回答（团体 30 min、个人 15 min）。问卷中的问题表述要清楚，简明扼要，易于回答，没有引导所期望反应的暗示。通常情况下，问卷中的问题不要涉及社会禁忌和个人隐私或恩怨，一般情况下不要提问敏感性问题，要易于列表说明和解释，不要超出回答者的知识和能力范围。

（3）调查问卷的表述技巧。调查问卷的表述方法通常分为简单询问法、简单陈述法、释疑法、假定法、转移法、情景法、投射法等。

1）简单询问法是最为常见的一种表述方式，是将调查内容用一句简短的疑问句直接表述出来。比如"你认为影响学习成绩的最重要的因素是什么？（A. 个人智力；B. 教师水平；C. 家庭环境；D. 个人学习习惯和努力程度）"。

2）简单陈述法也是一种常见的表述方式，是将调查内容用一句简短的陈述句表述出来。比如"请您阅读下列陈述句，依您的真实感受做出判断（A. 非常同意；B. 同意；C. 无所谓；D. 不同意；E. 很不同意）""信息化手段对提高学生学习兴趣有很大的帮助（1,2,3,4,5）""教材循环使用应该在全国普及（1,2,3,4,5）"，等等。

3）释疑法即在问题的主题之前加上一段解释性的文字，以便对问题中某些词句（如专业术语）进行解释，或为了消除应答者的顾虑。比如"宪法规定：中华人民共和国公民对于任何国家机关和国家工作人员，有提出批评和建议的权利。您对您所在地方的政府机关主要负责人有何评价和看法？"

4）假定法就是用一个假言判断作为问题的前提，然后再询问被调查者的看法。比如"如果有以下几项工作，您将会选择哪一种？（A. 月薪4000元，每天工作 12 小时；B. 月薪 2500元，每天工作 8 小时；C. 月薪 800 元，每天工作 5 小时）"。

5）转移法即由他人直接回答问题，然后请被调查者对他人的回答做出评价，这样可以降低问题的敏感性和威胁性。比如"对于大学生谈恋爱，有些同学认为不应该，有些同学认为应该，您同意哪种看法？（A. 同意前一种看法；B. 同意后一种看法）"。

6）情景法即设计一个情景，让应答者设身处地地表露自己的看法或意向。如"某大学毕业生没有找到工作，您能否猜测是什么原因？（A. 主要是自身的原因；B. 主要不是自身的原因）"。

7）投射法就是将一些刺激情境展示给受试者，根据受试者的反应判断其人格类型和心理特征。在问卷调查中采用的投射法主要有图片理解测验和句子完成测验。

（4）调查问卷的回答设计技巧。通常情况下,问卷设计的回答方式可以分为封闭式(提供一系列答案供受访者选择)、选择式、排序式、等级式、条件式、混合式、开放式(受访者提供自己的答案)等。开放式、封闭式问卷各有利弊,设计问卷时可结合起来使用。有时在一个问卷里只采用一两种类型的题目,有时则三种类型的题目同时使用。这要根据研究目的需要及研究者和回答者的条件而定。

（5）调查问卷的题目排列技巧。调查问卷题目顺序的安排可遵循下列原则:

1)时间顺序。遵循时间上的先后顺序,由近及远,并坚持连贯性原则。

2)内容顺序。容易回答的、人们感兴趣的问题放在前面,不容易回答的或生疏的问题放在后面,坚持由浅到深、由易到难的原则。

3)类别顺序。这里的类别是指问题的类别(静态资料、行为、态度)。一般的顺序为静态资料项目、行为项目、态度项目。此外,开放性问题最好安排在问卷的后面,因为回答开放性问题要花较多时间。

4)过滤性问题总排在实质性问题之前,不然,就起不到过滤的作用。

5)验证性的问题不宜紧跟在与它有相依关系的实质性问题之后,以免因答卷者的思维定式而造成起不到验证的效果,或者因被答卷者察觉出这种问题的意图而拒绝作答(也可能继续作伪答)。

6)在各个实质性问题之间,如果有一定的逻辑联系,要有意打乱这种联系。

7)在问卷的总编排中,还应遵守把同类回答方式的问题(或者说需要用同一方法选择答案的问题)编排在一起。

此外,最好能够做到熟悉的问题、简单的问题、感兴趣的问题在前,开放式问题在后。

（6）调查问卷的答案设计技巧。通常情况下,问题的答案可采用二项选择法。二项选择法也称真伪法或二分法,是指提出的问题仅有两种答案可以选择,"是"或"否","有"或"无"等。这两种答案是对立的、排斥的,被调查者的回答非此即彼,不能有更多的选择。例如,"您安装有 SPSS 软件吗"? 答案只能是"有"或"无"。又如,"您是否打算在近期学习新的研究方法?"回答只有"是"或"否"。这种方法易于理解,可迅速得到明确的答案;便于统计处理,分析也比较容易。但回答者没有进一步阐释的机会,难以反映被调查者意见与程度的差别,了解的情况也不够深入。这种方法适用于互相排斥的两项式问题及询问较为简单的事实性问题。

（7）问卷调查的量表设计。量表是对人的主观心理感受、偏好进行量化的重要工具,从而可以对人的主观感受进行数据分析。量值评估能够在测量主观状态时提供详细、有价值的信息。量表的种类很多,常见的应用最广的是李克特量表。李克特量表将人的心理感受分成 3~9 等,等级越多测量越详细,一般来说最常用的五级量表最能反映出人们主观感受之间的差异。所以现以李克特五级量表为例介绍数据的录入,其他等级的量表可以类推。李克特量表由题干和代表好恶程度的选项组成,每一行都可以独立看作一个单项选择题。与单项选择题的区别在于题干的表述有正向和反向表述的区别。正向表述是指程度越高越符合调查者或调查单位自身的意愿,有利于组织机构的发展,通俗地讲就是"好的方面",反向表述则相反。调查问题是获取受访者对自己或他人的看法或感受,这类看法、感觉和判断等主观状态的测量实际上没有对错之分。这类问题的基本任务是将答案放在某个单一的、界定明确的连续量表上。对描述性问题而言,可用"热到冷""慢到快",或"经常到很少"等形容词来界定某个维度,让受访者把自己或他们所做的评价置于这个维度上。如果问题涉及判断或感觉,那么评价的维度将是"正面到负面"的一些变化值。"对"可能意味着有一个评估答案的客观标准。虽然可以对答案与其他信息的一致性进行评估,但是还没有什么直接的手段可用来了解人们的主观状态,而人们的主观状态并不依赖于他们对我们说了些什么。这并不是说,设计测量主观状态的问题就毫无标准可言。这些标准基本上与有关事实问题的标准相同:所有受访者应该一致地理解问题,以便他们都回答了同样的问题。回答的任务,即要求受访者回答问题的方式应该是受访者能够一致完成的任务,这一任务提供了受访者所要说出的有意义信息。为了从受访者那里引出答案,研究者制定了许多策略。最常见的任务是,对置于某个连续量表上的回答目标做某些调整,或者要求受访者用"同意""不同意"形式作答,给几个对象排序,用叙述或开放的形式作答,使用量级估计技术,等等。

第三节　问卷的数据分析

问卷回收后,应一份一份检查筛选,对于数据不全或不诚实填答的问卷,应考虑将其删除;对于填答时皆填同一答案者,是否删除,研究者应考虑问卷题项本身的内容与描述,自行审慎判断。筛选完后的问卷应加以编号,以便将来核对数据之用,之后给予各变量、各题项一个不同代码,并依问卷内容有顺序地键入计算机,然后用相关的统计软件进行处理。我们以 SPSS 为处理软件,来简要说明一下问卷的处理过程,大致可分为定义变量、数据录入、统计分析和统计功能的实现等四个步骤。

一、定义变量

把一份问卷上面的每一个问题设为一个变量,这样一份问卷有多少个问题就要有多少个变量与之对应,每一个问题的答案即为变量的取值。我们举例来说明变量的设置。假设此题为:请问你的年龄属于下面哪一个年龄段(　)? A. 20—29; B. 30—39; C. 40—49; D. 50—59。

变量可设置如下:name 即变量名,为 1;type 即类型,可根据答案的类型设置;答案可以用 1、2、3、4 来代替 A、B、C、D,选择数字型,即选择"Numeric","width"(宽度)为 4,"decimals"(小数)数位为 0(因为答案没有小数点),"Label"(变量标签)为"年龄段查询"。"Values"用于定义具体变量值的标签,单击"Value"框右半部的省略号,会弹出变量值标签对话框,在第一个文本框里输入"1",第二个输入"20—29",然后单击"添加"即可。同样,可做如下设置:1 = 20—29,2 = 30—39,3 = 40—49,4 = 50—59。"Missing"用于定义变量缺失值,单击"Missing"框右侧的省略号,会弹出缺失值对话框,界面上有一列三个单选钮,默认值为最上方的"无缺失值";第二项为"不连续缺失值",最多可以定义 3 个值;最后一项为"缺失值范围加可选的一个缺失值"。在此我们不设置缺省值,所以选中第一项。"Colomns",定义显示列宽,可自己根据实际情况设置;"Align",定义显示对齐方式,有居左、居右、居中三种方式;"Measure",定义变量类型是连续、有序分类还是无序分类。

二、数据录入

各个变量数据均可在 SPSS 的数据录入窗口中直接输入。在数据录入窗口,可看到有一个表格,这个表格中的每一行代表一份问卷,也称为一个个案。在数据录入窗口中,可看到表格上方出现了 1、2、3、4、5……的标签名,这其实是在第一步定义变量中,我们为问卷的每一个问题取的变量名,即 1 代表第一题,2 代表第二题,依此类推,只需要在变量名下面输入对应问题的答案即可完成问卷的数据录入。比如上述年龄段查询的例题,如果问卷上勾选了 A 答案,在"1"下面输入"1"就行了(不要忘记我们通常用 1、2、3、4 来代替 A、B、C、D)。一行代表一份问卷,有几份问卷,就要有几行的数据。在数据录入完成后,要做的关键部分就是问卷的统计分析了。

三、统计分析

在对数据进行深入加工之前,应该对数据有印象,可以借助图形和简单的运算,来了解数据的一些特征。由于数据是从总体中产生的,其特征也反映了总体的特征,对数据的描述也是对其总体的一个近似的描述。SPSS 软件可以进行频数分析、描述统计分析和列联表分析,这是问卷调查最基本、最常用的分析方法。频数分析是描述统计的初步,分门别类地统计有效样本量,计算其比重。频数分析可以计算的统计量有分位数、中位数、众数等,并可以绘制柱状图、直方图、饼图。描述统计分析主要是计算一些基本的统计量,其中比较重要的统计量有均值、方差、标准差、峰度、偏度。

(1)用图形来表示数据

1)直方图。又称质量分布图,是一种统计报告图,由一系列高度不等的纵向条纹或线段表示数据分布的情况。一般用横轴表示数据类型,纵轴表示分布情况。

2)盒形图。又称箱图、箱线图、盒子图,盒子的中间横线是数据的中位数,封闭盒子的上下两横线(边)为上下四分位数(点);按照 SPSS 的默认选项,如果所有样本中的数目都在离四分位点 1.5 倍盒子长度之内,则线的端点为最大和最小值;否则线长就是 1.5 倍的盒子长度(盒子长度称为四分位间距),在其外面的度量单独点出。

3)茎叶图。展示了分布形状,又有原始数据。在直方图和盒形图中,很难恢复数据的原貌。茎叶图可以恢复数据,它像一片带有茎的叶子,茎为较大位数的数字,叶为较小位数的数字。

4)散点图。用两组数据构成多个坐标点,考察坐标点的分布,判断两变量之间是否存在某种关联或总结坐标点的分布模式。散点图将序列显示为一组点,值由点在图表中的位置表示,类别由图表中的不同标记表示。散点图通常用于比较跨类别的聚合数据。

5)饼图。表示排列在工作表的一列或一行中的数据。饼图显示一个数据系列(数据系列是指在图表中绘制的相关数据点,这些数据源自数据表的行或列。图表中的每个数据系列具有唯一的颜色或图案并且在图表的图例中表示。可以在图表中绘制一个或多个数据系列)。饼图只有一个数据系列。

6)条形图。是用宽度相同的条形的高度或长短来表示数据多少。条形图可以横置或纵置,纵置时也称为柱形图。此外,条形图有简单条形图、复式条形图等形式。

(2)用少量的数字概括数据。大量的数字既烦琐又不直观,需要对数据进行人们时间和耐心所允许的简化。我们可以用平均、差距或百分比等来概括大量数字。由于定性变量主要是计数,比较简单,常用的概括就是比例或百分比。可用少量汇总统计量或概括统计量来描述定量变量的数据。这些数字是从样本数据得来的,因而也是样本的函数,任何样本的函数,只要不包含总体的未知参数,都称为统计量。样本的随机性决定统计量的随机性(统计量也是随机变量)。概括统计量经常对应于总体的无法观测到的某些参数。这时,统计量可作为这些参数的估计。一些统计量还可以用来检验样本和假设的总体是否一致。一些统计量前面有时加上"样本"二字,以区别于总体的同名参数。如样本均值和样本标准差,以区别于总体均值和总体标准差;但在不会混淆时可以只说均值和标准差。

(3)数据的"位置"。"位置"一般是关于数据中某变量观测值的"中心位置"或者数据分布的中心。和这种"位置"有关的统计量就称为位置统计量。位置统计量当然不一定都是描述"中心",比如后面要讲的 k 百分位数(或 $k\%$ 分位数)。

最常用的位置统计量就是算术平均数,它在统计中叫作均值,严格地说叫作样本均值,以区别于总体均值。如果记样本中的观测值为 $x_1, \cdots, x_n$,则样本均值定义为

$$\bar{x} = \frac{1}{n} \sum_{i=1}^{n} x_i = \frac{x_1 + \cdots + x_n}{n}$$

样本中位数是数据按照大小排列之后位于中间的那个数(如果样本量为奇数),或者中间两个数的平均(如果样本量为偶数)。由于中位数不易被极端值影响,所以中位数比均值稳健。

上下四分位数(或分别称为第一四分位数和第三四分位数)则分别位于按大小排列的数据的上下四分之一的地方。一般地,还称上四分位数为 75 百分位数(有 75% 的观测值小于它),下四分位数为 25 百分位数(有 25% 的观测值小于它)。一般地, k 百分位数意味着有 $k\%$ 的观测值小于它。如果令 $a = k\%$,则 k 百分位数也称为 a 分位数。此外,样本中出现最多的数称为众数。

(4)数据的"尺度"。数据的分散程度由尺度统计量来描述。尺度统计量是描述数据散布,即描述集中与分散程度或变化的度量。统计中有许多尺度统计量。一般来说,数据越分散,尺度统计量的值越大。极差就是极大值和极小值之间的差。盒形图中,盒子的长度为两个四分位数之差,称为四分位数极差或四分位间距,它描述了中间半数观测值的散布情况。极差和四分位数极差实际上各自只依赖于两个值,信息量太小。

另一个常用的尺度统计量为(样本)标准差,度量样本中各数值到均值距离的一种平均。标准差实际上是方差的平方根。如果记样本中的观测值为 $x_1, \cdots, x_n$,则样本方差为

$$S^2 = \frac{1}{n-1} \sum_{i=1}^{n} (x_i - \bar{x})^2 = \frac{(x_1 - \bar{x})^2 + \cdots + (x_n - \bar{x})^2}{n-1}$$

虽然均值和标准差不同的数据不能够直接比较,但是可以对它们进行标准化,再比较标准化后的数据。一个标准化的方法是把某样本原始观测值(也称得分,score)和该样本均值之差除以该样本的标准差,得到的度量称为标准得分,又称为 Z-score。

四、统计功能的实现

(1)频数分析过程可以做单变量的频数分布表;显示数据文件中由用户指定的变量的特定值发生的频数;获得某些描述统计量和描述数值范围的统计量,它适用于单选题、排序题、

多选题等,可通过 SPSS 软件的"Descriptive Statistics"→"Frequencies"命令来实现。

(2)描述分析过程可以计算单变量的描述统计量。这些描述统计量有平均值、算术和、标准差、最大值、最小值、方差、范围和平均数标准误等。它适用于选择并排序题、开放性数值题,通过 SPSS 软件的"Descriptive Statistics"→"Frequencies"命令来实现,对于需要的统计量可以单击按钮"Statistics"来选择。

(3)多重反应下的频次分析适用于多选题的二分法。第一步,通过 SPSS 软件的"Multiple Response"→"Define Sets"命令把一道多选问题中定义了的所有变量集合在一起,给新的集合变量取名,在"Dichotomies Countedvalue"文本框中输入"1"。第二步,通过 SPSS 软件的"Multiple Response"→"Frequencies"命令做频数分析。

(4)交叉频数分析可以解决对多变量的各水平组合频数分析的问题,适用于两个或两个以上变量进行交叉分类形成的列联表,对变量之间的关联性进行分析。比如,要知道不同工作性质的人上班使用交通工具的情况,可以通过交叉分析得到一个二维频数表,则一目了然。第一步,根据分析的目的来确定交叉分析的选项,确定控制变量和解释变量(如上例中不同工作性质的人是控制变量,使用交通工具是解释变量);第二步,选择 SPSS 软件中的"Descriptive Statistics"→"Crosstabs"命令来实现。

第四节　问卷效度与信度分析

一、问卷的效度

(1)问卷效度的内涵。问卷的准确性或称为有效性是用问卷的效度加以刻画的,它反映了对问卷的系统误差的控制程度。效度是指问卷测验的准确性,即测验能够反映所测量特性的程度,或者说是指问卷的有效性和正确性,即问卷能够测量出其所欲测量特性的程度。效度是问卷调查研究中最重要的特征,问卷调查的目的就是要获得高效度的测量与结论,效度越高表示该问卷测验的结果所能代表要测验的行为的真实度越高,越能够达到问卷测验目的,该问卷才正确而有效。问卷的效度包括两个方面的含义:一是问卷测验的目的;二是问卷对测量目标的测量精确度和真实性。效度是一个具有相对性、连续性、间接性的概念。确定一个问卷效度的方法,通常是以答卷者的问卷得分和另一个效度标准求相关,以其相关系数的大小来表示效度。相关系数高,则该问卷的效度就高。

(2)问卷效度的类型。

1)内容效度是指问卷内容的贴切性和代表性,即问卷内容能否反映所要测量的特质,能否达到测验目的,较好地代表所要测量的内容和引起预期反应的程度。内容效度常以题目分布的合理性来判断,属于命题的逻辑分析,因此,内容效度也称为逻辑效度、内在效度、循环效度。内容效度的评价主要通过经验判断进行,通常考虑三个方面的问题:其一是项目所测量的是否真属于应测量的领域;其二是测验所包含的项目是否覆盖了应测领域的各个方面;其三是测验题目的构成比例是否恰当。常用的内容效度评价方法有两种:一是专家法,即请有关专家对问卷题目与原来的内容范围是否符合进行分析,作出判断,看问卷题目是否较好地代表了原来的内容;二是统计分析法,即从同一内容总体中抽取两套问卷,分别对同一组答卷者进行测验,两种问卷的相关系数就可用来估计问卷的内容效度,或者计算某个问题与去掉此问题后总得分的相关性情况,分析是否需要被剔除(敏感性分析),也可用来估计问卷的内容效度。

2)结构效度又称构想效度,是指问卷对某一理论概念或特质测量的程度,即某问卷测验的实际得分能解释某一特质的程度。如果根据理论的假设结构,通过问卷测验得到答卷者实际分数,经统计检验,结果表明问卷能有效解释答卷者该项特质,则说明此问卷具有良好的结构效度。常用的确定结构效度的方法有:①根据文献、前人研究结果、实际经验等建立假设性理论建构。②对问卷题目进行分析。主要是分析问卷的内容,答卷者对题目所做的反应,问卷题目的同质性,以及分项目之间的关系来判断问卷的结构效度。③根据建构的假设性理论编制适当的问卷。④计算与同类权威问卷的相关度。⑤以统计检验的实证方法去考查问卷是否能有效解释所欲建构的特质。

3)效标效度也称为准则关联效度、经验效度、统计效度。效标效度说明问卷得分与某种外部准则(效标)间的关联程度,用问卷测量得分与效度准则之间的相关系数表示。一般估计效标效度的主要方法有:①相关法,即求某问卷分数与效标间的相关,所得结果即效标效度。②区分法,即看问卷分数是否可以区分由效标所划分的团体。可以运用 T 检验对先后两次问卷结果平均分数进行差异性检验。若差异有统计学意义,说明问卷是有效的;若差异无统计学意义,说明问卷是无效的。

4)判别效度是指运用相同的问卷测定不同特质和内涵,测量结果之间不应有太大的相关性。

5)聚合效度也称为收敛效度,是指运用不同测量方法测定同一特质所得结果的相似程度,即对同一特质的两种或多种测定方法间应有较高的相关性。

(3)提高问卷效度的方法。如果满足以下五个条件:①问卷有内容效度和结构效度;②在问卷制定阶段应当请有关人员提出意见,供修正和提高内容效度;③问卷经过反复使用证明了其可靠性;④如果有金标准存在,应以金标准为准;⑤无金标准时可由判别效度代替,就可以认为问卷有效。

提高问卷效度应当做到:①理论正确,解释清楚。问卷内容要适合问卷测验的目的,题目要清楚明了,易于理解,问卷的排列要由易到难,题目的难度和区分度要合适。②操作规范,以减少误差。③控制系统误差。它主要包括仪器不准、题目和指导语有暗示性、答案安排不当(被试者可以猜测)等,控制这些因素可以降低系统误差,提高效度。④样本适宜且要预防流失。重视问卷调查的回收率。样本容量一般不应低于 30。⑤适当增加问卷的长度。增加问卷的长度既可提高问卷的信度,也可以提高问卷的效度,但增加问卷的长度对信度的影响大于对效度的影响。⑥排除无关因素干扰。认清并排除足以混淆或威胁结论的无关干扰变量。

(4)问卷效度的计算。在 SPSS 软件上,选择"Analyze"→"Scale"→"Reliability Analysis"→"Item"(输入问卷的各条目或各因子包含的条目)菜单项,单击"Statistics"按钮,弹出"信度分析统计量"对话框,依次执行"Descriptives for":→"√Scale if Item Deleted"→"OK"命令。其中,"Scale if Item Deleted"表示去掉当前题目整个问卷的描述统计量,即敏感性分析,包括:"Scale Mean if Item Deleted",表示去掉当前题目问卷合计分的均数;"Scale Variance if Item Deleted",表示去掉当前题目问卷合计分的方差;"Corrected Item-Total Correlation",表

示当前题目得分与去掉当前题目问卷合计分的 Pearson 相关系数;"Squared Multiple Correlation",表示以当前题目为因变量,其他所有题目为自变量求得的决定系数 R^2;"Alpha if Item Deleted"表示去掉当前题目后问卷的克隆巴赫信度系数 α。一般地,在做问卷的敏感性分析时,可以将"Alpha if Item Deleted"值作为调整题目的一个重要参考依据。"Alpha if Item Deleted"值越大,其相对应的题目越应是首先考虑调整的题目。

二、问卷的信度

(1)信度分析的目的。信度主要是指问卷是否精准。信度分析涉及了问卷测验结果的一致性和稳定性,其目的是如何控制和减少随机误差。调查问卷的信度包含两层含义:一是相同的个体在不同时间,以相同的问卷测验,或以复本测验,或在不同的情景下测验,是否能得到相同的结果,即问卷测验结果是否随时间和地点等因素而变化;二是能否减少随机误差对问卷测验结果的影响,从而能够反映问卷所要测量的真实情况,即问卷测验结果是否具有稳定性、可靠性和可预测性。一个好的问卷必须是稳定可靠的,且多次问卷测验结果应前后一致。

(2)信度的定义。信度是用估计测量误差大小的尺度,来说明问卷测验结果中测量误差所占的比率。信度可定义为真实分数的方差与测验实得分数的方差之比,当实得分数变异可以全部由真实分数的变异解释时,测验误差就是 0,这时问卷测验的信度为 1。信度研究的是问卷测验结果的可靠性与稳定性,可以从在相同条件下所得问卷测验结果的一致程度,不同研究者用同一种问卷同时测验所得结果的一致程度,同一研究者用同一种问卷在不同时间内测验所得结果的一致程度等不同的角度来评价。

(3)常用的信度系数。常用的信度指标包括重测信度、复本信度、分半信度、克隆巴赫信度系数、评分者信度等五类。

1)重测信度。假定短时间内一批对象的状况并没有改变,对每个对象用同一个问卷先后测验两次,两次测验得分的相关系数就称为重测信度。重测信度是用皮尔逊积差相关系数 r 公式计算的。

2)复本信度。复本通常是根据相同的设计说明分别独立编制的两个平行问卷,即题目不同但是内容相似的两份问卷。复本信度也叫等值性系数。两个复本间隔一定时间或同时施于同一答卷者所得分数的相关系数就是复本信度。

3)分半信度。当测验没有复本且测验不可避免地受到时间的影响,只适合用于一次测验时,可用分半信度。分半的方法很多,一般是将奇数题和偶数题各作为一半,而非前后分半,目的是避免顺序效应。分半信度也叫折半信度,其计算方法是将问卷的题目分成对等的两半,分别求出两半题目的总分,再计算两部分总分的相关系数。

4)克隆巴赫信度系数。α 系数用于评价问卷的内部一致性。α 系数取值在 0~1 之间,α 系数越高,信度越高,问卷的内部一致性越好。α 系数不仅适用于两级记分的问卷,还适用于多级计分的问卷。α 系数有以下性质:①α 系数是所有可能的分半信度的平均值。②α 系数是估计信度的最低限度。③当问卷计分为二分名义变量时,即答案为 0~1,α 系数与 KR_{20} 值相同,即库德-理查森信度公式是克隆巴赫 α 系数的一个特例。$\alpha<0.35$ 表示低信度,$0.35<\alpha<0.70$ 表示中信度,$\alpha>0.70$ 表示高信度。一般地,问卷的 α 系数在 0.8 以上该问卷才具有使用价值。α 值皆在 0.85 以上,表明问卷信度良好。

5)评分者信度。随机抽取相当份数的问卷,由两位评分者按记分规则分别给分,然后根据每份问卷的分数计算相关系数,就得到评分者信度。评分者信度也可以是一位评分者两次评分的相关系数。如果是多个评分者或一位评分者两次以上的评分,可采用肯德尔和谐系数和 Kappa 系数。肯德尔和谐系数用于等级资料,Kappa 系数用于定性资料。

(4)提高信度的方法。问卷的信度越高,受到人、时、地、物的干扰就越低,其所能反映事实或让人相信的程度越高,因此在问卷实施前能否有效提高信度是问卷测验成败的关键。通常提高问卷信度的方法有:①可以适当延长问卷的长度。问卷题目较多,在一定程度上可排除偶然因素的影响,从而提高问卷的信度。但是,问卷长度的增加与问卷信度的增加并不总是成正比的,当信度系数较小时,延长问卷长度,问卷的信度系数增加较大;而当信度系数较大时,延长问卷长度对信度系数的影响就较小。②问卷的难度适中。当问卷题目难度太大时,问卷得分普遍过低;当问卷题目难度太小时,问卷得分普遍较高。问卷题目太难或太易都会使问卷得分差异减小,使实得分数方差减小,从而降低问卷的信度。③问卷的内容尽量同质。对于内容同质的问卷,要求答卷者具有相同的能力、知识和技能,因而为了提高问卷的信度,问卷的内容应尽量保持同质。④测验的时间要充分。一份问卷应保证绝大多数答卷者在规定的时间内能完成测验。当答卷者不能从容地回答所有题目时,问卷的得分就不能反映答卷者的真实情况。⑤测验的程序要统一。问卷题目要统一,指导语、回答问题的方式、分收试卷的方法和问卷测验的时间等都要统一,这些是问卷有较高信度的基本保证。综上,提高问卷信度,理论正确,解释清楚;操作规范以减少误差;控制系统误差;样本量适宜且要预防流失;适当增加问卷的长度;排除无关因素干扰。

三、问卷的信度与效度检验

内在信度也称为内部一致性,用以衡量组成量表题项的内在一致性程度如何。常用的检测方法是克隆巴赫信度系数法和分半系数法。在 SPSS 中信度检验通常采用可靠性检验,效度分析采用探索性因子分析或者验证性因子分析。

现有 6 个维度的问卷,内容如表 12-1 所示。

表 12-1   问卷基本情况

维度	题目数量	形式
基本情况	10 个	非量表
专业了解度	5 个	量表
专业情感度	5 个	量表
专业学习投入度	8 个	量表
专业培养认同度	12 个	量表
专业发展认同度	5 个	量表

(1)信度分析。数据录入后,依次执行"分析"→"标度"→"可靠性分析"命令。记住"每个量表维度分别进行信度分析",首先选中专业了解度包含的 5 个题目,并且单击中间的箭头,将 5 个题目移入统计框。在"模型"下拉选项中选中"Alpha"或者"α",一般默认,这个

是克隆巴赫信度系数。单击右上角的"统计"选项,然后勾选打钩的内容,并单击"继续",再单击"确定"就得到第一个维度(专业了解度)的信度分析结果。信度检验结果中,我们要关注的是基于标准化项的克隆巴赫信度系数(表12-2),这个系数取值范围在0~1,越接近1,说明可靠性越高,一般低于0.5就要考虑重新对问卷进行调整了。在项总计统计表中重点关注最后一列,删除项后的克隆巴赫信度系数,1~5行分别对应1~5题,每一行说明删除对应的题目后克隆巴赫信度系数的情况。其目的就在于判断维度或者问卷中是否存在不合适的题目。只要删除后的系数小于标准化的系数就不需要对题目进行调整。

表12-2　克隆巴赫信度系数

克隆巴赫信度系数 α	基于标准化项的克隆巴赫信度系数 α				项数
0.758	0.764				5
	删除项后的标度平均值	删除项后的标度方差	修正后的项与总计相关性	平方多重相关性	删除项后的克隆巴赫信度系数 α
1	15.00	5.352	0.464	0.229	0.745
2	14.65	5.357	0.583	0.363	0.693
3	14.61	5.578	0.588	0.366	0.693
4	14.17	5.899	0.551	0.338	0.709
5	14.49	6.041	0.471	0.274	0.733

按照以上的步骤分别对所有的维度进行可靠性分析,最后的结果在Excel中进行整理就得到了如表12-3所示的结果。

表12-3　信度分析结果

维度	克隆巴赫信度系数 α	基于标准化项的克隆巴赫信度系数 α	项数
专业了解度	0.758	0.764	5
专业情感度	0.815	0.826	5
专业学习投入度	0.739	0.731	8
专业培养认同度	0.8	0.81	12
专业发展认同度	0.758	0.757	5

(2)问卷的结构效度的评价较为复杂,可用各个题目与量表各因子的相关分析和因子分析方法来反映。

1)利用相关分析评价问卷的结构效度。依次选择"Analyze"→"Scale"→"Reliability Analysis"→"Item"(输入问卷的各条目或各因子包含的条目)菜单项,单击"Statistics"按钮,弹出"信度分析统计量"对话框,依次执行"Inter-Item"→"√Correlations"→"OK"命令。

2)利用因子分析评价问卷的结构效度。因子分析不仅能够评价量表结构的相合性,还可以用共性变异(共性方差)与总变异之比作为结构效度的衡量指标。结构效度的分析最好使用证实性因子分析,它较探索性因子分析更能说明问题。依次执行"Analyze"→"Data Reduction"→"Factor"命令,弹出"Factor Analysis"对话框后,依次执行"Descriptives"→ "Statistics"→"√ Initial Solution"→"Correlation Matrix"→"√ KMO and Bartlett's test of sphericity"→"Continue"命令,可以根据结果进行判断。

通常情况下,效度分析采用的是探索性因子分析。需要注意的是,绝大部分情况下效度分析是针对量表总体进行的,不再像信度分析一样分维度进行。在主界面中依次选择"分析"→"降维"→"因子"命令,选中左边所有的量表题目,单击中间的箭头,进入右侧对话框。然后,单击"描述"按钮,勾选"KMO 和巴特利特球形度检验",其他的全部默认,接着单击"确定"按钮,得到效度分析结果(表12-4)。

表 12-4　效度分析结果

KMO 取样适切性量数		0.909
巴特利特球形度检验	近似卡方	4934.923
	自由度	595
	显著性	0.0000

关于效度分析,在所有因子分析的结果中只需要关注表 12-4,这里面有两个指标是评价效度的:第一个是 KMO 系数,取值范围为 0～1,越接近 1 说明问卷的结构效度越好。第二个是巴特利特球形度检验的显著性,如果小于 0.05,也可以认为问卷具有良好的结构效度。

第十三章　双重差分法

第一节　双重差分法的背景

一、双重差分法的内涵与功能

双重差分（Differences-in-Differences，DID）方法是一种用于计量经济学和社会科学定量研究的统计技术，主要用于评价某一事件或政策的影响程度。它通过比较实验组和控制组的结果变量在一段时间的平均变化，计算出事件或政策（解释变量或自变量）对结果（反应变量或因变量）的影响。虽然该方法旨在减轻外部因素和选择偏差的影响，但取决于实验组的选择方式，该方法仍可能受到某些偏差的影响（例如，均值回归、反向因果关系和遗漏变量偏差）。

DID 方法基于反事实理论框架评估策略发生和不发生两种情况下待解释变量的变化。反事实理论框架是指通过分析策略干预后实验组待解释变量的变化和假设实验组未被策略干预下待解释变量变化之间的差异，评价策略的影响。策略干预后实验组待解释变量的变化，我们是可以观测到的，但同一时期内，若实验组未被策略干预，待解释变量呈什么样的数据变化，我们是无法观测到的。于是，需要引入控制组，这个控制组的待解释变量随时间的变化趋势等同于实验组待解释变量随时间的变化趋势，才可以用双重差分法进行分析，也就是要满足如下两个假设：

第一，个体处理稳定性假设。实验中每个实验参与单元的行为是相互独立的，独立是指一个用户的行为不受其他用户影响。

第二，平行趋势假设。在没有策略干预的情况下，控制组和实验组待解释变量之间的差异不随时间变化。

在精细化运营场景中，常常会面临如下问题，不方便或者不允许进行常规的实验设计来考察策略的效果，只能采用全量上线的方式进行，但仍需分析策略的效果，以进行优化和推广。假设如下场景：上线了某付费产品活动，用户可付费开通××卡，该卡可绑定一名亲友，亲友和自己都能使用该卡进行支付。这种场景很难通过实验的方式进行变量控制，我们不能简单地对某一类用户进行限制，限制其不可进行购买或被绑定，这样对用户体验的伤害很大，也会让用户感到奇怪甚至被歧视。对于这种无法进行实验设计但又必须知道策略是否给业务带来收益的场景，因果推断中的双重差分法就可解决以上问题。

二、双重差分法的直观理解

双重差分法要求实验组和控制组在两个或两个以上不同时间段测量数据，特别是"实验"前以及"实验"后的至少一个时间段。在图 13-1 所示的示例中,实验组的结果用线 P 表示,控制组的结果用线 S 表示。两组的结果(因)变量都是在时间 1,即任何一组接受实验(自变量或解释变量)前测量的,分别由点 P_1 和点 S_1 表示。实验组之后接受或经历实验,并在时间 2 再次测量两组。并非所有实验组和控制组在时间 2 的差异(P_2 和 S_2 的差异)都可以解释为是实验的效果,因为实验组和控制组在时间 1 的开始时间不同。因此,DID 计算出两组的结果变量之间的"正常"差异(如果两组均未接受实验,差异仍然存在),由虚线 Q 表示(注意:P_1 到 Q 的斜率与 S_1 到 S_2 的斜率相同)。实验效果是观察结果(P_2)和"正常"结果(P_2 和 Q 之间的差异)之间的差异。

一般地,图 13-1 可以帮助更好理解双重差分法的内涵。

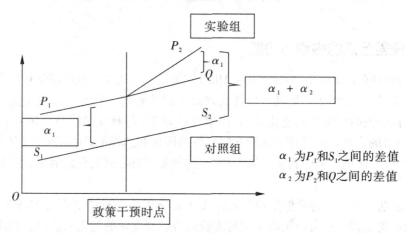

图 13-1　双重差分法的直观理解

三、双重差分法的检验

DID 方法一定程度上可以减轻遗漏变量的偏误(主要是消除那些不可观测的非时变因素,为了使估计结果尽可能准确,模型中还是要加入控制变量)。DID 方法的样本数据一般必须来源于面板数据。

基准的 DID 模型设置为:$Y_{it} = \alpha_0 + \alpha_1 du + \alpha_2 dt + \alpha_3 dudt + \varepsilon_{it}$。

也有一些模型设置为:$Y_{it} = \alpha_0 + \alpha_1 dudt + \lambda_i + \nu_t + \varepsilon_{it}$。

上述两个模型的不同之处在于,λ_i 代表个体固定效应,更为精确地反映了个体特征,替代了原来粗糙的分组变量 du;ν_t 表示时间固定效应,更为精确地反映了时间特征,替代了原来粗糙的政策实施变量 dt,见表 13-1。

表 13-1　双重差分法的检验

	政策实施前	政策实施后	差分
实验组	$\alpha_0 + \alpha_1$	$\alpha_0 + \alpha_1 + \alpha_2 + \alpha_3$	$\alpha_2 + \alpha_3$
控制组	α_0	$\alpha_0 + \alpha_2$	α_2
差分	α_1	$\alpha_1 + \alpha_3$	α_3(DID)

DID 最为重要和关键的前提条件是共同趋势,就是实验组和控制组在政策实施之前必须具有相同的发展趋势。实验组和控制组的共同趋势通过 DID 稳健性检验来实现。

(1)共同趋势的检验。如果是多年的面板数据,可以通过画图来检验共同趋势的假设。

(2)即便实验组和控制组在政策实施之前的趋势相同,仍要担心是否同时发生了其他可能影响趋势变化的政策,也就是说,政策干预时点之后实验组和控制组趋势的变化,可能并不真正是由该政策导致的,而是同时期其他的政策导致的。这一问题可以概括为处理变量对产出变量作用机制的排他性,对此可以进行如下的检验:

第一,安慰剂检验,即通过虚构实验组进行回归,具体如下:①选取政策实施之前的年份进行处理,比如原来的政策发生在 2018 年,研究区间为 2017—2019 年,这时可以将研究区间前移至 2015—2017 年,并假定政策实施年份为 2016 年,然后进行回归。②选取已知的并不受政策实施影响的群组作为实验组进行回归。如果不同虚构方式下的 DID 估计量的回归结果依然显著,说明原来的估计结果很有可能出现了偏误。

第二,可以利用不同的控制组进行回归,看研究结论是否依然一致。

第三,可以选取一个完全不受政策干预影响的因素作为被解释变量进行回归,如果 DID 估计量的回归结果依然显著,说明原来的估计结果很有可能出现了偏误。

四、双重差分法的优缺点

通过以上案例可以看到,在没有对照实验数据的情况下,如果我们有实验前后的时间序列数据,并能构造一个和实验组待解释变量满足平行趋势的控制组的话,我们就可以用 DID 方法进行因果效应评估。使用 DID 方法时不需要考虑实验组和控制组之间的差异,在构造虚拟的控制组时,不需要和实验组完全一样,这个操作相对来说较为简单,因果效应的测算过程也较简单,这是该方法主要的优点。双重差分法的模型和原理相比其他方法来讲比较容易理解和运用,同时其能够很大程度地避免内生性问题,即有效控制被解释变量和解释变量之间的相互影响效应,这两点主要原因使得双重差分法近年来被广泛应用。

双重差分法首先需要有实验前后的时间序列数据,如果只是截面数据,就不适合使用该方法;其次是平行趋势假设,这是一个很强的假设,我们需要构造一个和实验组用户在待解释指标上满足平行趋势假设的虚拟控制组才能进行接下来的效果评估,而这有时候并不好构造。也就是说,很可能找不到合适的控制组来进行比较,那么研究者很可能根据主观判断选取控制组,导致研究不够严谨。与受试者实验效果的时间序列估计(分析随时间变化的差异)或实验效果的横截面估计(衡量实验组和控制组之间的差异)不同,双重差分法使用面板数据来衡量实验组和控制组的结果变量随时间变化的差异。在实际研究中,一定要关注双重差分法使用的前提假设等。如果确实不适合使用双重差分法,可以选择其他方法进行分析,比如合成控制法等。

第二节 双重差分法的理论

一、双重差分法的原理与假设

在计量经济学研究中,双重差分法多用于公共政策或项目实施效果评估。例如研究京津冀协同发展、高铁开通等政策实施带来的影响情况。

双重差分法是一种比较成熟的进行政策研究的分析方法,其作用原理与自然实验相类似。它将某项政策的实施看作是一项自然实验,通过在样本中加入一组未受政策影响的控制组,与原本受政策影响的样本点构成实验组进行比较分析,来考察政策实施对分析对象造成的净影响。使用双重差分法进行政策效应评估,样本数据需要满足三个假设,分别是线性关系假设、个体处理稳定性假设、平行趋势假设。前两个假设一般都会满足,不需要单独进行验证,应该重点验证假设3。

假设1:线性关系假设就是潜在结果变量同处理变量和时间变量满足线性条件。

假设2:个体处理稳定性假设就是政策干预只影响实验组,不会对控制组产生交互影响。

假设3:平行趋势假设就是实验组和控制组在没有政策干预之前,两者的结果效应趋势应该是一样的(满足平行趋势)。

平行趋势检验的方法主要可分为以下几种:

方法1:T检验法。就是研究 before 时,treated 一般代表实验组与被解释变量 Y 的差异性。

方法2:交互项显著性检验法。将时间项作为哑变量,将实验前时间项哑变量与 treated 作为交互项,以被解释变量为 Y、自变量为交互项,进行线性回归,判断交互项的显著性。

方法3:F检验法。与交互项显著性检验法的思想一致,但使用 F 统计量进行检验。

方法4:图示法。使用得最多,直观查看效应前两组数据是否有差异性;如果直观判断没有明显差异,则说明满足平行趋势假设。

二、DID 方法与 PSM 方法的结合

DID 方法存在选择偏差及其导致的内生性问题,需要将倾向评分匹配(Propensity Score Matching,PSM)方法与 DID 方法结合,以缓解这种内生性问题。倾向评分匹配法是一种统计学方法,用于处理观察研究的数据。在观察研究中,由于种种原因,数据偏差和混杂变量较多,倾向评分匹配法正是为了减少这些偏差和混杂变量的影响,以便对实验组和控制组进行更合理的比较。这种方法一般用于医学、公共卫生、经济学等领域。以公共卫生学为例,假设研究问题是吸烟对于大众健康的影响,研究人员常常得到的数据是观察研究数据,而不是随机对照实验数据,因为吸烟者的行为和结果,以及不吸烟者的行为和结果,是很容易观察到的。但如果要进行随机对照实验,招收大量被试者,然后随机分配到吸烟组和不吸烟组,这种实验设计不太容易实现,也并不符合科研伦理。这种情况下观察研究是最合适的研究方法。但是,面对最容易获得的观察研究数据,如果不加调整,很容易获得错误的结论,比如拿吸烟组健康状况最好的一些人和不吸烟组健康状况最不好的一些人做对比,得出吸烟

对于健康并无负面影响的结论。从统计学角度分析原因,这是因为观察研究并未采用随机分组的方法,无法基于大数定理的作用,在实验组和控制组之间削弱混杂变量的影响,很容易产生系统性的偏差。倾向评分匹配法就是用来解决这个问题,消除组别之间的干扰因素。

倾向评分匹配法适用于两类情形:第一,在观察研究中,控制组与实验组中可直接比较的个体数量很少。在这种情形下,实验组和控制组的交集很小,比如治疗组健康状况最好的10%人群与非治疗组健康状况最差的10%人群是相似的,如果将这两个重合的子集进行比较,就会得出非常偏倚的结论。第二,由于衡量个体特征的参数很多,所以想从控制组中选出一个跟实验组在各项参数上都相同或相近的子集做对比变得非常困难。在一般的匹配方法中,我们只需要控制一两个变量(如年龄、性别等),就可以很容易地从控制组中选出一个拥有相同特征的子集,以便与实验组进行对比。但是,在某些情形下,衡量个体特征的变量会非常多,这时要选出一个理想的子集变得非常困难。经常出现的情形是,控制了某些变量,但是在其他变量上差异很大,以致无法对实验组和控制组进行比较。

先举两个关于选择偏差与内生性的例子。

例1　进行一项调查,调查内容是去医院是否会影响个人健康,因此向医院里的各类人员发放问卷并得出其健康状况,最后发现去医院不利于个人健康。

例2　评估一项污染防治政策的实施效果,选择期初污染程度基本一致的地区作为样本,并根据各地区意愿决定其是否实施该项政策,3年后政策实施地的污染指标明显低于未实施该政策的地区,结论是这项政策有效。

以上问卷调查和政策评估的结论可信吗?

例1的问题很明显,去医院的大多是健康状况不佳的患者,因此从逻辑上来说正是人们健康状况不佳才选择去医院,而不是因为他们去了医院才导致健康状况不佳。为了得到更令人信服的结论,应该将调查人群(样本)扩大至所有场合,而不仅仅是医院。与之类似的案例还有在健身房调查健身对脱发的影响等。

例2的问题不易看出,从DID的角度来看,"期初污染程度基本一致"说明平行趋势检验基本通过,因此直观上政策实施地(实验组)的污染指标(结果变量y)与未实施政策地区(控制组)的污染指标的差值就是政策的处理效应,差值为负(假设指标越小污染程度越低)说明政策有效。但是,还应该看到的是,"根据各地区意愿决定其是否实施该项政策",也就是说各地区是否实施该项政策是自己选择的。实际上,某地是否实施政策更多基于地理区位、经济发展和产业结构等因素的考量。这也与现实情况吻合,政策一般在先行示范区率先实施,而这些示范区经济发展水平一般较高。

那为什么说例2的政策评估结论不可信呢?

从计量的角度分析,影响某地是否实施政策(实验组虚拟变量du的取值)的因素也会影响该地区的污染指标(y),这些因素可以分为可观测因素与不可观测因素。

首先,可观测说明可度量,这些可观测变量与y相关,因此可以将其引入到我们的模型中,虽然可能与du存在共线性,但一定程度的共线性不是问题。问题是我们无法找出所有的可观测变量(或者可观测变量以非线性的形式影响结果变量),而这部分没有引入模型中的可观测变量(或者可观测变量的非线性形式)就被放到扰动项中,造成扰动项与du相关,即存在内生性,最后导致DID项的估计系数存在偏误。

其次,不可观测说明不可度量,因此这部分不可观测因素必然就在扰动项中,同样会存在内生性问题,造成估计偏误。

例1和例2存在的问题本质上是不同的。

例1存在的问题是样本的选择不随机,即我们只获取了医院的样本,而没有随机调查其他场所。某些影响样本选择过程的因素也会影响到y,因此这些因素被放到扰动项中,造成选择过程与干扰项相关,存在内生性问题,这被称为样本选择性偏差。

例2存在的问题是变量的选择不随机,换言之,各地区对是否实施政策有着自己的"小算盘"。du的取值不随机,而是和其他因素相关,而这些因素又被放到扰动项中,造成解释变量与干扰项相关,存在内生性问题,这被称为自选择偏差。若是由可观测变量导致的自选择偏差,可以使用PSM方法予以解决。

综合来看,样本选择性偏差和自选择偏差都属于选择偏差,只是侧重的角度不同,一个侧重的是样本的选择不随机,一个侧重的是变量的选择不随机,但都表明一个观点:非随机化实验将导致内生性。那么问题来了,什么是非随机化实验? 先从为什么需要随机化实验说起,最后引出PSM-DID。

还是以一个例子来分析。假设要评估一项实验的效果,也就是考察个体A在接受试验($D_i = 1$)后他的结果变量y的变化。最理想也是最不现实的一种评估方法是找出这个人在平行时空中的个体A',并让A'不接受实验($D_i = 0$),相同的一段时间后分别得到结果变量并对其作差,这个差值就是此次实验的参与者平均处理效应(Average Treatment Effect on the Treated,ATT),也就是我们要考察的实验效果,用公式来表达就是

$$ATT = E(y_{1i} \mid D_i = 1) - E(y_{0i} \mid D_i = 1)$$

$$y_i = \begin{cases} y_{1i}, D_i = 1 \\ y_{0i}, D_i = 0 \end{cases}$$

但是,平行时空中的个体一般是无法找到的(至少现在不能),现实中,我们更多的是用参与实验个体的结果变量y_{1i}与未参与实验个体的结果变量y_{0i}作差[全部样本的平均处理效应(Average Treatment Effect,ATE)],以ATE来代替ATT:

$$ATE = E(y_{1i} \mid D_i = 1) - E(y_{0i} \mid D_i = 0)$$

$$ATE = \left[E(y_{1i} \mid D_i = 1) - E(y_{0i} \mid D_i = 1) \right] + \left[E(y_{0i} \mid D_i = 1) - E(y_{0i} \mid D_i = 0) \right]$$

其中,$ATT = E(y_{1i} \mid D_i = 1) - E(y_{0i} \mid D_i = 1)$,$E(y_{1i} \mid D_i = 1) - E(y_{0i} \mid D_i = 0)$就是选择偏差。

也就是说,当我们对实验组的y_{1i}与控制组的y_{0i}直接作差时,这个差值并不能代表纯粹的政策处理效应,即$ATE \neq ATT$(即便平行趋势检验通过)。而为了使$ATE = ATT$,其中一个思路就是消除选择偏差这一部分。怎么消除? 假设条件期望等于无条件期望,怎么实现条件期望等于无条件期望? 假设y均值独立于D,怎么实现y均值独立于D? 随机分组。也就是说,如果实验组的选择是随机的,就能实现实验组虚拟变量与结果变量均值独立,从而推出$ATE = ATT$。换言之,只要实验组的选择是随机的,两组间的y之差就是我们需要的参与组平均处理效应ATT。存在的问题是,现实中实验组的选择是非随机的,即存在前文所说的自选择偏差,各个样本作出是否参与实验的决策是一种内生化的行为。那么,如果我们找到决定个体是否参与实验的因素,然后在控制组中匹配到这些因素与实验组相等的样本,最后将这些样本作为我们真正参与评估的控制组,这样是否就能说明实验组的选择是近似随机的呢? 答案是可以的,有关专家已给出了证明。

第三节 双重差分法的应用案例

研究经济示范区的设立是否会对地区经济增长产生影响（数据虚构，无实际意义）。实验组是设立为高新区的 B 地区，控制组是与 B 地区除是否设立高新区这一因素外，其余发展条件相似的 A 地区。数字 0 表示政策实施前，数字 1 表示政策实施后。研究的效应项即被解释变量 Y 为 GDP，除此之外，还有 3 个控制变量（如人口、对外投资、高校数量等会影响 GDP 的指标）。

双重差分法的数据格式如表 13-2 所示，地区 1 表示实验组，地区 0 表示控制组；时间 1 表示政策实施后，时间 0 表示政策实施前。

表 13-2 原始数据

第 1 列	第 2 列	第 3 列	第 4 列	第 5 列	第 6 列
地区	时间	GDP	控制变量 1	控制变量 2	控制变量 3
0	1	31	1	0	0
0	0	40	1	0	0
0	1	13	1	0	0
0	0	12.5	1	0	0
0	1	12.5	0	1	0
0	0	7.5	0	1	0
0	1	16	0	0	1
0	0	20	0	0	1
0	1	20	0	0	1
0	0	25	0	0	1
0	1	3	0	0	1
0	0	6	0	0	1
0	0	27.5	0	0	0
0	1	32	1	0	0
0	0	16	1	0	0
0	1	25	1	0	0

SPSS 共输出 5 类表格（表 13-3），分别是 DID 模型描述统计，DID 模型结果汇总，T 检验（Before），T 检验（After），普通最小二乘法（Ordinary Least Squares，OLS）回归分析结果。说明如下：

表 13-3　统计分析结果的所有表格

序号	表格名称	说明
1	DID 模型描述统计	汇总不同组别的样本量情况
2	DID 模型结果汇总	DID 模型的结果表格
3	T 检验(Before)	实验前,控制组和实验组效应值差异对比
4	T 检验(After)	实验后,控制组和实验组效应值差异对比
5	OLS 回归分析结果	OLS 回归展示 DID 结果,DID 实质性数学原理为 OLS 回归

双重差分法得到的分析结果,需要重点关注的表格包括 DID 模型描述统计(表 13-4)、DID 模型结果汇总(表 13-5)、T 检验(Before)(表 13-6)、OLS 回归分析结果(表 13-7),分别说明如下:

表 13-4　DID 模型描述统计

	Before	After	汇总
控制组	320	326	646
实验组	77	78	155
汇总	397	404	801

表 13-4 展示实验组、控制组以及实验前后的样本分布情况。由表 13-4 可知,本案例实验组共有 155 个样本,控制组共有 646 个样本。双重差分法共有 4 种组合,即实验组实验前、实验组实验后、控制组实验前、控制组实验后,每种组合一定要有数据才可以。

表 13-5　DID 模型结果汇总

时间	项	效应值 GDP	标准误	T	p
Before	控制组	19.369	1.037	−0.589	0.556
	实验组	18.758			
	差分(T-C)	−0.611			
After	控制组	18.837	1.031	2.255	0.024*
	实验组	21.161			
	差分(T-C)	2.324			
	双重差分	2.935	1.460	2.010	0.045*

注:$R^2 = 0.188$,调整 $R^2 = 0.182$,* $p<0.05$,** $p<0.01$。

表 13-5 展示了 DID 模型最终结果,分别包括实验前(Before)和实验后(After),控制组或实验组的效应值水平。效应值是一种量化指标,并非被解释变量从业人数的平均值(但通常接近于平均值),数学原理上其为 OLS 回归的回归系数值。

表 13-5 的 DID 模型结果解读如下：

（1）实验前 Before 状态时，实验组和控制组的差分效应量对应的 T 检验的 $p = 0.556 >$ 0.05，没有呈现出显著性差异，说明实验前，实验组和控制组的效应水平结果没有明显的差异性，即说明样本满足"平行趋势假设"。

（2）实验后 After 状态时，实验组和控制组的差分效应量对应的 T 检验的 $p = 0.024 <$ 0.05，呈现出显著性差异，即说明在实验后，实验组的效应值明显高于控制组的效应值。

（3）Diff-in-Diff，即最终的双重差分值，表 13-5 中双重差分效应值为 2.935 且对应 T 检验的 $p = 0.045 < 0.05$，呈现出显著性差异，即说明双重差分效应显著，说明"高新区的设立"有助于"地区经济增长"，提高的平均效应水平为 2.935。

下面进行平行趋势检验：

第一，利用 T 检验（Before）方法检验经济示范区的设立是否会对地区经济增长产生影响的平行趋势。

表 13-6 T 检验（Before）

项	控制组 $N=320$	实验组 $N=77$	差分值	T	p
GDP	17.573	17.543	−0.030	−0.028	0.978
控制变量 1	0.412	0.455	0.042	0.670	0.503
控制变量 2	0.212	0.156	−0.057	−1.193	0.235
控制变量 3	0.244	0.221	−0.023	−0.423	0.672

注：$^* p<0.05$；$^{**} p<0.01$。

表 13-6 展示了 T 检验法进行平行趋势检验：针对实验前数据进行 T 检验，可以看出，实验组和控制组并没有呈现出显著性差异（$p = 0.978 > 0.05$），说明在实验前，实验组和控制组的 GDP 并没有明显的差异性，即样本满足平行趋势假设（通常仅关注被解释变量 Y 的差异性）。

第二，利用交互项显著性检验法进行平行趋势检验。①将时间项做哑变量处理，即依次执行"生成变量"→"虚拟（哑）变量"菜单项。②将时间_实验前与地区作交互项，得到 Product_2 项，即依次执行"生成变量"→"乘积（交互项）"菜单项。③交互项与被解释变量 Y 做线性回归，判断交互项显著性。由表 13-7 可以看出，交互项 Product_2 项对应 $p = 0.957 > 0.05$，没有呈现出显著性，说明样本数据满足平行趋势假设。

表 13-7 交互项显著性检验法的线性回归分析结果（$n=801$）

	非标准化系数		标准化系数	T	p	方差膨胀因子
	β	标准误	β			
常数	17.600	0.336	—	52.455	0.000**	—
Product_2 项	−0.058	1.082	−0.002	−0.054	0.957	1.000
R^2			0.000			
调整 R^2			−0.001			

续表 13-7

	非标准化系数		标准化系数	T	p	方差膨胀因子
	β	标准误	β			
F 值			$F(1.799)=0.003, p=0.957$			
$D\text{-}W$ 值			1.403			

注:因变量为 GDP,$**p<0.01$。

第三,利用 F 检验法进行平行趋势检验。与交互项显著性检验法检验过程一样,最后查看 F 统计量显著性。由表 13-8 可以看出,F 统计量对应 $p=0.957>0.1$(一般以 $p>0.1$ 作为标准),没有呈现出显著性,说明样本数据满足平行趋势假设。

表 13-8　F 检验法的线性回归分析结果($n=801$)

	非标准化系数		标准化系数	T	p	方差膨胀因子
	β	标准误	β			
常数	17.600	0.336	—	52.455	$0.000**$	—
Product_2 项	-0.058	1.082	-0.002	-0.054	0.957	1.000
R^2			0.000			
调整 R^2			-0.001			
F 值			$F(1.799)=0.003, p=0.957$			
D-W 值			1.403			

注:因变量为 GDP,$**p<0.01$。

最后,进行 OLS 回归分析。

表 13-9　OLS 回归分析结果($n=801$)

	回归系数	标准误	T	p	95% CI	R^2	调整 R^2	F 值
常数	19.369	0.853	22.701	0.000	$17.694 \sim 21.044$			
控制变量1	0.917	0.889	1.032	0.303	$-0.828 \sim 2.662$			
控制变量2	-9.205	1.006	-9.154	0.000	$-11.179 \sim -7.231$			$F(6.794)$
控制变量3	-0.897	0.967	-0.927	0.354	$-2.796 \sim 1.002$	0.188	0.182	$=30.607$
地区	-0.611	1.037	-0.589	0.556	$-2.647 \sim 1425$			$p=0.000$
时间	-0.532	0.642	-0.829	0.407	$-1.793 \sim 0.728$			
地区 * 时间	2.935	1.460	2.010	0.045	$0.069 \sim 5.801$			

注:被解释变量为 GDP,$*p<0.05$,$**p<0.01$。

表 13-9 展示 OLS 回归分析结果,实际上是双重差分模型的数学原理。表 13-9 中"地区 * 时间"这一交互项的回归系数值为 2.935,即为表 13-5 中的 Diff-in-Diff 效应值。

第十四章　文献综述方法

第一节　文献综述的功能和地位

一、文献综述的内涵与目的

文献综述是文献综合评述的简称,指在全面系统搜集有关文献材料的基础上,经过整理、归纳、分析、甄别、选用,对一定时期内某一学科或某一研究专题的学术成果和研究进展进行系统、全面的概述和评论。文献综述是在确定选题后对选题相关研究领域的文献进行广泛阅读和理解的基础上,进行的归纳整理、综合分析和评论思考。文献综述包括这个领域的研究历程、研究现状(主要学术观点、前人研究成果、研究水平、研究焦点、存在的问题及可能的原因等)、新水平、新动态、新技术和新发现、发展前景和展望等,并根据相关情况提出自己的思考、评论和研究思路。文献综述在论文写作中处于“承前启后、继往开来”的位置,地位举足轻重。同时,文献综述又是论文必不可少的重要组成部分。

写作文献综述有以下目的:首先,文献综述总结了与某个课题相关的研究结果,包括每个研究所涉及的具体问题、研究思路以及研究结果等。其次,在总结的基础上,作者会通过文献综述将所综述的每一个研究与整个文献相关联,并且对每一个研究在文献中的贡献加以评述,比如说填补了文献中的空白、对文献进行了有意义的扩展等。最后,文献综述通过对相关文献的回顾建立了一个研究的框架体系。这个框架体系,使读者可以清晰地了解到作者所要进行的研究对于文献的重要性和贡献,也可以明确地界定文献中每一个研究的具体结果是什么、在这个框架中处于什么位置,并且能够和文献中其余研究的结果相对比。最后,作者会在这个框架体系中清晰地标识出自己的研究将处于的位置,并且告诉读者为什么要进行处于那么一个位置的研究。文献综述者必须意识到文献综述不只写给自己,更要呈现给读者。通过阅读文献,找出自己的研究方向和要研究的具体问题,这是一个思维的过程。

文献综述使得读者对相关研究有所了解,即在阅读文献综述后,读者应该对过去的研究所涉及的具体问题、研究的手段,以及研究的主要发现和结论有所了解。为了显示自己所进行的研究的意义、理论和实践的价值,作者也应该让读者知道过去相关研究的缺陷和空白,以及拟进行的研究将如何对文献有所贡献。读者甚至应该了解到相比过去的研究,本研究在研究方法包括研究的设计思路和具体程序上有什么改进。总之,好的文献综述应该使得读者确信作者所要进行的研究在这个领域是有价值的,提出的研究问题是清晰的,方法也是可行的。

二、定性和定量研究中的文献综述

定性研究是指研究者在自然环境下,运用历史回顾、文献分析、案例分析、开放型访谈、观察、实地体验、参与经验等方法获得教育研究的资料,并用非量化的手段对其进行分析、获得研究结论的方法,其分析方式以归纳为主。定性研究主要是一种价值判断,它建立在解释学、现象学和建构主义理论等人文主义的方法论基础上,强调社会现象不像自然现象那样受因果关系的支配,社会现象与自然现象有着本质的不同。认为世上并没有一个所谓普遍存在的客观事实和真理,对于世界的了解由于研究人员所处的角度不同而存在差异,这个角度是与研究人员的背景如教育水平、社会地位和宗教信仰等密切相关。打个比方说,就是每一个人都会戴着自己特有的眼镜来看待周边的事物,因此在定性研究中研究人员除了报告自己的发现以外,还应该汇报自己在研究、看待问题时所处的角度。只有这样,别人才能处在一个相对客观的角度来审视我们的研究,并对研究结果的合理性做出判断。

定量研究的结果通常是由大量的数据来表示的,研究设计是为了使研究者通过对这些数据的比较和分析做出有效的解释,认为存在一个客观的真理,事物之间的关联不以人的意志为转移并且可以通过量化的手段来揭示。定量研究是一种事实判断,它是建立在实证主义的方法论基础上的。实证主义源于经验主义哲学,强调社会现象是独立存在的客观现实,不以人的主观意志为转移。在评价过程中,主体与客体是相互孤立的实体,事物内部和事物之间必定存在内在的逻辑因果关系。定量研究依靠量化的手段对事物的可量化部分进行测量,通过统计分析来发现变量之间的关系以达到对事物的理解和把握。

对于定性研究来说,文献综述的目的、方式以及在文章结构中的位置都和在定量研究中的文献综述有所不同。定量研究的文献综述,目的是为所研究的问题或者提出的假设服务。当然,在一篇文章的后面部分进行结果讨论时,一般也会涉及相关的文献。这个时候主要是将本研究的结果和文献中的研究进行比较,并在此基础上进行讨论。甚至在文章最后讨论研究的不足、局限性以及对未来研究的建议时,也会利用文献来支持自己的观点,请读者参考本书的相关部分。

三、文献的来源

研究人员在写作文献综述之前最好找到一些初步的文献,并从中得到有价值的线索。这里所指的初步文献包括教科书和一些学者在相关领域进行的文献综述。通过教科书,可以得到与课题相关的一个完整的理论和研究框架及体系,同时在书籍中也可以发现丰富的参考文献。而通过一些文献综述类文章,可以比较容易地对相关文献情况有一个初步的了解和整体的把握。通过对这些资料的阅读和理解,可以更加明确自己所要研究的课题在整个相关文献体系中的位置,同时对自己所要进行的研究的价值和目的有更好的判断。在这个基础上,可以进一步查找一些后续的文献,这些文献更多地来自一些学术期刊、学术会议的论文集、学位论文、工作论文等,然后进行详细的文献综述。

文献的来源是多方面的,研究人员可以使用关键词在一些文献数据库中进行搜索。在我国比较常用的社会科学的文献数据库有中国知网、万方数据库、维普中文期刊数据库等,国外的西文数据库包括 ABL、EBSCO、Elsevier 等。在这些数据库中,可以找到学术期刊和实用型的非学术性期刊,还可以查找到书籍、硕博士的学位论文和一些课题报告等。除了图书馆中提供的数据库外,互联网也是一个很好的资料来源,例如通过 Google Scholar 或者百度学术进行文献搜寻,往往能够得到丰富的文献。在互联网上搜集到的许多文献,没有办法得到全文,可以转向学校的图书馆或者相关的数据库,再查找全文。

文献综述需要对相关课题的最新文献有所了解并进行收集,没有对这些文献的回顾会使自己对所研究课题的最新进展缺乏了解,以致影响研究的质量。所综述的文献大多应该是一手资料或者称原始资料,主要指的是那些由直接经历、目睹事件的人以文字、照片、录音或者其他形式对相关事件所做的记录,这些一手资料能够对所研究的事件提供直接的证据。在文献中,针对某个问题而进行的原始研究和讨论就是资料,也可以称为一手文献。相反,二手资料指的是在相关事件上提供的非直接信息,这些信息不是建立在对事件的亲身经历基础之上,而是通过直接经历人的记录或者叙述而得到相关信息。有时候可以看到对其他人的研究结果和观点进行转述和评论,而不是自己亲自进行研究而得到的结果,此类对于别人研究成果的转述或评论就是二手资料或者二手文献的一种形式。过多地引用二手文献是比较危险的,某原因是二手文献的提供者在解读别人研究结果时往往会加入自己的理解,甚至会有一些偏见,毕竟每个人对于一个事物的看法是不同的。

一些实用型的期刊,主要阅读人群为业界人士,同样是平时获取有价值信息的渠道。但是它们和学术性论文还是不一样的:学术性的期刊一般经过比较严格的评审,数据来源和分析方法等方面在文章中也有比较完整的呈现,可以从数据来源、数据分析以及结果等方面对相关研究进行回顾和评判,并提出自己的观点;而对于实用类型的期刊或者称杂志,一般来说在数据等资料来源以及研究方法方面基本没有涉及,无法判断相关结论和观点的正确性和可靠性等。因此,在文献综述时一般不会轻易引用这些期刊中的结论。当然,在一篇文章的引言部分,为了充分论证所研究课题的现实意义和研究的必要性等,有时候会引用来自这些实用型期刊的结论或者观点。

四、对文献的整合与引用

完整的文献综述建立在对文献中每一篇文章的充分理解基础之上,在阅读每一篇文献时,需要考虑哪些是该文献所没有回答的问题,研究可能存在哪些方法上的问题,所提出的对未来研究的建议是什么,等等。特别是对于实证性的文章,尤其需要关注的是研究的逻辑推理、研究方法以及研究结果报告部分,而不是最后作者给出的结论。需要仔细审视作者的发现,自己是否同意作者的结论,以及作者是不是没有对其中的一些结果进行很好的讨论,或者夸大了自己的结论及其理论和实践意义。

如何将对文献的理解和评论组成一个整体,使得研究者能完整地理解相关的主题、文献中各个研究的优缺点和相互之间的关联?文献综述不仅仅是将文献中的研究结果和观点进行简单的罗列和集合,作者还必须清晰地阐述这些研究结果和观点之间的联系,以及它们与自己正在进行研究之间的联系。例如,哪些研究在相关问题上有相似的观点,不同的观点之间存在什么具体的差异、原因是什么,以及这些差异和自己的研究有什么联系等。通过文献回顾,作者可以对文献中不一致甚至是矛盾的结果和观点有个清晰的了解,或者找出文献的空白,这将给自己为什么要进行相关的研究找出理由、提供一个佐证。例如通过文献综述,作者可以明确自己的研究会对文献中的不一致和矛盾的地方进行澄清,也可以填补文献中的空白。在这个过程中,如何按照一个合理的线索将这些研究有机地整合起来,而这个线索必须和自己的研究密切相关,并且能够为自己的研究服务,需要文献综述者多次的实践,在实际写作中具体体会,努力使自己对于文献的综述更加准确、清晰,并服务于自己的研究。

文献综述是学术论文的一部分,其核心是逻辑和思维,应该注意使用自己的语言,在充分理解原文的基础上用自己的话将原文的思想表述出来,注意语言的简洁、平实和准确。对于原文的直接引用有两种形式:一是引用原句,那么要使用引号,并且给出引用文献和具体的页码;二是对一段文字的直接引用,除给出引用文献外,还应该使用单独的段落,并在其后给出所引用文献的页码。在文献综述中容易出现的问题是包罗万象的,有些常见问题在即将给出的案例中会多次出现,在每一篇案例中对这些问题进行评述难免会有重复。但是,在对任何一篇案例文章进行评述时,必须保持文章的完整性,否则读者无法了解整个文献综述案例文章的整体和逻辑。

五、文章讨论部分如何结合文献回顾

通常情况下,在文章的结论部分,作者一般会对研究所获得的结果进行讨论。但是,这部分的讨论和一般文章中的"数据分析和结果"部分存在区别:在数据分析和结果部分,作者需要将统计分析的结果比较客观地呈现出来,带有逻辑性地、条理清晰地介绍给读者,这时常常采用一些结果的表格或者插图。而在结果讨论部分,需要对所得的结果进行一个简要的总结,提炼出最为重要和具有理论及实践意义的结果,并在这个基础上和文献对比,同时进行讨论。讨论的主要问题包括本研究结果和文献中是否存在差异,差异主要体现在哪几个方面,原因是什么(也就是说该如何解释和文献的不同),和文献一致的方面有哪些,研究者的发现对于弥补文献的空白或者澄清文献中的一些模糊之处有什么意义,对于相关理论和研究框架的贡献在什么地方以及在实践上有什么意义,等等。

文章的"结果讨论"部分应该比"数据分析和结果"部分在更高的一个层次对文章的结果进行讨论,而不是局限于简单地呈现研究的发现。此外,在结果讨论部分,也需要结合文献对研究的发现进行比较,找出本研究和文献中的相关发现一致或者不一致的地方,并结合文献对这些异同的发现进行讨论。最后,还应该回到文献的理论部分,着重讨论本研究的理论意义,即对相关理论或者研究框架的贡献是什么。

在结果讨论部分对于文献的回顾与在"文献回顾"部分对于文献的回顾有着许多的不同。在文献回顾部分,作者需要在文献综述的基础上找到需要研究的具体问题并提出假设等,因此在这部分内容中对于文献回顾是比较彻底和全面的,在回顾的过程中需要将文献与研究方向(如研究的理论框架等)结合起来、层层推理,最后找出需要具体分析的主要问题,例如提出研究假设等。而在结果讨论部分,已经得出了研究的发现,因此在这个部分需要将结果与文献中的相关发现进行对比,在这个基础上讨论本研究所澄清的问题,最后还要结合相关理论部分的文献来讨论研究的理论贡献等。

第二节　文献综述的主要写法

一、文献综述的写作原则

第一，"5w"写作原则。"5w"原则即按照什么人（who）、什么时候（when）、什么场景（where）、为什么（why）、提出了什么学术观点（what）的写作方式撰写文献综述的原则。这既是文献综述的写作原则，也是标准的学术规范，能够让读者依据文献综述迅速查阅原始文献，做进一步的考证和研究。

第二，经典性原则。经典性写作原则就是指文献综述的内容必须是研究该问题的经典作家的经典论著。任何一个研究课题都有其所处研究领域所独有的经典论著，必须下苦功夫，系统地阅读并深入挖掘自己所研究领域经典论著的真正学术内涵，以便为自己后继的研究打下坚实的理论基础。在学术研究中理所当然必须坚持学术标准，而不能有学术标准以外的其他因素参与其中。

第三，古今中外原则。古今中外原则就是要尽一切可能最大限度地全面占有理论材料，要"搜尽奇峰打草稿"。没有"历史文献"，研究是平面的，没有纵深感和立体感；没有"中外文献"，研究缺乏横向比较，就没有开阔的视野。坚持古今中外原则，为选题研究打下坚实的理论基础。大多数论文要考察作者是否具有本学科领域扎实的理论基础，没有文献综述的硕士、博士论文，算不上硕士、博士论文。

第四，文献树原则。文献树原则就是学术谱系原则，意在强调文献的次第演进关系。作者在撰写文献综述时必须系统梳理研究文献的演进历程，具体地说就是必须采用历史方法，按照由远到近、由前到后、由大到小、由宽到窄的方式写作，弄清楚研究文献的内在逻辑和演进规律，为自己后继的研究打下不可缺少的坚实理论基础。

第五，顶天立地原则。"顶天"要求作者从理论继承上逼近国内外学术研究前沿；"立地"则要求作者通过学术研究，理论联系实际解决中国现实经济问题。如果文献综述不能接近和逼近国内外学术前沿，作者的研究就难逃平庸或重复研究的命运。"顶天"是继承问题，没有真正的继承就难有真正的创新，不"推陈"就绝难"出新"。

第六，述评结合原则。文献综述写作必须述评结合。只有述没有评，文献是一盘散沙，也失去了撰写文献综述的目的性；只有评没有述，研究问题则持之无据，游学无根，难有说服力。需要强调说明的是，"述"要尽可能对研究文献"搜尽奇峰"。在详尽占有已有研究文献前提下，则要敢于归纳，解析出已有研究文献的"贡献"与"不足"。通过进一步解析"不足"，从中导出自己的研究课题。这样，研究问题的逻辑起点和理论起点就清楚了。

文献综述中述与评的关系见表14-1。

表14-1   文献综述中述与评的关系

	重要地位	撰写内容	撰写目标	撰写方法
述	承前与继往	研究问题从哪里来	澄清所研究问题的历史演进及其规律,逼近、抵达理论前沿	历史方法
评	启后与开来	研究问题向何处去	导出自己的研究问题	逻辑方法

第七,服从主题原则。文献综述须围绕论文研究创新点来进行。学习前人的成果,为自己的论文服务。文献综述是对自己所研究问题的已有成果的回顾和梳理,由此,所综述文献必须与自己研究的问题相匹配而不能脱离自己所研究问题的主题。否则,就会破坏研究论文内在逻辑上的一致性,造成不必要的混乱。更进一步讲,文献综述要为自己的研究问题服务,是"六经注我"而非"我注六经"。基于此,作者在撰写文献综述时,心中一定要常怀自己所撰写论文的主题和假设,围绕主题和假设来选择文献。

综上,将文献综述写作原则予以简单总结,见表14-2。

表14-2   文献综述的写作原则及其重要作用

序号	写作原则	重要作用
1	"5w"写作原则	决定研究论文的科学性和继承性,保证研究论文的开放性
2	经典性原则	决定研究论文继承的高度,为研究论文的真正创新奠定理论基础
3	古今中外原则	决定研究论文的理论基础,保证继承的深度和高度
4	文献树原则	决定研究文献内在演进的轨迹
5	顶天立地原则	决定研究论文的继承是否介入学术前沿,为理论创新和解决现实问题奠定必要的理论基础
6	述评结合原则	"述"的最高境界是"顶天",厘清中外学术前沿;"评"的最终目的是"立地",推导出自己所要进一步研究的问题。述评结合原则的本质是"承前启后、推陈出新",精确导出研究问题
7	服从主题原则	决定研究问题的前后一贯性,保证研究论文内在逻辑上的一致性

二、文献综述的写作方法

第一,倒三角形法。文献综述的写作方法很多。不同的研究者有不同的写作方法,不同的学者甚至有自己不同的写作风格。倒三角形法就是撰写文献综述要由宽到窄(空间上)、由远到近(时间上)次第推进,最后聚焦到一个"点"上,找到自己研究问题的逻辑起点,也就是自己所要研究问题的出发点。至于空间幅度和时间长度的具体界限,一般应该以紧密围绕主题、有利于阐明主题为原则。对于硕士特别是博士论文而言,文献综述的空间幅度要尽可能宽些,时间长度要尽可能长些,规模应尽可能大些,文献综述的写作应尽可能详尽些,最好能够系统地梳理所研究问题的学术史。文献综述撰写的"倒三角形法"的科学之处在于能帮助作者逐步逼近自己所要研究的问题,为进一步研究找到理论起点和逻辑起点。由此,"倒三角形法"也可以称为逐步逼近法,简而言之,是从"研究领域"到"主要问题、热点研究方向",再到"尚未解决的问题",逐步抽象、提炼出自己所要进一步深化研究的问题或某一问题的某一个方面。自然,文献综述撰写的倒三角形法或逐步逼近法完全是等价的。文献综述绝不可简单罗列,写成"平行线"(A说、B说、C说……),也不可写成"平行四边形"(没有着力点,无法导出问题),更不可写成"正三角形"(从一点出发,信马由缰,越写越多,不可收场)。

第二,时间顺序法。分析主题的历史发展脉络,按照时间顺序论述,适用于讲述对象的发展及演变历程。例如,在《中国产学研联结的发展历程、模式演化和经验教训》一文中,将"中国产学研联结发展历程"划分为三个时间阶段,再分别论述每一个阶段的情景、特点、联结模式。

第三,因果分析法。分析影响对象发展的因素,或被对象影响的因素,把每一个可能的原因/结果罗列出来,分别论述,适用于技术工艺优化、问题分析等研究。例如,关于影响 A 的因素,《人力资源绩效考核软件的开发、创新及应用》的文献综述就逐条论述"影响人力资源绩效考核软件的因素"及前人研究结果。再如,关于被 A 影响的因素或 A 导致的结果,《新媒体发展对大学生行为方式的影响及教育引导对策》的文献综述,分别具体阐述了新媒体对大学生思想道德、价值观教育和思维方式的影响。

第四,构效关系法。它适用于论述某一产业的结构、功能、应用,或一个组织的结构、功能、应用,或一个理论的释义、作用、应用等论文研究。例如,《区块链技术在人力资源研究中的应用进展》一文依次介绍区块链的技术特点、技术分类,及其在人力资源招聘、培训、绩效、薪酬、劳动关系处理等方面的应用。

第五,现状对策法。它适用于分析某一现象、事物的起源、发展现状、特点、存在的问题、解决对策等论文研究。例如,《共享单车的现状、问题以及其发展对策建议》一文按照共享单车发展的现状、遇到的问题、对策建议论述。《碎片化阅读时代高校图书馆服务创新研究》论述了碎片化阅读的特点、成因、给高校图书馆服务带来的契机、挑战,并从创新服务理念、方式、内容、质量评价体系四个方面给出建议。

第六,分工组合法。论文有两个研究对象,如物质 1 和物质 2、现象 1 和现象 2、物质和设备、物质和方法、设备和理论方法,可以先分别论述两个研究对象的情况及遇到的问题,然后论述两者组合后可能的情况和优势。

综述不能只"综"而不"述",一定要在归纳整理前人研究的基础上,提出自己的见解、想法和研究思路,提出展望,尤其是作为开题报告和毕业论文的一部分,在综述小结部分要提出存在的问题,也就是自己的研究要解决的问题,从而过渡到自己的研究目的、意义、内容。上述不同的写作思路无优劣之分,可根据选题和文献收集情况选择适合自己的思路,并对每一个思路和框架进一步的细分。在写作过程中,可将写作思路进行排列组合、相互嵌套。

三、文献综述的写作禁忌

第一,简单罗列文献。目前,完全没有文献综述的研究生学位论文已经比较少见了,这自然是较大的进步。但不少的研究生学位论文虽然有文献综述,写作上却存在不加分析地简单罗列的毛病。比如,有些学位论文的文献综述中仅列示出甲说、乙说、丙说、丁说等,而后就不了了之,没有下文了。从此类文献综述中,作者也难依据简单罗列之文献清晰推导出自己所要研究的问题,读者(主要是论文评阅专家和答辩委员会成员)也决然看不出论文作者所依据文献演进的内在逻辑之所在。没有推导出研究问题,后继的研究与文献综述没有必然的内在联系,此必然会造成文献综述与研究问题之间的"两张皮"关系,形成论文框架结构的"平行线"分布,从而破坏了论文内在逻辑上的一致性。

第二,文献综述缺乏权威性。此为论文写作中最常见的现象。不少的论文虽然有文献综述存在,但只是简单地罗列出一些缺乏权威性和经典性的算不上学术文献的所谓文献。此种文献综述表明作者阅读的文献层次太低,其阅读远未介入应有的学术前沿。同时也表明作者尚没有辨识文献质量的能力。从作者引述文献材料的数量和质量当中,完全可以准确观测作者治学的阶段和高度。低水平的文献综述必然制约学位论文的写作水平。

第三,文献综述和研究问题错配。此问题常见于当今比较时髦的"基于 A、B、C、D 的 E 研究"或者"A 时期的 B 研究——基于 C、D、E、F 的分析视角"这类题目。本来,其研究重心是 E 而不是 A、B、C、D,但作者的文献综述却是 A、B、C、D;"A 时期的 B 研究——基于 C、D、E、F 的分析视角"的研究重心是 B 而不是 A、C、D、E、F,而作者的文献综述却是 A 或 C、D、E、F。显然,此种文献综述是完全错误的,是自己给自己制造不必要的困扰。要研究 E 或研究 B,尽可以直接写作 E 研究或 B 研究即可,完全没有必要将 A、B、C、D 或 A 与 C、D、E、F 贴在题目上。当然,有些作者或许会认为这样做能够限制论文的写作范围,使论文写作思路更清晰些,更进一步说会避免论文题目过大的指责。这是可能的但并不存在必然性,弄不好会徒增困扰,引起不必要的混乱,致使自己手忙脚乱、顾此失彼。无论如何,文献综述和研究问题的错配,明显违反文献综述写作的"服从主题"原则。同时会导致两种结果:一是将论文写作基础建筑在不应该建筑的错误的基础上;二是论文写作重心会发生偏转,形成研究主题与论文结构的混乱。

第四,多个文献综述并存。与文献综述和研究问题不匹配紧密相连的另一个值得关注的问题是,有些论文存在多个文献综述并存的不合理写作情况。这完全是由选题的发散化造成的。由于选题的发散化,非常容易造成多个文献综述并存的困难格局。比如,"基于 A、B、C、D 的 E 研究"这类题目,常常会形成文献综述中 A、B、C、D、E 并存的事实。其实,基于 A、B、C、D 的 E 研究,其研究重心是 E,文献综述仅有 E 就足够了,写 A、B、C、D 完全是画蛇添足。当然,这是选题发散化造成的问题。进一步的讨论超出了文献综述的研究范围,这里姑且存而不论。

第五,文献综述过多或过少。文献综述的规模大小是论文写作中令人头疼的事情之一。一方面,不少作者苦于研究文献太少,文献综述写作不符合规定的数量要求;另一方面,又有人痛感研究文献太多,被淹没在浩如烟海的文献中无所适从、不能自拔。对于前者,是扩大文献阅读量问题;对于后者,则是文献的选择问题。扩大阅读量需要进一步积累材料,文献的选择则需要作者根据服从主题写作原则,对所积累的大量文献材料去粗取精、去伪存真。自然,文献综述的多少在符合明确数量要求的前提下,就没有严格的、标准的数量界限了,其规模大小或多与少,作者完全可以根据选题的研究目标的需要酌情把握。

总之,文献综述在论文写作中具有极其重要的地位,它属于理论研究范畴。就其性质而言,它是对前人研究成果的再研究、研究之研究。这种再研究、研究之研究水平的高低,决定着作者的研究成果和研究论文写作的水平。

四、文献综述的可视化

文献可视化分析的意思是用海量数据关联分析,辅助人工操作将数据进行关联分析,并做出完整的分析图表。针对文献检索结果,从该领域的文献发展趋势、研究聚类、著名的研究机构、著名的研究团队、文献集中的期刊、重要文献、重要引文等多维度分析已选的文献或者全部文献,帮助读者深入了解检索结果文献之间的互引关系,直观呈现学术研究的发展规律和未来趋势,为学术研究和创新提供参考和依据。

文献可视化分析就是为了全面具体了解检索主题的研究热度、预测发展趋势,从而帮助研究者快速地发现有价值的文献,是可视化显示知识资源及其关联的一种图形,可以绘制、挖掘、分析和显示知识间的相互关系,有助于了解和预测科学前沿和动态,挖掘开辟新的未知领域。CiteSpace(译为"引文空间")是绘制文献可视化图谱最为流行的软件之一,它是以已发表的文献为分析对象,显示某一领域知识发展进程与结构关系的一种图像,该软件由当代信息可视化与科学图谱领域中的重要奠基者——美国德雷塞尔大学陈超美教授所开发。CiteSpace通过引文分析、共被引分析、聚类分析、词频分析、社会网络分析等方法,识别研究领域中的经典文献和知识基础,展示不同时间段内学科知识的演化,探测各学科领域研究热点及发展趋势,揭示某研究领域的主要贡献力量(国家、机构、学者等),帮助科研工作者全面、科学、快速地获取一个知识领域的来龙去脉。

文献综述与文献计量都强调对以往研究的整理,以期发现研究的现状与不足。但文献综述更加强调内容性,即现有研究包括哪些方面,存在哪些不足,在搜索论文和可纳入参考文献的数量上,从已有文献中摘取有代表性的论文,按照一个预先设定的研究脉络进行撰写。文献计量主要是将不同来源的论文尽可能地搜集起来,在大概的研究方向上,搜索论文的数量应该比文献综述的要多,不用详细地分析每一篇文章的研究内容,而是对论文发表数量、研究热点、研究方法、作者分布进行总结。引用的参考文献多是一些高被引论文。

第三节　CiteSpace 软件的功能与应用

一、CiteSpace 软件的菜单(图 14-1)

File(文件)	Open log file
	Save Current Parameters
	Exit
Project(项目)	New
	Edit
Data(数据)	Delete
	Filter
	Import/Export

Network(网络)	Visualize Pajek Network (net) Visualize Network (Graph HL) Visualize Network (Adjacency List) Batch Export to pajek. net files
Visualization(可视化)	Open Saved Visualization Open Slice lmage File
Geographical(地理化)	Generate Google Earth Maps(KML 20) Geo Encoding Thematic Maps Marker
Overay Maps(叠加分析)	JCR Journal Maps
Analytical(文献网络分析)	COA—Co—authorship Network ACA—Author Co—citatation analysis DCA—Document Co—Citation Analysis JCA—Journal Co—Citation Analysis
Text(文本)	List ranked terms by tf'idf List ranked terms by clumping properties Extract Terms form a Full Text File Plot Information Entropy Process multiple folders of Full text fles Build Concept/Predicate Tree(Cut and Paste) Build Concept/Predicate Tree (From Full Text Files) Build Concept/Predicate Tree (From WoS Files) View a Saved Concept Tree(XHL) Latent semantic Analysis Edit n—grams in word. List Subtopic
Preference(偏好设置)	Set the turn—off point of centrality computation Show/Mute Visualization Window Chinese Encoding
Help(帮助)	View the CiteSpace Homepage View the CiteSpace manual(PDF) Glossary Videos What's new About

图 14-1　Citespace 软件的主要菜单

（1）File：保存与退出。

（2）Project：新建、编辑与删除当前 project。

（3）Data：数据过滤与数据转换。

（4）Network：对网络文件的可视化（graphML pejec 等）。

（5）Visualization：对可视化文件的读取。

（6）Geographical：对数据地理信息的可视化分析。

（7）Overlay Map：实现期刊的双图叠加。

（8）Analytical：合作共被引等。

（9）Text：概念树等高级功能。

（10）Preferences：CiteSpace 默认网络节点数大于 350 时，将关闭中介中心性的计算功能（网络的可视化界面 Merics-Compute Centrality 来启动计算）。

（11）Nodes：节点。在绘图软件中，节点即曲线中的控制点、交叉点，网络连接的端点。

（12）Centrality：节点中心度。是指其所在网络中通过该点的任意最短路径的条数，是网络中节点在整体网络中所起连接作用大小的度量。中心度大的节点相对地容易成为网络中的关键节点。

（13）Betweenness Centrality：中间中心性。用来进行中心性测度的指标，指网络中经过某点并连接这两点的最短路径占这两点之间最短路径线总数之比。中间中心性高的点往往位于连接两个不同聚类的路径上。

（14）Burst Terms：突现词。通过考察词频将某段时间内其中频次变化率高的词从大量的主题词中探测出来。

（15）Citation Tree-rings：引文年环。代表着某篇文章的引文历史。引文年轮的颜色代表相应的引文时间。一个年轮厚度和相应时间分区内的引文数量成正比。

（16）Citation Half-life：引文半衰期。半衰期描述引文（文献）老化程度，半衰期越大，显示引文的有效价值越大。

二、CiteSpace 软件的主界面展示

CiteSpace 软件主界面整体上可以分为 4 个主要的功能区，即菜单栏、工程区、运行进度区、功能选择区，具体如图 14-2 所示。

第一功能区：菜单栏。菜单栏常用的就是 data 选项，其他的选项在分析的时候不常用，如果感兴趣可以自行探索。首先，点击"data"选项下的"Import/Export"选项，进入输出处理界面。该界面包含"WOS""Scopus""Dimensions""CSV""CrossRef""PubMed""CNKI""CSSIC2.0"等选项，这些选项分别对应不同的数据库和数据（图 14-3）。在分析的时候，根据数据库的来源选择对应的选项。

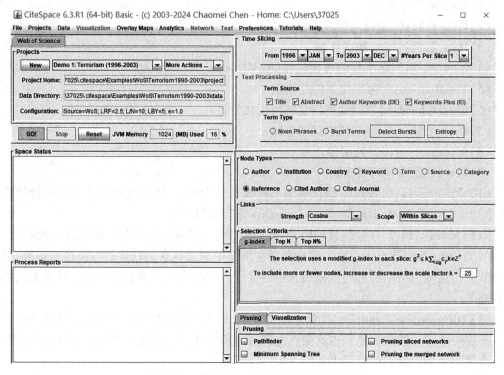

图14-2   Citespace 软件的主要功能分区

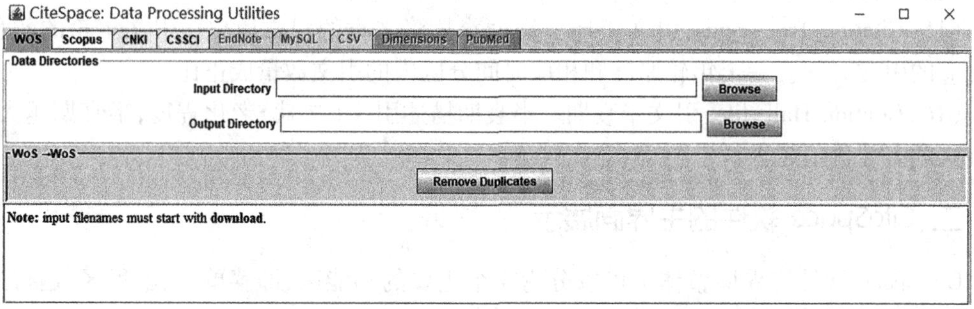

图14-3   Citespace 软件的文本格式转换功能

这里以"WOS"为例进行讲解,其他的基本上是一致的,首先点击"WOS"选项,分别在"Input Directory"和"Output Directory"中输入对应的文件夹(注:文件夹的命名是有一定的规范性的,建立规范将在后期案例讲解进行介绍,这里如果需要,可以到"百度"网站上检索)。之后点击"Remove Duplicates(WOS)"选项,等待数据处理完毕即可(根据编者的经验,如果用的是 CiteSpace 高版本,则可能出现数据无法写入 Output 文件夹的情况,若出现这种情况,建议用低版本的 CiteSpace)。

第二功能区:工程区。工程区顾名思义就是建立一个新的工程。点击"New"选项,进入新建工程界面。在"Title"文本框内输入新建工程的名称,"Project Home"文本框中输入之前建好的"project"文件夹。"Data Directory"选项同理,输入之前建好的"data"文件夹(不要忘记将之前处理好的数据 Copy 进去)。由于是分析 WOS 的数据,所以在"Data source"中勾选

"WOS"选项,最后点击"Save"按钮保存即可(图 14-4)。

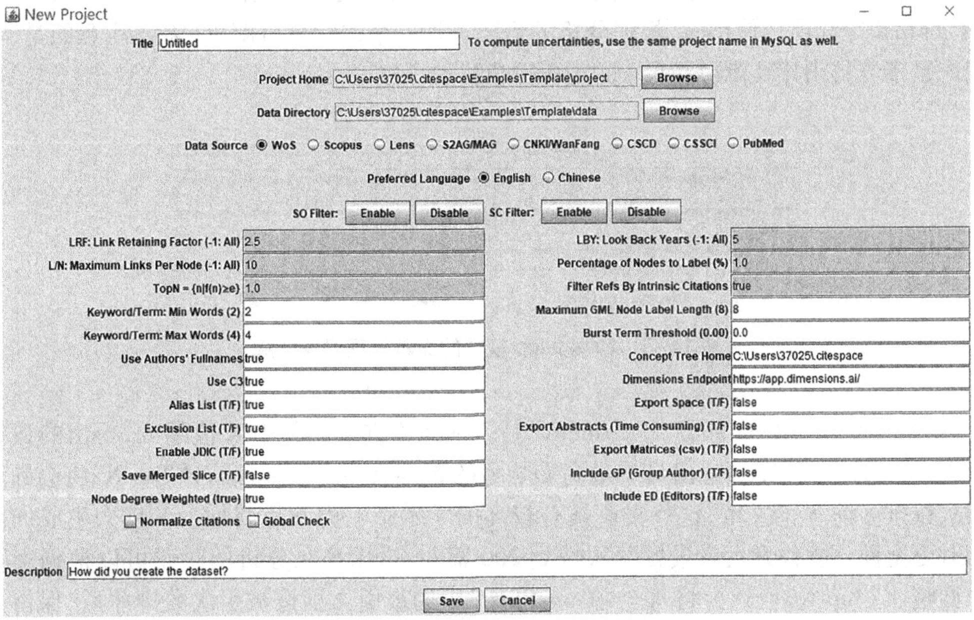

图 14-4 Citespace 软件的新建项目

第三功能区:功能选择区。功能选择区主要包含 Time Slicing、Text Processing、Node Types、Links、Celection Criteria、Pruning 等几个部分。一般分析时常用操作是 Time Slicing、Node Types、Celection Criteria、Pruning 四个部分。

(1)Time Slicing 部分。一般而言,Time Slicing 的设置应该与阈值设置搭配使用才能凸显其作用。Time Slicing 包括时间跨度和时间分区长度两项参数。时间跨度指定引文发表的年份(PY 字段值)范围,取值由引文年份分布和分析者所关注的时间段决定。时间分区长度是对整个时间跨度的划分,以年为单位,最短为一年,最长到整个时间跨度,建议采用等长时间分区(年数除以时间分区长度为整数),在时间分区内引文按阈值独立筛选,各时间分区阈值可不同,这取决于阈值的设置方式(图 14-5)。

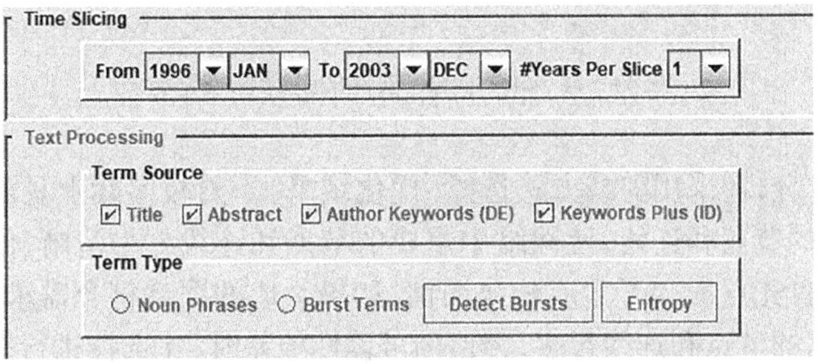

图 14-5 Citespace 软件的时间跨度和时间分区长度设置

(2)Node Types 部分。该部分可以分为上下两个部分,上面的一行主要是对文献进行处理,下面的一行是对引用文献进行处理。文献分析包括 Author、Institution、Country、Term、Keyword、Source、Category 等选项(图 14-6)。引用文献分析包括 Reference、Cited Author、Cited Journal 等选项。使用时,根据分析的需要选择一个进行分析即可(需要注意的是,有些数据库是不支持引用文献分析的,如"中国知网")。

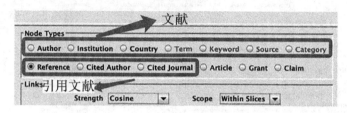

图 14-6   Citespace 软件的文献处理对象选择

(3)Selection Criteria 部分。"g-index"是一种运算方式。其中 K 值越大,得出的数据也就越多。"TOP N"用于筛选出具有最高影响力的 N 篇文章。具体而言,"Top N"将会筛选出引用次数排名前 N 的文章,这些文章具有较高的学术影响力和重要性。N 越大生成的网络将相对更全面。软件开发者设置每次选到 200 篇左右,用户在分析的时候可以根据实际情况来调整。"Top N%"意为将每个"Time Slice"中的被引文献按被引次数排序后,保留最高的 N% 作为节点。"Thresholds"可设定三个"Time Slices"的值,其余"Time Slices"的值由线性插值赋值。三组需要设置的"Slices"为第一个、中间一个和最后一个"Slice"。每组中的三个值分别为 c、cc 和 ccv。c 为最低被引次数,只有满足这个条件的文献才能参加下面的运算。cc 为本"$Slice$"内的共被引次数。ccv 为规范化以后的共被引次数(0 ~ 100)。剩下的"Citations""Usage180""Usage2013"基本上不常用。在实际处理数据时没有一个标准的使用方式,要根据自己的目的灵活使用,CiteSpace 仅仅是一个工具,生成图谱后,更多的是作者自己对图谱进行解释(图 14-7)。

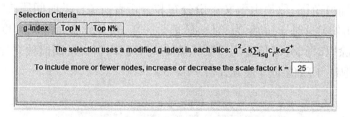

图 14-7   Citespace 软件的选择标准部分

(4)Pruning 部分,即采用剪枝方式选择(优化结果)。剪枝实际上是对形成的网络进行修剪,去除不重要的节点和连线,使网络中重要的节点和连线更加清晰,便于对图谱进行解读。一般情况下,首先点击"go"生成一次图谱,如果生成的图谱符合需求,则不需要进行剪枝。而当生成图谱的节点和连线过多,图谱的可读性极差时,才选择进行图谱剪枝。在剪枝算法上,一般没有推荐算法。最小生成树(Minimum Spanning Tree, MST)算法的优点是运算简捷,能很快得到结果,但并非生成唯一解。Pathfinder 的优点是唯一解,但有时会在剪枝过程中丢失相对重要的节点。但两种算法只能选其一,观察已有研究的情况可以发现,网络数据大的研究会选择 Pathfinder 算法,而数量级万以内的一般选择 MST 算法。在剪枝策略上,Pruning slice network 是对每一时间段的网络进行剪枝,Pruning the merged networks 是对整体网络进行剪枝。这两种策略可以同时选择,实现在每一个时间段上剪枝之后再对整体网络进行剪枝。在剪枝策略的选择上也依据网络的实际情况,若网络复杂程度不高,可仅选择 Pruning the merged networks 对整体网络进行剪枝;若在此基础上图谱仍很复杂,再选择 Pruning slice network 对每一时间段网络进行剪枝(图 14-8)。

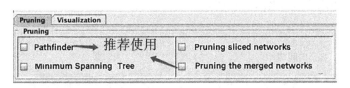

图 14-8　Citespace 软件的剪枝方式

三、CiteSpace 的使用步骤

第一步,新建一个放置自己数据的文件夹,里面包括四个子文件夹,分别命名为"data""input""output""project"。

第二步,下载文献。在高级检索中输入要查找的文献以及时间范围、期刊来源,进入文献管理中心,选择"refwork"格式,导出,放到"input"文件夹里。其目的是在 CiteSpace 软件中进行格式转换,得到适用于软件分析的原始数据。

第三步,点击"CiteSpace.6.1.R2.exe"选项,稍等,软件运行,点击"agree"按钮。点击"data—import/export"选项,进入数据转化软件界面。点击"cnki"按钮,点击"browse"按钮,分别选择"input"和"output"文件夹。点击"formatconversion"按钮,会显示转换后的文献数量。转换后数据在"output"文件夹里。关闭数据转换界面,回到首页。

第四步,将"output"文件夹中的数据复制到"data"文件夹中。点击板块"project"中的"new"按钮,就是新建一个项目,进入新的界面。

第五步,点击"browse"按钮,选择"project"和"data"文件夹并进入,选择数据类型,其他默认,点击"save"按钮,进入原来界面。

第六步,在"Time slicing"功能区,选择文献的起始年限,通常选择"Author""Institution""Keyword"等选项,点击左侧的"Go"按钮得到可视化界面。

第七步,点击"visualize"按钮,进入可视化选择界面,稍等,运行后出现两个界面(增加了一个控制面板)。可以先点击 a 图标,进行聚类;等聚类完成后,可以调整 d 栏,调整聚类的字体的大小;通过改变 b 栏可以调整对关键词重复出现次数的限制,通过 c 栏可以调整关键字的字体大小。

第八步,可以将节点的样式改为圆形年轮式,这样得到的信息比较丰富。依次点击菜单栏的选项"Nodes"→"Nodeshape"("Keywords""Terms")→"circle",即可改为年轮式。然后,滑动 b 栏来调整节点年轮的大小。

第九步,调整聚类的数量。有两种方法:第一种方法是,可以依次点击菜单中的选项"Clusters"→"ShowtheLargestClusters",在弹出的对话框中输入想要显示类别的数量即可。例如,输入7,就会显示序号为0~6的聚类。第二种方法是:可以依次点击菜单栏中的选项"Clusters"→"ShowClustersbyIDs"。输入想要实现的聚类的序号范围,即可显示相应的聚类。例如,输入"2~8",就会只显示序号为2~8的聚类。

第十步,聚类结果总结表。依次点击菜单栏的"Clusters"→"Explorer"→"是"→"打开"。

第十一步,关键词的分析。选中一个关键词的点,右击选择"NodeDetails",会弹出结果窗口,可以显示该关键词出现的年份分布。

CiteSpace 的使用步骤如图 14-9 所示。

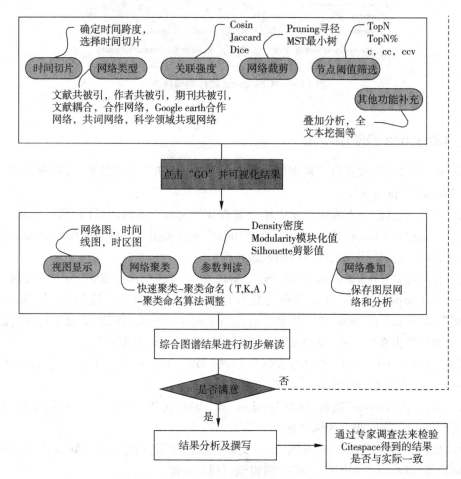

图 14-9   Citespace 软件的使用步骤

四、CiteSpace 分析结果的解读

CiteSpace 的核心功能是产生由多个文献共被引网络组合而成一种独特的共被引网络,以及自动生成一些相关分析结果。每个文献共被引网络对应于一个历时一年或几年的时间段。最终显示的网络不是各个网络之间的简单叠加,而是要满足一些条件。解读这样的递进式知识领域分析的要点包括:网络整体结构、网络聚类、各聚类之间的关联、关键节点(转折点)和路径。解读时可以从直观显示入手,然后参照各项指标。

第一，结构。是否能看到自然聚类（未经聚类算法而能直观判定的组合），观察通过算法能得到几个聚类，是否包括一些重要的节点，如转折点（Pivotnode，在 CiteSpace 中为有紫色外圈的节点，是具有高的中介中心性的节点）、标志点（Landmarknode，如每个节点大小代表它的总被引次数，节点越大则总被引频次越高）和具有高度中心性的点（Hubnode，枢纽节点，具有高度的中心性）。

第二，时间。每个自然聚类是否有主导颜色（出现时间相对集中），是否有明显的热点（节点年轮中出现红色年轮，即被引频率是否曾经或仍在急速增加），通过各个年轮的色彩可判断被引时间分布。时间线显示将每一聚类按时间顺序排列，相邻聚类常常对应相关主题（聚类间共引）。聚类之间的知识流向也可从时间（色彩）上看到（由冷色到暖色）。

第三，内容。每个聚类的影响（被引时涉及的主题、摘要、关键词）和几种不同算法所选出的最有代表性的名词短语。

第四，指标。每个聚类是否具有足够的相似性（Silhouette 值是否足够大，太小则无明确主题可言），整个聚类是否有足够节点。

此外，数据分析关键步骤中应当注意：

第一，运用尽可能广泛的专业术语来确定所关注的知识领域。这是为了使得到的结果尽可能地涵盖所关注领域的全部内容。该步骤要求用户对所关注的领域比较熟悉。在此前提下用户才能确定出合理的术语，以及需要重点关注的术语问题。

第二，收集数据。在上一步确定好要检索的术语以后，接下来则要选择数据库来获取所要分析的数据。当前 CiteSpace 所分析的数据类型基础是 Web of Science 格式，从 Web of Science 中下载的数据，CiteSpace 可以直接读取和分析，从其他数据库所收集的数据则要通过转换器进行格式转换才能进行分析。该步骤对用户的信息检索素质要求比较高。因此，具备一定的信息检索技能以及检索技巧是必需的。

第三，提取研究前沿术语。从数据库文献的题目、摘要、关键词、系索词和表示符中检索 N 元文法或专业术语，出现频次增长率快速增加的专业术语将被确定为研究前言术语。

第四，时区分割。在 CiteSpace 中明确分析的时间跨度以及这个时间跨度的分段长度。

第五，阈值的选择。CiteSpace 允许用户使用 7 种方法来设定阈值。

第六，网络精简和合并。在 CiteSpace 中提供两种网络精简算法，分别为 Pathfinder 和 MST。在对数据进行初始分析时，一般不做任何精简。通过初步得到的结果，决定采用何种精简方法。

第七，可视化显示。CiteSpace 的标准视图（默认）为网络视图，此外还有 Timeline（时间线图）和 Timezone（时区图）视图。

第八，可视化编辑和检测。得到图谱之后，借助 CiteSpace 可视化界面提供的网络可视化编辑功能美化图形，也可以利用提供的网络计算功能对网络进行进一步分析。

第九，分析结果的验证。使用 CiteSpace 得到分析结果后需要与熟悉本专业的学者、专家进行沟通。另外，建议对网络中突出的关键节点的作用进行咨询。

综上，文献的知识图谱既是可视化的图形，又是序列化的谱系，显示了知识单元或知识群之间网络、结构、互动、交叉、演化或衍生等诸多隐含的复杂关系，而这些复杂的知识关系正孕育着新的知识的产生。CiteSpace 软件融合了聚类分析、社会网络分析等多种方法，不仅便于观察相关领域过去的研究状况，而且能够探测和分析文献研究前沿的演变趋势。

第四节　基于 CiteSpace 的文献综述案例

本文以中国知网(CNKI)中的 CSSCI 核心数据库为数据来源,分析有关"创业失败"的文献研究情况。

首先,在知网数据库中检索主题为"创业失败",结束年份为 2021 年,文献来源为 CSSCI 的文献,共检索 170 篇;其次,删除其中与创业失败研究相关度较低的文献 35 篇;最终,导出剩余的 135 篇文献作为分析对象。对所得 CNKI 中的相关文献数据进行初步的年度分布统计分析(图 14-10),可见国内对创业失败的研究最早出现在 2004 年,但接下来的几年并未得到关注。随着国家对创新创业的逐渐重视,尤其是党的十八大明确将创新驱动发展上升为国家战略,国内对于创业失败的研究总体上呈现逐渐上升趋势且研究进展较快。但是,总体来说,国内创业失败研究数量仍然较少,创业失败相关的体系构建仍处于发展阶段,未来仍有很大的发展潜力。

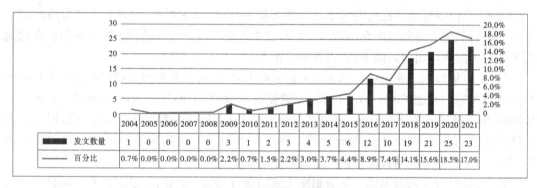

图 14-10　CNKI 中"创业失败"研究文献年度分布

关键词是对全文内容的凝练,反映了文献作者的研究方向。若某些关键词在某时刻出现的频率高,则这在一定程度上反映了此时的研究热点。应用 CiteSpace 软件对国内相应的检索结果中的关键词进行共现分析,意在掌握创业失败领域的研究热点;通过关键词聚类分析的方法对创业失败的研究热点进行分析,通过聚类视图更直观地研究知识结构。

第一,"创业失败"发文关键词共现分析。从 CNKI 中文献发文关键词共现分析的知识图谱来看,共有 177 个节点、324 次链接,网络密度为 0.0208,充分说明创业失败研究的集中密度较高。从创业失败高频关键词统计表(表 14-3)来看,出现频次在 5 次以上的关键词为创业失败、失败学习、创业学习、创业、失败归因、创业成功、农民创业、失败恐惧、创业教育、创业能力、失败成本、创业绩效。其中,与主题研究相关的创业失败和创业,是创业失败研究的重点,属于创业失败的理论研究部分,其频次和中心性比较高。因此,创业失败的研究方向大致可以归纳为农民创业、失败归因、创业、失败学习、连续创业几个方面,核心关键词之间连线密集、关联性强,但研究分支多、研究方向较为分散。

表 14-3　"创业失败"高频关键词统计

序号	关键词	频次	中心性	年份
1	创业失败	60	1.13	2009
2	失败学习	20	0.16	2015
3	创业学习	10	0.1	2011
4	创业	7	0.14	2004
5	失败归因	6	0.08	2018
6	创业成功	5	0.15	2016
7	农民创业	5	0.09	2020
8	失败恐惧	5	0.07	2017
9	创业教育	5	0.04	2009
10	创业能力	5	0.04	2016
11	失败成本	5	0.02	2014
12	创业绩效	5	0.01	2017

　　第二,"创业失败"发文关键词聚类分析。运用聚类算法,获得"创业失败"发文关键词聚类网络图谱(图 14-11),呈现了创业教育、创业行为、创业意向、失败学习、创业决策、应对策略、创业者、连续创业、社会网络、创业成本、先前经验等 14 个聚类,反映我国对创业失败领域的研究热点(表 14-4)。表 14-4 中,聚类大小代表聚类中所含文献数量,聚类序号越小,所含文献越多。从聚类模块值 Mod-ularity(Q 值)看,$Q=0.6582>0.3$,意味着聚类结构显著;从聚类平均轮廓值 MeanSilhouette(S 值)看,$S=0.9226>0.7$,且各聚类轮廓值均大于 0.7,意味着聚类是合理且令人信服的。

图 14-11　"创业失败"发文关键词聚类知识图谱

表 14-4　创业失败研究聚类信息

聚类序号	大小	同质性(S值)	平均年份	聚类名称	Label(聚类算法)
#0	34	0.966	2016	创业教育	创业教育(6.51,0.05);失败学习(5.97,0.05);创业失败学习(4.32,0.05);创业成功(4.32,0.05);创业经验(4.32,0.05)
#1	22	0.879	2017	创业行为	创业行为(8.88,0.005);创业知识(8.88,0.005);失败恐惧(5.28,0.05);创业进入(4.4,0.05);学习方式(4.4,0.05)
#2	19	0.813	2015	创业意向	创业意向(12.94,0.001);创业学习(10.22,0.005);失败修复(4.24,0.05);乐观(4.24,0.05);结构内容分析(4.24,0.05)
#3	17	0.892	2017	失败学习	失败学习(18.4,0.001);创业韧性(7.73,0.01);经济成本(7.73,0.01);失败成本(4.22,0.05);再创业意愿(3.84,0.1)
#4	14	0.919	2012	创业决策	创业决策(11.04,0.001);创业(11.04,0.001);创业激情(5.45,0.05);特征(5.45,0.05);浙江省(5.45,0.05)
#5	12	0.965	2019	应对策略	应对策略(5.59,0.05);扎根理论(5.59,0.05);生成机制(5.59,0.05);冲突管理(5.59,0.05);失败归因(5.59,0.05)
#6	8	0.932	2014	创业者	创业者(12.81,0.001);印象管理(6.3,0.05);外部环境(6.3,0.05);企业成长(6.3,0.05);学习(6.3,0.05)
#7	8	0.992	2017	连续创业	连续创业(13.82,0.001);习惯性创业(6.77,0.01);正向心理(6.77,0.01);心理韧性(6.77,0.01);资本知识获取(6.77,0.01)
#8	5	0.993	2016	社会网络	社会网络(7.79,0.01);创业领域(7.79,0.01);企业绩效(7.79,0.01);创业类型(7.79,0.01);再创业(7.79,0.01)
#9	5	0.99	2020	创业成本	创业成本(8.3,0.005);土地供给(8.3,0.005);资源配置效率(8.3,0.005);创业活动(8.3,0.005);创业失败(1.26,0.5)
#10	5	0.985	2016	先前经验	先前经验(7.79,0.01);创业老手(7.79,0.01);创业导向(7.79,0.01);新产品开发绩效(7.79,0.01);失败学习(0.32,1.0)

第三,研究路径演化分析。关键词时序图可以反映一个研究领域的研究演进和发展趋势。因此,从"创业失败"研究发文关键词时区图谱来看,国内创业失败的研究可以分为3个阶段。

第一个阶段是 2004—2009 年,是创业失败研究的萌芽阶段。该阶段的关键节点较少,说明这一时期的相关文献较少,创业失败这个问题还未引起学者的广泛关注,且此时的研究倾向于对个体创业者创业失败的原因进行分析。

第二个阶段是 2009—2015 年,是创业失败研究的过渡阶段。这一时期创业失败研究逐渐开始活跃,关键词的节点数量变多,且种类更加多元化。这说明此时围绕"创业失败"的研究主题变得丰富了,如"失败修复""创业学习"等主题的研究出现。

第三个阶段是 2015 年至今,是创业失败研究的发展阶段。该阶段的关键词节点更加丰富,研究更加活跃,研究主题涉及"创业失败归因""创业激情""失败学习""恢复导向""再创业"等多方面。此时的文献更倾向于对创业失败后的再创业的研究。

第十五章　社会网络分析法

第一节　社会网络分析法概述

一、社会网络的内涵

网络指的是各种关联,社会网络即可简单地称为社会关系所构成的结构。对社会网络的理解,可以从三元闭包理论和小世界理论进行解释。

"三元闭包"概念指的是由 A、B、C 三个节点所组成的三元组的一种性质,即如果 A-B 和 A-C 之间存在强联系,则 B-C 之间也会存在强联系。我们可以在生活经历中找到相应的例子:当 B 和 C 有一个共同的好朋友 A,那么 B 和 C 成为朋友的概率便会提高。

小世界理论(又称小世界效应、六度空间理论、六度分割理论)认为,每个人和任何一个陌生人之间所间隔的人不会超过 6 个,最多通过 6 个中间人就能够认识任何一个陌生人。也就是说,任何两个素不相识的人,通过一定的方式,总能够产生必然联系或关系。随着联系方式和联系能力的不同,实现个人期望的机遇将产生明显的区别。"六度分割"和互联网的亲密结合,很好地阐述了一个网状的结构,增强了不同节点之间的联系和连接关系,虽然它并不完整,但已经开始显露出商业价值。虽然不足以指导实践,但这个理论在很大程度上让人们对于信息时代的人类社会有了很深的理解与探索。

三元闭包理论与小世界理论等都是社会网络研究领域著名的理论,它们共同揭示了社会是一个由多个点(社会行动者)和各点之间的连线(行动者之间的关系)组成的复杂网络。简单来说,每个人都是社会网络中的一个"节点",而与其他个体之间的社会关系就是"边",关系可以有强弱和方向之分。

社会网络代表着一种结构关系,它可反映行动者之间的社会关系。构成社会网络的主要要素有:

(1)行动者:这里的行动者不但指具体的个人,还可指一个群体、公司或其他集体性的社会单位。每个行动者在网络中的位置被称为"结点"。

(2)关系纽带:行动者之间相互的关联即称关系纽带。人们之间的关系形式是多种多样的,如亲属关系、合作关系、交换关系、对抗关系等,这些都构成了不同的关系纽带。

(3)二人组:由两个行动者所构成的关系。这是社会网络的最简单或最基本的形式,是我们分析各种关系纽带的基础。

(4)三人组:由三个行动者所构成的关系。

(5)子群:指行动者之间的任何形式关系的子集。

(6)群体:其关系得到测量的所有行动者的集合。

二、社会网络分析的内涵

社会网络分析（Social Network Analysis，SNA）在人类学、心理学、社会学、数学以及统计学等领域中发展起来，是综合运用图论、数学模型来研究社会行动者之间的关系或通过这些关系流动的各种有形或无形的东西，如信息、资源等，逐渐成为一种热门的社会科学研究方法。近年来，该方法在职业流动、城市化对个体幸福的影响、世界政治和经济体系、国际贸易等领域广泛应用，并发挥了重要作用。社会网络分析是社会学领域比较成熟的分析方法，社会学家们利用它可以比较得心应手地来解释一些社会学问题。许多学科的专家如经济学、管理学等领域的学者们在新经济时代——知识经济时代面临许多挑战时，开始考虑借鉴其他学科的研究方法，社会网络分析就是其中的一种。

社会网络分析问题起源于物理学中的适应性网络，通过研究网络关系，有助于把个体间关系、"微观"网络与大规模的社会系统的"宏观"结构结合起来。社会网络分析引入数学方法、图论等定量分析方法，是 20 世纪 70 年代以来在社会学、心理学、人类学、数学、通信科学等领域逐步发展起来的一个研究分支。从社会网络的角度出发，人在社会环境中的相互作用可以表达为基于关系的一种模式或规则，而基于这种关系的有规律模式反映了社会结构，这种结构的量化分析是社会网络分析的出发点。社会网络分析不仅仅是一种工具，更是一种关系论的思维方式，可以利用来解释一些社会学、经济学、管理学等领域问题。

社会网络分析是对社会网络的关系结构及其属性加以分析的一套规范和方法。它又被称为结构分析法，因为它主要分析的是不同社会单位（个体、群体或社会）所构成的社会关系的结构及其属性。

从这个意义上说，社会网络分析不仅是对关系或结构加以分析的一套技术，还是一种理论方法——结构分析思想。因为在社会网络分析学者看来，社会学所研究的对象就是社会结构，而这种结构即表现为行动者之间的关系模式。美国社会学家巴里·韦尔曼（Barry Wellman）指出："网络分析探究的是深层结构——隐藏在复杂的社会系统表面之下的一定的网络模式。"例如，网络分析者特别关注特定网络中的关联模式如何通过提供不同的机会或限制，从而影响到人们的行动。

三、社会网络分析的角度

社会网络分析法可以从多个不同角度对社会网络进行分析，包括中心性分析、凝聚子群分析、核心—边缘结构分析以及结构对等性分析等，这里仅介绍常用的前 3 种。

（1）中心性分析。中心性是社会网络分析的重点之一。个人或组织在其社会网络中具有怎样的权力，或者说居于怎样的中心地位，这一思想是社会网络分析者最早探讨的内容之一。个体的中心度测量个体处于网络中心的程度，反映了该点在网络中的重要性程度。因此，一个网络中有多少个行动者/节点，就有多少个个体的中心度。除了计算网络中个体的中心度外，还可以计算整个网络的集中趋势（可简称为中心势）。与个体中心度刻画的是个体特性不同，网络中心势刻画的是整个网络中各个点的差异性程度，因此一个网络只有一个中心势。根据计算方法的不同，中心度和中心势都可以分为 3 种：点度中心度/点度中心势，中间中心度/中间中心势，接近中心度/接近中心势。

1）点度中心性。在一个社会网络中，如果一个行动者与其他行动者之间存在直接联系,那么该行动者就居于中心地位,在该网络中拥有较大的"权力"。在这种思路的指导下,网络中一个点的点度中心度,就可用网络中与该点之间有联系的点的数目来衡量,这就是点度中心度。网络中心势指的是网络中点的集中趋势,它是根据以下思想进行计算的:首先找到图中的最大中心度数值;然后计算该值与任何其他点的中心度的差,从而得出多个"差值";再计算这些"差值"的总和;最后用这个总和除以各个"差值"总和的最大可能值。

2)中间中心性。在网络中,如果一个行动者处于许多其他两点之间的路径上,可以认为该行动者居于重要地位,因为他具有控制其他两个行动者之间的交往能力。根据这种思想来刻画行动者个体中心度的指标是中间中心度,它测量的是行动者对资源控制的程度。一个行动者在网络中占据这样的位置越多,就越代表它具有很高的中间中心性,就有越多的行动者需要通过它才能发生联系。中间中心势也是分析网络整体结构的一个指数,其含义是网络中中间中心性最高的节点的中间中心性与其他节点的中间中心性的差距。该节点与别的节点的差距越大,则网络的中间中心势越高,表示该网络中的节点可能分为多个小团体而且过于依赖某一个节点传递关系,该节点在网络中处于极其重要的地位。

3)接近中心性。点度中心度刻画的是局部的中心指数,衡量的是网络中行动者与他人联系的多少,没有考虑到行动者能否控制他人。而中间中心度测量的是一个行动者"控制"他人行动的能力。有时还要研究网络中的行动者不受他人"控制"的能力,这种能力就用接近中心性来描述。在计算接近中心度的时候,我们关注的是捷径,而不是直接关系。如果一个点通过比较短的路径与许多其他点相连,我们就说该点具有较高的接近中心性。对一个社会网络来说,接近中心势越高,表明网络中节点的差异性越大,反之,则表明网络中节点间的差异越小。

(2)凝聚子群分析。当网络中某些行动者之间的关系特别紧密,以至于结合成一个次级团体时,这样的团体在社会网络分析中被称为凝聚子群。分析网络中存在多少个这样的子群,子群内部成员之间关系的特点,子群之间关系特点,一个子群的成员与另一个子群成员之间的关系特点等,就是凝聚子群分析。由于凝聚子群成员之间的关系十分紧密,因此有的学者也将凝聚子群分析形象地称为"小团体分析"。凝聚子群根据理论思想和计算方法的不同,存在不同类型的凝聚子群定义及分析方法。

1)派系。在一个无向网络图中,"派系"指的是至少包含 3 个点的最大完备子图。这个概念包含 3 层含义:①一个派系至少包含三个点。②派系是完备的,根据完备图的定义,派系中任何两点之间都存在直接联系。③派系是"最大"的,即向这个子图中增加任何一点,将改变其"完备"的性质。

2)n-派系。对于一个总图来说,如果其中的一个子图满足如下条件,就称为 n-派系:在该子图中,任何两点之间在总图中的距离(捷径的长度)最大不超过 n。在总图中不存在与子图中的任何点的距离不超过 n 的点。

3)n-宗派。n-宗派(n-Clan)是指满足以下条件的 n-派系,即其中任何两点之间的捷径的距离都不超过 n。可见,所有的 n-宗派都是 n-派系。

4)k-丛。一个 k-丛就是满足下列条件的一个凝聚子群,即在这样一个子群中,每个点都至少与除了 k 个点之外的其他点直接相连。当这个凝聚子群的规模为 n 时,其中每个点至少都与该凝聚子群中 $n-k$ 个点有直接联系,即每个点的度数都至少为 $n-k$。

5)凝聚子群的密度。主要用来衡量一个大的网络中小团体现象是否十分严重。这在分析组织管理等问题时十分有用。最糟糕的情形是大团体很散漫,核心小团体却有高度内聚力。另外一种情况就是大团体中有许多内聚力很高的小团体,很可能就会出现小团体间相互斗争的现象。凝聚子群密度的取值范围为[-1,+1]。该值越向 1 靠近,意味着派系林立的程度越大;该值越接近-1,意味着派系林立的程度越小;该值越接近 0,表明关系越趋向于随机分布,看不出派系林立的情形。凝聚子群的密度可以说是企业管理者的一个重要的危机指数。当一个企业的凝聚子群的密度过高时,就表示该企业中的小团体有可能结合紧密而开始图谋小团体私利,从而伤害到整个企业的利益。其实凝聚子群的密度不仅仅可以应用到企业管理领域,还可以应用到其他领域,比如用来研究某一学科领域学者之间的关系。如果该网络存在凝聚子群,并且凝聚子群的密度较高,说明处于这个凝聚子群内部的这部分学者之间联系紧密,在信息分享和科研合作方面交往频繁,而处于子群外部的成员则不能得到足够的信息和科研合作机会,这种情况不利于该学科领域发展。

(3)核心-边缘结构分析。核心-边缘结构分析的目的是研究社会网络中哪些节点处于核心地位,哪些节点处于边缘地位。核心边缘结构分析具有较广的应用性,可用于分析精英网络、科学引文关系网络以及组织关系网络等多种社会现象中的核心-边缘结构。根据关系数据的类型(定类数据和定比数据),核心-边缘结构有不同的形式。定类数据和定比数据是统计学中的基本概念,一般来说,定类数据是用类别来表示的,通常用数字表示这些类别,但是这些数值不能用来进行数学计算;而定比数据是用数值来表示的,可以用来进行数学计算。如果数据是定类数据,可以构建离散的核心-边缘模型;如果数据是定比数据,可以构建连续的核心-边缘模型。而离散的核心-边缘模型根据核心成员和边缘成员之间关系的有无及关系的紧密程度,又可分为 4 种。如果把核心和边缘之间的关系看成是缺失值,就构成了核心-边缘关系缺失模型。这里介绍适用于定类数据的 4 种离散的核心-边缘模型。

1)核心-边缘全关联模型。网络中的所有节点分为两组,其中一组的成员之间联系紧密,可以看成是一个凝聚子群(核心),另外一组的成员之间没有联系,但是,该组成员与核心组的所有成员之间都存在关系。

2)核心-边缘无关模型。网络中的所有节点分为两组,其中一组的成员之间联系紧密,可以看成是一个凝聚子群(核心),而另外一组成员之间则没有任何联系,并且同核心组成员之间也没有联系。

3)核心-边缘局部关联模型。网络中的所有节点分为两组,其中一组的成员之间联系紧密,可以看成是一个凝聚子群(核心),而另外一组成员之间则没有任何联系,但是它们同核心组的部分成员之间存在联系。

4)核心-边缘关系缺失模型。网络中的所有节点分为两组,其中一组的成员之间的密度达到最大值,可以看成是一个凝聚子群(核心),另外一组成员之间的密度达到最小值,但是并不考虑这两组成员之间关系密度,而是把它看作缺失值

目前常见的社会网络分析工具包括 Ucinet、Netdraw、Pajek 等多种,这些工具各有优势,功能与操作有相似互通之处但也不尽相同。在社科研究中较为常用是 Ucient 和Netdraw,两者都为免费软件,区别如下:Ucient 是最知名的社会网络综合性分析程序,更适于处理多重关系复杂问题的中大型数据,其综合性较强、运算功能强大、兼容性较强。Netdraw软件是一个很好用的可视化软件,进行社会网络分析法进行数据处理的操作流程,是一种可以分析网络拓扑结构、计算各种网络指标与可视化的软件。Netdraw 格式生成软件自动生成Netdraw 软件的. vna 格式。

四、社会网络分析的步骤

使用 SNA 软件进行社会网络分析时,一般需要按准备数据、数据处理和数据分析三个步骤进行。尽管不同的 SNA 软件的具体操作不同,但这三个步骤基本是一致的。

(1)准备数据,建立关系矩阵。准备数据是指将使用问卷或其他调查方法,或直接从网络教学支撑平台自带的后台数据库中所获得的用于研究的关系数据,经过整理后按照规定格式形成关系矩阵,以备数据处理时使用。这个步骤也是 SNA 分析的重要的基础性工作。

SNA 中共有三种关系矩阵:邻接矩阵、发生矩阵和隶属关系矩阵。邻接矩阵为正方阵,其行和列都代表完全相同的行动者,如果邻接矩阵的值为二值矩阵,则其中的"0"表示两个行动者之间没有关系,而"1"则表示两个行动者之间存在关系。然而,在分析 e-Learning 的社会网络时,一般都采用非二值矩阵,即使用赋值矩阵,此时,矩阵中的数值表示为两个行动者之间的关系强度,且规定矩阵中的"行"为关系的发送者,而"列"为关系的接受者。发生矩阵的"行"代表节点,而"列"代表各条线,即发生矩阵表达的是哪个点连接在哪条线上,因此,发生矩阵一定是二值矩阵,且不一定是方阵。邻接矩阵和发生矩阵都表达了图的全部信息。

在 SNA 中,往往需要分析行动者的隶属关系,如行动者所属班级、年级或学习小组等,以及会关注行动者的一些自然属性,如性别、年龄等,此时就可以利用隶属关系矩阵来表述。隶属关系矩阵的"行"为行动者,"列"为事件,即各种属性。

三种矩阵的建立在三种典型 SNA 软件中有多种方法,但归纳起来大致有两种方法:第一种方法是直接输入关系矩阵内容。这种方法就是利用三种 SNA 软件所提供的数据输入功能,按照研究者所获得的原始关系数据,将具体数值输入进关系矩阵中,其操作过程非常类似 Excel 软件的操作,操作简单而直接。第二种方法是从其他软件的数据文件直接导入 SNA 软件,形成关系矩阵。

典型的 SNA 软件都提供了从其他软件导入多种格式的数据文件的功能,以支持多种方法建立关系矩阵。目前,.csv、.txt、.xls、.ntf、.dl 和.net 等格式的文件都可以直接导入进 Ucinet 软件中。一般导入操作都有菜单和对话框提示,只要注意阅读对话框的提示,并给予相应的选择,就可以完成数据的导入,建立起关系矩阵,整个操作过程十分简单快速。由于一般研究者在收集原始关系数据后,为了数据安全起见,都会事先按照某种格式将所收集的数据存入数据文件中,且在 SNA 分析的过程中,往往需要同时使用多个 SNA 软件,这就存在一个在不同软件之间需要交换关系矩阵的操作。因此,第二种建立关系矩阵的方法往往比第一种更常用。

(2)数据处理,进行 SNA 分析。该步骤为 SNA 的一项核心工作。SNA 的数据处理工作,可以按照不同的操作分为以下两种类型。

1)测量。所谓测量,是指针对研究者所建立的关系矩阵,由 SNA 软件自动计算出社会网络的各项网络指标或参数值。通常,通过测量可以完成的 SNA 有网络的基本属性、中心性、连通性、结构洞等。有关测量的数据处理操作是最简单的,一般都是直接使用 SNA 软件菜单中的有关功能即可完成。在测量操作中,一般需要研究者按照软件的提示事先指定某个关系矩阵;测量结束后,一般 SNA 软件会给出测量结果。SNA 测量的结果往往会形成一些数据集合,这些数据集合都是可以导出成为多种格式的数据文件单独存储的,这些数据集合往往是得出 SNA 结论的重要依据。

2）探索性分析。探索性分析往往比测量操作复杂,一般要遵循某种分析程序,而且会因探索的问题或对象的不同,其数据处理操作会有很大不同。通过探索性分析可以完成的 SNA 有凝聚子群分析、网络位置与角色分析,以及结构洞与经纪人业务分析等。社会网络中的凝聚子群分析是一种典型的探索性分析,探索性分析的数据处理路线往往会存在路径的分支与循环等复杂结构,需要研究者依据一定的判定依据判断后进行相应的选择才能完成。因此,探索性分析的操作步骤比较多,且操作过程比较复杂,探索性分析的效率往往与研究的数据对象大小和性质、研究的问题和研究者自身的经验与技巧等有关系。

（3）数据分析,得出结论。这一步骤是 SNA 分析的关键性工作。当上一步的数据处理完毕后,往往会得到一些可视化的图或数据表等信息。一般数据表都与 Excel 表格的形式非常接近,比较容易读懂,而常用的图有以下几种:①社群图。社群图表示关系模式,分为二维视图和三维视图两种类型。②网络位置图。网络位置图表示关系数据集中的行动者在社会网络中的位置分布。最常见的位置分布就是核心–边缘模型。③树形图。树形图用于表示 SNA 中对等性分析等聚类分析的结果,一般有两种表示方式,一种为类似冰柱图的形式,另一种为树形表示方式。

从分析的角度来看,社会网络通常分为两大类:个体网络(也称自我中心网络)与整体网络(也称社会中心网络)。文献知识网络分析也可按照此标准进行个人网络和整体网络的划分。整体网络中不存在以某一成员为核心的结构,而是侧重于一个群体或者组织的关联,比如某研究领域内的知识网络。个体网络是指网络中只有一个核心行动者,其余行动者都与此相关联,比如某位高产作者的知识网络。利用社会网络进行文献网络分析的主要步骤如下:

1）选择数据库。在数据库的选择上,首先根据自己的研究内容,确定搜集文献的语种,不同语种的文献需要在不同数据库查找,这里以中文为例。我国现有的在学术界影响较大的三大中文文献数据库包括中国知网、维普、万方,其中,中国知网具有资源综合性强、注重二次加工、强大的整合能力等优点,而维普、万方与中国知网存在较大的同质化,因此,一般将研究文献数据库的选择设定为中国知网。

2）设置期刊检索条件。由于期刊在学术交流中具有重要的地位和绝对的优势,且绝大部分的硕博论文、研究课题、学术会议等研究成果的精华部分都以期刊的形式呈现。因此,主要选择以期刊为样本的基础统计来源。此外,若要论文的质量较高,可以对文献来源的期刊等级进行设定,一般为核心及以上期刊。

3）确定检索项目、字段和统计时间。在中国知网的检索系统中,检索项目包括"主题""篇名""关键词""摘要""全文"等,其中,"篇名""关键词"两个项目是研究文献核心内容的体现,且其所占有的权重远远高于其余三个项目。为突出重点,减少检索结果的发散性,一般将检索项目设定为"篇名"或"关键词"。此外,根据研究内容设置检索字段,为保证全面,注意同义词的替换。最后是检索文献的统计时间,根据自身需要进行更改。

4）文献初步阅读筛选。根据以下要求对检索得到的文献进行初步筛选:①文献是否与研究主题相关。②期刊来源是否符合检索条件。

5）文献深度阅读筛选。对检索得到的文献进行深度筛选:看文献是否有具体可度量的指标体系,所选研究文献需要有具体的评价指标,即在文中有提出明确的计量指标。

6)一级指标的社会网络分析。首先对选择出的文献进行研读,提出一级指标,并对一级指标进行统计,利用 Excel 软件将指标与其研究作者建立起 0-1 关系矩阵,并存储为 Excel 文件对应的格式。0-1 关系矩阵的行代表研究作者,矩阵的列代表着研究对象的评价指标,0-1 关系矩阵中的数字 1 表示该作者发表的文献拥有该项指标,数字 0 表示该作者发表的文献中未提出该指标;在此基础上,运用 Ucinet 软件进行处理,使用 NetDraw 功能绘制网络图,使用 Network-Centrality 功能进行中心度的分析,从而提取出关键性指标。

7)二级指标的社会网络分析。同上,再次完成对二级指标的统计分析。

综上,基于现有的研究文献并采取社会网络分析的方法优点在于:①研究文献是各专家研究成果的精华体现,代表了专家以及同行们的共识,具有权威性和可靠性;②以现有的研究文献作为基础,不仅便于样本的获取,还保证了样本的全面性、完整性,以及大数据特性;③社会网络分析法是统计方法的提升,不仅能对大样本进行统计推断,还能加入关系因素,保证了提取指标的准确性和精准性。

第二节 社会网络分析的 Ucinet 软件

一、Ucinet 软件的菜单

Ucinet 是一种功能强大的社会网络分析软件,Ucinet 的主菜单与功能如下:

(1)文件操作子菜单(图 15-1)

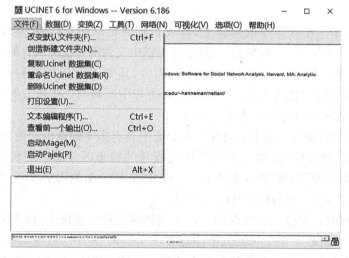

图 15-1 Ucinet 的文件操作子菜单

1)Change Default Folder:改变默认的文件夹。点击之后就可以选择经常使用的文件夹作为默认的文件夹。

2)Create New Folder:创建新文件夹。

3)Copy Ucinet Dataset:拷贝一个已有的 Ucinet 数据,再单独起一个文件名。

4)Rename Ucinet Dataset:对已有的一个 Ucinet 数据重新命名。

5）Delete Ucinet Dataset：删除已有的 Ucinet 数据。

6）Print Setup：对打印机进行设置。

7）Text Editor：文本编辑器。

8）View Previous Output：查看在分析过程中产生的日志文件。

9）Launch Mage：开启 Mage 画图程序。

10）Launch Pajek：开启 Pajek 画图程序。

11）Exit：退出 Ucinet 程序。

（2）数据操作子菜单（图 15-2）

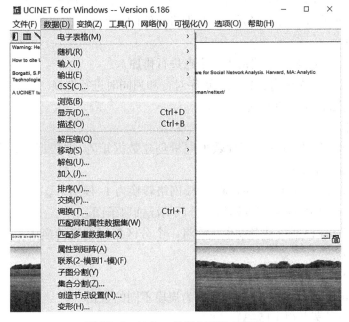

图 15-2　Ucinet 的数据操作子菜单

1）第一模块。利用 Spreadsheets（数据表编辑器），可直接输入和编辑 Ucinet 数据,可加入新的数据表,进行对称化处理。

2）第二模块。

Random：创建随机数据。

Import Via Spreadsheet：利用 spreadsheet 输入文件,可以把 Excel 类型文件转换为 Ucinet 数据。

Import Text File：输入文本文件。

Export：输出文件。

CSS：输入认知社会结构类型文件。其功能是把特定类型的数据转换为标准的网络数据。

3）第三模块。

Browse：数据矩阵浏览。

Display：展示 Ucinet 数据库。

Describe：对数据进行描述,并允许输入、输出、编辑标签。

4）第四模块。

Extract：数据抽取。一是从一个数据矩阵中抽取出部分数据；二是抽取出主成分，该指令可以抽取出与一个网络的主要弱成分对应的子图；三是从整体网中抽取出个体网，给出的是感兴趣的一个点或多个点的个体网邻接矩阵。

Remove：移除 Ucinet 数据库。

Unpack：对一个包含多种关系的矩阵数据进行开包处理，分成多个独立的矩阵数据文件并加以保存。

Join：把一系列 Ucinet 数据合并成一个数据文件。

Match Net and Attrib Datasets：对网络数据和属性数据进行匹配处理。

Match Multiple Datasets：对多元网络数据进行匹配处理。

5）第五模块。

Sort：按照一定标准对一个网络中各个点进行排序。

Permute：按照研究人员自己指定的顺序对行和列同时进行置换。

Transpose：对数据矩阵进行转置处理。

6）第六模块。

Attribute to Matrix：根据一个属性数据向量创建数据矩阵，即根据包含多个点的属性数据的一个向量来创建网络。

Affiliations（2-mode to 1-mode）：将 2-模网络转换为 1-模网络。

Subgraphs from Partitions：根据网络的分区情况抽取子图。

Partitions to Sets：根据行动者发生矩阵将一个分区指标向量转换成一个群体，并且根据群体展示分区情况。

Creat Node Sets：创建点集。

Reshape Matrix：重新组织数据，使之成为规模不同的数据。

（3）数据转换子菜单（图 15-3）

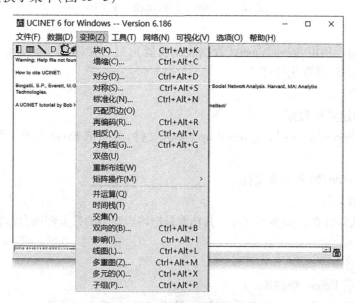

图 15-3　Ucinet 的数据转换子菜单

1）第一模块，Block：把一个数据中的各个点进行分块，计算块密度。

Collapse：压缩，即将一个矩阵的多行或多列组合在一起。

2）第二模块，Dichotomize：二值化处理。

Symmetrize：按照一定标准，将数据矩阵对称化处理。

Normalize：按照一定标准，将矩阵的行、列或者整个矩阵进行标准化处理。

Match Marginals：按照边缘值进行标准化处理。

Recode：对矩阵重新编码。

Reverse：取相反数，即利用某种线性转换，将相似性数据换成距离数据，或者距离数据转换为相似性数据。

Diagonal：对角线命令，可用该命令改变对角线的值。

Double：按照一定标准，对一个数据的各列进行双倍处理，处理好的矩阵列数是原矩阵列数的二倍。

Rewire：按照某种标准重新处理矩阵，达到某种优化。

Matrix Operations：矩阵算法，针对矩阵进行各种计算。

3）第三模块，Union：图的合并。

Time Stack：将不同时间段得到的同一群行动者之间的关系矩阵合并在一起。

Intersection：取同一群行动者之间的多个关系矩阵的交集。

Bipartite：把一个二部图的发生阵转换为一个邻接矩阵。

Incidence：把一个邻接矩阵转换为一个长方形的点-线指标矩阵。

Linegraph：线图。

Multigraph：多图，把一个多值图转换为一系列二值邻接矩阵。

Multiplex：可以从一个多元关系图中构建一个多丛图。

Semigroup：该程序根据图、有向图或者多向图来构造半群。

（4）计算工具子菜单（图15-4）

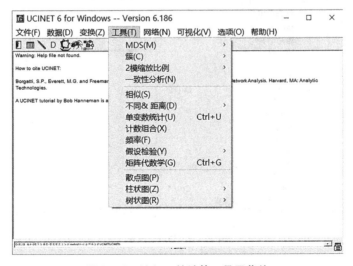

图15-4　Ucinet 的计算工具子菜单

1)第一模块。

Consensus Analysis：分析多个答题者在回答问题方面的一致性。

Cluster Analysis：对矩阵数据进行聚类分析。

Scaling/Decomposition：量表及分解。

2)第二模块。

Similarities：相似性分析。计算出矩阵各行或各列之间的相似性系数。

Dissimilarities：相异性分析。

Ubivariate Stats：对一个矩阵中的值进行单变量统计分析。

Frequencies：对行或列进行频次分析。

Testing Hypotheses：假设检验。

Matrix Algebra：矩阵代数分析。

3)第三模块。

Scatterplot：散点图。

Dendrogram：树状图。

Tree Diagram：树形图。

二、Ucinet 软件的操作步骤

(1)导入数据。依次点击"Data"→"Data editors"→"Spreadsheet Editor"。此时依次选择原始数据的 Excel 文件"→"OK"→"Fullmatrix"→"保存"→"命名"(图 15-5、图 15-6、图 15-7、图 15-8、图 15-9)。也可以从 Excel 里面复制数据粘贴进去,注意,数据需要带行标和列标。保存的文件由两个物理文件组成,一个后缀名为". ##d",另一个文件后缀名为". ##h",后期只需导入文件后缀名". ##h"即可。

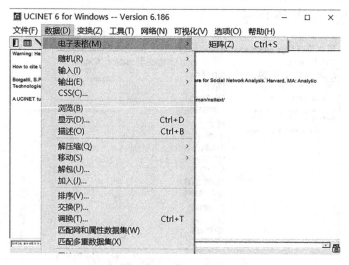

图 15-5　Data 菜单

	产品搅耗率	配送准时性	配送准确性	运输规模	业务要盖范围	企业信誉	顾客投诉率	运输成本
王许斌	1	1	0	0	0	0	0	1
任郑杰	1	1	1	1	0	0	0	1
马士华	1	1	0	0	0	0	0	1
闫秀霞	1	1	0	1	1	1	1	0
孙林岩	1	1	0	1	1	1	1	0
罗博	1	1	1	1	1	1	1	0
董明荣	1	1	0	0	0	1	0	0
薛恒新	1	1	0	0	0	1	0	0
林琳	1	1	1	0	0	1	0	0

图 15-6　原始数据

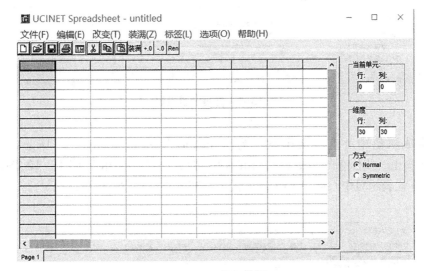

图 15-7　导入数据

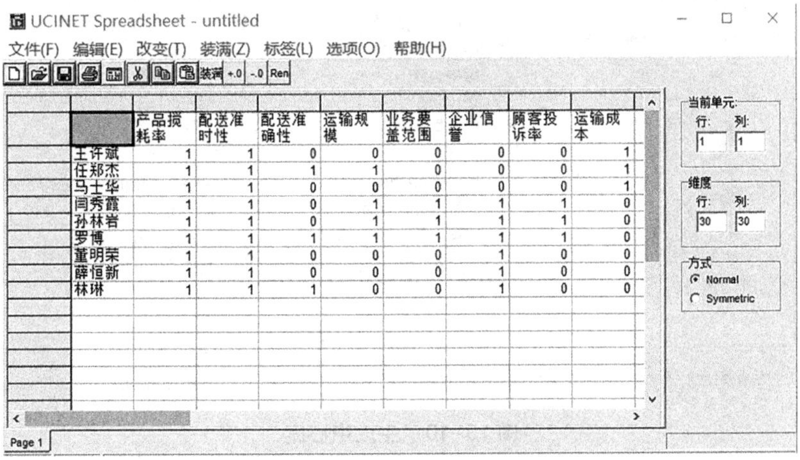

图 15-8　数据进入软件

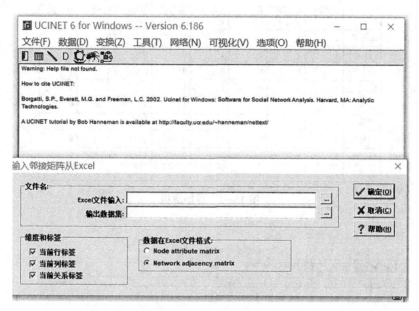

图 15-9　数据分析设置

（2）生成数值中心度。操作路径为："Network"→"Centrality"→"Degree"→"Input dataset"（选择上一步保存的后缀名为"Aff.##h"的文件）"→"OK"（图 15-10、图 15-11）。其中，Degree 代表绝对中心度，NrmDegree 代表标准中心度，Share 代表占比。

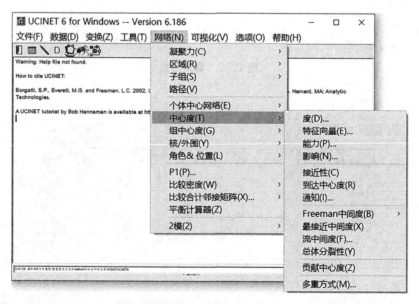

图 15-10　生成中心度

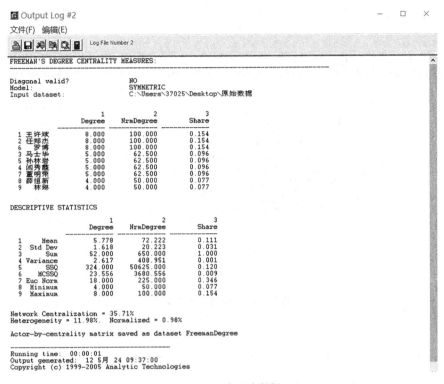

图 15-11 中心度数据

（3）画出中心度图形。操作路径为："Visualize"→"NetDraw"→"File"→"Open"→"Ucinet dataset"→"Network"→".##h"→"OK"（图15-12）。这里可以选择更改节点的形状、颜色，也可以对线条的粗细进行调整，操作路径为："Properties"→"Symbols/…"→"Color/Size/Shape"→"Attribute based"→选择 Mode 或者 ID 更改节点颜色或形状（图15-13）。

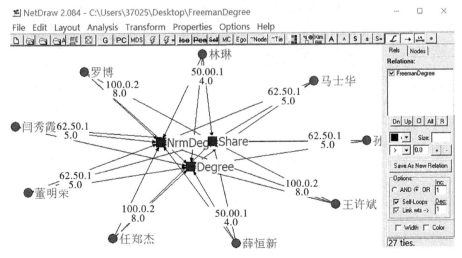

图 15-12 可视化分析

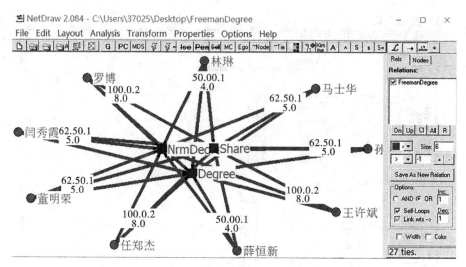

图 15-13　可视化分析设置

（4）得出最终中心度图形。操作路径为："Analysis"→"Centrality Measures"→"Set Node Sizes by"→"Degree"（图 15-14、图 15-15）。

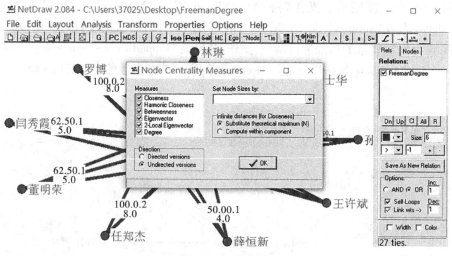

图 15-14　中心度图形生成

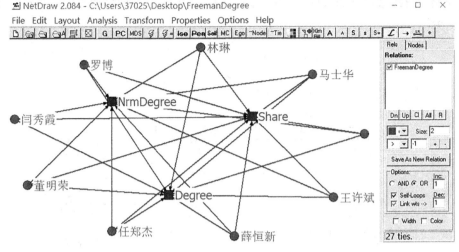

图15-15　中心度图形生成设置

（5）分析结果。方框代表各个作者所提出的指标,圆圈代表每篇研究文献的作者。其中,方框的大小代表中心度的大小,中心度越高,该指标对应的节点对网络中其他节点的影响程度越大,方框也就越大。节点的影响程度反映指标的重要程度,因此可以利用点中心性判断指标的重要性,进而找出关键性指标。结合步骤（3）得到的结果,可以看出整个网络的平均中心度指数为19.750,标准化的中心度指数为31.349,产品损耗率（31）、配送准时性（31）、企业信誉（23）、运输规模（20）的中心性较高,已经超过了整个网络的平均中心度,也超过了标准化中心度。这表明以上指标都是非常重要的指标,应该予以保留。但对于余下的与平均中心度存在微弱差距的指标,不能随意舍去,需要根据研究的对象进行具体分析。

第三节　社会网络分析案例

案例一

本案例以王晰巍、邢云菲、赵丹、李嘉兴所著,发表在《图书情报工作》上的《基于社会网络分析的移动环境下网络舆情信息传播研究——以新浪微博"雾霾"话题为例》一文,介绍利用Ucinet软件进行社会网络分析。

该文章以移动环境下新浪微博中的热点话题"雾霾"为例,进行样本数据的采集及社会网络分析研究。分析流程如图15-16所示。

第一步,数据源选择。在信息源的选择上,本案例选择当前政府企业民众共同关心的雾霾话题,以"雾霾 site:weibo.com"为检索词,在手机百度上进行wap站搜索,共有196 000条微博信息,说明新浪微博雾霾话题信息量大,民众较为关注。同时,以"雾霾"为关键字在新浪微博上进行搜索,并按照精选微博转发量降序排列。排名第四的王志安,其微博"一个关于雾霾的微观调查"的转发、评论、点赞数1万条以上,同本案例的主题密切相关并具有极强的代表性。因此,本文将新浪微博作为数据源,选择王志安的"一个关于雾霾的微观调查"微博作为原始信息源采集全部数据,并进一步抽取移动端数据,进行移动环境下雾霾话题的网络舆情研究。

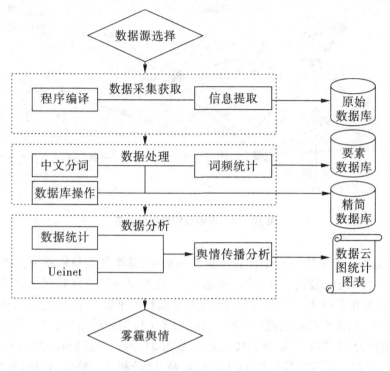

图15-16　移动环境下雾霾话题的网络舆情分析流程

第二步,数据采集。新浪微博雾霾话题全网(含移动端和非移动端),数据采集过程是:①查询该条微博的所有转发和评论信息得到对应地址;②如该微博的转发或评论数不等于0,则该条微博链路等级加1,信息源节点"fromUid"字段设置为该微博的"Uid";③对每条转发、评论微博重复步骤①、②,如果转发或评论数为0,返回本次开始,该节点成为下一链路的"子节点";④递归完成后获取所有转发评论的地址,最后获取有关字段信息内容并保存到Access数据库。截至2015年3月25日11时,总共获得6949条全网的转发和评论信息,信息字段包括所有转发及评论者的用户名、用户ID、转发及关注时间、转发及评论内容、工具端等基本信息属性。

第三步,数据处理及分析。在数据处理阶段使用Access、Excel软件整理数据,将数据字段进行规范化处理,例如将内容中含有的HTML等超文本字符进行替换,将时间统一规范为"×年×月×日"格式等,将移动端标记为1,非移动端标记为0,将表情符等非必要字段及空值数据删除,最终形成包括新浪微博全网数据库、移动端数据库、非移动端数据库在内的精简数据库。最后使用常用中文分词工具"盘古分词",将移动端数据库中的微博信息内容进行拆分,形成最小的语义单位,根据自定义词典提取主要信息,形成微博内容要素数据库。本案例采用Ucinet软件分析舆情信息传播过程,绘图过程中采用Netdraw流程进行布局,同时结合其他数据统计工具进行协同分析。

第四步,数据结果。本案例以王志安发出的一条微博"一个关于雾霾的微观调查"为信息源,以转发、评论此条微博的用户为节点,以转发、评论关系为边,用 Gephi 绘制移动环境下关于"雾霾"的新浪微博的舆情传播云图。

移动端微博用户数量多、分布广,用户之间联系较紧密,其中以博主王志安转发量最多、影响力最广、连接节点用户最多,除此以外还有多个节点连接了较多的其他子节点,形成一定的影响力。在雾霾事件的网络舆论传播过程中,所有微博用户通过移动端和非移动端互相转载和评论,在网络中形成了一个作用力场,形成产生了不同的影响力。对比点度中心性、中间中心性、接近中心性三个中心性指标可以发现,移动端和非移动用户在雾霾舆情信息传播过程中存在明显差异,反映了在雾霾舆情信息传播过程中,移动端用户是网络舆情信息传递的主流,起着更大的作用。在舆情演进过程中,移动端和非移动端阶段性特征明显,移动端舆情爆发快,蔓延阶段时间短,终止阶段相对缓慢。

研究中也将移动端和非移动端的转发评论内容数据,经过盘古分词工具进行了分别处理。数据结果显示,移动端用户关注词频较高的是"雾霾、秸秆、燃烧、禁止、农民",非移动端用户关注词频较高的是"雾霾、秸秆、处理、补贴、农民"。这一词频对比结果说明,虽然移动端和非移动端都对秸秆和雾霾之间的联系较为关注,但却反映了不同的态度,移动端用户更关注如何禁止燃烧秸秆,而非移动端更关注如何处理秸秆以及政府如何补贴农民等。

从网络舆情信息传播总体特征来看,Ucinet 工具统计的网络总体数据指标显示"移动端网络直径为 12,非移动端网络直径为 3",这说明移动端的舆情传播范围更广,影响面更大;"移动端平均路径长度为 3.027,非移动端平均路径长度为 1.059",这说明移动端的网络舆情信息传播速度更快,传播效率更高;通过工具端的统计分析,高达 86.4% 的用户使用移动端工具参与雾霾舆情信息传播。上述数据说明网络舆情信息传播已进入"移动时代"。

案例二

本案例选取 2008—2018 年中国知网和万方数据库中企业竞争情报领域相关文献为样本进行定量分析,统计文献集合中关键词的共现频数,形成关键词共现矩阵,然后使用社会网络的分析方法,将关键词之间的联系可视化表示出来,从而总结出国内学术界产业竞争情报研究的热点主题。

统计同一文献中高频关键词的频数,形成一个 54×54 的共词矩阵,见表 15-1(部分)。

表 15-1　创业失败研究聚类信息

序号	A	B	C	D	E	F
1	关键词	竞争情报	企业	企业管理	竞争对手	竞争情报系统
2	竞争情报	0	636	325	92	55
3	企业	636	0	319	70	14
4	企业管理	325	70	0	62	0
5	竞争对手	92	70	62	0	0
6	竞争情报系统	55	14	0	0	0

第一步,绘制社会网络图谱。本文运用 Ucinet 社会网络分析法,可以非常直观地观察到关键词之间的相互关系。运用该软件的 Netdraw 功能,将 45 个高频关键词导入该软件从而绘制出企业竞争情报高频关键词社会网络图谱。"竞争情报""企业管理""竞争对手""竞争情报系统"等高频关键词皆位于该网络的核心,这些词周围密集的连线主要指向"图书馆""反竞争情报""情报工作"等高频关键词。

第二步,网络中心性分析。在社会网络分析中,点度中心度是指行动者在网络中的联结数目,它可以表现出各节点在整个社会网络中的地位。通过 Ucinet 软件中心性计算可得出企业竞争情报的平均点度中心度为 171.689。其中,有 5 个高频关键词的点度中心度大于平均点度中心度,分别是竞争情报、企业、企业管理、竞争对手和情报工作。中介中心度是以经过某个节点的最短路径数目来刻画节点重要性的指标。从中介中心度度数来看,关键词"竞争情报"的绝对度数最高,与其他节点有很大的差距,这说明在该关键词网络中,"竞争情报"这一节点处于核心位置,并且具有影响其他关键词共现的最强能力。

第三步,凝聚子群分析。从社会网络分析的角度来说,凝聚子群是一个行动者的子集合,在此集合中的行动者之间具有相对强烈的、紧密的、直接的、经常的或者积极的关系。通过 Ucinet 对企业竞争情报高频关键词进行凝聚子群分析,根据前文对其关键词中心度进行计算,并将企业竞争情报大致划分为 4 个领域,规定派系数为 4,将初始数据再次导入得到凝聚子群派系和凝聚子群矩阵。通过观察该矩阵可以看出,4 个子群内部的关系密度普遍高于子群之间的关系密度(表 15-2),因此可信度更高。

表 15-2　关系密度

序号	1	2	3	4
1	78.592	2.885	2.720	3.028
2	2.885	64.340	0.100	0.045
3	2.720	0.100	58.727	0.132
4	3.028	0.045	0.132	58.397

综上,本案例得到如下集群:

第一,竞争情报、企业、企业管理、竞争对手、情报工作、情报信息、情报研究、情报系统、情报传递交流系统、美国、中华人民共和国、美利坚合众国、北美洲。

第二,情报服务、高校图书馆、竞争策略、图书馆、信息服务、危机预警、大数据、专利分析、技术创新、情报竞争力。

第三,竞争情报系统、知识管理、反竞争情报、商业秘密、应用、数据挖掘、竞争、情报、信息、情报搜集、网络。

第四,决策、人际网络、企业竞争情报系统、情报分析、战略管理、竞争力、市场经济、科学管理、人际情报网络、核心竞争力、竞争战略。

第十六章 定性比较分析方法

第一节 定性比较分析方法概述

一、定性比较分析方法的内涵与特征

定性比较分析(Qualitative Comparative Analysis,QCA)方法是一种案例导向型的研究途径,以集合和布尔代数等技术手段为基础,旨在融合定性和定量研究方法的优势,以实现将定性研究的操作规范化。QCA 方法是一种非对称的数据分析技术,它结合了具有丰富情境信息的定性方法,以及能够处理大量案例且比对称理论和工具更具普遍性的定量方法的逻辑和经验强度。这种结合定性和定量分析技术的方法,与传统基于方差并采用零假设显著性检验的定量分析方法有很大不同。

QCA 研究旨在将定性和定量方法的技术结合起来。定性归纳推理是指 QCA 通过"个案"而非"变量"分析数据,定量实证是指 QCA 通过统计方法确定导致结果的充分和必要条件。大多数情况下,QCA 服务于定量研究,以获得对数据的深入了解,但也具有定性分析的几个特征。个案研究侧重于描述、解释和预测单个条件与条件组合作为前因对结果的影响,而变量研究侧重于两个或两个以上变量方差的相似性。"条件"是前因或结果的一个点或区间范围,而"变量"的特征是变化的。这里有几个条件与变量的例子:"male"是一个条件,"gender"是一个变量。"swedish"是一个条件,"nationality"是一个变量。"expert"是一个条件,"expertise"是一个变量。

定性比较分析方法具有如下五个方面的特征:

第一,比较研究要基于案例的本质。每一个案例(作为整体)都是一个复杂的实体,研究者在分析时全程都要保持其作为案例的整体性,而每个案例当中的不同部分又是互相联系的,因此,对变量效应的评估应置于案例的整体背景之下。为了实践这一想法,案例被描绘成变量的组合。

第二,确保研究路径是"比较"。研究者可以通过比较案例结构、汇集类似案例,探索具有可比性案例的异同点。而能够做到这一点的分析工具就是真值表,该表以矩阵形式将所有具备逻辑可能性的因果关联条件的数据进行组合。通过将案例汇集在真值表内,研究者可以评估哪些案例体现了一致性的因果条件建构。

第三,用迭代法发展诠释性模型。定性比较分析法在解决数据矩阵转化为真值表时出现的(理论与论据间)矛盾的过程中所发挥的作用,主要是对遗漏的因果条件进行识别确认。因此,定性比较分析法中诠释模型的建立伴随着理论与论据间矛盾的一一解决。解决这一矛盾的过程,即导入或排除模型中的理论及实证性条件,直到该模型没有或仅有极少的矛

盾,这是建立诠释性模型用以分析研究的重要机制。

第四,定性比较分析法可以实现对多重因果关联组合的评估。首先,案例中各个条件的结合产生了现象,即结果;其次,条件的不同结合方式可能会带来相同的结果;最后,已有条件也许会因为研究情境的不同对结果产生不同影响。定性比较分析法提出了因果关系发生的"特定情境"概念,允许更多因果复杂性存在的情况同样表明,因果条件会根据不同的背景可能带来完全相反的结果。通过使用定性比较分析法,研究者不再一味地"确定某一个因果模型以最好地拟合数据,而是确定比较案例中不同因果模型的数量和特性"。为了达到这个目的,定性比较分析法还引入了数学中的必要和充分条件等工具。

第五,定性比较分析法使研究者可以自行决定案例的复杂程度。布尔代数使研究者可以确定简单的因果联系,即在案例分析中尽可能只结合最少的因果条件,从而达到更简约的目的,便于减少复杂性的分析步骤就是布尔代数,其中的关键步骤是布尔函数的最小化,将案例描述缩减到对数据因果关联的最短表述。

二、定性比较分析方法的应用场景

QCA 在许多研究领域越来越受欢迎,包括电子商务、社交媒体、信息系统、在线商业和营销、消费者心理学、战略和组织研究、教育、数据科学和学习分析。从研究效用来看,QCA 方法至少可用于以下五种不同的研究目的:

第一,进行数据统计。QCA 方法用更加精炼的方法呈现数据并且对实证内容进行更加具体综合性的描述,从中可以发现案例之间的相似之处;通过绘制真值表对案例进行综合式描述,也可用于数据合成以及类型学构建等目的。

第二,该方法可检验一系列给定案例中关于相关性或因果条件一致性的分析。通过发现所谓组态的"矛盾性"研究,使得研究者能够发现诠释性模型的异常,可以让理论更加一致、更加系统。

第三,该方法可以对现有理论进行评估。QCA 方法可以证实或证伪理论和假设。QCA 方法便可以为探究科学真理提供工具。因此,QCA 方法是理论检验中一项有效的工具。

第四,它可以用来评估研究者提出的新理念、方案或猜想。QCA 方法可证伪和可证实,并用于数据挖掘。

第五,它使新的理论得以细化完善。QCA 方法本身不会发展新的理论,但是 QCA 配合其手动矫正软件所生成的简化表达式,可以为研究者提供新的观点。例如,可对研究中不同案例进行深度检验,也可引导研究者对现有理论进一步扩展或完善,进而提出新理论。

三、定性比较分析方法的认识论基础

QCA 方法逻辑基础最初是由系统比较程序发展而来,其中的两个思想尤为重要:一致性思想和差异性思想。一致性思想指的是,如果被研究现象的两个或多个实例只有某一个共同情况,而且这个使得所有实例都表现出一致性的情况,就是这些现象的原因(或效果)。也就是说,在研究现象中,在众多的实例中,如果有一种共同的情况,使得所有实例都表现为一致性,那么这个情况便是这些现象的原因(或效果)。差异性思想指的是,如果被调查现象的一个实例在一个情况下发生而在另一个情况下没有发生,而且除此之外,其他都相同,那么这个使得两个被调查对象表现出来差异的唯一情况就是这些现象的结果、原因或是原因中不可或缺的一部分。也就是说,在研究现象中,两个截然不同的案例中,大部分条件都相同,唯独有一个条件不相同,那么这个让案例表现出差异的情况,便是这些现象的结果、原因或是原因中不可或缺的一部分。一致性思想和差异性思想都关注案例的系统匹配和比对,以此消除其他可能性来确立共同的因果关系。但是,两者都存在一定极端问题,因为它们都试图控制所有可能性和整体的环境来确定单一的共同原因。在此基础上,提出了"一致性和差异性的联合方法(差异的间接方法)":如果被研究现象发生的两个或是多个案例只有某一个共同情况,然而现象没有发生的两个或多个实例除了缺乏该共同情况,没有其他共同项,那么这个使两个集合的案例表现出差异的唯一情况就是这些现象的结果、原因或是现象不可获取的一部分。在排除虚无假设过程中,这种方法能够缩小找到真实假设的范围,而且,它至少可以让我们在一定程度上接近并发现某个现象的"发生条件",QCA 方法中就是要找到这些"发生条件"。

第一,组态思想。组态思想基于因果非对称原理,解释结果存在的条件(或条件组合)与导致相同结果不存在的条件(或条件组合)并非镜像对立的。例如,感知有用性高可能导致使用系统的意愿高,而感知有用性低可能不会导致使用意愿低。虽然这样的假设似乎很常见,但当我们使用相关性、回归时,变量间的关系通常是对称的(高感知有用性——高使用意愿;低感知有用性——低使用意愿)。在集合论的术语中,高感知有用的存在可能导致高使用意图(充分性)。然而,即使在高感知有用性不存在的情况下,高使用意图也很可能存在,这表明感知有用性的存在是高使用意图的充分不必要条件。此外,在不同的背景下,当存在其他条件(如高感知效益)时,高感知有用性可能是高使用意图的必要不充分条件。此外,有时仅在第三方条件存在或不存在,高感知有用性才可能导致高使用意图(例如,高或低/中感知易用性)。利用组态方式分析和处理数量有限的复杂案例,每一个案例都被认为是一系列属性所构成的复杂组合,人们在分析中不应该忽略或丢掉某个独特的整体。

第二,因果关系。QCA 方法关注"并发因果关系",意味着不同组合可能产生同样的结果。多重并发因果关系指的是:①最常见,多个相关条件的组合引起结果($ab{\rightarrow}y$);②多个不同的条件组合可能产生同样的结果($ab+cd{\rightarrow}y$,+表示布尔"逻辑或");③不同情境下,当特定结果出现时某个条件可能出现也可能不出现。换句话讲,不同的因果"路径"(每条路径相关但又相互区别)都可能引起相同的结果。多重指的是路径的数量,而"并发"则是意味着每条路径都是由不同条件的组合所构成的。多重并发因果关系具有等效性的概念,不同因果路径会引起相同的结果。在 QCA 方法看来,因果关系是依赖特定情境和组态的,因此QCA 方法否定任何形式的恒定因果关系。QCA 方法更趋向于关注因果关系的多样性。首先,可加性的假设被打破,过去"单个原因对结果有其各自的和独立的影响"的思想不成立,并且被"并非因果关系"的假设代替。其次,一个给定的原因组合可能并不是产生某个特定结果的唯一路径,其他组合可能也会产生同样的结果。再次,因果效应不再具有一致性。一个给定的组态可能并不是产生某个特定结果的唯一路径,其他组合可能也会产生同样的结果。最后,不再假设因果关系的对称性,而是假定原因的非对称性——某个结果的出现与否可能需要不同的"原因组合"来分别解释。

第三,简约性。在 QCA 方法中,不存在恒定不变的因果关系,因果效应的一致性假设被打破,分析单位不具备同质性,可加性假设被打破,不再假定因果关系的对称性,能够满足"简约性原则"的理论被研究者最终确定下来。QCA 方法力求得到人们所感兴趣现象的某种形式的简约性解释,而同时为其保留适当程度的因果复杂性。自然地,寻求因果规律,就意味着接受人类和社会现象确实存在可能的因果规律假设,在 QCA 方法中的两个关键规律被称为"必要性"和"充分性"。实际上,任何实证科学都要基于这两个基本假定,而其相反假定则不会驱使学者去寻求解释及其意义。

第四,必要性和充分性。以例子"民主国家的建立"来说明。条件一为有正规的差额选举;条件二为保障全面的公民自由;条件三为确保政策制定者对于军队领导的独立性。在这个例子中,有两个路径可以导致民主国家的出现:路径 1 为条件一和条件二;路径 2 为条件一和条件三。可以用下面的方式来表达:路径 1 是第一个能够产生研究结果(建立民主国家)的充分条件组合;路径 2 是第二个能够产生研究结果(建立民主国家)的充分条件组合。单独来看,上面两个路径都不是充要条件,但是有一个条件在两个路径中都出现了,因此我们可以说:条件一是结果的必要条件(因为结果发生时,这个条件总是出现)。但是,条件一并非充分条件,因为仅有条件一是无法推导出结果,必须结合条件二或条件三。

第五,复杂性。变量之间的关系是复杂、非线性的,突然的变化可以导致不同的结果。复杂性理论和组态理论的等效性原理指出了前因条件的多重组合具备同等的有效性。因为模糊集定性比较分析(fsQCA)基于模糊集合,该工具能够捕捉到:①解释结果的充分和必要条件;②本身不足以解释结果,但是可以解释结果的解的必要部分。这些条件可能在解中存在,也可能不存在,或者是我们"不关心"的条件。这种"不关心"的情况表明,结果可能存在,也可能不存在,而且它不会在特定的组态中发挥作用。必要和充分条件可以作为核心元素和边缘元素存在。核心元素与结果有强烈的因果关系,而边缘元素的因果关系较弱。因此,使用 fsQCA,研究人员可以确定哪些条件是不可缺少的(或不需要),以及哪些条件组合比其他条件更重要(或更不重要)。

第六,适度普适性。在研究过程中寻求"明确联系"或"特殊联系"也是非常重要的。在其中,"明确联系"用于形式化描述数据中可以观察的规律,这给进一步分析提供了契机,因为"明确联系"对解释本身给出深入剖析(描述事物背后的内在机制)。"明确联系"也具有预测作用。研究的普适性和稳健性在很大程度上依赖于研究者所采用的实证数据库的质量,需要研究人员辛苦工作、试错、提出新问题和持续测评。

第七,数据的可复制性和透明性。QCA 技术首先是将每个案例分解为一系列特征:一定数量的条件变量和结果变量。QCA 技术提供了形式化和可复制性的分析工具。形式化指的是 QCA 技术建立在一套独特的语言体系即布尔代数和集合论上。QCA 技术正是因为其形式化,可以转换为逻辑,而且形式的规则是固定的,因此它具有可复制性。简单而言,其他研究者可以用同样的方法来分析同样的数据库,得到同样的结果。透明性是 QCA 技术又一大特点。QCA 技术本身要求研究者回到原始案例中查看其丰富和独特的内容,"与案例对话"并结合选择,不断迭代,更加深入研究过程,研究过程中变量选择、处理、分析工具和分析过程干预等,都是"透明"的。

四、定性比较分析方法的应用局限性

有关 QCA 方法的可能性和局限性的学术争论主要集中于以下四个方面:

第一个争论围绕案例的敏感性进行。反对者认为,定性比较分析法对某些个案来说过于敏感,因为引入或排除一个案例都有可能改变分析结果。支持者则认为,该方法中通过增加一个新的案例就可能发现另外一种解释或因果关联,这恰恰体现了定性比较分析法的独有优势,即使新增的因果路径也并没有太多的解释力,但从理论上说可能非常重要。

第二个争论集中在二分变量的使用上。在很多社会科学概念中,二分变量都被认为是一种不够精确的度量。学界一般承认二分变量的局限性,但也强调清晰集的主要优点就是运用上的简洁明快。一些学者认为,在定性比较分析法中,对相关条件的选择要比其他分析方法更难,因为研究者往往局限于由布尔代数程序导致的为数不多的几个条件上。如果考虑 5 个条件,在真值表上就有 2^5 种组合方式;将条件数量增加到 8,则会产生 256 种可能的组合;继续将解释性条件增加到 12,相应就有 4096 种可能。这会带来一种情况,即分析缩减的可能性几乎为零,同时研究者会因为每个案例独一无二的事实而难以进行全面描述。以上批评虽然合理,却不是定性比较分析法独有的问题,因为其他研究方法同样存在这种限制。从理论的角度来看,以上评论并没有给出对包含多个相互作用项模型的解决方案。

第三个争论集中于比较研究路径的统计特性,以及它能否在分析中引入一个时间维度或时间序列变量。对该路径的批评主要关注以下两个问题:一是定性比较分析法缺乏纵向的分析视角,与传统截面数据分析相似。而当前对基于时间序列分析的偏好日渐增长,这也为宏观社会学和比较政治研究提供了更多的机遇。但许多定性比较分析方法的使用者认为这种批评并不公平,因为定性比较分析法中的条件测量也同样可以建立在时间序列数据基础上。因此,研究者可以通过操作使条件动态化,也就是说可以将时间维度直接引入条件。二是关于将时间序列条件引入分析存在的困难。正如在许多政治社会学领域中解释长期变化趋势时,变量的时间设置会决定最终结果,并且引入对因果条件进行排序的规则也非常重要。但使用条件排序的研究方法使以上问题能得到解决。

第四个争论是定性比较分析法假设的案例是否独立。定性比较分析假设各案例之间互不影响,但这一假设毫无疑问存在于所有变量导向型的分析法中,因此并不是定性比较分析法所独有的。这个问题的重要性很大程度上取决于研究的问题和调查的主题。如在政策扩散机制研究中,案例的互联性是非常重要的,而在其他情况下,又远没有这么重要。如果在理论上具备关联的话,那么有几种方法可以继续推进研究。在定性比较分析法研究框架内,研究者可以对与案例有内部互联性的条件予以考虑,而且,案例研究中的进一步跟进(如后续追踪等)会揭示案例之间的互联度。此外,可选择其他专门的方法论工具对定性比较分析方法进行补充,例如社会网络分析法等。

为了应对以上这些批评,定性比较分析方法也进行了几大创新改革。在有关变量测量方面,定性比较分析方法主要有两个改进:①将模糊集引入社会科学研究,并且挖掘其潜在的功能以研究必要和充分条件,其在社会科学研究领域获得了日渐增长的认同,并带来相应软件的发展。②为了促进定性比较分析法在应用领域的进一步发展,研究者还着重于条件的选择和模型的细化等,并解决了条件排序的问题。总之,定性比较分析方法已发展为可用于案例系统比较、应对因果复杂性问题及矩阵结构分析的系列方法。来自政治学不同分支学科的更多研究者开始使用定性比较分析方法,这也突出了该方法在反映多重因果关系方面的作用。

五、定性比较分析方法的主要类型

第一,清晰集定性比较分析(csQCA)。csQCA 是 QCA 的第一种类型,用于处理复杂的二进制数据集。QCA 的目标是解释现实生活中非线性、非可加性、非概率的"多重并发因果关系"的复杂现象。多重并发因果否定任何形式的永久因果关系,强调等效性(不同路径可以导致相同结果),条件和条件的复杂组合多样性。csQCA 的一个重要局限是二进制变量无法完全捕捉随级别或程度而变化的案例复杂性。

第二,多值集定性比较分析(mvQCA)。mvQCA 是 csQCA 的一个扩展,将变量看作是多值的而不是二分的。mvQCA 保留了对数据集进行综合的想法,结果变量由一种多变量组合的解来解释。

第三,模糊集定性比较分析(fsQCA)。fsQCA 通过将模糊集和模糊逻辑与 QCA 原理相结合解决了这一问题。当与复杂性理论一起应用时,fsQCA 有助于获得更深入和更丰富的数据洞察力,因此得到了越来越多的关注。

第二节　fsQCA 分析软件

一、fsQCA 和聚类分析

fsQCA 和数据聚类方法都是基于案例的技术。这两种技术有相似之处,因为它们都运用了多维空间。fsQCA 和聚类分析的一个主要区别在于它们能够解决的研究问题。具体来说,数据聚类分析可以回答"哪些案例彼此更相似"的问题,而 fsQCA 可以识别"构成给定结果的充分和/或必要条件的不同组态"。fsQCA 通过集合论操作解决了案例在多维空间中的定位问题,而数据聚类分析则依赖于几何距离度量和方差最小化。为此,先前研究比较了两种分析方法,并展示了 fsQCA 如何处理细致数据的因果复杂性。这两种方法适用于不同类型的研究。根据研究重点,研究者应该选择更合适的方法。

fsQCA 适用于理论构建、阐述和测试。研究人员可以基于理论或先前发现,探索影响给定结果的所有可能解或者测试特定的模型和关系。尽管如此,这两种方法都可以先识别所有可能的解,然后测试具体的命题。这种分析可以确定样本中的特定案例、验证特定主张的用户,并指出可以解释相同结果的其他替代模型。基于这些知识,研究人员可以回到案例中,使用情境信息来进一步解释和讨论这些发现。相比之下,基于方差的分析仅确定一个最优解,限制了结果。尽管如此,研究可以比较不同数据分析技术之间的发现,以描述隐藏在同一数据集中的不同故事,同时建议尽可能将 fsQCA 与其他数据分析技术结合起来。

二、fsQCA 的优势

与传统分析方法相比,fsQCA 有几个好处。fsQCA 使用定性和定量评估并计算案例隶属集合的程度,获取产生结果的充分条件组合,从而在定性和定量方法之间建立一座桥梁。fsQCA 使用校准步骤将不同类型的数据转换到[0,1]范围。校准在自然科学中很常见,但在社会科学中并不常见,它可以用来满足定性研究人员解释相关和无关的变化,以及定量研究人员在精确地将案例相对于另一个案例放置时的需求。

（1）fsQCA 侧重于感兴趣的结果和它的前因之间复杂和不对称的关系。例如,遵循行为科学范式,在典型的"IS/IT 采用(意图)"研究中,传统作为控制变量的变量(例如性别、经验),在 QCA 分析中可以成为解的一部分。一个结果可能由多种变量组合导致,每种组合对其都有独立贡献。此外,当我们试图设计一个考虑到"所有用户"(即有不同需求的用户)的系统时,我们需要让研究人员能够为多种类型的用户计算多个解,而非回归分析探索的唯一最佳解。

（2）fsQCA 适用于从非常小(<50 例)到非常大(数千例)样本的研究设计。样本大小为研究人员提供了不同选择。在小样本研究中,研究者可以回到个案并单独解释它们;而大样本的 QCA 设计能够识别大量案例中的普遍模式。此外,fsQCA 适用于不同类型的数据,只要研究人员能够将它们转换成模糊集。同时,fsQCA 可以与不需要转换成模糊集的分类变量(如性别)结合。在这种情况下,一些变量是二进制的(0/1),而另一些变量则具有[0,1]范围内的值。

（3）使用 fsQCA 进行数据分析,可以得到自变量的组合,其中也包括不具备显著性影响的变量。fsQCA 将样本分解为多个子集,从而检查多个条件组合。每个组态只代表样本的一个子集,而异常值只会出现在一些可能的解中。因此,fsQCA 对异常值不敏感,样本的代表性不会影响到所有的解,这使得它比应用程序开发工具 VBA 更稳健。在使用 fsQCA 之前对反向案例进行测试,并检查样本的分布情况,有助于确定异常值,并了解样本中有许多案例没有得到主要影响的解释。在现有研究中,通常缺乏反向案例分析。

（4）fsQCA 要求研究者对被检查的变量(条件和结果)、基础理论和背景都有准确的知识。这些知识应用于整个分析过程,包括:①数据校准(即将变量转化为模糊集合);②简化多重解;③解释结果。研究者应根据定性分析中典型的知识,在不同阶段作出决策。这个行动既是 fsQCA 的限制,也是它的强项。在引入主观偏见的同时,研究者自身对该领域和研究问题的认识和理解可以导致对数据更丰富的分析和理解。在传统的混合方法中,研究人员会采用定量研究(例如分析问卷、点击流、日志文件),然后采用定性分析(例如对关键参与者进行访谈),以获得对本质上难以捕捉的联系和模式的更丰富的理解。fsQCA 的目的不是测量每个变量对整体数据的独特贡献,而是确定复杂的解和自变量的组合。

（5）fsQCA 既可以用于分析定量数据,又可以将定性数据校准到模糊集。同时,QCA 也用于混合方法研究。

fsQCA 提供了一种分析当前数据集的新方法,将定量或定性数据集合在一起,拓宽了我们的方法论和数据分析。但在采用 fsQCA 时仍存在一些需要考虑的局限性。此外,在采用 QCA 时应考虑已经提出的一些最佳实践。值得注意的是,当涉及数据分析时,fsQCA 为研究人员提供了更大的灵活性,它可以用于探索性或验证性的目的,研究人员不应机械地使用它。在分析过程中应报告所有主观决定,以显示研究的有效性和可复制性。

三、fsQCA 软件的菜单与操作步骤

（1）fsQCA 软件不需要安装,主要包括 2 个区域 5 个分析菜单。

File(文件):用于打开和保存数据。

Variables(变量):增加、删除和计算,依次执行"Variables"→"Comput"→"Calibrate"菜

单项用于数据校准。

Cases(案例):增加和删除案例。

Analyze(分析):进行充分条件分析、必要条件分析、设置重合度、子集/超集分析、数字统计。

Graphs(曲线绘制):平面直角坐标系绘制散点图。

利用 fsQCA 软件进行分析的时候,应进行:①数据校准。将模型变量转换为模糊集,给原先的数据确定合适的隶属值(0,1)。②识别组态。筛选出支持度大于 0.5,并在案例中出现了足够次数,且可靠性高的组态。③获得解集。经过逻辑运算和基于知识经验的反事实分析得到复杂解、简单解和中间解。④解释和评估结果。划分出核心条件与边缘条件,计算三种覆盖度指标用以评估所得解和解集。

尽管许多使用 QCA 方法的文章没有遵循相同过程,并且使用了不同的软件,大多数管理研究学者使用 fsQCA 软件,并遵循相似的操作步骤(表 16-1)。

表 16-1　fsQCA 方法的关键步骤

fsQCA 步骤	步骤说明	要回答的关键问题
条件选择与模型构建	根据理论和经验知识指导挑选合适的条件来回答问题	·如何从许多可能的条件中进行选择? ·这些条件是如何相互作用并与结果联系在一起的?
案例选择	选择能够回答研究问题的案例,并收集数据	·多大的样本量是合适的? ·是否有既有正面结果又有负面结果的案例? ·这些案例是否具有足够的异质性?
校准	对原始数据进行校准以进行 QCA 分析	·根据数据类型,选择哪种校准方式是合适的? ·校准依据的理论知识和实践经验有哪些?
必要性分析	通过软件进行必要性分析,查看是否存在给定结果的必要条件	·是否有条件达到必要条件的标准? ·必要条件在理论和实践上有何意义?
组态分析	进行真值表完善和标准分析,得出 QCA 的解	·最小案例频数、一致性和 PRI 值的标准设定是否有据可依? ·反事实分析(如有)是如何做出的? ·如何充分解释组态结果?
稳健性检验	以多种方式测试研究结果的稳健性,观察子集关系、一致性和覆盖率的可能变化	·选择哪种稳健性检验的方法? ·结果会发生实质性的变化吗?

步骤 1:条件选择与模型构建。fsQCA 研究的第一步通常是建立理论上合理的组态模型,根据研究问题选择合适的条件与结果变量。fsQCA 强调基于理论或经验知识来确定与研究问题相关的条件。基于研究框架和理论视角选择条件是研究人员主要采用的方法。但要注意的是,主流的基于相关性的方法已经将理论构建引向独立的、可加性的和对称的因果关系,QCA 研究者需要从组态视角论证各条件对结果的联合影响。

构建组态模型要考虑的一个关键因素是条件数量。条件数量的确定既要考虑样本数量,也要考虑模型的简约性。首先,由于 k 个条件在理论上存在 $2k$ 种组合,过多的条件数量很容易导致组态个数超过观察案例个数,从而出现案例的"有限多样性"问题。先前研究建议小样本规模(10~40 个案例)的研究应将模型限制在 7 个前因条件之内。此外,即使大样本 QCA 研究避免了有限多样性问题,但条件数量过多可能会使研究结果的解释复杂化。

步骤 2:案例选择。条件选择和案例选择往往是同时甚至迭代进行的,两者没有固定的先后顺序之分。研究人员需要根据研究问题来选择相关的案例。QCA 最初是专门针对中小样本研究情境所开发的,这要求研究人员与案例数据建立更紧密、更密切的关系。使用小样本量的研究应遵循理论抽样原则,根据理论和案例的特点选择样本,以确保案例间具备足够的异质性用于比较。fsQCA 也可以处理数千个案例。使用大样本量的研究可以采用更传统的随机抽样策略或有目的的抽样方法,从而将研究情境扩展到更大的样本群体中。

步骤 3:条件与结果变量的校准。校准是指赋予案例的特定条件集合隶属度的过程,只有将原始案例数据校准为集合隶属分数后,才能进一步进行必要性与充分性的子集关系分析。按照集合形态的不同,QCA 应用主要分为 csQCA 和 fsQCA 两种类别(mvQCA 可看作 csQCA 的延伸版且应用较少)。其中,csQCA 将变量转换为 0 或 1 的二分变量;而 fsQCA 则允许取 0 或 1 之间的部分隶属分数,即评估条件在"完全隶属"与"完全不隶属"间的隶属程度。

对于模糊集校准,现有研究主要使用两种校准方法:一是间接校准法,研究人员利用他们的判断为每个条件分配多个介于 0 和 1 之间的值。二是直接校准法,研究人员基于理论和实践提出三个定性锚点:完全隶属、完全不隶属和交叉点,然后使用软件提供的算法进行校准。其中,直接校准法运用了统计模型,更凸显正式化,是最为常用的校准方法。要注意的是,锚点的选择应遵循合理性和透明性原则,研究人员可以参考现存的理论或提供理论依据,或参考外部样本进行经验论证,也可基于样本数据的频率分布选择锚点。

数据校准(直接校准法)实质是模型变量转换为模糊集的过程,其中直接校准就是确定模糊集的三个定性断点,间接校准就是根据定性评估且重新调整原始的测量值。两种校准方法都需要研究者的实质性的知识。主要包括将数据保存为 .csv 格式;利用 SPSS 软件计算各变量的锚点值;打开 fsQCA 软件,导入原始数据;主要利用"Variables"→"Compute"→"Calibrate"菜单项进行分析。

步骤 4:必要条件分析。在进行 QCA 的标准分析前,研究人员应检查是否有任何条件对结果来说是必要的。"必要条件"意味着该条件总在结果存在时出现,换言之,没有该条件,结果就无法产生。研究人员可使用软件提供的程序进行必要性分析,评估结果集合和条件集合的子集关系。通常认定必要条件需要达到 0.9 的一致性分数,并且具有足够的覆盖度。目前,在进一步的分析中保留必要条件已经成为研究者的共识。但要注意事先排除与必要条件不一致的逻辑余项假设进入最小化程序,从而避免必要条件被消除的风险。此外,区分条件的必要性和条件的普遍性也很重要,当一个条件出现在最终的每个构型中时,它可能看起来是必要的,但并不能从这些发现中推断出其必要性的存在。

必要条件通过"Analysis"→"Necessary Conditions"菜单项分析;"Outcome"主要用于选择结果变量;"Conditions"选择所有条件变量和 ~条件变量;一致性大于 0.9 记为必要条件;"Consistency"反映的不是案例间的相关性,而是特定条件导致结果发生的可靠性。

步骤 5:组态分析与结果解释。组态分析包含真值表完善和标准分析两个子步骤。首先,研究人员要设定相关的门槛值以初步筛选真值表行。第一个标准是确定最小案例频数以避免经验上琐碎的组态。在小样本研究中(例如,10~40个案例),研究人员可以考虑最小案例频数为1或2。大样本的研究应该考虑更高的案例频数,但要保留80%左右的原始案例数。第二个标准是确定一致性门槛值以确保组态的解释力度,现有研究指出一致性大于0.8是可接受的最低标准。第三个标准涉及主要蕴含项的值一致性,最佳实践建议将PRI保持在0.75以上,以避免"同时子集关系"的问题。

在保留满足三个分析标准的行之后进行标准分析,软件会输出三种类型解:复杂解、简约解和中间解。复杂解基于原始数据,不经过任何反事实分析,通常包含更多组态和前因条件。简约解经过了简单和困难反事实分析,组态和条件数量最少。中间解只考虑了简单的反事实分析,纳入符合理论方向预期和经验证据的逻辑余项。合理有据、复杂度适中的中间解通常是QCA研究中汇报和诠释的首选。

选择简单解和中间解构建真值表;根据中间解纵向列出每条路径的条件,用不同符号表示存在和不存在;放大核心条件和必要条件。其中,复杂解是对符合频数和一致性的组态(充分条件)求逻辑并集,运用逻辑运算(并/交)进行简化,组态数量多,复杂解往往也很多且元素多,难以解释。简单解利用在没有通过frequency验的组态求并集,可以看作是以最小条件数为特征的因果组合。简单解不被数据支持,因此一般不作为分析结果。中间解通过反事实分析从复杂解和简单解中获得,依赖研究者的知识和经验,受到主观性的影响。其中,先前知识形式是一个条件成立与否与结果的关系,不能与简单解矛盾。变量条件很少或者没有相关知识时,中间解常常与复杂解或简单解一样;变量条件较多时,中间解介于复杂解和简单解之间。这样就克服了简单解和复杂解的缺陷,既有可靠性,又便于解释。

解释分析结果的一种常用方法是使用中间解来确定导致结果的组态数量和这些组态的包含条件,然后利用简约解的结果来确定对给定组态较为重要的核心条件。出现在简约解中的条件被称为给定组态的核心条件,表明与所关注的结果之间存在很强的因果关系。出现在中间解但没有出现在简约解中的其余条件称为边缘条件,与结果之间因果关系较弱。

解释与评价首先要找出核心条件和边缘条件。核心条件指的是同时存在于简单解和中间解中,条件 A 和反条件 not A 都导致相应结果,这就是强因果关系。边缘条件指的是只存在于中间解,不存在于简单解中,条件 A 导致该结果,反条件 not A 不一定导致该结果。边缘条件并不是不重要,有些边缘条件也可能是必要条件。其次,计算覆盖率。覆盖率是案例对解集或各个解对结果支持度之和与结果隶属度之和的比例——定量分析效应量。总覆盖率反映结果多大程度上被整个解集决定,原覆盖率反应结果多大程度上被一个特定解所决定,净覆盖率反映一个"解"除去"其他解"的影响外,还有多大净影响力,实际上是判断各个组态的相对重要性。

步骤6:稳健性检验。检查分析结果的稳健性是QCA研究的关键步骤。QCA的稳健性检验包含多种方式,常用的方法是合理调整相关参数的设定,例如校准依据、最小案例频数和一致性门槛值,然后对调整后的数据再次进行分析,比较组态的变化以评估结果的可靠性。如果参数的调整没有导致组态的数量、组成部分以及一致性和覆盖度的实质性变化,那么可以认为分析结果是可靠的。

第三节　fsQCA 软件的应用

一、研究背景介绍

本例所基于的研究考察了在个性化电子商务环境中,认知和情感感知作为网上购物行为的前因。采用滚雪球抽样方法来招募参与者,样本包括 582 名具有网上购物和个性化服务经验的个人。通过问卷调查收集数据,列出构念的定义、测量以及描述性统计和负荷。在定量研究中,首先需要评估构念的信度和效度。构念的信效度,顾名思义是指构念本身,而不是用来检验构念间关系的分析方法,因而与 fsQCA 并没有直接关系,这一步是否需要执行还需视情况而定。

二、反向案例分析

反向案例分析是在 fsQCA 之外执行的,它可以简单而快速地检查样本中有多少案例未被主效应解释,不会被包含在典型的 VBA(基于方差的分析,如相关性或回归分析)的结果中。先前仅有少数研究进行了反向案例分析,许多使用 fsQCA 的研究没有汇报反向案例的测试。事实上,当检查两个变量之间的关系时,样本中的大多数情况都验证了主要关系(正向或负向)。然而,样本中某些案例似乎存在相反关系的情况。这种情况可以通过反向案例分析来确定,因为反向案例的发生与主效应的显著性无关。进行反向案例分析,首先需要分割样本,以调查被检验变量间的关系。为此,使用五分位数(将样本分成五个相等的组)来分割相同的结果。应该避免其他分割方法,如中位数分割,可能导致统计能力的降低,以及当变量相关时产生假结果。接下来对五分位数进行交叉表格处理,交叉表格能够计算变量之间的联系程度,表明两个变量之间的依赖关系,并描述了它们之间的主效应(图 16-1)。任意两个变量的处理结果是一个 5×5 的表,它显示了样本中两个变量之间所有情况的所有组合。左上角和右下角的案例代表主要主效应(如关联程度),而左下角和右上角的案例则不能用主效应来解释,后者即样本中存在的反向案例。

Count		Percentile group of intention_purchase					
		1	2	3	4	5	Total
Pencentile group of Msg_quality	1	62	29	10	5	3	109
	2	32	38	25	14	11	120
	3	25	20	28	26	15	114
	4	9	13	34	52	26	134
	5	5	8	9	43	40	105
Total		133	108	106	140	95	

		Value	Asymptotic Standard Error	Approximate T	Approximate Significance
Nominal by Nominal	Phi	.626			.000
	Cramer's V	.313			.000
Ordinal by Ordinal	Kendall stau-c	.464	.027	17.184	.000
	Gamma	.569	.032	17.184	.000
N of Valid Cases		582			
a.Not assuming the null hypothesis.					
b.Using the asymptotic standard error assuming the null hypothesis.					

图 16-1　信息质量和购买意愿的交叉列表和关联程度

三、数据校准

第一,数据处理。在 fsQCA 中最重要的一步是数据校准。大多数类型的数据都可以被使用。当一个变量或构念用多个题项进行测量时,我们需要为每个构念计算一个值,用作 fsQCA 中的输入。换句话说,对于数据集中的每个案例(行)、每个构念(列)都需要一个值。fsQCA 并不测试构念的信度和效度,因为信度和效度主要用于测量而不是分析方法。如果研究中使用的构念需要测试其信度和效度,那么这是在 fsQCA 分析之前进行的,遵循传统的方法,并且必须相应地报告。fsQCA 将数据从定序或区间尺度转换为目标集合中的隶属度,这显示了一个案例是否或在多大程度上属于特定的集合。一个模糊集隶属度给一个陈述赋予了一个真实值,而不是一个概率。例如,可将购买意愿变量编码为“高购买意愿”,我们将探究高购买意愿条件的存在或不存在(“购买意愿”是变量,“高购买意愿”是条件)。fsQCA 单独计算条件的存在或条件的对立面(否定)。条件的否定在文献中被称为条件的缺席。“缺席”这个术语也被用来描述当这种情况在组态中无关紧要的时候,类似于文献中经常使用的“不关心”。然而,两者是有区别的,研究人员在未来的工作中清楚地定义这些术语。

第二,将数据转换为模糊集。在 fsQCA 中,需要将案例的某一变量值校准为 0 ~ 1 的模糊集隶属度,从而成为一个集合。模糊隶属度为 1 说明该案例完全隶属于该集合(完全在集合中),而模糊隶属度为 0 说明该案例完全不隶属于该集合(完全在集合外)。模糊隶属度为 0.5,也称交叉点、中间点或最大模糊点,指一个案例既是模糊集的隶属又是非隶属。校准方法可分为直接和间接两种方式。在直接校准法中,研究人员需要精确地选择 3 个定性截断点,截断点定义了每个案例在模糊集中的隶属水平(完全隶属、中间点、完全不隶属)。在间接校准法(也叫赋值法)中,需要在定性评价的基础上对测量结果进行重新标定。研究人员可能会根据研究问题,以及研究人员对数据和基本理论的实质性知识,选择不同的校准方法。建议使用直接校准法,这种方法更为常见。此外,清楚地汇报阈值是如何选择的,有助于研究更严谨、可重复和验证。

第三,为直接校准法选择阈值。为了校准数据,可以选择 0.95、0.50、0.05 作为三个阈值(注意,这里是对应的模糊集隶属度,而非在软件中输入 0.95/0.50/0.05),把数据转换为 0 ~ 1 之间的值。我们不使用精确的 1 和 0 作为断点,因为对于概率对数而言,这两个隶属度分别对应于正无穷和负无穷。要查找数据集中与 0.95、0.50 和 0.05 相对应的值,通常使用百分位数。百分位数允许任何数据类型测量的校准,不管其原始值是多少。具体来说,可以在 SPSS 中使用“百分位数”函数(依次执行“频率”→“统计数据”→“百分位数”菜单项)计算 95%、50% 和 5% 的值,并使用这些值作为 fsQCA 软件中的三个阈值。尽管如此,阈值应当视情况改变或调整,研究人员不能机械地选择阈值。例如,如果数据不是正态分布的,而是倾斜的,那么完全隶属、中间点和完全不隶属的阈值可以分别设置为原始数据的 80%、50% 和 20%。在任何情况下,阈值的选择都应该得到合理的解释和相应的报告,并附上一个表格,列出与每个阈值相对应的原始值。

被广泛使用的李克特量表,有其独特的校准方式。先前研究表明,对于 7 点量表,可以用 6、4、2 作阈值。类似地,对于 5 点李克特量表,阈值可以为 4、3、2。图 16-2 所示的例子使用了 7 点李克特量表。我们注意到,对于大多数变量,百分位数给出的值与我们直接选择 6、4 和 2 给出的值相同。然而,并非所有变量都是这样。具体来说,弱负面情绪总体得分最低,95%、50%和5%分别是4.33、2.00和1.00。由于这是一个用7点李克特量表测量的构念,如果我们使用95%作为完全隶属,这意味着分数4.33或更高的用户完全隶属于集合。然而,这将是一个不准确的情况,因为4.33更接近于7点量表的中点。使用阈值6、4、2可以更准确地表示示例。

		Msg_Qual	Ben_Prsnl	Prsnl_Qual	Int_Purchase	Strong_Neg	Weak_Neg	Strong_Pos	Weak_Pos
N	Valid	582	582	582	582	582	582	582	582
	Missing	0	0	0	0	0	0	0	0
Percentiles	5	2.4286	2.6000	2.3333	2.0000	1.0000	1.0000	1.2000	1.0000
	50	4.4286	5.2000	4.6667	4.3333	2.4000	2.0000	3.8000	3.0000
	95	6.1429	6.6000	6.6667	6.6667	4.8000	4.3333	5.8000	5.5000

图 16-2　使用百分位数计算阈值

第四,在fsQCA软件中校准数据。一旦确定了阈值,我们就进入fsQCA软件(fsQCA3.0版本)中的数据校准。数据集文件需要使用"comma-separatedvalues"(.csv)格式。校准通过使用软件的"Compute"→"Calibrate"菜单项来执行,将待校准的变量和3个锚点(从最高值到最低值)作为输入。在fsQCA中,恰好在0.5隶属度的案例被从分析中删除。为了克服这个问题,建议在隶属度为1以下的前因条件中加入0.001的常数,也有改为0.499。校准后,数据集包括每个变量的两个版本(图16-3)。下一步运行模糊集算法和真值表的生成。

Mmg_qual	ben_pran1	Prsnl_qual	int_pur chase	Stron g_ne g	Wea k_ne g	Strong _pos	Wea k_p os	Msg_ Qual_ c	ben_ Pesnl_ c	Prsn_ qual _c	int_p urch ase_ c	wea k neg _c	wea k pose _c	Stro ng_ neg _c	Stron g_pos e_c
6.428	6.6		4.333	0.5	3.167	0.5	2	0.97	0.98	0.95	0.62	0.22	0.05	0.5	0.5
4.857	5.8	4.66 7	4.667	0.05	2.167	0.71	4.75	0.78	0.94	0.73	0.73	0.06	0.75	0.05	0.71
5	4.6	4	5	0.01	1	0.04	1.5	0.82	0.71	0.5	0.82	0.01	0.02	0.01	0.0
3.428	2.6	7	4	0.5	5	0.5	4	0.3	0.11	0.99	0.5	0.82	0.5	0.5	0.5
6.142	6.4	6	5.667	0.02	1167	0.94		0.96	0.97	0.95	0.92	0.01	0.95	0.02	0.9
3.428	4.8	2.33 3	3	0.11	1.167	0.03	15	0.3	0.77	0.08	0.18	0.01	0.02	0.11	0.03
5.428	5.4	5.66 7	5.333	0.08	1.833	0.89	5	0.89	0.89	0.92	0.88	0.04	0.82	0.08	0.89
4.571	5.4	5.33 3	4.667	0.14	2.667	0.71	3.75	0.89	0.89	0.73	0.73	0.14	0.41	0.14	0.71
4.571	6.6	5.33 3	5.667	0.14	2.167	0.95	6.25	0.7	0.98	0.88	0.92	0.06	0.97	0.14	0.95
5.571	5.2	4	2.333	0.02	1.5	0.08	1.25	0.91	0.86	0.5	0.02	0.02	0.08	0.02	0.08
3.714		4	4.333	0.43	1667	0.04	1	0.39	0.5	0.5	0.6	0.03	0.43	0.0	
4.571	3.6	4.66 7	3.667	0.02	1	0.02	1	0.7	0.35	0.73	0.38	0.01	1	0.02	0.02
4.571	5.6	3.33 3	5	0.43	3	0.5	3.5	0.7	0.92	0.27	0.82	0.18	0.32	0.43	0.5
5	5	5	5	0.02	1.333	0.02	1	0.82	0.82	0.82	0.82	0.02	0.02	0.02	0.02
6	7	7	7	0.11	2.333	0.18	4	0.95	0.99p	0.99	0.99	0.08	0.5	0.11	0.18
4.142	5.8	4	4	0.03	1	0.57	3	0.55	0.94	0.5	0.5	0.01	0.18	0.03	0.5
3.857	5.4	4.33 3	4.667	0.08	1833	0.5	2.5	0.45	0.89	0.62	0.73	0.04	0.1	0.08	0.5
5.428	5.2	5	5.667	0.18	2.833	0.43	3	0.89	0.86	0.82	0.92	0.15	0.18	0.18	0.43

图 16-3　校准后的数据集

选择软件菜单项"Analyze"中的"Truth Table Algorithm"程序。选择要分析的变量（图16-4）。具体来说,前因条件是自变量,结果是因变量。研究者可以选择计算结果的存在或不存在。点击"OK"按钮,fsQCA生成真值表。

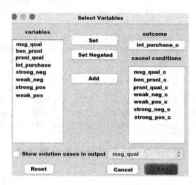

图 16-4　为 fsQCA 选择变量和结果

真值表计算可能发生的所有可能的组态或组合,一共有 2^k 行(k 代表前因条件的数量),每一行代表每一种可能的组合。所有真值表行都包含案例频数(每个可能组合的观测案例数目)。有几行的频数为零,意味着不能解释样本中的任何案例。随着分析中变量数量的增加,可能的组态数量呈指数增长,因而变量越多,频数为零的真值表行越多。因此,在分析中包括更多的变量可能会受益于更大的样本容量,这在典型的定量分析中是常见的。接下来,真值表需要按照频数和一致性进行筛选。由于频数描述了所在组态覆盖的样本数量,为了确保获得用于评估关系的最小个案数,需要设置频数阈值(列数)(图 16-5)。更高的频数阈值意味着每个组态包含更多的案例,但是结果会降低覆盖样本的百分比(覆盖度)。另一方面,较低的频数阈值增加了样本的覆盖度,但会包含一些琐碎组态。对于大于 150 例的样本,频数阈值可设置为 3(或更高),而对于较小的样本,频数阈值可设置为 2。本文样本是 582,频数设置为 3,并且所有频数较小的组合都从进一步分析中剔除。

msg_q ual_c	ben_prs nl_c	prsnl_qu al_c	weak_n eg_c	weak_po s_c	strong_ neg_c	strong _pos_c	number	int_purc hase_c	raw consist.	PRI consist
1	1	1	0	0	0	0	99(26%)		0.9105	0.8234
1	1	1	0	1	0	1	65(43%)		0.9652	0.9344
0		0	0	0	0	0	39(53%)		0.6956	0.1517
1	1	1	0	0	0	1	28(61%)		0.9584	0.9017
1	1	0	0	0	0	0	15(65%)		0.8945	0.6550
1	1	1	1	1	1	1	15(69%)		0.9592	0.8769
0	1	1	0	0	0	0	14(72%)		0.8824	0.5896
0	0	1	0	0	0	0	10(75%)		0.8391	0.3146
0	1	1	0	1	0	1	8(77%)		0.9687	0.8878
0	0	0	0	1	0	0	6(79%)		0.7813	0.1051
0	0	0	0	1	0	1	6(80%)		0.8596	0.2970
1	1	1	0	0	0	0	4(82%)		0.8629	0.3281
1	0	1	0	0	0	0	4(83%)		0.8861	0.4515
0	0	1	0	1	0	0	2(92%)		0.9664	0.8402
1	0	0	0	0	1	0	2(93%)		0.9041	0.4682
1	1	1	0	0	1	0	2(93%)		0.9372	0.7410

图 16-5　fsQCA 的真值表

　　筛选频数后,应该设置一致性阈值,最小推荐值为 0.75。选择一致性阈值的第一个依据是确定已经获得的一致性中的自然断点,但这并不是绝对的。在图 16-6 中,我们注意到最低一致性为 0.862958,0.859605,0.839190,0.781378,0.695669。这些值表明,0.781378 和 0.839190 可能是截断点和潜在的频数阈值。因此,研究者需要决定哪一个是适当的阈值,并证明这一选择。为了帮助研究人员,fsQCA 软件计算了 PRI 一致性,它代表"不一致性的比例减少",是社会研究中子集关系一致性的替代测量,仅与模糊集相关。PRI 被用来避免结果和结果否定中组态的同时子集关系。PRI 一致性分数应该接近原始的一致性分数(如 0.7),而 PRI 分数低于 0.5 的组态表明明显的不一致性。因此,本文考虑了 PRI 一致性阈值。

msg_qual_c	ben_prsnl_c	prsnl_qual_c	weak_neg_c	weak_pos_c	strong_neg_c	strong_pos_c	number	int_purchase_c	raw consist	PRI consist
1	1	1	0	1	0	0	4	1	0.9704	0.9091
0	1	1	0	1	0	1	8	1	0.9687	0.8878
1	1	1	0	1	0	1	65	1	0.9652	0.9344
1	1	1	1	1	1	1	15	1	0.9592	0.8769
1	1	1	0	0	0	1	28	1	0.9584	0.9017
1	1	1	0	0	1	1	4	1	0.9571	0.8188
0	1	1	0	0	0	1	3	1	0.9495	0.7866
1	0	0	0	0	0	0	4	0	0.8629	0.3281
0	0	0	0	1	0	1	6	0	0.8596	0.2970
0	0	1	0	0	0	0	10	0	0.8391	0.3146
0	0	0	0	0	1	0	6	0	0.7813	0.1051
0	0	0	0	0	0	0	39	0	0.6956	0.1517

图 16-6　基于原始一致性的 fsQCA 排序真值表(去除低频率的组合)

　　最后,fsQCA 软件计算 SYM 一致性(对称一致性),这是为模糊集开发的,当研究人员检查结果的存在和否定并希望使用相同的一致性标准进行分析时可以使用。一般来说,大多数论文在分析中都没有呈现真值表,但呈现真值表可以增加研究结果的效度,并加强过程的严格性。应该注意的是,低一致性阈值会导致识别更多的必要条件,减少第二类错误,但会增加第一类错误,反之亦然。

　　处理真值表的最后一步是确定每个组合是否解释了结果。研究人员须在结果变量的列中插入 1 或 0 的值。选择 1 或 0 可以决定一个组合是否能够解释结果。一旦完成,研究人员可以(通过标准化分析)继续获得解。接下来,研究人员需要决定一个单独自变量是否应该在所选择的组态中存在或缺席(图 16-7,这一步即反事实分析),有助于中间解。除非另有需要(如基于理论或文献),建议选择"Present or Absent",以获得所有可能的组态。

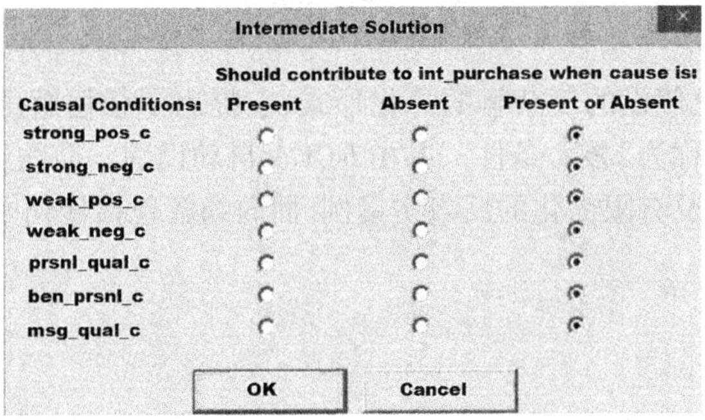

图 16-7　将中间解的因果条件设置为存在或不存在

四、获得组态/解

　　fsQCA 计算出三种解,即复杂解、简约解和中间解。在这里,"解"指的是一个由大量案例支持的组态组合,其中的规则"组合导致结果"是一致的。复杂解基于传统的逻辑运算提出了所有可能的组合条件(图16-8)。一般来说,由于确定的组态数量可能非常大,复杂解数量可能非常大,使得解的解释相当困难,在大多数情况下不切实际。由于这个原因,复杂解将进一步简化为简约解和中间解。

```
************************
*TRUTH TABLE ANALYSIS*
************************
File:
Model: int_purchase_c = f(msg_qual_c, ben_prsnl_c, prsnl_qual_c, weak_neg_c, weak_pos_c, strong_neg_c,
strong_pos_c)
Row: 23
Algorithm: Quine-McCluskey
     True: 1
---COPLEX SOLUTION---
frequency cutoff: 3.00000
consistency cutoff: 0.863937

  Raw        unique
  Coverage   overage     consistency
  0.535961   0.051378    0.837382
  0.261382   0.018454    0.932077
  0.690433   0.052226    0.917665
  0.471245   0.002911    0.895735
  0.161339   0.007461    0.877363
  0.337572   0.005172    0.956365
  0.337968   0.007178    0.950712
  0.118073   0.004663    0.863937
  0.133644   0.023597    0.959229

ben_prsnl_c*~weak_neg_c*~weak_pos_c*~strong_neg_c*~strong_pos_c
~msg_qual_c*prsnl_qrual_c*~weak_neg_c*~strong_neg_c*strong_pos_c
msg_qual_c*ben_prsnl_c*prsnl_qual_c*~weak_neg_c*-strong_neg_c
msg_qual_c*prsnl_qual_c*~weak_neg_c*~weak_pos_c*~strong_neg_c*~strong_pos_c
~msg_qual_c*prsnl_qrual_c*~weak_neg_c*~weak_pos_c*strong_neg_c*~strong_pos_c
msg_qual_c*ben_prsnl_c*prsnl_qual_c*~weak_neg_c*~weak_pos_c*strong_pos_c
msg_qual_c*ben_prsnl_c*~weak_neg_c*~weak_pos_c*~strong_neg_c*strong_pos_c
~msg_qual_c*~ben_prsnl_c*~prsnl_qual_c*~weak_neg_c*weak_pos_c*~strong_neg_c*strong_pos_c
msg_qual_c*ben_prsnl_c*prsnl_qual_c*weak_neg_c*weak_pos_c*strong_neg_c*strong_pos_c
solution coverage: 0.840553
solution consistency: 0.840435
```

图 16-8　复杂解

　　简约解是基于简化假设的复杂解的简化形式,它提出了任何解都不能忽略的最重要条件(图16-9)。这些被称为"核心条件",并由 fsQCA 自动识别。简约解和复杂解的主要区别在于,复杂解排除了涉及有限简化的反事实案例,而简约解包括任何可以促成逻辑上更简单的解的反事实组合。

```
************************
*TRUTH TABLE ANALYSIS*
************************
File:
Model: int_purchase_c = f(msg_qual_c, ben_prsnl_c, prsnl_qual_c, weak_neg_c, weak_pos_c, strong_neg_c,
strong_pos_c)
Row: 23
Algorithm: Quine-McCluskey
      True: 1-L
--- PARSIMONIOUS SOLUTION ---
frequency cutoff: 3.00000
consistency cutoff: 0.863937
ben_prsnl_c                         Raw          unique
weak_pos_c*~strong_pos_c            Coverage     overage      consistency
msg_qual_c*prsnl_qual_c             0.924911     0.117819     0.794118
prsnl_qual_c*strong_neg_c           0.234760     0.004494     0.887975
prsnl_qual_c*strong_pos_c           0.765295     0.004833     0.896600
solution coverage: 0.95859          0.258556     0.004154     0.871499
solution consistency: 0.773678      0.550176     0.008337     0.922086
```

图 16-9　简约解

最后,在对复杂而简单的解进行反事实分析时,只包括理论上可信的反事实,从而得到中间解。中间解使用那些用来计算简约解的简化假设的子集,它应该与理论和经验知识一致。基于先前知识,研究人员可以选择每一个的变量是否应视为仅存在,仅缺席,或二者兼有。默认情况下,推荐计算"Present or Absent"。关于每个前因条件和结果之间联系的任何决定都需要基于理论或实质性知识。

中间解是复杂解的一部分,并包含了简约解。同时出现在简约解和中间解中的为核心条件,但在简约解被消除并且只出现在中间解中的条件被称为"边缘条件"。换句话说,由于中间解同时提供了核心和边缘条件,而边缘条件从简约解中去除,因此确定核心条件的一个简单方法是检查简约解,因为它不包括边缘条件。通常情况下,我们可能会遇到在一个给定的案例中同时出现多个核心条件的情况。假设,我们有一个"A+BC+BD"的简约解和一个"ACD+BCE+ABF+ABCDF"的中间解,我们报告"ACD+BCE+ABF+ABCDF",用粗体字表示核心条件。

此外,简约解通常比中间解小。然而,它们可能完全相同,这意味着除了简约解之外,没有任何细化是有用的。如果选择"Present or Absent",复杂解和中间解就会完全一致,即本例中的情况。比较图 16-9、图 16-10,我们看到中间解比简约解的一致性更高。

五、结果解释和呈现解

为了改善研究结果的表现形式,将 fsQCA 输出的解(图 16-9,图 16-10)转换为一个更容易阅读的表格(图 16-11)。通常,条件的存在用一个黑色的圆圈(●)表示,缺席/否定用一个划叉的圆圈(⊗)表示,"donotcare"条件用一个空格表示。核心和边缘分别使用大圆和小圆以示区别。研究人员需要呈现整体的解的一致性和整体解的覆盖度。整体覆盖度描述了结果在多大程度上可以通过所有组态得到解释,类似于回归方法的 R^2。在本例中,结果显示整个解的覆盖度为 0.84,这表明结果的很大一部分被 9 个解覆盖。整体解的覆盖度与样本量以及数据情况有关,并无推荐标准,有些研究甚至很低,例如 0.18,0.10 等。

　　fsQCA 的调查结果可做如下阐述。对于高购买意向的出现,解 1 ~ 3 反映了认知和情感知觉的存在与缺失组合。个性化品质和强烈的积极情绪是核心构念,说明这些因素的重要性。具体而言,高质量的个性化与对个性化服务的强烈积极情绪的结合,以及消息质量和两种类型的消极情绪的缺失,导致了高购买意愿,无论个性化的好处和弱积极情绪的水平如何(解 1)。为此,当所有的认知知觉都存在时,为了达到高购买意愿,它们可能与(i)强烈的积极情绪、弱积极和弱消极情绪的缺席相结合,无论强消极情绪水平如何(解 2),或(ii)与所有类型的情绪相结合(解 3),或(iii)消极情绪的缺席相结合,无论积极情绪水平如何(解 4)。在所有情绪缺席的情况下,高购买意愿可以通过高度的个性化和信息质量来实现,无论其好处如何(解 5),或者仅仅通过高个性化好处实现,无论其质量如何(解 7)。解 6 结合了个性化质量和强负面情绪,以及消息质量和其他情绪的缺失。个性化收益在这个解中只起到边缘作用。另一方面,在解 8 中,利益是与信息质量相结合的一个重要(核心)因素,仅有积极情绪的存在(消极情绪的缺失)会导致高购买意愿。最后,同样结果(高购买意愿)也可以通过弱积极情绪的出现,以及所有其他情绪和所有认知知觉的缺失来实现(解 9)。

```
************************
*TRUTH TABLE ANALYSIS*
************************
File:
Model: int_purchase_c = f(strong_neg_c, strong_pos_c,msg_qual_c, weak_neg_c, weak_pos_c, prsnl_qual_c,
ben_prsnl_c, msg_qual_c)
Row: 22
Algorithm: Quine-McCluskey
        True: 1
    0 Matrix: 0L
Don't Care:
---INTERMEDIATE SOLUTION---
frequency cutoff: 3.00000
consistency cutoff: 0.863937
Assumptions:
~strong_pos_c*~strong_neg_c*~weak_pos_c*~weak_neg_c*ben_prsnl_c
strong_pos_c*~strong_neg_c*~weak_neg_c*prsnl_qual_c*~msg_qual_c
~strong_neg_c*~weak_neg_c*prsnl_qual_c*ben_prsnl_c*msg_qual_c
~strong_pos_c*strong_neg_c*~weak_pos_c*~weak_neg_c*prsnl_qual_c*~msg_qual_c
~strong_pos_c*~strong_neg_c*~weak_pos_c*~weak_neg_c*prsnl_qual_c*msg_qual_c
strong_pos_c*~strong_neg_c*weak_pos_c*~weak_neg_c*ben_prsnl_c*msg_qual_c
strong_pos_c*~weak_pos_c*~weak_neg_c*prsnl_qual_c*ben_prsnl_c*msg_qual_c
~strong_pos_c*~strong_neg_c*weak_pos_c*~weak_neg_c*~prsnl__qual_c*~ben_prsnl_c*~msg_qrual_c
strong_pos_c*strong_neg_c*weak_pos_c*weak_neg_c*prsnl_qual_c*ben_prsnl_c*msg_qual_c
solution coverage:0.840553|
solution consistency:0.840435

    Raw         unique
    Coverage    overage     consistency
    0.535961    0.051378    0.837382
    0.261382    0.018454    0.932077
    0.690433    0.052226    0.917665
    0.161339    0.007461    0.877363
    0.471245    0.002911    0.895735
    0.337968    0.007178    0.950712
    0.337572    0.005172    0.956365
    0.118073    0.004663    0.863937
    0.133644    0.023597    0.959229
```

图 16-10　中间解

	Solution								
Configuration	1	2	3	4	5	6	7	8	9
Cognitive Perceptions									
Quality of Personalization	●	●	●	●	●	●			⊗
Message Quality	⊗	•	•	●	●	⊗		•	⊗
Benefits of Personalization		●	●	●			●	●	⊗
Affective Perceptions									
Strongly Positive	●	●	●		⊗	⊗	⊗	•	⊗
Weakly Positive		⊗	•		⊗	⊗	⊗	•	●
Strongly Negative	⊗		●	⊗	⊗	●	⊗	⊗	⊗
Weakly Negative	⊗	⊗	•	⊗	⊗	⊗	⊗	⊗	⊗
Consistency	0.932	0.956	0.959	0.918	0.896	0.877	0.837	0.950	0.863
Raw Coverage	0.261	0.337	0.133	0.690	0.471	0.161	0.535	0.337	0.118
Unique Coverage	0.018	0.005	0.023	0.052	0.002	0.007	0.051	0.007	0.004

Overall solution consistency	0.841
Overall solution coverage	0.840

Note: Black circles(●indicate the presence of a condition, and circles with "x" (⊗) indicate its. absence. Large circle; ● core condition, Small circle; peripheral condition, Blank space; "don't care" condition.

图 16-11　fsQCA 输出的解

六、总结

　　研究问题和研究目标决定了分析问题和分析方法的选择,各种各样的限制可能会影响这些选择,例如样本大小限制、工具的可用性,以及学者对特定工具和方法的知识。方法论定义了如何研究一个现象以及如何看待它。虽然定量和定性方法各有优缺点,但是采用混合方法可以更深入地了解数据集,扩展所研究的现象。fsQCA 是一个将定量和定性方法结合在一起的分析工具,将大多数缺口中存在的定量和定性场域连接起来。fsQCA 不是所有问题的解决方案,而且并不总是合适的,不应该机械地盲目使用。作者应该证明使用 fsQCA 的原因,并始终遵循建议的阈值和指导方针,以便提供有意义的和有效的结果。

第十七章　结构方程模型分析方法

第一节　结构方程模型概述

一、结构方程模型的概念与功能

结构方程模型是在已有的因果理论基础上,用与之相应的线性方程系统表示因果理论的一种统计分析技术。主要目的在于考验潜变量与外显变量(manifest variable,又称观测变量)的关系,此种关系犹如古典测验理论中真分数(truescore)与实得分数的关系。它结合了因素分析与路径分析,包含测量与结构模式,探索事物间因果关系并将这种关系用因果模型、路径图等表述。

结构方程模型早期称为线性结构方程模型,也称为共变量结构分析模型。一般来说,结构方程由测量和潜变量两部分组成。测量部分求出观测指标与潜变量之间的关系,潜变量部分求出潜变量与潜变量之间的关系。结构方程模型主要是应用线性方程表示观测变量与潜变量之间,以及潜变量彼此之间关系的一种多元统计方法,其实质是一种广义的一般线性模型。对应地,结构方程模型包括两个部分,分别为测量模型与结构模型。测量模型又称验证性因子分析,负责描述观测变量与潜变量之间的关系。结构模型又称因果模型,负责描述潜变量之间的因果关系。

箭头是由潜变量指向观测变量的,因为观测变量是受潜变量影响的。图 17-1 的框中为测量模型,图 17-2 的框中所示为结构模型。

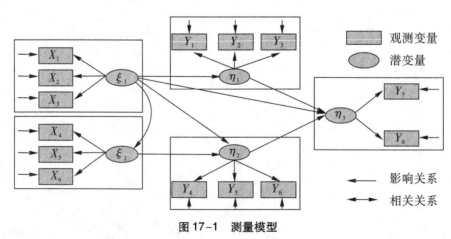

图 17-1　测量模型

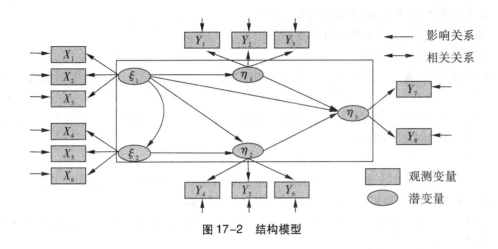

图 17-2 结构模型

建构结构方程模型时,需要清晰地说明变量间的因果联系,即通过路径图的方程模型,对变量间假定的因果联系予以描述。但模型的建立必须以正确的理论为基础,如果某一路径缺乏理论依据,则它无法正确解释变量间的因果联系。通常可以用代表因果理论的线性方程系统表示理论上的模型。从概念理论到统计模型的过渡中可形成假设,如,有关观察指标与潜在变量关系的假设,有关潜在变量因果关系的方向及属性的假设。模型形成的重要阶段是判定模型能否被识别。要能识别某个模型,就需要说明线性方程的各个系统参数。首先,把统计模型与观察数据相拟合。根据研究者的需要,可选用适当的拟合指标以考察模型与数据的拟合程度。对于一个模型,只要它满足模型识别的基本条件,就可以对该模型与数据的拟合度进行检验。其次,要讨论模型的现实可能性,并进行参数估计。

之所以利用结构方程模型来解决问题,原因在于很多政治、社会、经济、文化、心理研究中所涉及的变量都不能准确、直接地测量,这种变量称为潜变量,如工作自主权、工作满意度等。这时,只能退而求其次,用一些外显指标,去间接测量这些潜变量。如用工作方式选择、工作目标调整作为工作自主权(潜变量)的指标,以工作兴趣、工作乐趣、工作厌恶程度(外显指标)作为工作满意度的指标。传统的统计分析方法不能妥善处理这些潜变量,而结构方程模型则能同时处理潜变量及其指标。

显变量:显变量有多种称呼,如"观察变量""测量变量""显性变量""观测变量"等。从这些称呼中可以看到,显变量的主要含义就是能够观测到的变量,实际测量的内容。在 Amos 中,显变量使用长方形表示。

潜变量:潜变量也叫潜在变量,是无法直接测量的抽象概念,但是可以通过多个题目进行表示的变量,即由测量变量推估出来的变量。在 Amos 中,潜变量使用椭圆表示。在使用的过程中,通过这样的方式区分显变量和潜变量:在数据文件中有具体值的变量就是显变量,没有具体值但可通过多个题目表示的则是潜变量。

内生变量:模型总会受到任何一个其他变量影响的变量(因变量;内源变量路径图会受到任何一个其他变量以单箭头指涉的变量)。

外生变量:模型中不受任何其他变量影响但影响其他变量的变量(自变量;外源变量路径图中会指向任何一个其他变量,但不受任何变量以单箭头指涉的变量)。

内生潜在变量:潜变量作为内生变量。

外生观测变量:外生潜在变量的观测变量。

外生潜在变量:潜变量作为外生变量。

内生观测变量:内生潜在变量的观测变量。

中介变量:刺激与反应之间存在着一系列不能被直接观察到的,但可以根据引起行为的先行条件及最终的行为结果本身推断出来的中介因素,这便是中介变量。中介变量是自变量对因变量发生影响的中介,是自变量对因变量产生影响的实质性的、内在的原因,强调注重有机体内部因素在行为中的作用。

中介潜变量:潜变量作为中介变量。

中介观测变量:中介潜在变量的观测变量。当内生变量同时做因变量和自变量时,表示该变量不仅被其他变量影响,还可能对其他变量产生影响。

调节变量:如果变量 Y 与变量 X 的关系是变量 M 的函数,Y 与 X 的关系受到第三个变量 M 的影响,M 就是调节变量。

控制变量:除自变量之外,一切能使因变量发生变化的变量都叫控制变量。这类变量应该加以控制。如果不加控制,它也会造成因变量的变化,即自变量和一些未加控制的因素共同造成了因变量的变化,形成自变量的混淆。

误差变量:误差变量是不具有实际测量的变量,但必不可少。在调查中,显变量不可能百分之百的解释潜变量,总会存在误差,这反映在结构方程模型中就是误差变量,每一个显变量都会有误差变量。在 Amos 中,误差变量使用圆形进行表示(与潜变量类似)。

拟合度:也叫适合度、配合度,是结构方程模型中最重要的指标。拟合度指标是假设的理论模型与实际数据的一致性程度,模型拟合度越高,代表理论模型与实际数据的吻合程度越高,需要参考拟合度指标。

路径系数:路径系数等同于回归分析中的回归系数,用于说明模型当中元素之间的关系。回归系数>0 则说明两个元素呈正向关联,值越大则说明关联程度越强。除路径系数外,一般还会给出路径系数检验的 P 值用于判断该路径系数是否显著,还会针对每个元素给出回归分析的 R^2 值,来说明元素整体被其他元素的解释程度。

二、结构方程的原理

结构方程的本质是联立线性方程组求解,但是它没有很严格的假设限定条件,同时允许自变量和因变量存在测量误差。

如图 17-3 所示,结构方程式由外源潜变量、内源潜变量和变量之间的关系系数组成,与潜变量相连的箭头方向都向外的变量是外源潜变量,与潜变量相连的箭头方向有内有外的变量是内源潜变量。外源潜变量的估测由测量模型完成,外源观测变量由外源潜变量和外源潜变量残差测量而得。同理,内源潜变量的估测也由测量模型完成,包括内源潜变量、内源潜变量残差,其中内源潜变量可以由外源观测变量和外源潜变量残差测量而得(只有内源观测变量有残差,外源观测变量没有)。简单来说,结构方程式模型分为可测量变量及潜变量两部分。用方程表示这两个部分,即内源潜变量与外源潜变量间的关系、可测量变量与潜变量之间的关系。

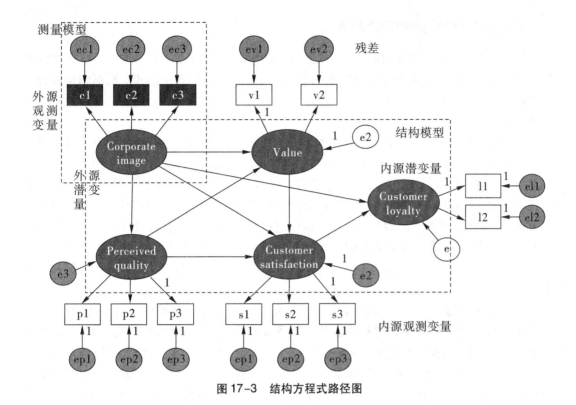

图 17-3　结构方程式路径图

（1）内源潜变量与外源潜变量间的关系。

$$\eta = \beta\eta + \Gamma\xi + \zeta$$

式中，η 为内源潜变量；ξ 为外源（自变）潜变量；β 为内源潜变量间的关系；Γ 为外源变量对内源变量的影响；ζ 为模式内未能解释部分（即模式内所包含的变量及变量间关系所未能解释部分，用误差变量表示）。

（2）可测量变量与潜变量之间的关系（测量模型部分）。

$$X = \Lambda x\xi + \delta$$
$$Y = \Lambda y\eta + \varepsilon$$

式中，X、Y 是外源及内源指标；δ、ε 是 X、Y 测量上的误差；Λx 是 X 指标与 ξ 潜变量的关系；Λy 是 Y 指标与 η 潜变量的关系。

　　从模型的形式上看，内源潜变量与外源潜变量间的关系部分的结构方程模型与多元回归、路径分析相似；可测量变量与潜变量之间的关系部分的结构方程模型与因子分析方法相似。因此，可以说，多元回归、路径分析和因子分析方法都是结构方程式的一种特例。对比结构方程式与多元回归、路径分析和因子分析方法，我们可以看出，结构方程式模型的一些特点在解决社会科学研究方面具有比多元回归、路径分析、计量经济学中的联立方程组以及因子分析等方法更优越的方面。从分析的形式来说，结构方程式很像路径方程和因子分析的结合体。结构方程式将潜变量分为内源变量和外源变量。内源变量依赖于外源变量，并通过联立多个线性回归方程，用以描述内源变量与外源变量之间的关系。变量之间的系数叫作路径系数，有时也称回归权重。

三、结构方程模型的应用步骤

结构方程模型的原理是：研究者事先假设理论模式→利用统计手段对理论模式加以处理→比较模式与数据关系的一致性程度→作出评价，证实/证伪理论模式。根据结构方程模型的原理可得，结构方程模型的分析流程如下：模型设定→模型识别→模型估计→模型评价→模型修正。

第一步，模型设定。即在模型估计之前，研究人员先要根据理论或以往研究成果来设定假设的初始理论模型。需要说明的是，结构方程模型主要是一种证实性技术，而不是一致探测性技术。即研究人员主要是通过应用结构方程模型来确定一个特定模型是否合理，而不是将其用来寻找和发现一种合适的模型。因此，模型是从设定一个或多个待定模型开始的。在用 Amos 的路径图描述模型时，可以将观测变量用方形或矩形代表，对潜变量或因子用圆形或椭圆形表示，变量之间的关系用线条标识。如果变量之间没有连线则是假设变量之间没有直接联系。线条一般都加单箭头（也可以加双箭头，但这种情况下没有对于因果关系的描述）。

第二步，模型识别。这一步骤要决定所研究的模型是否能够求出参数估计的唯一解。在有些情况下，由于模型可以进行参数估计的条件不满足，从而引起其参数不能识别，求不出唯一的估计值，因而模型无解。Amos 模型中，通过查看自由度给出模型参数的个数。判断模型是否有解的步骤如下：①确定最大自由度相关数量 $=v(v-1)/2$；v 为模型中的变量个数；②确定模型中的自由参数（待估参数）的数量。（模型中还有固定参数和限定参数，是已知参数）；③路径模型能否识别的判定的条件：最大自由度>自由参数，此情况为过度识别。与此相对应的是不足识别（最大自由度<自由参数）和恰好识别（最大自由度=自由参数）。如果遇到不可识别的情况，可以通过增加标识或者增加限定系数（即将待估系数定为已知系数），减少自由参数的数量来解决。

第三步，模型估计。模型参数可以采用几种不同的方法来估计。最常用的模型估计方法是最大似然法和广义最小二乘法。使用 Amos 软件进行模型估计。

第四步，模型评价。在取得了参数估计值以后，需要对模型与数据之间是否拟合进行评价，并与替代模型的拟合指标进行比较。在模型的参数估计完成之后，Amos 利用估计参数重新计算数据的方差协方差矩阵，用以判断模型拟合样本数据的程度。当模型重建的方差协方差矩阵非常接近于观测的方差协方差矩阵时，残差矩阵各元素接近于 0，就可以认为模型基本拟合样本数据了。关于模型的拟合程度有许多测量标准，最常用的拟合指标是拟合优度卡方值，但它受样本量大小的影响。一般情况下，卡方值与自由度之比（X^2/df）小于 2，X^2/df 越小越好，并且要求其 $P<0.05$，则可以认为模型拟合较好。GFI 指数的值域在 0~1 之间，一般大于 0.9 时，则认为模型拟合程度较好。一般近似误差均方根（RMSEA）取值在 0.05 或以下，其 92% 置信区间上限在 0.08 及以下，表示较好的模型拟合。AGFI、NFI、CFI、IFI 越接近 1 越好，一般要求>0.9。Amos 在模型计算后的输出中给出上述计算结果。

第五步，模型修正。如果模型不能很好地拟合数据，就需要对模型进行修正并再次设定。在这种情况下，研究人员需要决定如何删除、增加或修改模型的参数。通过参数的再设定可以增进模型的拟合程度。研究人员可以根据模型修正指数与初始模型中各通径的检验结果来决定模型的再设定。

结构方程模型输入的主要是两大部分。第一部分是原始数据、协方差（相关）矩阵。由数据得到的协方差（相关）矩阵被称为 S。其实输入原始数据也是要算出这个协方差（相关）矩阵才进入后面的比较，所以在不涉及 Bootstrap 法的时候，有的研究者选择直接输入的是协方差（相关）矩阵。协方差/标准差＝相关系数。第二部分是先验模式，这就是我们自己设定的模型部分，比如，哪几个题项反映了哪个因子。

由输入得到的输出部分内容包括三大部分。第一部分是根据先验模式所得的协方差（相关）矩阵，这个矩阵被称为 E。第二部分是总体吻合指数，它反映的是 E 和 S 的总体差异，就是我们常说的那些拟合指数，包括卡方、相对拟合指数等。第三部分是最后得到的参数值，它包括反映项目与因子间的关系，即因子载荷；也包括因子之间的关系，比如因子相关、路径系数等。

结构方程模型与传统的回归分析相比，具有许多优点。结构方程模型可同时考虑和处理多个因变量，而回归中只有一个因变量；结构方程模型允许自变量和因变量含有测量误差，而回归中只考虑了随机误差；结构方程模型容许潜在变量由多个外源指标组成，并可以同时估计指标变量信度和效度；结构方程模型可采用更有弹性的测量模型，如某观测变量在结构方程模型内可以同时从属两个潜变量，而回归中关系单一，不存在同时从属的情况；结构方程模型可以考虑潜变量之间的关系，并估计整个模型是否与数据相吻合。

四、结构方程模型的特点分析

结构方程模型包含显性变量、潜在变量、干扰或误差变量间的关系，可以获得自变量对因变量的直接效果、间接效果或总效果。其基本上是一种验证性方法，通常必须有理论或经验法则的支持，在理论引导的前提下才能构建模型结构图，并进行后续工作。即便是对于模型的修正，也必须依据相关理论进行，强调理论的合理性，故结构方程模型是较为严谨的一种统计分析方法和理论。如今人们普遍认为结构方程模型的本质是一种验证式模型分析，它是利用研究者所搜集到的实证资料来确认假设的潜在变量间的可能关系，以及潜在变量与指标的一致性程度，即比较研究者所提供假设模型的协方差矩阵与实际搜集数据导出的协方差矩阵之间的差异性。结构方程由简单到复杂，由单一到多元化，由片面狭窄到全面宽广，拥有以下公认的特点，这些特点包含优越性也包含局限性。

第一，理论的先验性。结构方程模型分析假设的因果模型必须建立在一定的理论上，因而结构方程模型是一种验证某一模型或假设模型适应性与否的统计技术，故被视为验证性而非探索性的统计方法。

第二，结构方程模型的多元性。首先是结构方程模型研究问题的层次多元性，结构方程模型所考察研究的事件一般较为复杂，不是简单易解的问题，其结构层次非常复杂，具有多元性，所触及的影响因子也具有多元性，不是简单在一个层面而是在复杂的多个层面，层层相关，环环相扣，相互影响，相互关联。

第三，研究方法的多样性。结构方程模型的研究方法非常多样，有归纳总结、演绎推理、公式推导、逻辑演算、相关分析法等，并且灵活多样，在验证分析过程中允许测量误差的存在。

第四，潜在发现性。结构方程模型还有一个最大的特点，它不光能研究显在变量间的相关关系，估计多元和相互关联的因变量之间的线性关系，还能处理不可观测的假设概念，说明误差。同时,还能分析潜在变量之间的结构关系,应用结构方程模型进行数据分析之前,在已标识潜在变量之间建立起假设路径,因观测变量与中心潜在变量都具相关性,潜在变量之间也可能有关系,从而达到潜在发现性研究目的。

第五,研究工作的同步性。结构方程模型可以同时处理测量与分析问题,做到研究工作的同步进行。结构方程模型是一种将测量与分析整合为一的计量研究技术,它可以同时估计模型中的测量指标、潜在变量,不仅可以估计测量过程中指标变量的测量误差,还可以评估测量的信度与效度。

第六,协方差理论运用的核心地位性。结构方程模型分析的核心概念是变量的协方差,在其分析中处处用到协方差理论。协方差有两种功能:①利用变量间的协方差矩阵观察多个连续变量间的关联情形,此为结构方程模型的描述性功能;②结构方程模型是可以反映出理论模型所导出的协方差与实际搜集数据的协方差的差异,此为验证性功能。这两个功能决定了协方差理论在结构方程模型中运用的重要和核心地位。

第七,其他特性。结构方程模型适用于大样本分析,对于小样本分析其结果不稳定,这样也就限制了结构方程模型应用的推广。结构方程模型中的因子分析中存在局限,所测项目只能被分配给一个因子,并只有一个因子载荷量,如果测验题项与两个或两个以上的因子有关时,因子分析就无法处理。结构方程模型中要求因子间要么是全有关系,要么是全无关系,这种过于武断极端式的要求与自然和社会实际中所存在的复杂实情是不相符的。此外,结构方程模型因子分析中假设误差项不相关,但对于我们所研究的事件所涉及领域中,许多测验的题项与题项之间的误差来源是相似的,即误差间具有相关关系,从而使研究分析的结果不能如实反映真实情况。

五、结构方程模型的应用现状

结构方程模型一般应用于管理方面,其具体应用步骤是:首先理论分析,设定模型,然后进行模型识别,再选择测量变量和搜集资料进行模型的估计,接下来是模型的评价,如果发现模型不是很完善,不太正确,无法达到可接收的程度,则要求进行模型的修订,如果能达到可接收的程度则解释完毕。结构方程模型因其优越性在管理学方面得到非常广泛的应用,一般而言,只要是能将实际问题转化为方程的情况下,都适合应用结构方程模型来进行求解,可以应用在物理、化学、工程、电子、建筑及经济等诸多管理领域。

结构方程模型的应用要有一定的条件。首先,须在理论分析基础上提出理论模型,包括指标的选取、变量关系的假设、参数的设定、模型的安排,每一步都须有清楚的理论概念和严密的逻辑推理。其二,进行验证性因子分析时,要分析样本指标分布特征,要使变通为正态化,要进行数据的甄别。其三,样本量要适度,一般样本量大于100,样本收集要下很大工夫。随着结构方程模型在管理实践中的运用,其得到不断的完善和扩充,各种具体模式推陈出新,大量地涌现,各种分析软件也不断出现,使应用越来越方便,操作越来越简单。

结构方程模型因其优越性,越来越被人们重视并广泛应用于管理各方面,取得了不少成果。虽然,它汇合了多种传统分析方法优点,并有自身优点,但结构方程模型不是万能的。它也有自身不可克服的缺陷,在应用时必须注意。

从研究方面来说,首先,结构方程模型只是一种验证性方法而非探索性方法,不能深入探索事件的内在本质规律。当数据与模型拟合时,只表示数据不否定统计分析者建立的理论模型,不表明证明了模型的正确性。再次,人们应该尽可能多地比较多个模型,不能固定在某个模型,应注意等价模型的分析比较。最后,模型必须在多组样本数据的分析基础上建立,并通过多组样本数据的检验。

结构方程模型要得到进一步深入发展与扩展应用,必须从其自身的内涵进行扩展和挖掘,深化其内涵建设,对结构方程模型进行改造,使其克服自身的缺陷,得到更为广泛拓宽的发展和更为便利的应用。

第二节 结构方程分析软件 Amos

一、Amos 软件的菜单栏及其功能

Amos 是一款使用结构方程式探索变量间的关系的软件,它可以轻松地进行结构方程建模,快速创建模型以检验变量之间的相互影响及其原因,比普通最小二乘回归和探索性因子分析更进一步。结构方程模型是一种多元分析技术,它包含标准的方法,并在标准方法的基础上进行了扩展。这些方法包括回归技术、因子分析、方差分析和相关分析。Amos 包括工具箱、显示区和绘图区三部分(图 17-4),在构建方程式模型过程中的每一步骤均能提供图形环境,只要在 Amos 的调色板工具和模型评估中以鼠标轻点绘图工具便能指定或更换模型。通过快速的模型建立,来检验变量是如何互相影响以及为何会发生此影响。

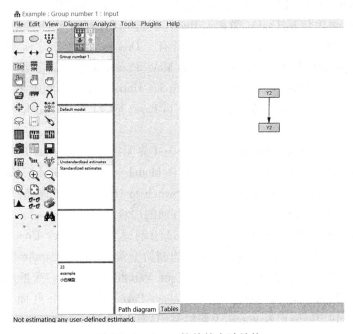

图 17-4 Amos 软件的大致结构

Amos 处理缺失值的最大特色就是拥有完全信息最大似然估计,即使资料不完整,Amos 也不会遗漏任何一个情况,并且会自动计算正确的标准误及适当的统计量,降低估算值

偏差。

（1）Amos 具有方差分析、协方差、假设检验等一系列基本分析方法。

（2）Amos 的贝叶斯和自抽样的方法应用，在一定程度上克服了大样本条件的限制，当样本低于 200 甚至是低于 100 时，贝叶斯方法的结果仍然比较稳定。

（3）Amos 提供方程检验的统计指标，如 SRMR 等需要自行设置才能提供。另外，比较重要的指标如 RMSEA 的检验，需要自己在 figure caption 里设置\pclose 才能看到。

（4）指定搜索，在探索变量间的关系上很好用，关系太多，也没什么假设，使用这个功能看看数据本身是什么关系。一般如果关系很复杂，数据量也很大，使用逐步法能节省很多时间。

（5）Amos 可以实现曲线增长模型，主要用于追踪数据，研究随时间变化的规律，包括高阶曲线增长及其衍生的模型。

（6）其他的模型例如混合建模、非递归模型等在 Amos 里均有实现。同时 Amos 高版本提供程序的透明性、可扩展性，拓展了应用范围。

Amos 是对矩阵结构的分析，主要用于对结构方程模型的建立和检验。主菜单栏包括 File（文件）、Edit（编辑）、View（查看）、Diagram（图表）、Analyze（分析）、Tools（工具）、Plugins（插件）、Help（帮助）等 8 个模块。

（1）File 下拉菜单包括 New（新建文件）、New with Template…（打开新的模板文件）、Open（打开文件）、Retrieve Backup…（检索备份）、Save（保存）、Save As…（另存为）、Save As Iemplate…（另存为模板）、Data Files…（数据文件）、Print（打印）、Browse Path Diagrams（浏览路径图）、File Manager…（文件管理）、Exit（退出）等 12 个方面的内容。

（2）Edit 下拉菜单包括 Undo（撤销）、Redo（前进）、Copy（to clipboard）（复制到切板）、Paste（粘贴）、Select（选择）、Select All（选择所有）、Deselect All（删除所有）、Link（链接）、Move（移动）、Duplicate（复制）、Erase（擦除）、Move Parameter（移动参数）、Reflect（反映）、Rotate（旋转）、Shape of Object（对象的形状）、Space Horizontally（空间水平）、Space Vertically（垂直间隔）、Drag Properties…（拖动属性）、Fit to Page（适应页面）、Touch Up（润色）等 20 个方面的内容。

（3）View 下拉菜单包括 Interface Properties…（界面属性）、Analysis Properties…（分析属性）、Object Properties…（目标属性）、Variables in Model…（模型中变量）、Variables in Dataset…（数据文件中变量）、Parameters…（参数）、Switch to Other View（转换到其他视图）、Text Output（文档结果）、Full Screen（全屏）等 9 个方面的内容。

（4）Diagram 下拉菜单包括 Draw Observed（绘制显变量）、Draw Unobserved（绘制潜变量）、Draw Path（绘制路径）、Draw Covariance（绘制协变量）、Figure Caption（图形索引）、Draw Indicator Variable（绘制指示器变量）、Draw Unique Variable（绘制唯一变量）、Zoom（放大所选区域）、Zoom In（放大）、Zoom Out（缩小）、Zoom Page（查看整个页面内容）、Scroll（纸卷）、Loupe（百叶窗）、Redraw diagram（重新绘制图）等 14 个方面的内容。

（5）Analyze 下拉菜单包括 Calculate Estimates（计算估计值）、Stop Calculating Estimates（停止计算估计值）、Manage Groups…（管理组）、Manage Models…（管理模型）、Modeling Lab…（管理实验室）、Toggle Observed/Unobserved（切换显变量与潜变量）、Degrees of Freedom…（自由度）、Specification Search…（指定搜索）、Multiple-Group Analysis…（多组分

析）、Bayesian Estimation…（贝叶斯估计）、Data Imputation…（数据填充/插补）等11个方面的内容。

（6）Tools 下拉菜单 Data Recode…（数据重新编码）、List Font…（字体列表）、Smart（智能）、Outline（不显示变量或者参数名称）、Square（绘制正方形或圆形）、Golden（镀金）、Seed Manager…（种子管理）、Write a Program…（编写程序）等8个方面的内容。

（7）Plugins 下拉菜单包括 Plugins…（插件）、Draw Covariances（绘制协变量）、Growth Curve Model（增长曲线模型）、Name Parameters（参数命名）、Name Unobserved Variables（潜变量命名）、Resize Observed Variables（调整显变量大小）、Standardized RMR（标准化）等7个方面的内容。

（8）Help 菜单解释（略）。

二、Amos 软件的工具栏及其功能

Amos 软件的界面有一个带有各种功能按钮的工具箱,通过点击其中的某个特征功能的按钮,就可以实现相应的操作。点击鼠标的右键可以获得每一个按钮的使用帮助。当 Amos 首次安装时,工具箱中的按钮是全部按钮的一个子集,用户可以通过加入、删除或者选择隐藏,改变工具箱中按钮的内容。Amos 软件的工具栏图标及功能见表17-1。

Amos 的工具箱包含了从建立结构方程模型、修改结构方程路径图、结构方程参数估计、结构方程结果输出过程的全部操作。

表 17-1　Amos 软件的工具栏

工具栏图标	功能
	分别表示绘制显变量、绘制潜变量、绘制多个潜变量
	分别表示绘制路线、绘制协变量、添加残差项
	分别表示图标名称、模型中变量列表、数据中变量列表
	分别表示选择一个目标、选择所有目标、解除所有选定
	分别表示复制目标、移动目标、删除目标
	分别表示改变目标形状、旋转潜变量指标、将潜变量指标翻转
	分别表示移动参数值、移动画板位置、将变量路径变整齐
	分别表示选择数据文件、分析属性、计算估计值
	分别表示复制路径图、查看估计结果、保存当前路径图
	分别表示目标属性、将目标属性拖动、保存对称性
	分别表示放大选择区域、放大、缩小

续表 17-1

工具栏图标	功能
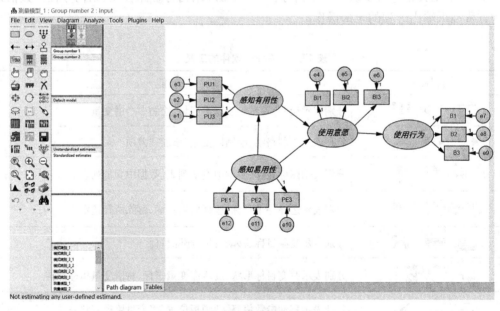	分别表示显示整个页面、调整大小以适应页面、用放大镜检查
	分别表示贝叶斯、多组分析、打印所选路径图
	分别表示撤销、前进、指定搜索

三、Amos 软件的操作步骤

第一步,绘制路径图。由于 Amos 路径图表示的是线性回归模型,因此所有因变量(即有箭头指向的变量)都需加上一个残差项。

第二步,数据导入。路径图结构绘制完成后,我们将处理好的数据导入模型。点击软件左侧"Select data files"→"File name"→"OK",导入成功后,可以看到"List variables in model"中已经有了我们需要探究的变量。随后对残差项加以命名。点击软件上方的"Plugins"→"Name Unobserved Variables",即可实现对图中的全部残差项加以命名(如图 17-5)。

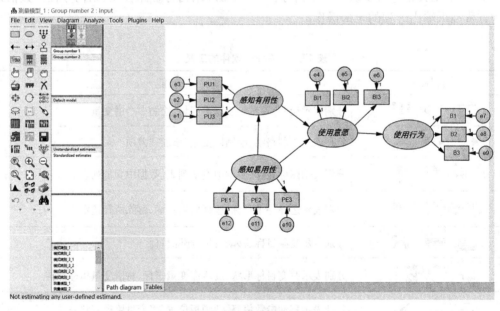

图 17-5　数据导入过程

第三步,模型方法参数选择。点击软件左侧"Analysis properties",打开"Estimation",即可对模型的相关方法加以选择。其中,左上角"Discrepancy"(误差)方框内为模型拟合参数的估计方法。我们需要做的是,寻求合适的模型参数,使得模型隐含的协方差矩阵(即再生矩阵)与样本自身的协方差矩阵的"Discrepancy"(误差)尽可能小。那么左上角这些方法,便是使误差尽可能小的不同方法。在这里,模型拟合参数的估计方法默认为第一个

"Maximum likelihood"（最大似然法），其适合于样本数量较多、所得观测数据符合多元正态分布的情况（这一方法最为常用）。

第四步，模型输出参数选择。点击软件左侧"Analysis properties"，打开"Output"，即可对输出的结果加以选择。

第五步，模型运行。点击软件左侧"Calculate estimaters"，即可对模型加以运行。在模型上方的视图调整按钮，我们可以选择在右图中显示输出非标准化结果或标准化结果图像。其中，若为非标准化结果，自变量、残差旁的数字代表其方差；而对于标准化结果，箭头旁的数字代表对应回归方程的 R^2（如图17-6）。

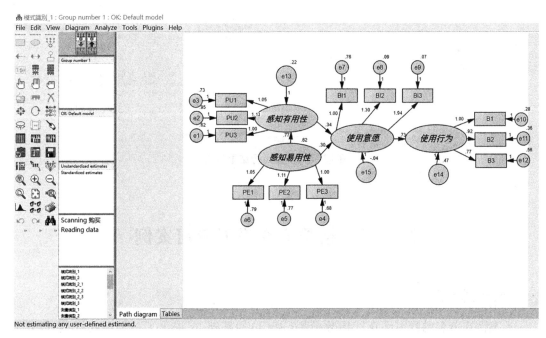

图17-6　模型运行过程

第六步，模型结果分析。"Notes for Group"是对模型的备注。"Sample size"则代表了样本个数。"Variable Summary"是对模型中各种变量的总结。"Observed, endogenous variables"即"观测变量、内生变量"。"Unobserved, exogenous variables"是"非观测变量、外生变量"。非观测变量又叫潜在变量。"Variables counts"是不同变量的计数。"Parameter Summary"是模型中不同种类的变量摘要。首先看表格的第一行。"Weights"为"回归权重"，就是回归系数；"Covariances"为"协方差"；"Variances"为"方差"；"Means"为"平均值"；"Intercepts"为"截距"。再看表格的第一列。"Fixed"表示模型中值已经被固定为一个常数的参数；"Labeled"表示模型中值已经带有标签的参数；"Unlabeled"表示模型中既没有固定值也没有带上标签的参数，这一类参数可以取任意值。

通过上方中间的工具进行分析相关设置，包括分析模型和结果输出（如图17-7）。通过上方右边工具进行计算，通过下方中间工具可以查看分析结果。

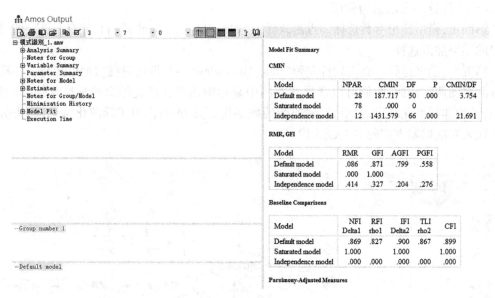

图 17-7　模型运行结果查看

第三节　结构方程模型应用案例

一、研究背景

本案例在著名的顾客满意度指数模型（ASCI）的基础上，提出了一个新的模型，以此构建潜变量并建立模型结构。根据构建的理论模型，通过设计问卷对某超市顾客购物服务满意度调查得到实际数据，然后利用对缺失值进行处理后的数据进行分析，并对文中提出的模型进行拟合、修正和解释。

本案例在继承 ASCI 模型核心概念的基础上，对模型作了一些改进，在模型中增加超市形象。它包括顾客对超市总体形象及与其他超市相比的知名度，与顾客期望、感知价格和顾客满意有关，设计的模型见表 17-2。

模型中共包含七个因素（潜变量）：超市形象、质量期望、质量感知、感知价格、顾客满意、顾客抱怨、顾客忠诚，其中前四个要素是前提变量，后三个因素是结果变量，前提变量综合决定并影响着结果变量。

参考 ASCI 模型的总体构建情况，结合国外研究理论和其他行业实证结论以及小范围甄别调查的结果，所构建模型中的七个因素（潜变量）、理论依据、分别对应的观测变量见表 17-3。

表 17-2　设计的结构路径图和基本路径假设

设计的结构路径图	基本路径假设
	1. 超市形象对质量期望有路径影响 2. 质量期望对质量感知有路径影响 3. 质量感知对感知价格有路径影响 4. 质量期望对感知价格有路径影响 5. 感知价格对顾客满意有路径影响 6. 顾客满意对顾客忠诚有路径影响 7. 超市形象对顾客满意有路径影响 8. 超市形象对顾客忠诚有路径影响

表 17-3　模型变量对应表

潜变量	理论依据	观测变量
超市形象	根据 Martensen 的调查研究,企业形象是影响总体满意水平的第一要素,可以从以下几个方面进行观测	某超市总体形象的评价(a_1) 与其他超市相比的形象(a_2) 与其他超市相比的品牌知名度(a_3)
质量期望	质量期望是指顾客在使用某超市产品前对其的期望水平,会影响顾客价值,还会对顾客感知造成影响;对于顾客期望要素,可以从整体感觉、个性化服务、可靠性三个方面来观测	购物前,对某超市整体服务的期望(a_4) 购物前,期望某超市商品的新鲜程度达到的水平(a_5) 购物前,期望某超市营业时间安排合理程度(a_6) 购物前,期望某超市员工服务态度达到的水平(a_7) 购物前,期望某超市结账速度达到的水平(a_8)
质量感知	质量感知和质量期望相对应,质量期望考虑的是购买商品前的期望,质量感知是购买商品后的实际感受。可以从几个方面衡量	购物后,对某超市整体服务的满意程度(a_9) 购物后,认为某超市商品的新鲜程度达到的水平(a_{10}) 购物后,认为超市营业时间安排合理程度(a_{11}) 购物后,认为某超市员工服务态度达到的水平(a_{12}) 购物后,认为某超市结账速度达到的水平(a_{13})
感知价格	根据 Anderson 和 Fomell(2000)对顾客满意指数模型的研究,认为对顾客价值部分可以从性价比来衡量	您认为某超市商品的价格如何(a_{14}) 与其他超市相比,您认为某超市商品的价格如何(a_{15})
顾客满意	顾客满意一般可以从三个方面衡量,整体上感觉;与消费前的期望进行比较,寻找两者的差距;与理想状态下的感觉比较,寻找两者的差距。因此,可通过以下几个指标衡量	对某超市的总体满意程度(a_{16}) 和您消费前的期望比,您对某超市的满意程度(a_{17}) 和您心目中的超市比,您对某超市的满意程度(a_{18})

续表 17-3

潜变量	理论依据	观测变量
顾客抱怨	Forne 和 Wernerfelt（1988）认为顾客满意的增加会减少顾客抱怨；抱怨有两种方式，一种是较正式的形式，向超市提出换货、退货等行为；另一种是非正式的形式，顾客会宣传，形成群众对该超市的口碑	您对某超市投诉的频率（包括给超市写投诉信和直接向超市人员反映）（a_{19}） 您对某超市抱怨的频率（私下抱怨并未告知超市）（a_{20}） 您认为某超市对顾客投诉的处理效率和效果（a_{21}）
顾客忠诚	顾客忠诚可以从三个方面体现：顾客推荐意向、转换产品意向、重复购买意向。也可从顾客对涨价的容忍性、重复购买性两方面衡量。综合上述因素，拟从以下几个方面衡量顾客忠诚	我会经常去某超市（a_{22}） 我会推荐同学和朋友去某超市（a_{23}） 如果发现某超市的产品或服务有问题后，能以谅解的心态主动向超市反馈，求得解决，并且以后还会来超市购物（a_{24}）

二、数据搜集与整理

本次问卷调研的对象为居住在某大学校内的各类学生（包括全日制本科生、硕士生和博士生），并且近一个月内在校内某超市有购物体验的学生。本次调查共发放问卷 500 份，收回有效样本 436 份。调查采用随机拦访的方式，并且为避免样本的同质性和重复填写，按照性别和被访者经常光顾的超市进行控制。问卷内容包括 7 个潜变量因子、24 项可测指标、7 个人口变量，量表采用了 Likert（李克特）10 级量度，如对超市形象的测量。

缺失值的处理。采用表列删除法，即在一条记录中，只要存在一项缺失，则删除该记录。最终得到 401 条数据，基于这部分数据做分析。

对问卷中每个潜变量的信度分别检验结果见表 17-4。从表 17-4 可以看到，除顾客抱怨量表 Cronbach's Alpha 系数为 0.255，比较低以外，其他分量表的 Alpha 系数均在 0.7 以上，且总量表的 Cronbach's Alpha 系数达到了 0.891，表明此量表的可靠性较高。由信度检验的结果可知，顾客抱怨的测量指标的信度远低于 0.7，因此在路径图中去掉顾客抱怨因子，即初始模型中包括 6 个潜变量、21 个可测变量。

表 17-4　潜变量的信度检验

潜变量	可测变量个数	Cronbach's Alpha
超市形象	3	0.858
质量期望	5	0.889
质量感知	5	0.862
感知价格	2	0.929
顾客满意	3	0.948
顾客抱怨	3	0.255
顾客忠诚	3	0.738

结构效度可以采用多种方法来实现,本案例中通过验证性因子分析的模型拟合情况来对量表的结构效度进行考评。数据的效度检验就转化为结构方程模型评价中的模型拟合指数评价。对于本案例,理论模型与数据拟合较好,结构效度较好。初始的结构方程模型建模见图17-8。

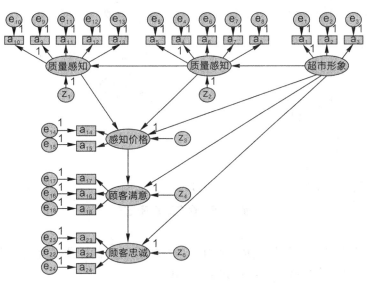

图17-8　初始模型结构

三、在 Amos 中绘制图形

打开 Amos Graphics,第一部分是建模区域,默认是竖版格式。如果要建立的模型在横向上占用较大空间,只需选择 View 菜单中的 Interface Properties 选项下的 Landscape,即可将建模区域调整为横板格式。第二部分是工具栏,用于模型的设定、运算与修正。

在使用 Amos 进行模型设定之前,建议事先在纸上绘制出基本理论模型和变量影响关系路径图,并确定潜变量与可测变量的名称,以避免不必要的返工。相关软件操作如下:

第一步,建模区域绘制模型中的七个潜变量。为了保持图形的美观,可以使用先绘制一个潜变量,再使用复制工具绘制其他潜变量,以保证潜变量大小一致。在潜变量上点击右键选择 Object Properties,为潜变量命名(图17-9)。

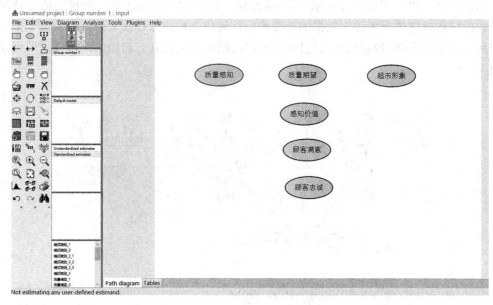

图 17-9　命名后的潜变量

第二步,设置潜变量之间的关系。使用←来设置变量间的因果关系,使用↔来设置变量间的相关关系。绘制好的潜变量关系如图 17-10 所示。

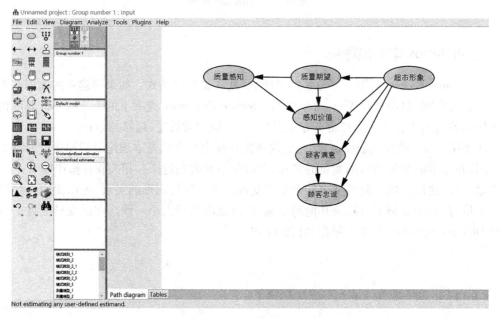

图 17-10　设定潜变量关系

第三步,为潜变量设置可测变量及相应的残差变量,可以使用👽绘制,也可以使用○和←自行绘制。绘制结果如图 17-11 所示。在可测变量上点击右键选择 Object Properties,为可测变量命名。其中 Variable Name 一项对应的是数据中的变量名,在残差变量上右键选择

Object Properties 为残差变量命名。最终绘制完成模型结果如图 17–12 所示。

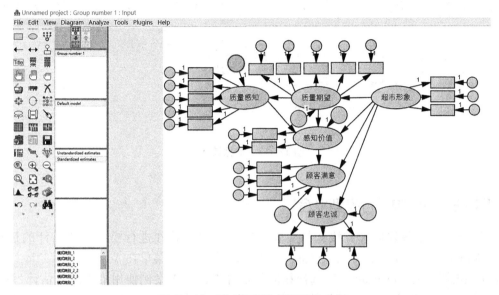

图 17–11　设定可测变量及残差变量

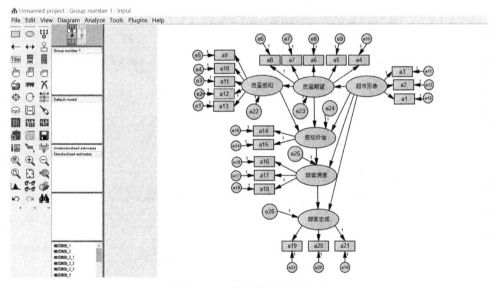

图 17–12　初始模型设置完成

第四步，数据文件的配置。Amos 可以处理多种数据格式，如文本文档（.txt），表格文档（.xls、.wk1），数据库文档（.dbf、.mdb），SPSS 文档（.sav）等。

为了配置数据文件，选择 File 菜单中的 Data Files，出现如图 17–13 左边的对话框，然后点击 File name 按钮，出现如图 17–13 右边的对话框，找到需要读入的数据文件"处理后的数据.sav"，双击文件名或点击下面的"打开"按钮，最后点击图 17–13 左边对话框中的"OK"按钮，这样就读入数据了。

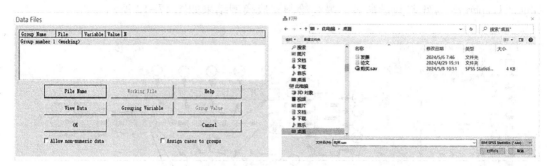

图 17-13　数据读入

四、在 Amos 中进行模型拟合

第一步,进行参数估计方法选择。模型运算是使用软件进行模型参数估计的过程。Amos 提供了多种模型运算方法供选择。可以通过点击 View 菜单在 Analysis Properties(或点击工具栏的▦)中的 Estimation 项选择相应的估计方法。本案例使用最大似然估计(Maximum Likelihood)进行模型运算,相关设置如图 17-14 所示。

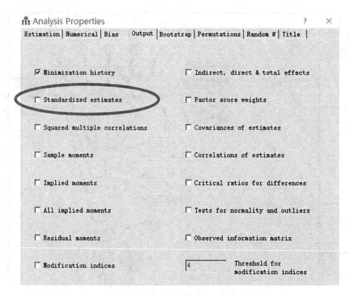

图 17-14　参数估计选择

第二步,计算标准化系数。如果不做选择,输出结果默认的路径系数(或载荷系数)没有经过标准化,称作非标准化系数。非标准化系数中存在依赖于有关变量的尺度单位,所以在比较路径系数(或载荷系数)时无法直接使用,因此需要进行标准化。在 Analysis Properties 中的 Output 页中选择 Standardized Estimates 项(图 17-15),即可输出测量模型的因子载荷标准化系数表。标准化系数是将各变量原始分数转换为 Z 分数 后得到的估计结果,用以度量变量间的相对变化水平。

因此,不同变量间的标准化路径系数(或标准化载荷系数)可以直接比较。从最后一列中可以看出：受"质量期望"潜变量影响的是"质量感知"潜变量和"感知价格"潜变量；标准化路径系数分别为 0.434 和 0.244，这说明"质量期望"潜变量对"质量感知"潜变量的影响程度大于其对"感知价格"潜变量的影响程度。

第三步，参数估计结果的展示。使用 Analyze 菜单下的 Calculate Estimates 进行模型运算（或使用工具栏中的▭），输出结果如图 17-16 所示。其中带框部分是模型运算基本结果信息，使用者也可通过点击 View the output path diagram(🎯)查看参数估计结果(图 17-17)。

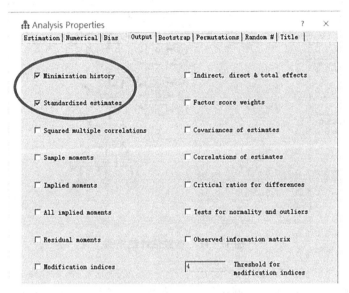

图 17-15　标准化系数计算

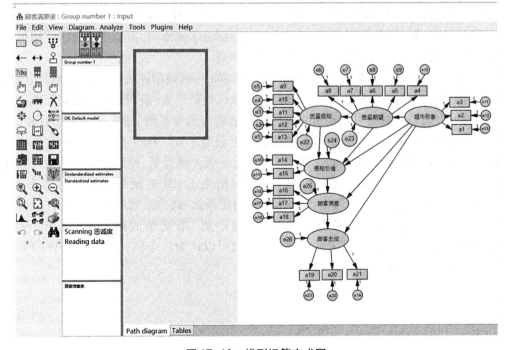

图 17-16　模型运算完成图

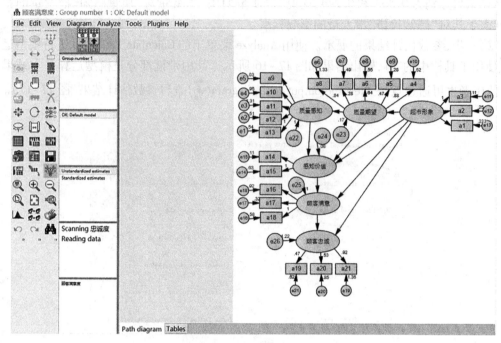

图 17-17　参数估计结果图

　　Amos 还提供了表格形式的模型运算详细结果信息,通过点击工具栏中的 来查看。详细信息包括分析基本情况(Analysis Summary)、变量基本情况(Variable Summary)、模型信息(Notes for Model)、估计结果(Estimates)、修正指数(Modification Indices)和模型拟合(Model Fit)六部分。在分析过程中,一般通过前三部分了解模型,在模型评价时使用估计结果和模型拟合部分,在模型修正时使用修正指数部分。

　　第四步,模型评价。参数估计结果见表17-5、表17-6,模型评价首先要考察模型结果中估计出的参数是否具有统计意义,需要对路径系数或载荷系数(潜变量与潜变量间的回归系数称为路径系数;潜变量与可测变量间的回归系数称为载荷系数)进行统计显著性检验,这类似于回归分析中的参数显著性检验,原假设为系数等于0。Amos 提供了一种简单便捷的方法,叫作临界比率(Critical Ratio,CR)。CR 值是一个 Z 统计量,使用参数估计值与其标准差之比构成(见表 17-5 中第四列)。Amos 同时给出了 CR 的统计检验相伴概率 P(见表 17-5 中第五列),使用者可以根据 P 值进行路径系数/载荷系数的统计显著性检验。譬如对于表 17-5 中"超市形象"潜变量对"质量期望"潜变量的路径系数(第一行)为 0.301,其 CR 值为 6.68,相应的 P 值小于 0.01,则可以认为这个路径系数在 95% 的置信度下与 0 存在显著性差异。

表 17-5　系数估计结果

	未标准化路径系数	S. E.	CR	P	标签	标准化路径系数
质量期望←超市形象	0.301	0.045	6.68	＊＊＊	par_16	0.358
质量感知←质量期望	0.434	0.057	7.633	＊＊＊	par_17	0.434
感知价格←质量期望	0.329	0.089	3.722	＊＊＊	par_18	0.244
感知价格←质量感知	−0.121	0.082	−1.467	0.142	par_19	−0.089
感知价格←超市形象	−0.005	0.065	−0.07	0.944	par_20	−0.004
顾客满意←超市形象	0.912	0.043	21.389	＊＊＊	par_21	0.878
顾客满意←感知价格	−0.029	0.028	−1.036	0.3	par_23	−0.032
顾客忠诚←超市形象	0.167	0.101	1.653	0.098	par_22	0.183
顾客忠诚←顾客满意	0.5	0.1	4.988	＊＊＊	par_24	0.569
a_1←超市形象	1					0.927
a_2←超市形象	1.008	0.036	27.991	＊＊＊	par_1	0.899
a_3←超市形象	0.701	0.048	14.667	＊＊＊	par_2	0.629
a_4←质量期望	1					0.79
a_5←质量期望	0.79	0.061	12.852	＊＊＊	par_3	0.626
a_6←质量期望	0.891	0.053	16.906	＊＊＊	par_4	0.786
a_7←质量期望	1.159	0.059	19.628	＊＊＊	par_5	0.891
a_8←质量期望	1.024	0.058	17.713	＊＊＊	par_6	0.816
a_{10}←质量感知	1					0.768
a_9←质量感知	1.16	0.065	17.911	＊＊＊	par_7	0.882
a_{11}←质量感知	0.758	0.068	11.075	＊＊＊	par_8	0.563
a_{12}←质量感知	1.101	0.069	15.973	＊＊＊	par_9	0.784
a_{13}←质量感知	0.983	0.067	14.777	＊＊＊	par_10	0.732
a_{18}←顾客满意	1					0.886
a_{17}←顾客满意	1.039	0.034	30.171	＊＊＊	par_11	0.939
a_{15}←感知价格	1					0.963
a_{14}←感知价格	0.972	0.127	7.67	＊＊＊	par_12	0.904
a_{16}←顾客满意	1.009	0.033	31.024	＊＊＊	par_13	0.95
a_{23}←顾客忠诚	1.208	0.092	13.079	＊＊＊	par_14	0.846
a_{24}←顾客忠诚	1					0.682

注：＊＊＊表示 $P=0.01$ 水平上显著。

表 17-6 方差估计

	方差估计	S. E.	CR	P	标签
超市形象	3.574	0.299	11.958	* * *	par_25
z_2	2.208	0.243	9.08	* * *	par_26
z_1	2.06	0.241	8.54	* * *	par_27
z_3	4.405	0.668	6.596	* * *	par_28
z_4	0.894	0.107	8.352	* * *	par_29
z_5	1.373	0.214	6.404	* * *	par_30
e_1	0.584	0.079	7.363	* * *	par_31
e_2	0.861	0.093	9.288	* * *	par_32
e_3	2.675	0.199	13.467	* * *	par_33
e_5	1.526	0.13	11.733	* * *	par_34
e_4	2.459	0.186	13.232	* * *	par_35
e_6	1.245	0.105	11.799	* * *	par_36
e_7	0.887	0.103	8.583	* * *	par_37
e_8	1.335	0.119	11.228	* * *	par_38
e_{10}	1.759	0.152	11.565	* * *	par_39
e_9	0.976	0.122	7.976	* * *	par_40
e_{11}	3.138	0.235	13.343	* * *	par_41
e_{12}	1.926	0.171	11.272	* * *	par_42
e_{13}	2.128	0.176	12.11	* * *	par_43
e_{18}	1.056	0.089	11.832	* * *	par_44
e_{16}	0.42	0.052	8.007	* * *	par_45
e_{17}	0.554	0.061	9.103	* * *	par_46
e_{15}	0.364	0.591	0.616	0.538	par_47
e_{24}	3.413	0.295	11.55	* * *	par_48
e_{22}	3.381	0.281	12.051	* * *	par_49
e_{23}	1.73	0.252	6.874	* * *	par_50
e_{24}	0.981	0.562	1.745	0.081	par_51

注: * * * 表示 $P=0.01$ 水平上显著。

第五步,模型拟合指数评价。在结构方程模型中,试图通过统计运算方法(如最大似然法等)求出那些使样本方差协方差矩阵 S 与理论方差协方差矩阵 Σ 的差异最小的模型参数。也就是说,如果理论模型结构对于收集到的数据是合理的,那么样本方差协方差矩阵 S 与理论方差协方差矩阵 Σ 差别不大,即残差矩阵($\Sigma - S$)各个元素接近于 0,就可以认为模型拟合了数据。模型拟合指数就是考察理论结构模型对数据拟合程度的统计指标。不同类别的模型拟合指数可以从模型复杂性、样本大小、相对性与绝对性等方面对理论模型进行度量。Amos 提供了多种模型拟合指数(表 17-7)供使用者选择。如果模型拟合不好,需要根据相关领域知识和模型修正指标进行模型修正。需要注意的是,拟合指数的作用是考察理论模型与数据的适配程度,并不能作为判断模型是否成立的唯一依据。拟合优度高的模型只能作为参考,研究者还需要根据所研究问题的背景知识进行模型合理性讨论。即便拟合指数没有达到最优,但一个能够使用相关理论解释的模型更具有研究意义。

表 17-7　拟合指数

指数名称		评价标准
绝对拟合指数	χ^2	越小越好
	GFI	大于 0.9
	RMR	小于 0.05,越小越好
	SRMR	小于 0.05,越小越好
	RMSEA	小于 0.05,越小越好
相对拟合指数	NFI	大于 0.9,越接近 1 越好
	TLI	大于 0.9,越接近 1 越好
	CFI	大于 0.9,越接近 1 越好
信息指数	AIC	越小越好
	CAIC	越小越好

五、在 Amos 中进行模型修正

第一步,明确模型修正的思路。模型拟合指数和系数显著性检验固然重要,但对于数据分析更重要的是模型结论一定要具有理论依据。换言之,模型结果要可以被相关领域知识所解释。因此,在进行模型修正时主要考虑修正后的模型结果是否具有现实意义或理论价值,当模型效果很差时,可以参考模型修正指标对模型进行调整,研究者可以根据初始模型的参数显著性结果和 Amos 提供的模型修正指标进行模型扩展或模型限制。模型扩展是指通过释放部分限制路径或添加新路径,使模型结构更加合理,通常在提高模型拟合程度时使用;模型限制是指通过删除或限制部分路径,使模型结构更加简洁,通常在提高模型可识别性时使用。

第二步,明确两个模型修正指标。Amos 提供了两种模型修正指标,其中修正指数用于模型扩展,CR 用于模型限制。①修正指数指对于模型中某个受限制的参数,若容许自由估计(譬如在模型中添加某条路径),整个模型改良时将会减少的最小卡方值。使用修正指数修改模型时,原则上每次只修改一个参数,从最大值开始估算。若要使用修正指数,需要在 Analysis Properties 中的 Output 页选择 Modification Indices 项(图 17 – 18)。其后面的 Threshold for Modification Indices 指的是输出的开始值。②临界比率是计算模型中的每一对 待估参数(路径系数或载荷系数)之差,除以相应参数之差的标准差所构造出的统计量。在 模型假设下,CR 统计量服从正态分布,所以可以根据 CR 值判断两个待估参数间是否存在 显著性差异。若两个待估参数间不存在显著性差异,则可以限定模型在估计时对这两个参 数赋以相同的值。若要使用临界比率,需要在 Analysis Properties 中的 Output 页选择 Critical Ratio for Difference 项(图 17–19)。

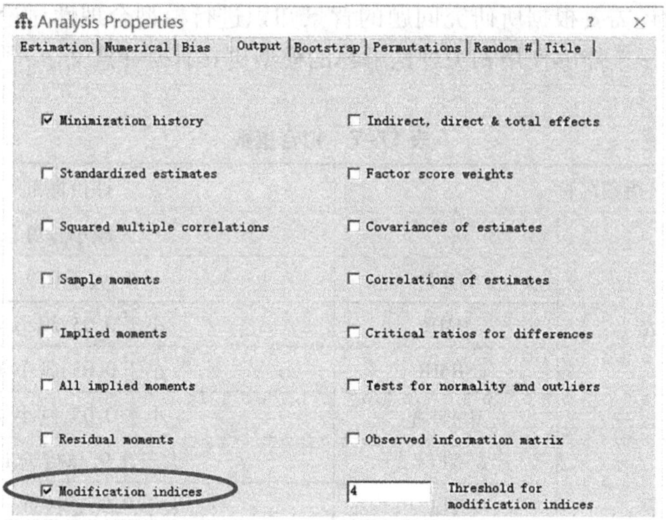

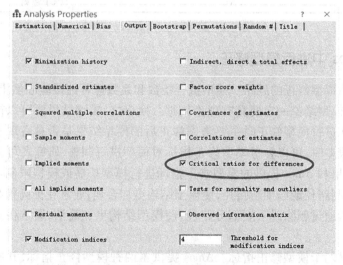

图 17–18　修正指数计算

图 17–19　临界比率计算

第三步,进行案例修正。对案例初始模型运算结果见表17-8,各项拟合指数尚可。但从模型参数的显著性检验中可发现可以看出,无论是关于感知价格的测量方程部分还是关于结构方程部分(除与质量期望的路径外),系数都是不显著的。关于感知价格的结构方程部分的平方复相关系数为0.048,非常小。从实际的角度考虑,通过自身的感受,某超市商品价格同校内外其他主要超市的商品价格的差别不明显,因此,首先考虑将该因子在结构方程模型中去除,并且增加质量期望和质量感知加入顾客满意的路径。超市形象对顾客忠诚的路径先保留。修改的模型如图17-20所示。

表17-8　常用拟合指数计算结果

	卡方值(自由度)	CFI	NFI	IFI	RMSEA	AIC	BCC	EVCI
结果	1031.4（180）	0.866	0.842	0.866	0.109	1133.441	1139.378	2.834

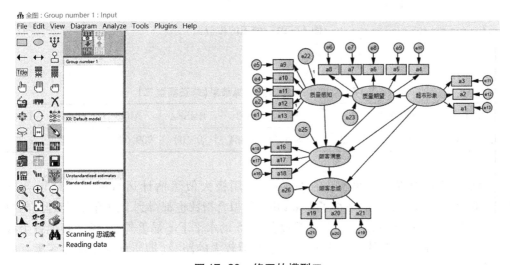

图17-20　修正的模型二

根据图17-20提出的模型,在Amos中运用极大似然估计运行的部分结果分析见表17-9。从结果上看,卡方值减小了很多,并且各拟合指数也都得到了改善,但与理想的拟合指数值仍有差距。该模型的各个参数在0.05的水平下都是显著的,并且从实际考虑,各因子的各个路径也是合理存在的。下面考虑通过修正指数对模型修正,超市形象到质量感知的MI值为179.649,表明如果增加超市形象到质量感知的路径,则模型的卡方值会大大减小。从实际考虑,超市形象的确会影响到质量感知,设想一个具有良好品牌形象的超市,人们难免会感到它的商品质量较好,反之,则相反。因此,考虑增加从超市形象到质量感知的路径的模型(图17-21所示)。

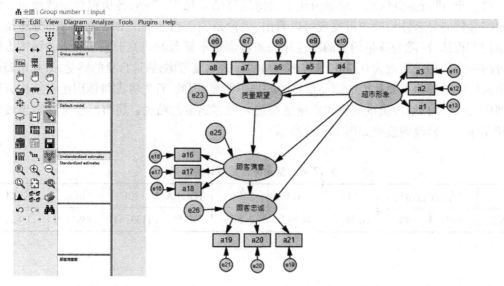

图 17-21　修正的模型三

表 17-9　常用拟合指数计算结果(修正模型二)

	卡方值(自由度)	CFI	NFI	IFI	RMSEA	AIC	BCC	EVCI
结果	819.5(145)	0.883	0.862	0.884	0.108	909.541	914.278	2.274

　　根据图 17-21 提出的模型,在 Amos 中运用极大似然估计运行的部分结果分析见表 17-10、表 17-11。卡方值减小了很多,并且各拟合指数也都得到了改善,但与理想的拟合指数值仍有差距。除上面的两个路径系数在 0.05 的水平下不显著外,该模型其他各个参数在 0.01 水平下都是显著的。首先考虑去除 P 值较大的路径(即质量期望到顾客满意的路径),重新估计模型,结果见表 17-12。

表 17-10　常用拟合指数计算结果(修正模型三)

	卡方值(自由度)	CFI	NFI	IFI	RMSEA	AIC	BCC	EVCI
结果	510.1(144)	0.936	0.914	0.937	0.080	602.100	606.942	1.505

表 17-11　5%水平下不显著的估计参数

	Estimate	S.E.	CR	P	标签
顾客满意←质量期望	-0.054	0.035	-1.540	0.124	par_22
顾客忠诚←超市形象	0.164	0.100	1.632	0.103	par_21

表 17-12　5%水平下不显著的估计参数（去掉 P 值较大路径）

	Estimate	S. E.	CR	P	标签
顾客忠诚←超市形象	0.166	0.101	1.652	0.099	par_21

研究结果显示,超市形象对顾客忠诚路径系数估计的 P 值为 0.099,仍大于 0.05。并且从实际考虑,由于在学校内部,学生一般不会根据超市之间在形象上的差别而选择坚持去同一个品牌的超市,更多的可能是通过超市形象影响顾客满意等因素进而影响到顾客忠诚因素。考虑删除这个路径的模型如图 17-22 所示。

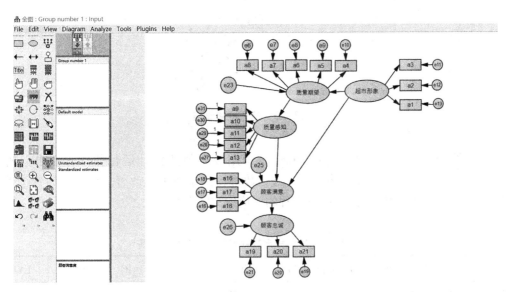

图 17-22　修正的模型四

根据图 17-22 提出的模型,在 Amos 中运用极大似然估计运行的部分结果分析见表 17-13。卡方值减小了很多,并且各拟合指数几乎没有改变,但模型简单了,做此改变是值得的。该模型的各个参数在 0.01 的水平下都是显著的,另外质量感知对应的测量指标 a_{11}（关于营业时间安排合理程度的打分）对应方程的测定系数为 0.278,比较小,从实际考虑,由于××大学校内东区××超市的营业时间很长,几乎是全天候营业,在顾客心中可能该指标能用质量感知解释的可能性不大,考虑删除该测量指标。修改后的模型如图 17-23 所示。

表 17-13　常用拟合指数计算结果（修正模型四）

	卡方值（自由度）	CFI	NFI	IFI	RMSEA	AIC	BCC	EVCI
结果	515.1（146）	0.936	0.913	0.936	0.080	603.117	607.749	1.508

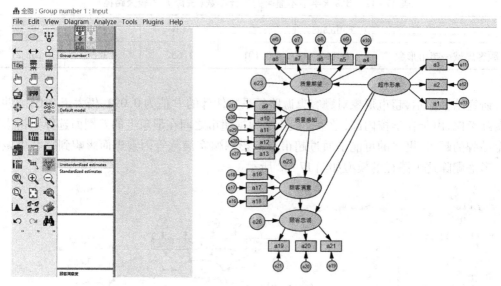

图 17-23　修正的模型五

　　根据图 17-23 提出的模型,在 Amos 中运用极大似然估计运行的部分结果分析见表 17-14。卡方值减小了很多,并且各拟合指数都得到了较大的改善。该模型的各个参数在 0.01 的水平下都仍然是显著的,各方程的对应的测定系数增大了。

表 17-14　常用拟合指数计算结果(修正模型五)

	卡方值(自由度)	CFI	NFI	IFI	RMSEA	AIC	BCC	EVCI
结果	401.3 (129)	0.951	0.930	0.951	0.073	485.291	489.480	1.213

　　下面考虑通过修正指数对模型修正,e_{12} 与 e_{13} 的 MI 值最大,为 26.932,表明如果增加 a_{12} 与 a_{13} 之间的残差相关的路径,则模型的卡方值会减小较多。从实际考虑,员工对顾客的态度与员工给顾客结账的速度,实际上也确实存在相关,设想,对顾客而言,超市员工结账速度很慢本来就是一种对顾客态度不好的方面;反之,则相反。因此考虑增加 e_{12} 与 e_{13} 的相关性路径。这里的分析不考虑潜变量因子可测指标的更改,理由是我们设计问卷的题目的信度很好,而且题目本身的设计也不允许这样做(下同)。

　　重新估计模型,重新寻找 MI 值较大的。e_7 与 e_8 的 MI 值较大,为 26.230,(虽然 e_3 与 e_6 的 MI 值等于 26.746,但它们不属于同一个潜变量因子,因此不能考虑增加相关性路径,下同)表明如果增加 a_7 与 a_8 之间的残差相关的路径,则模型的卡方值会减小较多。即员工对顾客的态度与员工给顾客结账的速度之间存在相关,因此考虑增加 e_7 与 e_8 的相关性路径。

　　重新估计模型,重新寻找 MI 值较大的。e_{17} 与 e_{18} 的 MI 值较大,为 13.991,表明如果增加 a_{17} 与 a_{18} 之间残差相关的路径,则模型卡方值会减小较多。实际上消费前的满意度和与心中理想超市比较的满意度之间显然存在相关,因此考虑增加 e_{17} 与 e_{18} 的相关性路径。

　　重新估计模型,重新寻找 MI 值较大的。e_2 与 e_3 的 MI 值较大,为 11.088,表明如果增加

a_2 与 a_3 之间的残差相关的路径,则模型的卡方值会减小较多。实际上超市形象和超市品牌知名度之间显然存在相关,因此考虑增加 e_2 与 e_3 的相关性路径。

重新估计模型,重新寻找 MI 值较大的。e_{10} 与 e_{12} 的 MI 值较大,为 5.222,表明如果增加 a_{10} 与 a_{12} 之间的残差相关的路径,则模型的卡方值会减小较多。但实际上超市的食品保鲜水平、日用品丰富性与员工态度之间显然不存在相关,因此不考虑增加 e_{10} 与 e_{12} 的相关性路径。另外,剩下的变量之间 MI 值没有可以做处理的变量对,因此考虑 MI 值修正后的模型如图 17-24 所示。

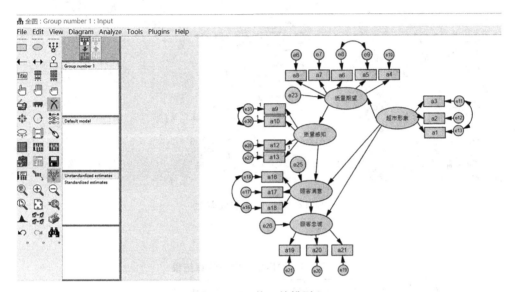

图 17-24　修正的模型六

根据图 17-24 提出的模型,在 Amos 中运用极大似然估计运行的部分结果分析见表 17-15。卡方值减小了很多,并且各拟合指数都得到了较大的改善。该模型的各个参数在 0.01 的水平下都仍然是显著的,各方程的对应的测定系数增大了。下面考虑根据 Pairwise Parameter Comparisons 来判断对待估计参数的设定,即判断哪些结构方程之间的系数没有显著差异,哪些测量方程的系数之间没有显著差异,哪些结构方程的随机项的方差之间没有显著差异,哪些测量方程的随机项的方差之间没有显著差异。对没有显著差异的相应参数估计设定为相等直到最后所有相应的 CR 值都大于 2 为止。经过反复比较得到的结构方程模型如图 17-25 所示。

表 17-15　常用拟合指数计算结果(修正模型六)

	卡方值(自由度)	CFI	NFI	IFI	RMSEA	AIC	BCC	EVCI
结果	281.9 (125)	0.972	0.951	0.972	0.056	373.877	378.465	0.935

根据图 17-25 提出的模型,在 Amos 中运用极大似然估计运行的部分结果分析见表 17-16。总卡方值虽然增大了一些,但自由度大大增加了,并且各拟合指数都得到了较大的改善(NFI 除外)。该模型的各个参数在 0.01 的水平下都仍然是显著的,各方程的对应的

测定系数相对而言增大了很多。

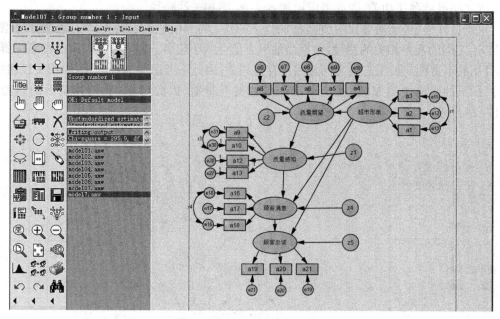

图 17-25 修正的模型七

表 17-16 常用拟合指数计算结果

	卡方值（自由度）	CFI	NFI	IFI	RMSEA	AIC	BCC	EVCI
结果	281.9（125）	0.973	0.948	0.973	0.051	345.909	348.402	0.865

六、在 Amos 中展示最优模型参数估计

第一，结构方程模型主要作用是揭示潜变量之间（潜变量与可测变量之间以及可测变量之间）的结构关系，这些关系在模型中通过路径系数（载荷系数）来体现。最优模型参数估计结果见表 17-17、表 17-18、表 17-19。

表 17-17 最优模型各路径系数估计

	未标准化路径系数估计	S. E.	CR	P	标签	标准化路径系数估计
质量期望←超市形象	0.353	0.031	11.495	＊＊＊	bb	0.384
质量感知←超市形象	0.723	0.023	31.516	＊＊＊	aa	0.814
质量感知←质量期望	0.129	0.035	3.687	＊＊＊	par_16	0.134
顾客满意←质量感知	0.723	0.023	31.516	＊＊＊	aa	0.627

续表 17–17

	未标准化路径系数估计	S. E.	CR	P	标签	标准化路径系数估计
顾客满意←超市形象	0.353	0.031	11.495	＊＊＊	bb	0.345
顾客忠诚←顾客满意	0.723	0.023	31.516	＊＊＊	aa	0.753
a_1←超市形象	1					0.925
a_2←超市形象	1.042	0.02	52.853	＊＊＊	b	0.901
a_3←超市形象	0.728	0.036	20.367	＊＊＊	d	0.631
a_5←质量期望	1					0.836
a_4←质量期望	0.728	0.036	20.367	＊＊＊	d	0.622
a_6←质量期望	0.872	0.026	33.619	＊＊＊	a	0.808
a_7←质量期望	1.042	0.02	52.853	＊＊＊	b	0.853
a_8←质量期望	0.872	0.026	33.619	＊＊＊	a	0.731
a_{10}←质量感知	1					0.779
a_9←质量感知	1.159	0.036	32.545	＊＊＊	c	0.914
a_{12}←质量感知	1.042	0.02	52.853	＊＊＊	b	0.777
a_{13}←质量感知	0.872	0.026	33.619	＊＊＊	a	0.677
a_{18}←顾客满意	1					0.861
a_{17}←顾客满意	1.042	0.02	52.853	＊＊＊	b	0.919
a_{16}←顾客满意	1.042	0.02	52.853	＊＊＊	b	0.963
a_{24}←顾客忠诚	1					0.706
a_{23}←顾客忠诚	1.159	0.036	32.545	＊＊＊	c	0.847
a_{22}←顾客忠诚	0.872	0.026	33.619	＊＊＊	a	0.656

注：＊＊＊表示 $P=0.01$ 水平上显著，括号中是相应的 CR 值，即 T 值。

表 17–18　最优模型相关性路径系数估计

	协方差估计	S. E.	CR	P	标签	相关系数估计
$e_{12}\leftrightarrow e_{13}$	0.699	0.072	9.658	＊＊＊	r2	0.32
$e_7\leftrightarrow e_8$	0.699	0.072	9.658	＊＊＊	r2	0.46
$e_{18}\leftrightarrow e_{17}$	0.277	0.05	5.568	＊＊＊	r1	0.289
$e_2\leftrightarrow e_3$	0.277	0.05	5.568	＊＊＊	r1	0.178

注：＊＊＊表示 $P=0.01$ 水平上显著，括号中是相应的 CR 值，即 T 值。

表 17–19 最优模型方差估计

	方差估计	S. E.	CR	P	标签
超市形象	3.461	0.275	12.574	* * *	par_17
z_2	2.498	0.219	11.42	* * *	par_18
z_1	0.645	0.085	7.554	* * *	par_19
z_4	0.411	0.062	6.668	* * *	par_20
z_5	1.447	0.177	8.196	* * *	par_21
e_5	1.263	0.078	16.217	* * *	v3
e_4	2.458	0.125	19.59	* * *	v5
e_6	1.189	0.073	16.279	* * *	v6
e_7	1.189	0.073	16.279	* * *	v6
e_8	1.944	0.109	17.84	* * *	v7
e_{10}	1.773	0.119	14.904	* * *	v1
e_9	0.726	0.052	14.056	* * *	v4
e_{12}	1.944	0.109	17.84	* * *	v7
e_{13}	2.458	0.125	19.59	* * *	v5
e_{18}	1.263	0.078	16.217	* * *	v3
e_{17}	0.726	0.052	14.056	* * *	v4
e_{24}	3.367	0.198	17.048	* * *	v2
e_{22}	3.367	0.198	17.048	* * *	v2
e_{23}	1.773	0.119	14.904	* * *	v1
e_1	0.583	0.074	7.876	* * *	par_22
e_2	0.871	0.086	10.13	* * *	par_23
e_3	2.781	0.197	14.106	* * *	par_24
e_{16}	0.314	0.046	6.863	* * *	par_25

注: * * * 表示 $P=0.01$ 水平上显著,括号中是相应的 CR 值,即 T 值。

第二,模型解释。对于修正模型,根据 Amos 输出的结果计算模型中各潜变量之间的直接效应、间接效应以及总效应。表 17-20 给出了新模型中各潜在变量之间的直接效应、间接效应以及总效应。

表 17-20　模型中各潜在变量之间的直接效应、间接效应以及总效应(标准化的结果)

		超市形象	质量期望	质量感知	顾客满意
质量期望	直接效应	0.384 * * * (11.543)			
	总效应	0.384			
质量感知	直接效应	0.814 * * * (31.659)	0.134 * * * (3.735)		
	间接效应	0.051			
	总效应	0.865	0.134		
顾客满意	直接效应	0.345 * * * (11.543)		0.627 * * * (31.659)	
	间接效应	0.543	0.084		
	总效应	0.888	0.084	0.627	
顾客忠诚	直接效应				0.753 * * * (31.659)
	间接效应	0.669	0.063	0.473	
	总效应	0.669	0.063	0.473	0.753

注:* * *表示 $P=0.01$ 水平上显著,括号中是相应的 CR 值,即 T 值。表中给出的均是标准化后的参数直接效应,就是模型中的路径系数。

具体分析如下:

超市形象对顾客满意的总效应高达 0.888,其中直接效应为 0.345,间接效应为 0.543。另外,超市形象对质量期望的直接效应为 0.384,质量感知对顾客满意的直接效应为 0.627;而超市形象对质量感知的直接效应达 0.814,间接效应仅 0.051,总效应为 0.865。这意味着超市形象是顾客满意的主要决定因素。超市形象除直接影响顾客满意外,主要是通过直接影响质量感知来间接影响顾客满意的。这说明要想提高大学生对校内某超市的满意度,不仅要直接提升自己的品牌形象,进而增强自身的品牌强度,更应该倾向于提高顾客(主要是学生)对超市形象的质量感知得分,这包括提高超市的服务水平、提升食品的保鲜水平、提供丰富的日用品种类、提升员工的素质,以给顾客提供优质的服务。

顾客满意对顾客忠诚的直接效应为 0.753,超市形象对顾客忠诚的间接效应为 0.669,两个效应都比较高;而从前面结构方程建模的过程中得到超市形象对顾客忠诚的路径是不显著的。这意味着超市形象主要是通过影响顾客满意来影响顾客忠诚的,而不是直接去影响顾客忠诚的,这可能是因为大学生不是直接通过判断超市形象去选择在校内哪家超市购物的,而是主要通过对超市的满意程度来选择购物的。但超市形象对影响大学生的购物选择的间接影响不容忽视,其起到了相当重要的作用。

质量期望对质量感知的直接效应为 0.134,对顾客满意的间接效应和总效应都是0.084,对顾客忠诚的间接效应和总效应都是 0.063,这意味着大学生在购物前对校内某超市的质量期望、对超市的满意程度,以及在选择对校内某超市的忠诚方面的影响很小。当提到顾客预期的时候,消费者往往会说"价格最便宜,产品(服务)最好"就是我最想要的东西,并且消费者关注的因素往往能在很大程度上反映消费者的预期状况,也就是说消费者在消费过程中,对于一些自己预期较高的产品或服务,往往会自觉不自觉地投入一些关注,这种感觉在我们自己的生活经验中也经常能够体会到。我们根据自己的切身体会和调查发现,对于大学生在校内某超市的消费来说,一方面校内超市同类产品的价格相差无几,几乎没有影响,这在前面模型修正的部分感知价格的去除也是一致的。另一方面,实际上大家选择在校内购物,一般是经常购买的食品和日用品等基本的生活必需品,对这类产品,人们往往不会有什么明显的期望。因为如果人们选择购买期望很大的产品,大学校内某超市受规模的限制,与大学周围的大型超市相比,显然不会成为大多数人的选择。

第十八章　数据包络法

第一节　数据包络法概述

一、数据包络法的背景

数据包络分析（Data Envelopment Analysis，DEA）是一种效率评价方法。它把单输入、单输出的工程效率概念推广到多输入、多输出同类决策单元（Decision Making Unit，DMU）的有效性评价中，极大地丰富了微观经济中的生产函数理论及其应用技术，同时在避免主观因素、简化算法、减少误差等方面有着不可低估的优越性。DEA方法一出现就以其独有的特点和优势受到了人们的关注，无论在理论研究还是在实际应用方面都得到了迅速发展，并取得了多方面的成果，已成为管理科学、系统工程和决策分析、评价技术等领域中一种常用而且重要的分析工具和研究手段。

数据包络分析是一种基于线性规划的用于评价同类型组织（或项目）工作绩效的相对有效的特殊工具手段。这类组织如学校、医院、银行的分支机构、超市的各个营业部等，各自具有相同（或相近）的投入和相同的产出。衡量这类组织之间的绩效高低，通常采用投入产出比这个指标，当各自的投入产出均可折算成同一单位计量时，容易计算出各自的投入产出比并按其大小进行绩效排序。但当被衡量的同类型组织有多项投入和多项产出，且不能折算成统一单位时，就无法算出投入产出比的数值。例如，大部分机构的运营单位有多种投入要素，如职工规模、工资数目、运作时间和广告投入，同时也有多种产出要素，如利润、市场份额和成长率。在这些情况下，很难让经理或董事会知道，当输入量转换为输出量时，哪个运营单位效率高，哪个单位效率低。

经济系统或者生产过程可以看成一个单元在一定可能范围内，通过投入一定数量的生产要素并产出一定数量的"产品"的活动。虽然这些活动的具体内容各不相同，但其目的都是尽可能地使这一活动取得最大的"效益"。由于从"投入"到"产出"需要经过一系列决策才能实现，或者说，由于"产出"是决策的结果，所以这样的单元被称为"决策单元"。可以认为每个DMU都代表一定的经济含义，它的基本特点是具有一定的输入和输出，并且在将输入转换成输出的过程中，努力实现自身的决策目标。

二、数据包络法的内涵

数据包络分析是运筹学中用于测量决策部门生产效率的一种方法，它是评价多输入指标和多输出指标的较为有效的方法，将多投入与多产出进行比较，得到效率分析，可广泛使用于业绩评价。

　　数据包络分析通过使用数学规划模型,计算决策单元相对效率,从而评价各个决策单元。每个 DMU 都可以看作相同的实体,各 DMU 有相同的输入、输出。综合分析输入、输出数据,DEA 可得出各个 DMU 的综合效率,据此定级排队 DMU,确定有效(相对效率最高的)DMU,挖掘其他 DMU 非有效的程度和缘由。

　　数据包络分析适用于多输出-多输入的有效性综合评价问题,在处理所输出-多输入的有效性评价方面具有绝对优势。应用 DEA 方法建立模型前无须对数据进行量纲化处理,无须任何权重假设。

三、数据包络法的相关术语

　　决策单元(DMU):就是效率评价的对象,可以理解为一个将一定"投入"转化为一定"产出"的实体。每个 DMU 都在生产过程中将一定数量的生产要素转化成产品,努力实现自身的决策目标,因此他们都表现出一定的经济意义。DMU 的概念是广义的,可以是工厂、银行等营利性组织,也可以是学校、医院等非营利性组织。在多数情况下,我们说的 DMU 指的是同质的(或同类型的)个体,即具有以下特征的 DMU:①具有相同的目标;②具有相同的外部环境;③具有相同的投入和产出指标。同质性保证了决策单元之间的可比性和评价结果的公平性。但当我们进一步把"黑箱"打开,深入研究决策单元的内部结构和子单元的生产效率时,有时会涉及非同质决策单元。

　　CCR 模型:该模型假定规模报酬不变,主要用来测量技术效率(TE),指 DMU 通过"投入一定数量的生产要素,并产出一定数量的产品"的经济系统来判断各个单元的相对合理性和有效性。从投入资源的角度来看,在当前产出的水准下,比较投入资源的使用情况,以此作为效益评价的依据,这种模式称为"投入导向模式"。

　　BCC 模型:该模型假定规模报酬可变,主要测算纯技术效率(PTE)。纯技术效益(PTE)是技术效率(TE)与规模效率(SE)的比值,即 PTE=TE/SE。从产出的角度探讨效率,即在相同的投入水准下,比较产出资源的达成情况,这种模式称为"产出导向模式"。所得到的是"技术效益",DEA=1 称为"技术有效",最优解是决策单元 j 的"技术效益",通常所说的技术效率、纯技术效率和规模效率就是 BCC 模型的分析结果。CCR 模型只强调技术效率。

　　DEA–Malmquist 指数模型:该模型可以测算出决策单元(DMUs)的生产效率在不同时期的动态变化情况。Malmquist 指数就是通常意义上的全要素生产率指数。

　　规模报酬:规模报酬是指在其他条件不变的情况下,企业内部各种生产要素按相同比例变化时所带来的产量变化。规模报酬分析的是企业的生产规模变化与所引起的产量变化之间的关系。规模报酬系数<1 时,生产规模较小,投入产出比会随着规模增加而迅速提升,称为规模报酬递增(IRS)(规模过小可扩大规模增加效益);规模报酬系数=1 时,生产达到高峰期,产出与投入成正比而达到最适生产规模,称为规模报酬固定;规模报酬系数>1 时,生产规模过于庞大,导致产出减缓,则称为规模报酬递减(DRS),也就是投入增加时,产出增加的比例会少于投入增加的比例(规模过大可减少规模增加效益)。规模报酬说明,当生产要素增加了一倍,如果产量的增加正好是一倍,则称为规模报酬不变(–);如果产量增加多于一倍,则称为规模报酬递增(IRS);如果产量增加少于一倍,则称为规模报酬递减(DRS)。

　　综合技术效率(CE):反映的是决策单元在最优规模时投入要素的生产效率,是对决策单元的资源配置能力、资源使用效率等多方面能力的综合衡量与评价。其值等于 1 时,代表该决策单元的投入与产出结构合理,相对效益最优。

技术效率(TE):指在保持决策单元投入不变的情况下,实际产出同理想产出的比值,反映的是管理和技术等因素影响的生产效率。其值等于 1 时,代表投入要素得到充分利用,在给定投入组合的情况下,实现产出最大化。技术效率值(TE)可分解得到纯技术效率值(PTE)和规模效率值(SE),三者的关系是 PTE = TE/SE。TE 是对决策单元纯技术效率的衡量;PTE 是对决策单元配置资源效率的衡量;SE 是对决策单元投入资源规模效率的衡量。

规模效率(SE):反映的是由于规模因素影响的生产效率。其值等于 1 时,代表规模效率有效(规模报酬不变),也就是规模适宜,已达到最优的状态。

DEA 有效性:有效性分析结合综合效益指标、S-和 S+3 个指标,可判断 DEA 有效性。如果综合效益=1 且 S-与 S+均为 0,则 DEA 强有效;如果综合效益为 1 但 S-或 S+大于 0,则 DEA 弱有效;如果综合效益<1 则为非 DEA 有效。

DEA 强有效:任何一项投入的数量都无法减少,除非减少产出的数量或者增加其他至少一种投入的数量;任何一项产出的数量都无法增加,除非增加投入的数量或减少其他至少一种产出的数量。

DEA 弱有效:无法等比例减少各项投入的数量,除非减少产出的数量;无法等比例增加各项产出的数量,除非增加投入的数量。这种情况下,虽然不能等比例减少投入或增加产出,但某一项或几项(但不是全部)投入可能减少,所以称为弱有效。

松弛变量:松弛变量 S-指为达到目标效率可以减少的投入量,增加这些投入量就能达到更高的效率;松弛变量 S+指为达到目标效率可以增加的产出量,减少这些投入量就能达到更高的效率。

投入冗余率:指"过多投入"与已投入的比值,该值越大意味着"过多投入"越多。投入冗余分析(差额变数分析)主要用于分析各变量需要减少多少投入时才能达目标效率。

产品不足率:指"产出不足"与已产出的比值,该值越大意味着"产出不足"越多。产出不足分析(超额变数分析)主要用于分析各变量需要增加多少产出时达目标效率。

生产前沿面:对于给定的生产要素和产出价格,选择要素投入的最优组合和产出的最优组合,即投入成本最小、产出收益最大的组合。它所对应的生产函数所描述的生产可能性边界就是生产前沿面。

四、数据包络法的优缺点

首先,DEA 方法可用于评价多投入、多产出的决策单位的生产(经营)绩效。DEA 方法无须指定投入产出的生产函数形态,因此可评价具有较复杂生产关系的 DMU 的效率。

其次,它具有单位不变性的特点,即 DEA 衡量的 DMU 的结果不受投入产出数据所选择单位的影响。只要投入、产出数据的单位是统一的,那么任何一个投入、产出数据的单位发生变化,都不会影响效率结果。它能同时处理比例数据和非比例数据,即投入、产出数据中可以同时使用比例数据和非比例数据,只要该数据是能够反映决策单位投入面或产出面的主要指标即可。

第三,DEA 中模型的权重由数学规划根据数据产生,不需要事前设定投入与产出的权重,因此不受人为主观因素的影响。而事前设定权重的方法,如专家评估法,容易受到人为主观因素的影响。

第四,DEA可以进行目标值与实际值的比较分析、敏感度分析和效率分析,可以进一步了解决策单位资源使用的情况,供管理者的经营决策参考。

DEA方法的缺点在于它衡量的生产函数边界是确定性的。因此,所有随机干扰项都被看成是效率因素。同时,该方法的评价容易受到极值的影响。

第二节　三阶段 DEA 的应用

一、三阶段 DEA 的应用步骤

三阶段 DEA 可以在传统 DEA 的基础上剔除环境因素和随机干扰的影响,更加真实地反映决策单元的效率。三阶段的第一阶段和第三阶段与传统 DEA 计算方法是一样的,一、三阶段可以用 BCC 模型,也可以用 SBM 模型,还有用 DEA 的 Malmquist 模型的,这里以 BCC 模型为例。第二阶段是三阶段 DEA 中最重要的一步。第一阶段计算出来结果中,投入松弛值受管理无效率、环境因素、随机干扰三方面影响,而第二阶段的任务就是用随机前沿法把投入松弛变量里面的环境因素和随机干扰剔除。

三阶段 DEA 的基本流程(图 18-1)如下:

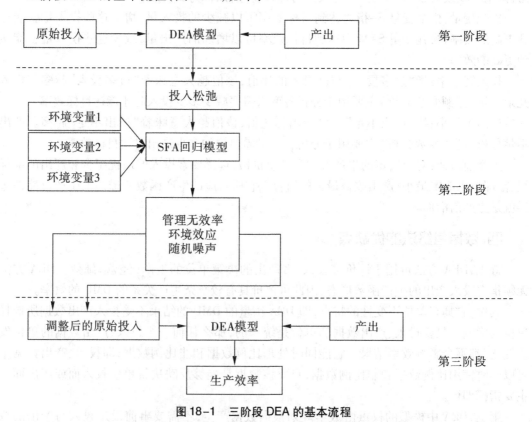

图 18-1　三阶段 DEA 的基本流程

第一阶段,采用规模报酬可变的 BCC 模型,基于 DEAP 软件计算出了各决策单元的综合效率,纯技术效率、规模效率和投入变量的松弛值(把得出的效率值和投入松弛值复制到 Excel 表中)。

第二阶段,将环境变量作为自变量,第一阶段计算得到的松弛变量作为因变量,基于 Frontier 4.1 软件计算各环境变量对投入松弛量的影响程度,以最有效决策单元的投入量为参照,对其他决策单元投入量进行调整(假设 m 个环境变量、n 个投入变量,第二阶段要把 m 环境变量和每个投入变量分别做回归,也就是有几个投入变量做几次。把 m 个环境变量和其中一个投入变量的值带到 Frontier 软件里,得到每个环境变量的系数、常数和 γ 值)。

第三阶段,用第二阶段调整后的投入数据和原始产出数据重新带入 BCC 模型,基于 Deap 软件进行计算,得到剔除环境因素及随机误差影响的结果,可以更为真实地反映效率情况。

二、Deap 软件的应用

DEA 有一个专门的工具来分析,即 Deap,下载之后是一个文件夹。通过修改文件夹里几个文档里的参数就可以直接出结果,操作非常简单好用。

Deap 的文件夹主要包括 Dblank.ins,dea.dta,dea.ins,dea.out,deap.000,一个 Deap 应用程序,一个 Excel 表格,以及一个操作说明书。文件夹里的所有文件(除 Excel)都要用记事本打开。操作说明书比较详细,包括操作方式和初步的结果分析,Excel 文件就是我们自己输入的原始数据。

第一步,文件夹里最重要的也是必不可少的就是 deap,deap.000,dblank,dea.dta 这四个文件。

第二步,将产出和投入数据复制粘贴到 txt 记事本上(注意在记事本下的数据只有数据,不包括决策单元的名称和投入、产出的名称,并且一定要产出数据在前,投入数据在后)。修改之后,保存一下就可以了。

第三步,修改 ins 文件里的参数。

(1)第一行的 dea.dta 和第二行的 dea.out 是自己根据表格的名字来定的,文件夹里所有数据的名称必须统一。如果你用的 123,那就要改成 123.dta 和 123.out。

(2)第三行表示决策单元数量,根据数据而定。

(3)第四行表示时期数,如果是截面数据则为 1,若为时间序列数据则自己根据实际情况设置。

(4)第五行表示产出的数量。

(5)第六行表示投入的数量。

(6)第七行表示是从产出还是从投入角度来衡量技术效率,0 是投入决定,1 是产出决定。

(7)第八行表示规模报酬,0 表示不变(CCR 模型),1 表示递增(BCC 模型)。

(8)第九行是具体的计算方法,不用更改。

(9)修改之后,保存、关闭。

第四步,打开 deap.exe,直接输入自己定的名称(如你用的 123.txt,就输入 123.txt),按回车键后出现的 dea.out 就是最后的结果。

第五步,结果解释。

(1)效率分析 EFFICIENCY SUMMARY。Firm、crste、vrste、scale 四列数据分别表示:firm

样本次序;crste 不考虑规模收益时的技术效率(综合效率);vrste 考虑规模收益时的技术效率(纯技术效率);scale 考虑规模收益时的规模效率(规模效率),纯技术效率和规模效率是对综合效率的细分。最后一列中"irs、—、drs"分别表示"规模收益递增、不变、递减"。

(2)SUMMARY OF OUTPUT SLACKS(松弛变量 S+的值)、SUMMARY OF INPUTS LACKS(剩余变量 S−的值)分别表示产出和投入指标的松弛变量取值,即原模型中的 S 值。

(3)SUMMARY OF PEERS 表示非 DEA 有效单元根据相应的 DEA 有效单元进行投影即可以实现相对有效。后面有相应的权数 SUMMARY OF PEER WEIGHTS。

(4)SUMMARY OF OUTPUT TARGETS、SUMMARY OF INPUT TARGETS 为各单元的目标值,即达到有效的值,如果是 DEA 有效单元则是原始值。

(5)FIRM BY FIRM RESULTS 即针对各个单元的详细结果。

此外,还涉及下列术语:Original value 表示原始值;Radial movement 表示投入指标的松弛变量取值,即投入冗余值;Slack movement 表示产出指标的松弛变量取值,即产出不足值;Projected value 表示达到 DEA 有效的目标值;crs 可以理解为固定收益考虑如何减少支出;vrs 可以理解为支出固定如何增大收益。

三、Frontier 软件的应用

第一阶段分析出来的投入产出松弛变量可能受到外部环境因素、随机误差以及内部管理因素影响,通过随机前沿分析方法(Stochastic Frontier Analysis,SFA)对上述因素进行测算并将其影响剔除。Frontier 是专门用于随机前沿分析的软件,主要用来处理以一个产出变量和若干个投入变量的生产函数形式测定技术效率系统。

Frontier 4.1 软件的使用,一般涉及 5 个文件:①执行文件 Front 41.exe,双击 Front 41.exe 就可直接运行;②起始文件 Front 41.000,包括许多关键的变量,如收敛标准、打印标记等;③数据文件 tjny.dta;④指令文件 tjny.ins(即地球仪图标文件);⑤输出文件 tjny.out,该文件只有在运行命令文件后才会自动产生。后面三个文件都是以记事本方式打开的文本文件,均可以用多种程序进行编辑,如 NOTEPAD、WORDPAD、WORD、WORD PERFECT 程序等。最好使用 WORDPAD 格式,方便编辑。用户在执行文件前要先建立数据文件和指令文件。用户自行定义数据文件和指令文件的文件名时,不能超过 12 个字符,后缀通常用 txt,便于双击直接查看。另外文件 Front 41.for 和 F77L 3.eer 也常常包含在 Frontier 4.1 软件包中。如果环境变量与投入松弛变量成正相关,则说明环境变量投入增多将不利于效率的提高,在第三阶段 DEA 分析过程中,需要把这个变量删除。

(1)Frontier 软件的操作过程。

第一步,打开 Frontier 4.1 文件夹,建立数据文件。打开保存有投入产出数据的 Excel 文件,另存为"文本文档"类型的文件,命名为×××.dta。或打开原有的 *.dta 文件并删除原有数据,再把 Excel 中保存好的数据复制到 *.dta 文件中,并命名为×××.dta。

第二步,建立指令文件。打开指令文件 *.ins,并编辑输出指令。

第一行:模型的选择 1=ERROR COMPONENTS MODEL,2=TE EFFECTS MODEL。

第二行:所读取的数据文件名(×××.dta)。3+k 格式:DUM+period+投入 1 松弛变量+k 个环境变量。松弛变量为被解释变量,环境变量为解释变量。将 3+k 列数据输入到 Frontier 的 dta 文件中。

第三行:输出文件名称(×××. out)。

第四行:选择函数类型,1 为生产函数,2 为成本函数。

第五行:变量是否已经进行对数运算,如是选"Y",否则选"N"。

第六行:评价体系数目。

第七行:时期数目。

第八行:总记录数。

第九行:自变量数。

第十行:当假设为半正态分布时选"n"。

第十一行:只有一个时期的截面数据时,选"n"。

第十二行:由于采用格点搜索初始值,选"n"。如果选"y",则要按照顺序手动输入每个参数的初始值。

第三步,运行 Frontier 程序。编辑并保存好指令文件后运行命令程序文件,打开命令程序文件后,Frontier 程序有两种方式接受命令,即逐步输入法和文件选择法。如果未建立指令文件,选择"t",逐步输入命令,即一些输入参数。由于之前已经编辑好了指令文件,因此选择"f",从命令文件中读取。然后根据程序提示输入指令程序文件名(×××. ins)。

第四步,运行结果及分析。在命令文件中输入文件名或根据提示输入参数后,按回车键,在 Frontier 文件夹中会自动产生一个输出文件 ∗. out。

(2)使用 Frontier 4.1 软件的注意事项。

1)在 Frontier 4.1 自带的软件包中,自己手动建立两个 txt 文档,一个是数据文档,另一个是命令文档。特别注意的是,命令文档的命名一定要与软件包自带的一个文档的命名一致,这个文档的图标是蓝色带箭头的地球仪。

2)在命令文档里,数据文件的命名一般可以任意选择,但一定要加上 txt 的后缀。数据文件里数据排列按"序号+时期+因变量(1 个)+自变量(k 个)"这个顺序排,序号就是决策单元个数,时期就是时间个数(1,2,…),因变量就是产出变量,自变量就是投入变量,可以多个。

3)输出文件的命名也可任意选择,但是当 Frontier 4.1 软件执行操作时,输出的输出文件名一般也是与蓝色带箭头地球仪的名字一致的,并不会与命令文件中设置的输出文件一致。

4)命令文件中设置的数据文件和输出文件一定要加上后缀名,如在命令文件中把数据文件设置成 chap 9. txt 的形式,输出文件为 chap 09. txt 的形式,当然前面的 chap 9 和 chap 09 这些都是自己任意设定的,同样在最后执行可执行文件 front 41 时,最后在 dos 环境下输入的命令文件名也必须加上 txt 的后缀名才能有结果输出。当然为了便于阅读,最好还是在命令文件前加上 ins,在数据文件前加上 dta,在输出文件前加上 out。

第三节　三阶段 DEA 的应用案例

表 18-1 是我国 31 个省、市、自治区的经济情况(原始数据),其中,产出变量包括工业增加值和生产总值,投入变量包括固定资产投入和人才投入(人员),环境变量包括人均 GDP、政府扶持、对外开放水平等,利用三阶段 DEA 进行分析。

表 18-1　原始数据

省、市、自治区	产出变量		投入变量		环境变量		
	工业增加值/万元	生产总值/万元	固定资产投入/万元	人员/万人	人均 GDP/元	政府扶持	对外开放水平
北京	18624.82	1254.78	451.7	420.5	93213	87.01	2199.9
天津	27011.12	1992.76	2548.7	132.4	99607	29.76	894.2
河北	45766.25	2560.86	9566.5	430.2	38716	50.45	194.0
山西	18404.65	547.91	2538.8	232.1	34813	48.17	125.3
内蒙古	19550.83	1682.55	4516.0	341.5	67498	68.78	71.3
辽宁	52150.40	2461.58	8632.1	612.7	61686	68.60	422.8
吉林	21950.72	1230.10	4410.2	361.1	47191	44.25	199.0
黑龙江	13569.81	1150.21	3518.4	392.3	37509	44.94	270.3
上海	34533.53	2415.20	1072.2	426.3	90092	68.80	2042.7
江苏	132270.41	7834.06	17320.5	1678.6	74607	116.86	931.0
浙江	61765.48	3385.87	6150.5	1008.5	68462	85.09	893.8
安徽	33079.46	1758.77	7272.9	523.9	31684	62.35	239.1
福建	32847.14	1959.45	4648.2	485.8	57856	35.86	778.1
江西	26700.22	1756.66	6561.3	368.4	31771	39.66	256.3
山东	132318.98	8507.73	15308.4	762.0	56323	91.57	487.4
河南	59454.79	4410.82	11810.5	459.2	34174	57.54	186.5
湖北	37864.54	2080.66	8050.5	623.0	42613	47.09	147.5
湖南	31616.57	1585.06	6290.0	652.9	36763	44.87	102.7
广东	103654.98	5854.93	5622.8	1670.1	58540	170.56	1756.0
广西	16726.00	874.00	3890.0	297.7	30588	37.48	228.3
海南	1640.70	110.80	225.2	119.1	35317	16.60	476.3
重庆	15417.07	878.43	2671.4	505.7	42795	31.16	542.7
四川	35251.84	2168.37	4940.7	514.0	32454	87.35	245.9
贵州	6878.40	477.33	1077.0	170.1	22922	35.31	103.5
云南	9773.14	549.08	1454.9	401.9	25083	45.34	215.9
西藏	93.37	7.17	47.4	44.5	26068	18.91	411.0
陕西	17763.00	1973.32	2882.8	300.9	42692	61.27	125.4
甘肃	8443.65	286.71	1110.4	166.5	24296	33.07	163.3
青海	2045.38	141.34	631.9	49.9	36510	14.32	66.8
宁夏	3374.49	139.11	789.5	56.7	39420	13.94	125.4
新疆	8608.03	795.40	1693.5	176.2	37181	47.70	329.7

第一步,利用 Deap 软件进行第一阶段分析。其中,31 个 DMU,产出数据(增加值、生产总值 2 个)在前,投入数据(固定资产投入、人员 2 个)在后,运行 Deap 软件,得到表 18-2 的结果。

表 18-2 第一阶段 DEA 结果

firm	crste	vrste	scale	
1	1	1	1	—
2	1	1	1	—
3	0.521	0.568	0.917	drs
4	0.555	0.587	0.945	irs
5	0.422	0.431	0.978	irs
6	0.513	0.572	0.895	drs
7	0.399	0.411	0.97	irs
8	0.316	0.342	0.924	irs
9	1	1	1	—
10	0.57	0.883	0.645	drs
11	0.571	0.675	0.845	drs
12	0.384	0.399	0.963	drs
13	0.509	0.522	0.975	drs
14	0.375	0.375	0.998	irs
15	0.851	1	0.851	drs
16	0.638	0.797	0.801	drs
17	0.386	0.41	0.94	drs
18	0.363	0.37	0.982	drs
19	0.711	1	0.711	drs
20	0.354	0.38	0.933	irs
21	0.212	0.498	0.425	irs
22	0.301	0.331	0.909	irs
23	0.515	0.536	0.961	drs
24	0.371	0.496	0.747	irs
25	0.273	0.332	0.821	irs
26	0.054	1	0.054	irs
27	0.681	0.686	0.993	irs
28	0.455	0.571	0.796	irs

续表 18-2

firm	crste	vrste	scale	
29	0.263	1	0.263	irs
30	0.361	0.958	0.377	irs
31	0.468	0.544	0.861	irs
mean	0.496	0.635	0.822	

Deap 软件运行结果还包括 SUMMARY OF OUTPUT SLACKS 和 SUMMARY OF INPUT SLACKS,分别表示产出和投入指标的松弛变量取值,即原模型中的 S 值;SUMMARY OF PEERS 表示非 DEA 有效单元根据相应的 DEA 有效单元进行投影即可以实现相对有效。后面有相应的权数 SUMMARY OF PEER WEIGHTS;SUMMARY OF OUTPUT TARGETS 和 SUMMARY OF INPUT TARGETS 为各单元的目标值,即达到有效的值,如果是 DEA 有效单元则是原始值。整理上述运行结果,可以得到第一阶段 DEA 的松弛变量值,结果见表 18-3。

表 18-3　第一阶段 DEA 运行结果所得到的松弛变量值

DMU	投入目标值		原始投入值		松弛变量=原始值-目标值	
	投入 1	投入 2	投入 1	投入 2	投入 1	投入 2
1	451.7	420.5	451.7	420.5	0	0
2	2548.7	132.4	2548.7	132.4	0	0
3	4821.178	244.531	9566.5	430.2	4745.27547	185.6295
4	1490.638	136.276	2538.8	232.1	1048.11957	95.8185
5	1948.564	147.35	4516.0	341.5	2567.4481	194.1174
6	4941.775	350.763	8632.1	612.7	3690.32664	261.95
7	1814.437	148.563	4410.2	361.1	2595.72074	212.5308
8	1202.68	134.098	3518.4	392.3	2315.703	258.2117
9	1072.2	426.3	1072.2	426.3	0	0
10	15291.988	763.539	17320.5	1678.6	2028.46221	915.0111
11	4153.538	681.057	6150.5	1008.5	1997.01011	327.4093
12	2898.904	208.821	7272.9	523.9	4374.00524	315.0755
13	2427.171	253.672	4648.2	485.8	2221.07891	232.1105
14	2463.705	138.331	6561.3	368.4	4097.62252	230.0367
15	15308.4	762	15308.4	762.0	−0.02634	−0.0124
16	7284.519	366.079	11810.5	459.2	4525.98839	93.1031
17	3303.751	255.666	8050.5	623.0	4746.74897	367.3482
18	2325.426	241.378	6290.0	652.9	3964.53792	411.5601
19	5622.8	1670.1	5622.8	1670.1	0	0

续表18-3

DMU	投入目标值		原始投入值		松弛变量=原始值-目标值	
	投入1	投入2	投入1	投入2	投入1	投入2
20	1477.683	113.086	3890.0	297.7	2412.36397	184.5883
21	112.189	59.333	225.2	119.1	112.9997	59.757
22	883.717	167.289	2671.4	505.7	1787.73025	338.4392
23	2647.619	275.442	4940.7	514.0	2293.08704	238.5692
24	534.466	84.413	1077.0	170.1	542.5786	85.7013
25	483.29	133.503	1454.9	401.9	971.63613	268.3498
26	47.4	44.5	47.4	44.5	0	0
27	1977.647	206.422	2882.8	300.9	905.18671	94.4374
28	634.522	95.144	1110.4	166.2	475.9057	71.3446
29	631.9	49.9	631.9	49.9	0	0
30	733.945	54.292	789.5	56.7	55.5707	2.4027
31	920.673	95.791	1693.5	176.2	772.8141	80.4541

第一阶段分析出来的投入产出松弛变量可能受到外部环境因素、随机误差以及内部管理因素影响,通过随机前沿分析方法对上述因素进行测算并将其影响剔除。第二阶段将环境变量(人均GDP、政府扶持、对外开放)作为自变量,第一阶段计算得到的投入松弛变量作为因变量,基于Frontier 4.1软件计算各环境变量对投入松弛变量的影响程度,以最有效决策单元的投入量为参照,对其他决策单元投入量进行调整(假设m个环境变量、n个投入变量,第二阶段要把m环境变量和每个投入变量分别做回归,也就是有几个投入变量做几次)。投入松弛变量1的第二阶段Frontie原始数据见表18-4。

表18-4　投入松弛变量1的第二阶段Frontie原始数据

DMU	时间	投入松弛1	环境变量1	环境变量2	环境变量3
1	1	0	93213	87.01	2199.915346
2	1	0	99607	29.76	894.2265639
3	1	4745.27547	38716	50.45	194.0241529
4	1	1048.11957	34813	48.17	125.3029541
5	1	2567.4481	67498	68.78	71.25891882
6	1	3690.32664	61685.9	68.6	422.7774161
7	1	2595.72074	47191	44.25	198.9894434
8	1	2315.703	37509.27	44.94	270.3141432
9	1	0	90092	68.8	2042.707919

续表 18-4

DMU	时间	投入松弛 1	环境变量 1	环境变量 2	环境变量 3
10	1	2028.46221	74607	116.86	931.0107798
11	1	1997.01011	68462	85.09	893.8041029
12	1	4374.00524	31684	62.35	239.0844047
13	1	2221.07891	57856	35.86	778.1420143
14	1	4097.62252	31771	39.66	256.2794853
15	1	-0.02634	56322.58503	91.57	487.4001986
16	1	4525.98839	34174	57.54	186.4570501
17	1	4746.74897	42612.7	47.09	147.4758933
18	1	3964.53792	36763	44.87	102.7493555
19	1	0	58540	170.56	1755.971243
20	1	2412.36397	30588	37.48	228.3175616
21	1	112.9997	35317	16.6	476.2632927
22	1	1787.73025	42795	31.16	542.7340324
23	1	2293.08704	32454	87.35	245.8978088
24	1	542.5786	22921.67	35.31	103.5383843
25	1	971.63613	25083	45.34	215.8839117
26	1	0	26068	18.91	410.9857987
27	1	905.18671	42692	61.27	125.4459181
28	1	475.9057	24296	33.07	163.3071262
29	1	0	36510	14.32	66.76390376
30	1	55.5707	39420	13.94	125.4429136
31	1	772.8141	37181	47.7	329.6722463

在做第二阶段的 SFA 分析时,以投入变量 1 的松弛变量值为被解释变量,环境变为解释变量,制作成"3+k 格式"(DUM+period+投入 1 松弛变量+k 个环境变量)的表格,这就是 Frontier 的原始输入数据,就可以将这 3+k 列数据输入到 Frontier 的 dta 文件中。将所读取的数据文件名设计成"×××.dta"的格式,运行 Frontier 软件,得到表 18-5 的结果。通常情况下,T 值一般在 1.6 以上就是 10% 的显著性水平异于 0,T 值为 2 意味着 5% 的显著性水平异于 0,T 值为 2.5 意味着 1% 的显著性水平异于 0。表 18-5 的结果显示 T 值均小于 1.6,通过显著性检验。γ 值接近于 1 说明适合用 SFA 做分析,表 18-5 的结果显示 γ 值=1,意味着适合做 SFA 分析。

表 18-5　投入变量 1 的松弛变量值作为被解释变量的 SFA 软件分析结果

投入变量 1 的 SFA	coefficient	standard–error	t–ratio
常数	−449.53	1.00	−449.21
环境 1	0.01	0.01	1.19
环境 2	2.52	7.20	0.35
环境 3	−0.42	0.61	−0.69
σ^2（sigma–squared）	5171073.90	1.00	5171073.90
γ（gamma）	1.00	0.00	113248.12

　　表 18-6 是投入松弛变量 1 管理无效率项的分离，环境变量最大值为 198.78033，随机扰动最大值为 4.85904×10^5，调整后的投入变量 1 = 环境变量调整 + 随机扰动项调整 + 原始投入。

表 18-6　投入松弛变量 1 管理无效率项的分离

环境变量调整	随机扰动项调整	原始投入	调整后的投入 1
647.9630847	4.40985×10^5	451.7	1099.70
200.5522926	4.85727×10^5	2548.7	2749.21
312.5425822	0	9566.5	9879.00
318.8671529	3.69083×10^5	2538.8	2857.62
0	2.49037×10^5	4516.0	4516.01
190.2783625	1.17721×10^5	8632.1	8822.38
266.8015672	2.1953×10^5	4410.2	4676.96
367.1913014	2.37492×10^5	3518.4	3885.57
651.6692903	4.40615×10^5	1072.2	1723.86
183.8057031	2.84555×10^5	17320.5	17504.26
294.2027488	2.76661×10^5	6150.5	6444.75
353.9768801	3.29836×10^6	7272.9	7626.89
449.2302763	2.38751×10^5	4648.2	5097.48
417.5592663	5.42636×10^6	6561.3	6978.89
199.5274666	0.000459598	15308.4	15507.90
325.5378986	2.06292×10^6	11810.5	12136.05
272.4632089	3.86059×10^7	8050.5	8322.96
303.1900547	7.9009×10^6	6290.0	6593.15

续表 18-6

环境变量调整	随机扰动项调整	原始投入	调整后的投入 1
512. 3762169	4.54544×10^5	5622. 8	6135. 15
420. 2521158	2.2252×10^5	3890. 0	4310. 30
540. 6194231	4.4042×10^5	225. 2	765. 81
475. 7232162	2.79436×10^5	2671. 4	3147. 17
288. 1676417	2.47656×10^5	4940. 7	5228. 87
431. 1164591	4.08412×10^5	1077. 0	1508. 16
436. 4889875	3.64969×10^5	1454. 9	1891. 42
576. 8267717	4.48099×10^5	47. 4	624. 21
227. 0299587	3.9256×10^5	2882. 8	3109. 86
451. 3521012	4.13056×10^5	1110. 4	1561. 78
366. 9471277	4.69087×10^5	631. 9	998. 85
370. 5616849	4.63169×10^5	789. 5	1160. 08
387. 4165398	3.89759×10^5	1693. 5	2080. 90

　　第一阶段分析出来的投入产出松弛变量可能受到外部环境因素、随机误差以及内部管理因素影响,通过随机前沿分析方法(SFA)对上述因素进行测算并将其影响剔除。将第二阶段调整后的投入数据作为新的投入数据,产出数据仍为原始数据,再次代入 DEA-BCC 模型中对效率值进行评估,从而得到不受环境因素和随机误差影响的效率值。结果见表 18-7、表 18-8、表 18-9。

表 18-7　投入松弛变量 2 的第二阶段 Frontie 原始数据

DMU	时间	投入松弛 2	环境变量 1	环境变量 2	环境变量 3
1	1	0	93213	87. 01	2199. 915346
2	1	0	99607	29. 76	894. 2265639
3	1	185. 6295	38716	50. 45	194. 0241529
4	1	95. 8185	34813	48. 17	125. 3029541
5	1	194. 1174	67498	68. 78	71. 25891882
6	1	261. 95	61686	68. 60	422. 7774161
7	1	212. 5308	47191	44. 25	198. 9894434
8	1	258. 2117	37509	44. 94	270. 3141432
9	1	0	90092	68. 80	2042. 707919
10	1	915. 0111	74607	116. 86	931. 0107798

续表 18-7

DMU	时间	投入松弛2	环境变量1	环境变量2	环境变量3
11	1	327.4093	68462	85.09	893.8041029
12	1	315.0755	31684	62.35	239.0844047
13	1	232.1105	57856	35.86	778.1420143
14	1	230.0367	31771	39.66	256.2794853
15	1	0	56323	91.57	487.4001986
16	1	93.1031	34174	57.54	186.4570501
17	1	367.3482	42613	47.09	147.4758933
18	1	411.5601	36763	44.87	102.7493555
19	1	0	58540	170.56	1755.971243
20	1	184.5883	30588	37.48	228.3175616
21	1	59.757	35317	16.60	476.2632927
22	1	338.4392	42795	31.16	542.7340324
23	1	238.5692	32454	87.35	245.8978088
24	1	85.7013	22922	35.31	103.5383843
25	1	268.3498	25083	45.34	215.8839117
26	1	0	26068	18.91	410.9857987
27	1	94.4374	42692	61.27	125.4459181
28	1	71.3446	24296	33.07	163.3071262
29	1	0	36510	14.32	66.76390376
30	1	2.4027	39420	13.94	125.4429136
31	1	80.4541	37181	47.70	329.6722463

表 18-8 投入变量 2 的松弛变量值作为被解释变量的 SFA 软件分析结果

投入变量 2 的 SFA	coefficient	standard-error	t-ratio
常数	56.04	69.80	0.80
环境 1	0.00	0.00	−0.77
环境 2	1.16	0.30	3.88
环境 3	−0.09	0.07	−1.30
σ^2(sigma-squared)	64608.15	0.99	65537.41
γ(gamma)	1.00	0.00	14163.49

表 18-9　投入松弛变量 2 管理无效率项的分离

环境变量调整	随机扰动项调整	原始投入	调整后的投入 1
300.61395	7.29753×10^6	420.5	721.15
266.4878337	7.63879×10^6	132.4	398.86
51.64086658	7.93096×10^6	430.2	481.80
39.97222099	8.94576×10^6	232.1	272.07
80.85717873	7.55392×10^6	341.5	422.32
99.44925515	6.68967×10^6	612.7	712.16
77.30904912	7.40527×10^6	361.1	438.40
62.14595232	7.10009×10^6	392.3	454.46
301.3691167	7.28997×10^6	426.3	727.66
115.3553384	0	1678.6	1793.91
135.9214295	5.67036×10^6	1008.5	1144.39
26.79954303	6.88491×10^6	523.9	550.70
160.4094564	6.37847×10^6	485.8	646.19
54.8401183	7.4549×10^6	368.4	423.21
67.01365729	1.9496×10^5	762.0	829.00
33.080244	9.04183×10^6	459.2	492.26
59.76260855	6.03256×10^6	623.0	682.78
45.9810369	5.72825×10^6	652.9	698.92
90.96847723	9.39398×10^6	1670.1	1761.11
52.40859542	7.9337×10^6	297.7	350.08
108.4101753	8.62199×10^6	119.1	227.50
113.2274615	5.787×10^6	505.7	618.96
0	7.91797×10^6	514.0	514.01
27.70060462	9.16965×10^6	170.1	197.81
30.47890427	7.31538×10^6	401.9	432.33
80.33673437	9.5003×10^6	44.5	124.88
41.53611769	8.94393×10^6	300.9	342.40
38.45486152	9.20567×10^6	166.5	204.94
77.77429906	9.52592×10^6	49.9	127.70
89.54074983	9.38423×10^6	56.7	146.24
63.43463658	8.86478×10^6	176.2	239.68

第一阶段 DEA 分析与第三阶段(剔除环境)DEA 分析结果对比见表 18-10。根据结果进行对比解释。

表 18-10 第三阶段 DEA 分析

第一阶段				第三阶段(剔除环境)				
firm	crste	vrste	scale		firm	crste	vrste	scale	
北京	1	1	1	—	1	0.845	1	0.845	irs
天津	1	1	1	—	2	0.953	1	0.953	irs
河北	0.521	0.568	0.917	drs	3	0.595	0.754	0.79	irs
山西	0.555	0.587	0.945	irs	4	0.642	0.891	0.721	irs
内蒙古	0.422	0.431	0.978	irs	5	0.581	0.686	0.847	irs
辽宁	0.513	0.572	0.895	drs	6	0.622	0.674	0.923	irs
吉林	0.399	0.411	0.97	irs	7	0.471	0.617	0.763	irs
黑龙江	0.316	0.342	0.924	irs	8	0.426	0.553	0.769	irs
上海	1	1	1	—	9	1	1	1	—
江苏	0.57	0.883	0.645	drs	10	0.735	0.885	0.83	drs
浙江	0.571	0.675	0.845	drs	11	0.739	0.763	0.969	irs
安徽	0.384	0.399	0.963	drs	12	0.471	0.561	0.84	irs
福建	0.509	0.522	0.975	drs	13	0.578	0.667	0.866	irs
江西	0.375	0.375	0.998	irs	14	0.445	0.622	0.716	irs
山东	0.851	1	0.851	drs	15	1	1	1	—
河南	0.638	0.797	0.801	drs	16	0.873	0.986	0.885	irs
湖北	0.386	0.41	0.94	drs	17	0.476	0.547	0.871	irs
湖南	0.363	0.37	0.982	drs	18	0.46	0.542	0.849	irs
广东	0.711	1	0.711	drs	19	1	1	1	—
广西	0.354	0.38	0.933	irs	20	0.407	0.598	0.681	irs
海南	0.212	0.498	0.425	irs	21	0.132	0.867	0.152	irs
重庆	0.301	0.331	0.909	irs	22	0.359	0.511	0.702	irs
四川	0.515	0.536	0.961	drs	23	0.665	0.767	0.867	irs
贵州	0.371	0.496	0.747	irs	24	0.435	0.877	0.495	irs
云南	0.273	0.332	0.821	irs	25	0.349	0.605	0.577	irs
西藏	0.054	1	0.054	irs	26	0.013	1	0.013	irs
陕西	0.681	0.686	0.993	irs	27	0.934	1	0.934	irs
甘肃	0.455	0.571	0.796	irs	28	0.478	0.918	0.52	irs
青海	0.263	1	0.263	irs	29	0.196	1	0.196	irs
宁夏	0.361	0.958	0.377	irs	30	0.261	0.941	0.278	irs
新疆	0.468	0.544	0.861	irs	31	0.553	0.849	0.651	irs
mean	0.496	0.635	0.822						

第十九章 系统分析方法

第一节 系统论和系统分析法

一、系统的概念与特征

系统论是 20 世纪 40 年代美籍奥地利理论生物学家路德维希·冯·贝塔朗菲首先明确提出的,后经许多科学家发展形成的,它包括贝塔朗菲提出的一般系统论、维纳提出的控制论、申农提出的信息论、普里高津提出的耗散结构理论、哈肯提出的协同理论等,也包括在科学及工程领域得到广泛应用的系统分析技术。

(1)系统的概念。按照一般系统论的创立者贝塔朗菲的观点,系统是处于一定环境的相互关系并与环境发生关系的各个组成部分(要素)的总体(集)。我国著名科学家钱学森则主张把"极其复杂的研究对象称为系统,即相互作用和相互依赖的若干组成部分合成的具有特定功能的有机整体,而且这个系统本身又是它所从属的一个更大系统的组成部分"。一般地将系统界定为由若干处于相互联系并与环境发生相互作用的要素或部分所构成的整体。组成系统的各个部分,被称为要素、单元或子系统。由于系统可以划分为不同层次的要素,所以,要素具有相对性。

(2)系统的分类。按照自然界从低级到高级的层次,可分为无机系统、生物机体系统和社会系统;按照系统的要素及其形成与人类实践的关系,可以分为自然系统和人造系统;按照系统与环境的联系,可分为封闭系统和开放系统;按系统状态与时间的关系,可分为静态系统和动态系统;按系统要素的客观实在性,可分为实体系统和概念系统;按系统功能、目标的多寡,可分为单目标单功能系统和多目标多功能系统;按系统的规模、复杂程度,可分为小系统、大系统、超大系统及简单系统和复杂系统;等等。

(3)系统的特征。主要包括集合性、相关性、层次性、整体性、环境制约性、动态性。对于人造系统,还有目的性的特征。

1)集合性。系统总是由若干元素组成的。单独一个元素不能称为系统。在系统中各元素具有相对独立性,具有可识别的界限或标识。例如,人体由呼吸器官、消化器官、血液循环器官、运动器官、神经器官等部分组成;企业由若干车间、班组、科室组成;等等。识别系统,必须分析系统的构成元素。

2)相关性。在系统内各元素不是孤立存在的,而是存在这样那样的联系。所谓系统的联系,是指系统内各部分之间发生的物质、能量、信息的传递和交流。结果是某一部分的变化会导致另外部分的变化,这就是所谓相关性。例如,企业的销售部门工作不力,会导致正常的采购商品积压;经理的高昂斗志会鼓舞其下属努力工作;等等。

3）层次性。世界上的一切事物都是作为系统而存在的,是若干要素按一定的结构和层次组成的,并且具有特定的功能。系统是由要素所构成的整体,离开要素就没有系统,因而要素是系统存在的基础;各种要素在构成系统时,具有一定的结构与层次,没有结构层次的要素的胡乱堆积构不成系统。不同层次具有不同功能:比如,员工层次完成局部工作;部门可以生产部件或提供诸如采购、会计、人事等某一方面的职能;企业则提供相对完整的商品或配套服务。

4）整体性。系统不是若干元素的机械堆砌,而是存在有机联系的整体。系统整体的性质和功能不等于构成系统各部分的性质或功能的加总,人们形象地用 1 加 1 不等于 2 表示,这就是著名的贝塔朗菲定律。系统理论的创始人贝塔朗菲举例说,尽管人体器官都是由细胞、组织构成的,但人体器官的功能却是组成器官的细胞或组织所没有的。系统的整体性集中表现为系统的功能。系统的功能就是系统对环境的作用,是系统把环境的输入变成自身输出的转换作用,例如消化系统的功能就是将食物变成人体活动及生长所需的热量和各种营养。功能是识别系统的直接依据,甲系统之所以区别于乙、丙系统,首先是因为这三者功能不同。例如,我们根据社会功能性质不同把各种组织划分为工厂、学校、医院、商店等。我们还根据功能的水平把医院分成甲级、乙级等。

5）环境制约性。系统不是孤立存在的,它要与周围事物发生各种联系。这些与系统发生联系的周围事物的全体,就是系统的环境。系统的功能一方面取决于系统内部的结构和联系,所谓系统的结构,是指构成系统的元素的性质、数量、比例、空间排列及时序组合形成的层次;另一方面,系统要受环境的影响和制约,例如,机器的加工功能受所在的厂房地基,周围的温度、湿度等环境的影响。企业的效益受政治环境、经济环境、文化环境的影响。

6）动态性。系统的状态与功能不是一成不变的。系统不仅作为一个功能实体而存在,而且作为一种运动而存在。系统的内部联系是一种运动,系统与环境的相互作用也是一种运动。系统的功能是时间的函数,因为无论是系统要素的状态和功能还是环境的状态都不是一成不变的。例如企业的人员、资金、设备运行状态都在发生变化,企业环境也不断变化,因此企业效益必然也会波动。

7）目的性。世界上共有两类实体系统:一类是由矿物、植物、动物等自然物天然形成的系统,如天体系统、海洋系统、生态系统等,统称为自然系统;另一类是人们为达到某种目的而人为地建立(或改造过)的系统,如生产系统、运输系统、军事预警系统、管理系统等,统称为人造系统。人造系统的目的性表现在功能的人为性方面。人们通过系统要素的选择、联系方式及系统的运动设计反映人们的某种意志,服从于人们的某种目的。例如,运输系统设置多少交通工具,交通枢纽站点如何布局,车辆如何运行等,都反映人们的运输计划,服从于人们的运输目的。

（4）系统思维的特点。系统论作为一种新的思维方法,与传统的思维方法相比有以下几个特点:

1）注重事物的整体性。美国哲学家 E·拉兹洛指出:"科学现在不再像从前那样,在一个时刻观察一个事物,看它在另外一个事物作用下的行为。而是观察一定数目的不相同的、相互作用的事物。看它们在多种多样的影响作用下作为一个整体的行为。"系统论认为系统不是若干简单事物的堆砌,而是具有新的性质和功能的整体。

2）研究事物的内部结构及联系。系统论认为系统整体的性质和功能取决于系统内部的结构和联系。系统的结构是构成系统的元素的性质、数量、比例、空间排列及时序组合。系统的联系是系统间发生的物质、能量、信息的传递和交流。不同的结构和不同的联系导致系统不同的性质和功能,认识系统就要弄清系统内的结构和联系,改造系统就是调整系统的结构和联系。

3)强调系统的开放性与动态性。系统论把世界看成是相互联系的整体。每个系统都是某个更大系统的一部分,因此系统的性质和功能不能不受到环境的影响和制约。传统的思维,往往把事物看成是一个封闭的系统。系统论认为,封闭系统因受热力学第二定律的作用,其熵将逐渐增大,活力逐步减少。一个有机系统必须对外开放,与外界交换物质、能量和信息,才能维持其生命。系统论认为,系统处于不断的运动和变化状态之中,一方面,系统内部存在"自组织"的活动;另一方面,由于环境的变化,系统也难以维持其原来的状态。

二、系统论对管理学的贡献

系统论不仅作为一般世界观和方法论,充实和发展了当代哲学,而且对管理学以至整个科学技术的发展,都有直接而巨大的贡献。

(1)推动了管理观念的更新。系统整体性及相互制约性的启发,有利于增强管理工作中统筹兼顾、综合优化的意识,使人们在决策时能考虑到有关的方方面面,克服传统思维容易造成的片面性。任何一个系统均从属于更大的系统,这个概念帮助人们正确认识组织与其他组织的地位、使命及社会责任,有助于克服本位主义及目光短浅的行为。开放系统及组织效应理论、耗散结构理论,有力地支持和推动了各种组织之间、国家之间的联合与协作。系统论把信息提高到与物质、能量同等重要的地位,使人们重新认识资源的含义,把信息视作战略资源之一,有意识地加强了信息管理工作。系统论关于结构、联系决定系统功能的观点,使人们更加重视对系统机制的分析研究。所谓机制,就是决定系统运动的物质载体、动因及控制方式,也就是系统的结构与联系,从而为人们提供了通过调整结构、改善联系以增强系统功能这一有效途径。系统论提出的系统层次、反馈、控制等概念,为人们改进管理工作提供了新的思路。

(2)提供了解决复杂问题的分析工具。系统论揭示的宇宙中各类系统具有相似性这一真理,使人们一下子开阔了视野,变得聪明和灵活起来。管理人员在自然科学及工程技术领域找到了许多有力的工具,如控制论、运筹学、数理统计、可靠性方法、模糊数学、心理学等,它们构成了管理系统工程的主体内容。随着人类实践的深化,科学技术的发展,生产社会化程度的提高,管理领域的扩大,人们要处理的系统设计和系统控制问题日益复杂。

(3)促成了管理新模式的出现。对管理学发展历史的考察表明,现代管理学中广为采用的全面质量管理、目标管理等新管理模式的出现,与系统论的应用有直接的关系。企业或多数工程项目都有多元目标,如企业要盈利、保持市场地位、维护国家利益、谋求自身发展、满足职工需要等。如何处理目标间冲突,寻求令人满意的管理方案呢? 对于一个处于不断变化状态中的组织系统,如何进行预测和控制? ……对于这样一些用传统思路难以解决的课题,系统理论及其工程方法提供了有效的思维工具,例如运用系统层次概念及递阶控制原理,有助于解决大系统的管理控制问题;利用系统整体相关概念及多目标规划方法,可以较好地处理多元目标系统优化问题;利用模型、模拟和马尔可夫方法、系统动力学方法可以帮助解决动态系统的预测和控制问题。

三、系统管理的内容和地位

（1）系统管理原理的内容。系统管理原理是从系统论角度认识和处理管理问题的理论和方法，是管理的四大原理之一。现代管理活动，其对象首先表现为一个复杂的社会组织目的系统，所以，管理者必须运用系统理论组织系统活动，从整体上把握系统运行规律，对管理各个方面的问题，做系统地分析、综合，进行系统优化，并在组织行为活动的动态过程中，依照组织的活动状态、效果和社会环境的变化，运用系统方法，调节、控制组织系统的运行，最终引导组织实现预定目标，这就是系统管理原理。

（2）系统管理原理的分析目标。在现实管理活动中，系统管理原理可以具体化、规范化为若干相应的管理原则，其中主要包括管理的整分合原则、相对封闭原则、反馈原则。

1）通过系统集合性分析，了解系统中各要素组成是否合理，比例是否恰当，有哪些要素是多余的，有哪些要素还未充分发挥其功能，还应补充什么新的要素。

2）通过系统相关性分析，了解要素与要素之间的关系、要素与系统之间的关系、系统与外部环境之间的关系是否正常、合理，各要素排列组合的方式、关联的强度、联系的密度等有无改进的情况。

3）通过系统目的性分析，了解现系统存在价值及其功能的大小有什么问题，应做些什么调整。各要素是以一定的目的而协调组合起来的，只有减少直至消除盲目性，明确系统的特定功能及共同目标，才能充分有效地发挥各要素、各环节的作用。

4）通过系统层次性分析，了解系统结构是否合理，上下各环节是否协调，各层管理机构分工是否明确，职能是否清楚，有无互相脱节现象。系统的各要素之间的联系不应是杂乱无章，而应是秩序井然、有条不紊的。因此，在管理活动中必须坚持有序性原则。系统从无序到有序是一种发展，而从有序到无序则是系统的一种退化。

5）通过系统整体性分析，了解整体与局部之间的关系，使之趋于合理，减少内部摩擦，加强和集中整体功能。

6）通过系统适应性分析，协调好系统与外部环境的关系，使系统更具有生命力。

（3）系统管理原理的地位。诺贝尔经济学奖获得者西蒙指出："系统这个术语越来越多地被用来指那种特别适于解决复杂组织问题的科学分析方法。"美国管理学家斯科特和米彻尔在《组织理论》一书中说："现代组织理论的与众不同的特质是它的概念分析基础，即研究组织的唯一有意义的方法是把组织当作系统来研究。"系统管理原理不仅为认识管理的本质和方法提供了新的视角，而且它所提供的观点和方法广泛渗透到其他各个管理原理和原则以及管理职能之中，从某种程度上说，在管理原理体系中起着统率的作用。

四、系统分析理论

（1）系统分析的内涵。系统分析方法是一种根据客观事物所具有的系统特征，从事物的整体出发，着眼于整体与部分，整体与结构及层次，结构与功能，系统与环境等的相互联系和相互作用，求得优化的整体目标的现代科学方法和政策分析方法。贝塔朗菲则将系统方法描述为：提出一定的目标，为寻找实现目标的方法和手段，系统专家或专家组在极复杂的相互关系网中按最大效益和最小费用的标准去考虑不同的解决方案，并选出可能的最优方案。中国工程院院士汪应洛在《系统工程导论》中则认为，系统分析是一种程序，它对系统的目的、功能、费用、效益等问题,运用科学的分析工具和方法,进行充分调查研究,在收集、分析处理所获得的信息基础上,提出各种备选方案,通过模型进行仿真实验和优化分析,并对各种方案进行综合研究,从而为系统设计、系统决策、系统实施提出可靠的依据。

(2)系统分析的作用。鼓励人们对系统的不同部分进行同时的研究;使人们注意系统中的结构和层次的特点;开拓新的研究领域,增加新的知识;突出未知东西的探索,使人们从过去和现在的基础上了解未来;使人们转换视角,从不同的角度或侧面看问题;迫使人们在考虑目标和解决问题的要求时,也同时注意考虑协调、控制、分析水平和贯彻执行的问题;诱导新的发现,注意进行从目的到手段的全面调查;等等。

(3)系统分析的内容。根据系统的本质及其基本特征,可以将系统分析的内容相对地划分为系统的整体分析、结构分析、层次分析、相关分析和环境分析等几个方面。

1)整体分析。根据系统论的原理,任何系统都是由众多的子系统所构成的,子系统又是由单元和元素所构成的。系统的性质、功能与运行规律不同于它的各个组成部分在独立状态时的性质、功能和运动规律,它们只有在整体意义上才能显示出来。系统的整体体现了各个组成要素所没有的新性质、新功能和整体运行规律,这就是"整体大于各部分之和"的原理(加和定理)。另一方面,作为系统整体的组成要素的性质和功能也不同于它们在独立时的性质与功能,当它们作为系统的一部分与周围环境发生作用时,并不是代表孤立的要素本身,而是代表系统整体。拉兹洛在谈到这个问题时指出:系统整体所独具的"某种特点不能简单地还原为它们各个组成部分的性质";"复杂整体的特点实际上不可能还原成各部分的特点"。用整体分析法进行研究的核心,是从全局出发,从系统、子系统、单元、元素之间以及它们与周围环境之间的相互关系和相互作用中探求系统整体的本质和规律,提高整体效应,追求整体目标的优化。因此,整体及其目标的优化是整体分析的主要内容。

面对一些复杂的、较大的系统时,要求我们把系统分解为一组相关联的子系统,在整体的指导下,协调各个系统的目标,从而达到系统所要求的总目标,即通过求局部最优化得到局部解,经过协调而得到整体的最优解。系统优化从整体与局部的关系看有如下三种情况:局部的每个子系统的效益都好,组合起来的系统整体也最优;局部子系统的效益好,但系统整体的效益没有达到最优;局部的子系统的效益并不最优,而系统的整体效益较优。整体优化的原则,是根据已确定的目标,在整体利益最优的前提下,处理好局部与整体、近期与长远的关系。例如,在追求经济社会发展尤其是经济增长的政策目标时,不能为了局部(地方)和近期的利益,片面追求经济增长率,而以牺牲资源和环境以及整体和长远的效益作为代价。因此,党和国家所制定的经济增长方式由粗放型向集约型的转变以及可持续发展战略是正确的,它追求的是国家、整体、长远的利益。人们已经发展出一系列的定量分析方法或技术,用于整体优化分析尤其是整体分析,包括线性规划、非线性规划、动态优化和排队论等。

2)结构分析。结构分析是系统分析的一个组成部分。系统的结构是系统内部诸要素的排列组合方式。同样一些要素,排列组合的方式不同,就可能具有完全不同的性质、特征与功能。对于一个复杂的系统来说,如果没有一个确定其合理结构的方法,没有一个考虑整体优化的方案,那么,系统的分析和设计也就无法进行,也将对系统的运行产生不良的后果。因此,正确掌握结构分析法,对于确定政府系统的合理结构,要求各种政策的有机配合,是政策研究工作的一个内容。结构分析是寻求系统合理结构的途径或方法,其目的是找出系统构成上的整体性、环境适应性、相关性和层次性等特征,使系统的组成因素及其相互关联在分布上达到最优结合和最优输出。

3）层次分析。系统结构的层次性既指等级性，又指侧面性。前者是指对任何一个复杂系统都可以从纵向把它划分为若干等级，即存在着不同等级的系统层次关系，其中低一级的结构是高一级结构的有机组成部分。如我国政府体制上从中央人民政府（国务院）到省、市、县、区、乡地方各级人民政府；军队编制从军、师、团、营、连等。后者是指对任何同一级的复杂系统，又可以从横向上分为若干相应联系、相互制约又各自独立的平行部分，如国务院分各部、委，省级人民政府划分厅、局等。系统的结构层次性是系统的稳定性和连续性的重要保证，也是系统发挥其最佳功能的前提条件之一。层次分析的基本思路，是明确问题中所包含的因子及其相互关系，将各因子划分为不同层次，从而形成多层次结构，通过对各层次因子的比较分析，建立判断矩阵，并通过判断矩阵的计算将不同政策方案按重要性或适用性大小排列，为最优方案的选择提供依据。层次分析首先要解决系统分层及其规模的合理性问题，层次的划分要考虑到系统传递物质、能量和信息的效率、质量和费用等因素；其次要使各个功能单元的层次归属合理。

4）相关分析。系统论告诉我们，构成系统的各个子系统、单元和要素之间以及它们与环境之间是相互联系和相互作用的，这一特征叫作系统的相关性（有机关联性）。相关性首先体现在系统与要素之间的不可分割的联系。在系统整体中，各要素并不是孤立存在的，而是由系统的结构联结在一起，相互依存、相互作用。如果其中一项发生变化，其他要素也会发生变化。其次，相关性体现在要素与系统整体的关系中。要素与系统整体相适应，一旦要素改变，整体必然发生改变；同样，系统整体发生改变，系统要素也必然发生变化。再次，相关性表现在系统与环境的关系方面，即系统的改变引起环境的变化，环境的变化也会导致系统的变化；系统创造自己的环境，环境又规定着自己的系统。最后，相关性还表现在系统发展的协同性上。协同性是指系统发展变化中各部分发展变化的同步性，即系统的变化必然引起各要素以及环境的变化，这种变化又不是杂乱无章的，而是有规律可循的，这个规律就是同步性。

相关分析要求我们在政策研究的过程中尤其是问题界定、目标设定和方案规划中，充分注意到各种问题及问题的各个方面之间，各个目标之间，各个方案之间，子目标与总目标以及子方案与总方案之间的关系，注意问题目标和方案与社会、经济和政治环境之间的相互联系和相互作用，考虑各种因素对政策执行效果可能产生的影响，从而设计出理想的或较优的政策方案。例如，我们在设计改革与发展战略时，用相关分析的方法，就是要紧密注意各个领域、各条战线、各个方面的改革与发展措施的相关配套、同步进行；或者说，在进行了某个（些）领域的改革之后，必须及时进行另一些领域的改革，否则，将影响全面的改革与发展。近代洋务运动之所以不成功，有各种原因，其中一条是缺乏系统改革思想，洋务派主张引进西方科学技术和工业设备，使之与封建主义的政治体制协调起来，即所谓的"中学为体，西学为用"。这种幻想不改变封建主义的生产关系、政治制度和社会结构，而仅靠引进西方科技及设备来发展生产力的做法是难以成功的，不变革前者，再好的机器设备也发挥不了作用。

5）环境分析。系统论认为，系统与环境处于相互联系和相互作用之中。系统以外界的条件或环境作为存在和发展的土壤。环境是指系统之外的所有其他事物或存在，即系统发生、发展及运行的生态条件或背景。一个系统总是处于更大的系统之中，成为更大系统的子系统，更大的系统则构成该子系统的生态环境。系统与环境的相互联系和相互作用表现在：

一方面,环境是系统存在和发展的前提条件,环境影响、制约甚至决定系统的性质与功能;另一方面,系统的存在和发展也改变着周围的环境,系统作用的不同将引起环境发生变化。系统与环境这种不断进行着的物质、能量和信息的交换,使系统具有环境适应性特征。环境分析是系统分析的一个重要内容。因为系统的状态,系统的问题同环境存在着这种相互联系、相互作用的特征,所以,分析环境与系统的关系是接近系统问题的必要步骤。要确定系统及其问题的边界和约束条件,必须对环境作出分析,系统分析的许多资料也来源于环境,因此,环境分析是系统分析中的一项不可或缺的工作。就政策研究来说,我们将政策研究的对象视为一个系统,一个高度开放的社会系统,政策环境产生了需求和支持这样一些输入,通过决策系统的加工处理转变为政策方案,这些方案的输出(执行)又作用了环境。这是政治系统论向我们展示的政策系统及其运行的简要图景,在这里,无论是政策的制定,还是政策的执行,环境因素的地位和作用都是极其显著的。因此,环境分析对于政策研究来说,其意义也是不言而喻的。环境分析涉及的内容很广,包括自然环境或物理技术环境分析,社会经济环境分析,文化心理环境分析,等等。在系统分析中,要对环境加以因时、因地、因人的分析,找出相关的环境因素,确定其影响的范围和程度,以便在方案的制定和执行中予以考虑,这正是环境分析的任务与目的。

五、系统分析方法

根据决策类型的不同将系统分析中的定量技术分为两类,即确定型的分析技术和随机分析技术。

(1)确定型的分析技术。所谓的确定型,是指那些可用于只有一种势态,并在做出可接受的假定之后其变量、限制条件、不同的选择都是已知的、确定的,按一定的统计置信度可以预见的方法或技术。

(2)随机分析技术。随机分析技术则是应用于不确定型或风险决策的分析方法及技术。当存在一个以上的态势,并且需要估计和确定每一种可能的状态时,就要碰到随机模型问题。这时还要计算在每一种态势下用每一种决策选择所得的输出结果。因而可供选择方案的数量将很大,这时可以用数学、统计推论和概率论等学科的方法,在可以接受的假定条件下减少不确性。有时,随机的局面可以化为确定模型来加以处理,比如选择一种最有可能发生的未来态势,或者只分析最坏的或最好的方面等。克朗将动态规划,计算机模拟,随机库存论,取样、回归、指数平滑,决策树,贝叶斯定理、损益分析等列入随机分析技术之中。

第二节　系统动力学方法

一、系统动力学的内涵

系统动力学(System Dynamics,SD)是在总结运筹学的基础上,为适应现代社会系统的管理需要而发展起来的。它不是依据抽象的假设,而是以现实世界的存在为前提,不追求"最佳解",而是从整体出发寻求改善系统行为的机会和途径。从技巧上说,它不是依据数学逻辑的推演而获得答案,而是依据对系统的实际观测信息建立动态的仿真模型,并通过计算机试验来获得对系统未来行为的描述。简单而言,系统动力学是研究社会系统动态行为的计算机仿真方法。具体而言,系统动力学包括如下几点:①系统动力学将生命系统和非生命系统都作为信息反馈系统来研究,并且认为,在每个系统之中都存在着信息反馈机制,而这恰恰是控制论的重要观点,所以,系统动力学是以控制论为理论基础的;②系统动力学把研究对象划分为若干子系统,并且建立起各个子系统之间的因果关系网络,立足于整体以及整体之间的关系研究,以整体观替代传统的元素观;③系统动力学的研究方法是建立计算机仿真模型——流图和构造方程式,实行计算机仿真试验,验证模型的有效性,为战略与决策的制定提供依据。

系统动力学从构造系统最基本的微观结构入手构造系统模型,其中不仅要从功能方面考察模型的行为特性与实际系统中测量到的系统变量的各数据、图表的吻合程度,还要从结构方面考察模型中各单元相互联系和相互作用关系与实际系统结构的一致程度。模拟过程中所需的系统功能方面的信息,可以通过收集、分析系统的历史数据资料来获得,属于定量方面的信息,而所需的系统结构方面的信息则依赖于模型构造者对实际系统运动机制的认识和理解程度,其中也包含着大量的定性方面的实际工作经验。因此,系统动力学对系统的结构和功能同时模拟的方法,实质上就是充分利用实际系统定性和定量两方面的信息,并将它们有机地融合在一起,从而合理有效地构造出能较好反映实际系统的模型。

系统动力学是通过回路的方式搭建系统结构框架,用因果关系图和流图刻画系统间相互关联的逻辑关系,用方程刻画系统间相互关联的数量关系,用计算机仿真软件进行模拟分析,先后进行定性分析、半定性分析、定量分析、编程分析、计算机仿真等五个过程。其中,定性分析指系统结构模型的构建;半定性分析指系统结构框架的搭建及系统间逻辑关系的分析;定量分析指系统间数量关系;编程分析指将定量分析方程通过软件实现;计算机仿真指解释系统行为及提高系统性能的有效策略。

二、系统动力学的结构要素

系统动力学对问题的理解,是基于系统行为与内在机制间的相互紧密的依赖关系,并且透过数学模型的建立与操弄的过程而获得的,逐步发掘出产生变化形态的因果关系,系统动力学称之为结构。所谓结构,是指一组环环相扣的行动或决策规则所构成的网络。例如,指导组织成员每日行动与决策的一组相互关联的准则、惯例或政策,这一组结构决定了组织行为的特性。

构成系统动力学模式结构的主要元件包含:流、水平变量、速率变量、辅助变量和常量等。

水平变量(L)又称状态变量,是指系统变量随着时间变化的积累过程,用矩形表示。速率变量(R)又称决策变量,是指系统水平变量(L)的时间变化,是单位时间的变化量。L变量是R变量的积分函数,R变量是L变量的微分函数。辅助变量(A)是指L变量和R变量之间的中间变量。常量(C)是指动态系统中变动甚微的变量。

系统动力学将组织中的运作,以六种流来加以表示,包括订单流、人员流、资金流、设备流、物料流与信息流,这六种流归纳了组织运作所包含的基本结构。积量表示真实世界中可随时间递移而累积或减少的事物,其中包含可见的,如存货水平、人员数;不可见的,如认知负荷的水平或压力等,它代表了某一时点环境变量的状态,是模式中资讯的来源。率量表示某一个积量在单位时间内量的变化速率,它可以是单纯地表示增加、减少或是净增加率,是资讯处理与转换成行动的地方。辅助变量在模式中有三种含义,即资讯处理的中间过程、参数值、模式的输入测试函数。其中,前两种含义都可视为率量变量的一部分。

系统动力学模型的重要组成部分就是系统结构的构建及通过回路如何搭建系统结构的框架,因此,系统结构是 SD 模型能否成功揭示现实问题的关键。SD 模型中,系统结构通过"回路""积累""信息""延迟""决策"等概念进行抽象体现。系统动力学模型中各因素之间的交互作用规律类似于回路中流体的运动规律。流动体在回路中不断地流动,流动时间越长,回路中慢慢会产生积累,进而在回路中日积月累的物资会产生压力,然后将此压力信息传递给决策者,决策者根据实际情况进一步采取决策策略,进而影响流速,从而改变积累的物资。然而,物资和信息传导的过程需要消耗时间,存在延迟。正是由于延迟的存在,系统变化存在波动性,从而给决策者对系统规律的了解带来困难。

三、系统动力学的分析工具

系统动力学分析工具是指系统结构构建及模拟过程中的辅助工具,主要存在系统因果关系图和系统流图两种形式。

系统因果关系图(图 19-1)是系统动力学模型变量间动态关联关系的分析工具。其中:①因果箭是连接因果要素的有向线段。箭尾始于原因,箭头终于结果。因果关系有正负极之分。正(+)为加强,负(-)为减弱。②因果链是因果关系具有传递性。在同一链中,若含有奇数条件极性为负的因果箭,则整条因果链是负的因果链,否则,该条因果链为极性正。③因果反馈回路是原因和结果的相互作用形成因果关系回路(因果反馈回路),是一种封闭的、首尾相接的因果链,其极性判别同因果链。

系统流图(图 19-2)是指在系统因果关系图的基础上,将物质流和信息流分开,用形象的符号描述变量,用流线的形式描述变量间的因果关系,动态反映系统的时间行为。绘制系统流程图是系统动力学建模的核心内容。其中:①流:系统中的活动和行为,通常只区分实物流和信息流。②水平变量:系统中子系统的状态,是实物流的积累。③速率变量:系统中流的活动状态,是流的时间变化;在 SD 中,R 表示决策函数。④序参量:系统中的各种常数。⑤辅助变量:其作用在于简化 R,使复杂的决策函数易于理解。⑥滞后:由于信息和物质运动需要一定的时间,于是就带来原因和结果、输入和输出、发送和接收等之间的时差,并有物流滞后和信息流滞后之分。

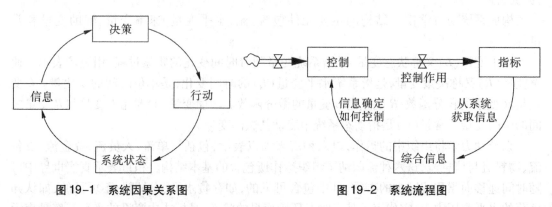

图 19-1　系统因果关系图　　　　　　　　图 19-2　系统流程图

系统动力学的环路结构是由现况、目标以及现况（积量）与目标间差距所产生的调节行动（率量）所构成的，环路行为的特性在消弭目标与现况间的差距。除了目标追寻的负环外，还有一种具有自我增强的正回馈环路，即因果彼此相互增强的影响关系，系统的行为则是环路间彼此力量消长的过程。除此之外，结构还须包括时间滞延的过程，如组织中不论是实体的过程例如生产、运输、传递等，还是无形的过程例如决策过程，以及认知的过程等都存在着或长或短的时间延迟。系统动力学主要就是透过观察系统内六种流的交互运作过程，讨论不同流中积量的变化与影响积量的各种率量行为。

四、系统动力学的建模过程

系统动力学建模主要经过系统分析、模型构建和模型模拟三个主要步骤。

系统分析主要包括任务调研、问题定义和划定边界三个内容。①任务调研，首先需要明确问题及要达到的目标，然后梳理出需要什么样的条件，目前有哪些条件，还有哪些条件需要准备，等等。②问题定义，主要对基本问题、重要问题、基本矛盾和重要矛盾等问题进行界定。③划定边界，主要对系统变量、系统行为模式和资料收集范围等问题进行界定。

模型构建主要包括因果关系分析、流图分析和模型建立三个内容。①因果关系分析，首先需要明确相关研究的理论基础有哪些，然后集中分析系统内部结构，目的是提出动态变化的反馈回路，最后依据上文分析构建因果关系图。②流图分析，主要依据因果关系图，明确逻辑关系和变量间函数关系设计，进而构建流图。③模型建立，主要依据因果关系图、流图，明确状态变量、速率变量、辅助变量和常量，进而构建模型。

模型模拟主要包括模型测试、模型灵敏度分析和政策分析三个内容。①模型测试，主要对模型的有效性和稳定性进行分析，是否符合逻辑关系和现实逻辑。②模型灵敏度分析，主要通过模型中参数的变化、初始条件的变化、模型边界的变化进行灵敏度分析。③政策分析，首先需要设计该模型可能适应的环境条件，然后结合现实中可能实施的决策规则进行灵敏度分析。

系统动力学构模过程是一个认识问题和解决问题的过程，根据人们对客观事物认识的规律，这是一个波浪式前进、螺旋式上升的过程，因此它必须是一个由粗到细、由表及里、多次循环、不断深化的过程。系统动力学将整个构模过程归纳为系统分析、结构分析、模型建立、模型试验和模型使用五大步骤。这五大步骤有一定的先后次序，但按照构模过程中的具体情况，它们又都是交叉、反复进行的。

第一步，系统分析的主要任务是明确系统问题，广泛收集解决系统问题的有关数据、资料和信息，然后大致划定系统的边界。

第二步，结构分析的注意力集中在系统的结构分解、确定系统变量和信息反馈机制。

第三步，模型建立是系统结构的量化过程（建立模型方程进行量化）。

第四步，模型试验是借助于计算机对模型进行模拟试验和调试，经过对模型各种性能指标的评估不断修改、完善模型。

第五步，模型使用是在已经建立起来的模型上对系统问题进行定量的分析研究和做各种政策实验。

SD仿真软件主要是Vensim，帮助建立因果关系图、系统流程图以及建模方程，并进行仿真模拟运算。Vensim软件具有友好的人机界面、能够直接构建模型，分析模型，还可以进行真实性验证。对比分析,本研究采取 Vensim 软件进行 SD 仿真分析。Vensim 软件可以实现系统因果关系图、流图等的分析,还可以借助程序编辑器,将相应的函数公式进行编辑,进而形成完整的系统动力学模型。另外,Vensim 软件还可以对系统动力学模型进行灵敏度分析和优化分析。

第三节　系统动力学 Vensim 软件的应用

一、系统动力学软件 Vensim 的菜单

系统动力学软件 Vensim 可以对模型进行结构分析和数据集分析,结构分析包括原因树分析、结果树分析和反馈回列表分析,数据集分析包括变量随时间变化的数据值及曲线图分析。此外,Vensim 还可以实现对模型的真实性检验,以判断模型的合理性,从而相应调整模型的参数或结构。Vensim 的用户界面是标准的 Windows 应用程序界面。Vensim 的主界面由一个工作区和一组工具组成,主窗口是工作区,它包括标题栏、菜单栏、主工具栏和分析工具,在有模型打开的情况下还有图形工具和状态栏。图 19-3 所示是在模型打开情况下 Vensim 运行后的主界面。

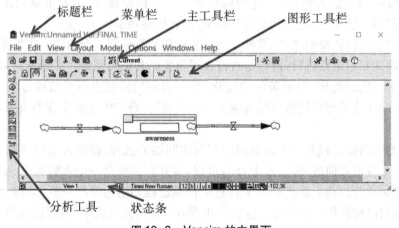

图 19-3　Vensim 的主界面

(1)标题栏。标题栏包含两个重要的信息:当前打开的模型和工作区变量。工作区变量是指当前所选中的变量,可以双击某一变量或者通过控制面板中的变量选择控制来使该变量成为工作区变量。

(2)菜单栏。Vensim 中的所有操作均可通过执行菜单中的选项来实现,图形和分析功能除外。Vensim 的菜单主要包括 File(文件管理)、Edit(编辑)、View(观察)、Layout(布局)、Model(模型)、Options(选项)、Windows(窗口)、Help(帮助)等 8 个模块的内容。

File(文件管理):包含新建模型、打开模型、保存模型、打印模型和关闭模型等常用的功能项。

Edit(编辑):可以实现模型或模型局部的拷贝、粘贴操作,也可实现在模型中寻找某一

变量的操作。

View(观察):可以实现模型图形的缩放、设置和刷新等操作,以及作为文本格式预览模型等一些功能。

Layout(布局):可以改变模型图形中元素的位置和尺寸。在 Vensim 中该项功能是禁用的。

Model(模型):提供了对模拟控制、时间限度对话框的访问,可实现模型的检查、数据的导入导出等操作。

Options(选项):提供了对 Vensim 的整体设置选项。

Windows(窗口):包括控制面板、输出窗口的设置和转换、出错记录和选择记录,以及实现不同模型窗口间的转换。

Help(帮助):包括使用手册、关键词查寻和版本信息等。

(3)主工具栏。主工具栏提供了一些常用菜单项和模拟功能的快捷访问按钮,首先是对应 File(文件管理)和 EDit(编辑)的工具。图 19-4 所示的几个按钮和 RUNNAME 编辑框用于模型的模拟和不同窗口类间的切换。

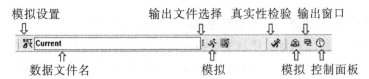

图 19-4　Vensim 用于模型模拟和窗口类间切换的工具按钮

画入树和流图工具栏,图形工具包括 Lock(锁定)、Move/Size(移动)、Variable(变量)、BoxVariable(方框变量)、Arrow(箭头)、Rate(流率)、ShadowVariable(重复变量)、SketchComment(注释)、Delete(删除)、Equations(建立方程)等按钮(图 19-5)。

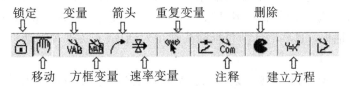

图 19-5　Vensim 的图形工具按钮

Lock(锁定):锁定图形后,鼠标可以选择图形对象和工作台变量,但不能移动该对象。

Move/Size(移动):用于对图形对象(变量、箭头等)进行移动、改变大小和选取。

Variable(变量):用于创建非状态变量的变量(例如常量、辅助变量等)。

BoxVariable(方框变量):用于创建状态变量(用于 Levels 流位或 Stocks 积量)。

Arrow(箭头):用于创建表示因果关系的箭头。

Rate(流率):用于创建流率变量。流率变量由互相垂直的箭头、开关以及必要情况下表示源(sources)和漏(sinks)的云(clouds)。

ShadowVariable(重复变量):用于给模型添加一个已存在的模型变量作为一个辅助变量,而不必再去关心它的原因。

SketchComment(注释):用于给入树和流图添加注解。

Delete(删除):用于删除入树或流图中的变量、线条和注解等。

Equations(建立方程):用方程编辑器创建和编辑模型方程。

(4)分析工具栏。分析工具集包含了用于研究模型的一些常用分析工具。分析工具能够展示关于工作台变量、变量在模型中的位置和取值、模拟结果数据中变量的行为表现等的一些重要信息。在 Vensim 中不能对分析工具进行配置和修改。

CausesTree(原因树):创建一个树状图,对于选定的工作台变量,列出作用于其上的各层(原因)变量。

UsesTree(结果树):创建一个树状图,对于选定的工作台变量,列出其作用的各层(结果)变量。

Loops(反馈回路):对于选定的工作台变量,列出通过该变量的所有反馈回路。

Document(模型文档):给出关于选定工作台变量的方程、定义、单位、参数和取值等的详细信息文档。

CausesStripGraph(原因图):给出选定工作台变量及其第一级原因变量的 Strip 图,以方便追溯因果关系。

Graph(分析图):给出选定工作台变量随时间变化的 Strip 图。

Table(数据表):给出选定工作台变量随时间变化的数据表格。

RunsCompare(运行比较):多次运行同一模型,如果只是改变其参数,将显示和列举各次运行的参数比较。

(5)图符字体状态栏。在 Vensim 中,对于已有的图符和字体有两种方式来进行调整。一种是用鼠标选中图符操作柄或变量,然后再点击主窗口底部的工具条;一种是直接用鼠标右键点击图符操作柄或变量,即会出现相应的快捷对话框。图符字体工具条显示了模型中图形和对象的状态,可以改变所选对象的状态,实现不同视图之间的切换。熟练掌握这些工具按钮的使用可以方便地建立起美观的系统动力学模型,但这些工具对于模型本身并无实质影响,改变的只是模型的外观。用鼠标右键直接点击要操作的图符操作柄或变量,就会出现相应的快捷对话框。这些对话框包括箭头选项对话框、开关选项对话框、注释对话框、变量选项对话框等。

Options for Arrow(箭头选项对话框):在箭头选项对话框中可以对因果关系箭头和流率量箭头的极性、字体等进行设置,也可以设置箭头是否隐藏,箭头有无头,箭头的颜色,以及线的形状和宽度等。

Valve Description(开关选项对话框):在该对话框中可以对流率量的开关进行操作,调整流率变量相对于图符的位置和颜色。

Comment Description(注释对话框):注释对话框也可以通过点击画入树和流图工具条上的 Comment 按钮打开。注释可以是文字也可以是图形。文字注释可以对注释文字进行选择字体、大小、颜色、加粗等操作,图形注释可以选择位图也可以选择 Windows 的图元文件。并可以对注释加边框,选择边框形状等。

Options for Variable(变量选项对话框):在该对话框中可对变量相关设置进行调整,可设置变量的形状、字体、大小、颜色、加粗等,对变量名的位置、背景颜色等进行调整。

二、系统动力学软件 Vensim 的应用步骤

在用 Vensim 建模时一般遵循以下步骤:①新建一个模型(或打开一个已有的模型);②用结构分析工具(Tree Diagrams 等)检查模型结构;③对模型进行模拟运行;④用数据集分析工具(Graphs and Tables 等)检查模型的行为;⑤执行仿真试验,理解和提炼模型;⑥用图形控制(Graph Control)中的分析工具输出(Analysis tool output)和客户输出(Custom output),将模型及其行为予以介绍。下面进行具体分析。

(1)第一步,用 Vensim PLE 建立模型。Vensim 建模的主要过程是画出简化流率基本入树或流图,然后输入参数和方程。构造、检查和修改是此过程中基本的重复的步骤。下面结合一个简单的模型——劳动力库存模型来一步步介绍建模方法,熟悉 Vensim 的建模机制。

1)新建(或打开)模型。启动 Vensim,进入主窗口后选择主菜单 File 项中的 New Model,开始建立一个新模型,或者选择 Open Model 打开一个已有的模型进行修改。这里选择 New Model,新建一个模型,出现模型设置窗口(图 19-6)。该窗口用于设置或修改模型运行时的初始时间(Initial Time)、终止时间(Final Time)、时间单位(Units for Time)、时间步长(Time Step)和数据记录步长(Saveper)等,即实现对模拟过程的控制。

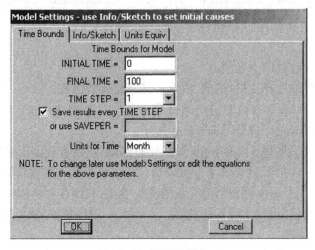

图 19-6　模型设置窗口

2)画流图。在对系统进行充分的分析之后,确立流位流率系,使用画入树和流图工具条建立模型的结构框架。在建立流位流率系时应同时给变量命名,变量名可以是中文或是英文,但要注意变量名最好不要和那些有特定意义的符号相同,以免引起系统的混淆,比如 TIME、DELAY 等。

3)创建各变量的因果关系。利用 Vensim PLE 图形工具中的 Arrow 箭头工具可很方便地创建各变量之间的因果连线,因果连线既可以是直线也可以画成曲线。可以利用图符字体工具条或者用鼠标右键单击要操作的图符操作柄或变量,来调整建立的流率流位因果图或入树模型的外观。

4)注释流图。选择图形工具条中的 Comment 注释按钮或者直接用右键单击所操作的对象来对流图添加注释。

5）输入方程和参数。方程和参数是系统动力学模型的主要部分,也是模拟仿真的最主要依据,它们决定了模型的行为。方程的左边一定是某一变量,Vensim 正是围绕这一变量来建立方程和输入参数的。用鼠标左键单击图形工具条上的 Equations 按钮,然后单击模型中的一个变量,即可打开方程编辑对话框(图 19-7)。

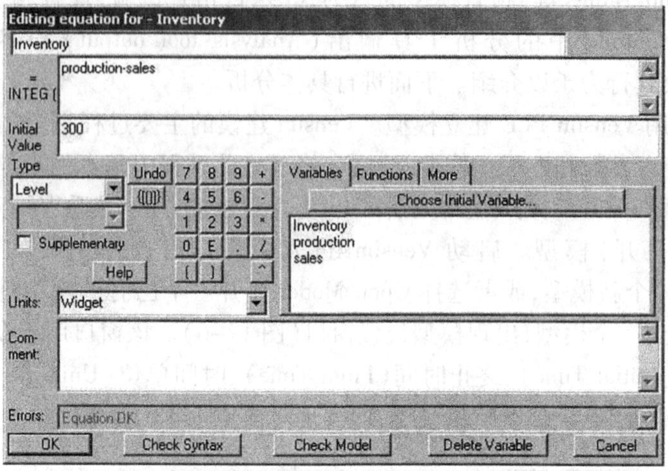

图 19-7　方程编辑对话框

该对话框中主要包含以下选项:

方程编辑框。可以选择变量、函数、数字和运算符构成方程。

输入变量(Variables)。在流图正确的情况下该变量的因变量都会包含在内,并构成输入变量。在方程编辑时对变量进行选择就可以了。

函数(Functions)。列举了 Vensim 提供的所有函数,以供方程编辑时选用。

其他操作符(More)。此处提供了方程编辑过程中常用的一些算符和操作符。

变量类型(Type)。Level 意指当前变量为流位变量,只要在初始值框(Initial Value)中输入该流位变量的初始值,流位方程即告完成。Auxiliary 意指流率或辅助变量,Constant 表示常量,Lookup 表示表函数。

单位(Units)。方程的右边必须要有正确的单位,如果是一个无量纲的变量,可不加单位或是输入 dmnl。

注释(Comment)。为增加模型的可读性和易于理解,可对方程进行注释。

错误信息(Errors)。在方程书写过程中,会随时提示书写是否正确。

数字和运算符。提供了一个类似于计算器面板的数字及常用运算符的按钮集,供方程中公式的编辑和计算。

6）表函数的创建。表函数的使用和处理在系统动力学建模中是相当重要的。表函数允许用户自定义自变量和因变量之间的特殊的函数关系,其所包含的信息量大大超过一般函数。为了更加有效地用 Vensim 建模,在这里介绍一下 Vensim 中对表函数的处理方法。

打开方程编辑对话框(点击 Equations 按钮,然后选择一个变量),在 Type 下拉框中选择 Auxiliary,激活其下方的下拉框,选择 with Lookup,出现表函数输入窗口。

点击 AS Graph 按钮,出现图 19-8 所示的窗口。该窗口用于图形化定义表函数,包括自变量和因变量值列举,自变量和函数的最大值等,表函数可以直接填入 Input 和 Output 框中。当自变量为非已知统计点时,可以用线性插值法取其近似值。随着自变量因变量数值的输入,在图形区域会看到由自变量和因变量构成的曲线。表函数表达形式还可以通过表函数输入窗口中的 Lookup 栏(图 19-8)进行列举,即把表函数的自变量、因变量最大值、因变量最小值,以及一些自变量与因变量对应的点值列出。完成了所有变量及其方程和参数的输入,整个模型就已基本建立起来,可以进入模型的模拟分析阶段。

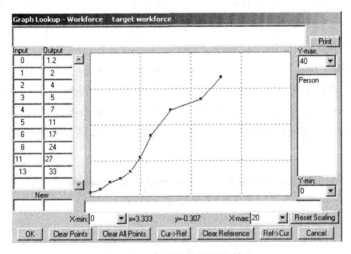

图 19-8　表函数的图形化输入

(2)第二步,结构和单位错误检查。在模拟运行模型之前,有必要对模型中方程及其单位进行错误检查。在主菜单中选择 Model 项,在弹出的菜单中选择 Check Model 子项(或者按 Ctrl+T 键),如果模型没有任何结构或是结构错误,会出现"Model is OK."的信息提示。如果出现错误,根据提示信息检查模型的结构或者变量的方程,更改错误重新检查。选择 Model 项中的 Units Check 子项(或者按 Ctrl+U 键),如果模型没有任何的单位错误,会出现"Units are A. O. K."的信息提示。如果出现错误(图 19-9),根据提示确定哪个变量出现错误,打开其方程编辑窗检查单位设置。一般来说,单位出错表明方程中的公式不正确或是有问题。

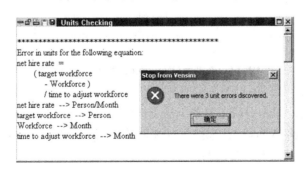

图 19-9　Units Check 错误提示信息

（3）第三步，模型的结构分析。模型的结构分析在模型完成后的模拟运行之前或之后进行均可。通过 Vensim 主窗口上分析工具集中的相关按钮，可方便地进行模型的结构分析。其中，原因树分析、结果树分析和反馈回路分析是针对具体的变量进行的，因此分析之前首先要将分析的变量选为工作台变量。模型文档列举和量纲检查则是针对整个模型进行分析的，无须进行变量选择的操作。工作台变量的选取有两种方式：一种是用鼠标左键双击要选择的变量，即可将该变量选为当前工作台变量，此时就会在主窗口标题栏上看到被选中的变量名称；另一种是通过点击主工具栏上的控制面板（Control Panel）按钮，打开控制面板窗口，在变量（Variable）标签栏内列出了模型用到的所有变量，选择其中要分析的变量即可。

下面逐一介绍对于模型的结构分析方法。

1）原因树分析。单击分析工具条上的原因树按钮，就可以列举出作用于所选定变量上的所有变量，包括直接原因变量和间接原因变量。从而可以得到给定变量的一棵原因树的最末一级的所有变量，这些变量的外部作用决定了给定变量的变化。图 19-10 描述了对变量劳动力（Workforce）的原因树分析，可以将窗口锁定、打印，亦可将图形拷贝到剪贴板供其他应用程序使用。

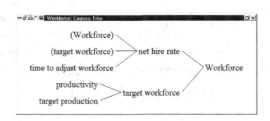

图 19-10　劳动力（Workforce）的原因树分析图

2）结果树分析。单击分析工具条上的结果树（Uses Tree）按钮，就可以列举出所选定变量作用的所有变量，包括直接作用变量和间接作用变量。从而可以得到给定变量的一棵结果树的最末一级的所有变量，表示指定变量对于整个系统的最终作用。图 19-11 描述了对变量劳动力的结果树分析，同样可以将窗口锁定、打印，亦可将图形拷贝到剪贴板供其他应用程序使用。

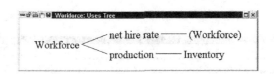

图 19-11　劳动力（Workforce）的结果树分析图

3）反馈回路分析。单击分析工具条上的反馈回路（Loops）按钮，就可以列举出通过所选定变量的所有反馈回路（Vensim 并未提供反馈回路的极性分析）。图 19-12 描述了包含变量劳动力（Workforce）的所有反馈回路。

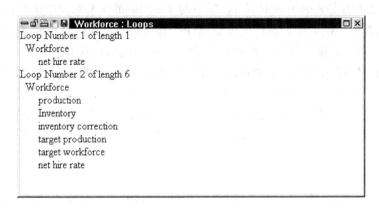

图 19-12　包含劳动力(Workforce)的反馈回路

4)模型文档。单击分析工具条上的模型文档(Document)按钮,就可以看到方程列举的文档,该文档与模型流图共同构成 Vensim 的基本模型文档。图 19-13 描述了劳动力库存模型的文档模式和部分方程。

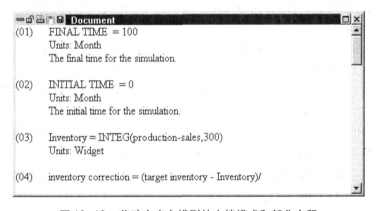

图 19-13　劳动力库存模型的文档模式和部分方程

(4)第四步,模型的模拟及数据集分析。模型建好之后就可以对其进行模拟运行和数据集分析了。

1)模型的模拟。对建好的模型进行模拟是数据集分析的前提。模拟运行过程可通过主工具栏中的相关工具按钮进行。用鼠标左键单击主工具栏上的设置(Set up a Simulation)按钮,主工具栏会发生一些变化。

该工具栏允许用户修改有关参数、表函数,设定、保存运行结果的文件名等。在对同一模型反复调整参数,比较运行结果时很重要。变化后的工具栏中各按钮含义如下:

Name the Simulation to be Made,为运行结果保存数据文件命名。它将作为结果文件名保存模型模拟后变量的模拟输出结果数据,缺省名称为 Current,扩展名一般是. vdf。

Stop Simulation Setup,停止模型的模拟运行。

Select an Integration Technique,有两种积分方法选择。一种是普通的欧拉法,一种是高精度的龙格库塔法。

此外,可以利用主菜单 Model(模型)项中的 Time Bounds 来对模型运行的起始时间、步长等进行重新设定。模型运行后产生的数据保存在前面设定的 .vdf 文件中,以供数据集分析使用,并且图形和表格工具会给出相应的运行结果的图形模式和表格模式。如果多次调整参数运行同一模型,会生成不同的数据文件,并且图形和表格会显示这些多次运行结果的比较显示。在劳动力库存模型中改变某个(某些)变量参数的值,运行模型,得到不同的运行结果存储在各自不同的数据文件中。用鼠标双击适当的变量使其成为当前工作台变量,然后点击分析工具集中的图形或表格按钮,会看到这些结果显示在同一分析图和数据表中。

2)数据集分析。Vensim 的数据集分析,实际上是考察模型的动态行为表现,是对于模型模拟的结果——数据文件(.vdf 文件)进行比较分析,基本的分析方法是给出变量随时间变化的 Strip 图,同时还可给出各变量之间的关系图。既可以对一次运行的结果进行分析,也可以对多次运行的结果(存储在多个不同的 .vdf 文件中)进行分析。数据集分析通过分析工具条上的数据集分析按钮结合控制面板进行,并且也是针对选中的当前工作台变量进行的。

原因图分析(Causes Strip):在劳动力库存模型中选择变量 Workforce 为当前工作台变量,点击原因图分析按钮,可以看到 Workforce 随时间变化的曲线,以及其直接原因 net hire rate 随时间变化的曲线。

分析图(Graph):在劳动力库存模型中选择变量 Workforce 为当前工作台变量,点击分析图工具按钮,可以看到 Workforce 变量随时间变化的 Strip 图。

数据表分析(Table):在劳动力库存模型中选择变量 Workforce 为当前工作台变量,点击数据表工具按钮,可以看到 Workforce 变量随时间变化的数据表格。

运行比较(Runs Compare):在劳动力库存模型中取不同的参数多次运行该模型,点击运行比较工具按钮,可以看到几次运行模型参数的调整情况。

3)控制面板及对结果输出的控制。结合 Vensim 控制面板中的控制输出选项,可使模型的模拟分析更加直观方便,运行后输出的结果更加美观。点击主工具栏上的控制面板(Control Panel)按钮,或者选择主菜单上的 Windows 点击下拉菜单中的 Control Panel,出现控制面板窗口(参见图 19-9),其中各标签项的功能如下。

Variable(变量选择):选择模型中的某一变量,使其成为当前工作台变量。

Time Axis(时间轴调整):用于改变或定位于分析运行的时间区间。

Scaling(纵坐标调整):可以改变输出图形中纵坐标的外观及设置。

Datasets(数据集选择):用于选择已存储的运行结果数据文件进入数据集进行分析。一般在作图之前首先要选择数据集。

Graphs(作图):实现用户自定义作图功能。点击该项标签,出现窗口,可从中选择变量进行自定义图形输出。

单击窗口中的 New 按钮,出现变量选择和图形设置对话框,单击该对话框中的 Sel 按钮,出现模型中的所有变量列表,选中其中一个,并用同样方法选择其他变量。还可以设置输出图形的 Graph Name(图形名称)、Title(标题)、X 轴 Y 轴的标尺、Comment(注释)等项,使欲输出的图形更加直观易读。设置好所有的选项后,返回 Graphs 窗口,点击 Display 按钮,可查看上面自定义的图形输出结果,并可对其进行保存、打印、拷贝等操作。

（5）第五步,模型的多视图。对于大型模型来说,多视图比单视图能更加清楚地展示模型的行为和全貌。视图就像图书的页码,每一页给出了整个模型的一部分。每一视图显示一个流图,并且通过变量或重复变量与其他视图的一个或多个关联起来。多视图允许将整个模型分成若干子模型,比如生产子模型、金融子模型、消费者子模型等。

第二十章　研究方法的规范

第一节　研究方法规范的内涵

学术研究方法规范是指在研究中使用研究方法的原则和要求。遵守这些原则和要求,能够提高对运用研究方法自觉性和重要性的认识,有助于提高研究水平。凡是真正的学术研究,必具有一定的研究方法。19 世纪与 20 世纪之交,现代西方学术的研究方法,如自然科学方法、马克思主义方法、人文科学方法传入中国,使中国现代学术研究取得了巨大成就。20 世纪八九十年代,中国学者对学术研究方法的探讨呈现出向纵深发展的态势,一方面产生了丰富的研究方法成果,另一方面也极大推进了科学研究的发展。人类进入到 21 世纪,各个学科之间相互融合、相互渗透的速度和范围日益加强,研究方法也呈现出相互融合和渗透的趋势。学术规范的特征是指学术规范特有的征象、标志,是对学术规范概念、属性的进一步揭示。通过对学术规范特征的认识,可以加深对学术规范本质和价值的理解。概括起来,学术规范具有科学性、共识性、多样性、综合性的特征。

一、科学性

学术规范之所以具有科学性的特征,是因为它反映了学术活动的规律和指导规律,为健康有序地开展学术活动提供了一整套公正、合理、有效的遵循依据。应该说,科学性是一切社会规范的特征,虽不为学术规范所独有,但其自身却呈现着鲜明而突出的这一特性。学术规范是在深刻认识学术活动规律,深入理解学术活动目标宗旨的基础上建立起来的。它以追求真理、捍卫真理、发挥应有的社会作用为己任,采用统一的程序、精细的标准,实施严格、缜密的组织管理,以保证学术活动范式与之追求真理的本质属性相吻合。它为学术行为主体的行为提供了符合学术活动规律性认识的、科学的思想行为指导。

二、共识性

学术规范的共识性特征,是学术行为主体对于学术规范的基本价值取向、具体内容及其实施具有共同认识。基于学术行为主体在根本利益上的一致性,通过共同的学术活动实践的社会化过程,在根本的立场信仰,共同的理想信念、目标宗旨,共同遵循的规则标准上,学术行为主体能够形成一致的认识和理解。在当代中国,这种共识主张:坚定对马克思主义的信仰,对社会主义和共产主义的信念,坚持以马克思主义为指导;树立中国特色社会主义共同理想;一切学术活动要以服务社会、报效祖国、诚实劳动、爱国奉献为宗旨,以造福人类、服务社会为根本目的;大力弘扬和捍卫科学精神,大力培育以创新为荣、剽窃为耻,以诚实守信为荣、假冒欺骗为耻的道德观念;共同遵守学术规范的各项行为准则,共同致力于营造诚信和谐的学术环境。共识性特征,是促进学术行为主体凝聚力的形成和发展的重要心理因素。它既体现在人的精神世界里,影响着人的世界观、人生观和价值观,也体现在人的具体行动中,为规范学术行为提供了意识形态方面的认识基础,为完善学术人格创造了条件。

三、多样性

学术规范的多样性特征,是基于学术活动的多样性。由于学术活动目的、范围、内容、方法和手段各不相同,因而决定了学术规范具有多样性特征。从主体看,既包括规范公民行为,也包括规范法人和其他组织等,呈现主体多元化特点。从结构和要素看,学术规范由法律规范、政策规范、道德规范、技术规范和内部规范等多类型、多层次、多方面的子系统构成,各子系统又由若干要素组成,如在技术规范子系统下有学位论文撰写规则、参考文献著录规则、数据图表使用规则等若干要素。从内容和形式看,有知识产权保护的规范,也有防止其权利滥用的规范;有原则要求,也有具体细则;有明文规定的,也有约定俗成的;有强制性规范,也有推荐性规范。总之,学术规范的多样性,使其贯通融合、互补渗透,相互依存、相互协调,自我净化、补充完善,构成一个内涵、结构和功能有机联系的统一体,形成规范和调节学术行为主体行为的强有力的手段。

四、综合性

学术规范的综合性特征,主要体现在两方面。一方面,学术规范直接调节约束学术活动中人的行为。通过法律规范、政策规范等手段,调节约束人的现实行为,促使人们遵从学术规范;技术规范则是通过建立和实施各类技术标准来调节约束人的行为,其专业性、技术性和客观性更强,侧重于调整人与自然的关系,使学术活动秩序更加规范有序。另一方面,学术规范影响和调节学术活动中人的思想。学术规范影响人们的思想思维活动,进而影响对行为方式的选择和行为的支配。按照学术规范活动关系,通过整体与各个组成部分之间的协调运行,从而实现对人的行为和思想的综合调节。如道德规范着眼于学术行为主体思想意识形态方面的要求,通过精神力量或通过约定俗成的道德习惯、惯例来深刻影响人的心灵,引起并推动人们对学术规范的认同和遵守。

第二节 学术不端行为的防范

一、学术不端的内涵

学术不端也称科研不端。在国际学术界得到较为广泛认同的科研不端行为的定义,是指"在计划、完成或报告科研项目时捏造、篡改、剽窃或其他严重背离科学界常规的做法,它不包含诚实的错误或者在资料解释或判断上的诚实分歧"。但在后来的实践中,人们逐渐感到上述定义中"其他严重背离科学界常规的做法",过于宽泛,且对"捏造、篡改、剽窃"的尺度不易把握。科研不端行为进一步界定为:"在立项、实施、评审或报告研究结果等活动中捏造、篡改或剽窃";"捏造是指捏造资料或结果并予以记录或报告。篡改是指在研究材料、设备或过程中作假或篡改或遗漏资料或结果,以至于研究记录没有精确地反映研究工作";"剽窃是指窃取他人的想法、过程、结果或文字而未给予他人贡献以足够的承认。科研不端行为不包括诚实的错误或者观点的分歧。科研不端行为的认定必须依据:严重背离相关研究领域的常规做法,不端行为是蓄意的、明知故犯的或是肆无忌惮的,对其投诉的证据也是确凿的"。我国《国家科技计划实施中科研不端行为处理办法(试行)》所称的科研不端行为是指"违反科学共同体公认的科研行为准则的行为"。包括:①在有关人员职称、简历以及研究基础等方面提供虚假信息;②抄袭、剽窃他人科研成果;③捏造或篡改科研资料;④在涉及人体的研究中,违反知情同意、保护隐私等规定;⑤违反实验动物保护规范;⑥其他科研不端行为。

《教育部关于严肃处理高等学校学术不端行为的通知》列举了必须严肃处理的七种学术不端行为:①抄袭、剽窃、侵吞他人学术成果;②篡改他人学术成果;③伪造或者篡改数据、文献,捏造事实;④伪造注释;⑤未参加创作,在他人学术成果上署名;⑥未经他人许可,不当使用他人署名;⑦其他学术不端行为。

在高等教育领域,防止学术不端行为,尤其要严防学位论文作假行为。《高校人文社会科学学术规范指南》指出:"学术不端行为也称不正当的研究行为,指学术共同体成员违反学术准则、损害学术公正的行为"。包括:①抄袭剽窃侵吞他人学术成果;②篡改他人学术成果;③伪造或者篡改数据、文献,捏造事实;④伪造注释;⑤没有参加创作,在他人学术成果上署名;⑥未经他人许可,不正当使用他人署名;⑦违反正当程序或者放弃学术标准,进行不当学术评价;⑧对学术批评者进行压制、打击或者报复等。教育部《学位论文作假行为处理办法》明确规定了学位论文作假行为包括下列情形:①购买、出售学位论文或者组织学位论文买卖的;②由他人代写、为他人代写学位论文或者组织学位论文代写的;③剽窃他人作品和学术成果的;④伪造数据的;⑤有其他严重学位论文作假行为的。

中国科学技术协会发布的《科技工作者科学道德规范(试行)》认为,学术不端行为是指"在科学研究和学术活动中的各种造假、抄袭、剽窃和其他违背科学共同体惯例的行为"。包括:①故意做出错误的陈述,捏造数据或结果,破坏原始数据的完整性,篡改实验记录和图片,在项目申请、成果申报、求职和提职申请中做虚假的陈述,提供虚假获奖证书、论文发表证明、文献引用证明等;②侵犯或损害他人著作权,故意省略参考他人出版物,抄袭他人作品,篡改他人作品的内容;未经授权,利用被自己审阅的手稿或资助申请中的信息,将他人未公开的作品或研究计划发表或透露给他人或为己所用;把成就归功于对研究没有贡献的人,将对研究工作作出实质性贡献的人排除在作者名单之外;③成果发表时一稿多投;④采用不正当手段干扰和妨碍他人研究活动,包括故意毁坏或扣压他人研究活动中必需的仪器设备、文献资料,以及其他与科研有关的财物;故意拖延对他人项目或成果的审查、评价时间,或提出无法证明的论断;对竞争项目或结果的审查设置障碍;⑤参与或与他人合谋隐匿学术劣迹,包括参与他人的学术造假,与他人合谋隐藏其不端行为,监察失职,以及对投诉人打击报复;⑥参加与自己专业无关的评审及审稿工作;在各类项目评审、机构评估、出版物或研究报告审阅、奖项评定时,出于直接、间接或潜在的利益冲突而作出违背客观、准确、公正的评价;绕过评审组织机构与评议对象直接接触,收取评审对象的馈赠;⑦以学术团体、专家的名义参与等。

《中国科学院关于加强科研行为规范建设的意见》认为,科学不端行为是"研究和学术领域内的各种编造、作假、剽窃和其他违背科学共同体公认道德的行为;滥用和骗取科研资源等科研活动过程中违背社会道德的行为"。主要包括：①在研究和学术领域内有意作出虚假的陈述；②损害他人著作权；③违反职业道德利用他人重要的学术认识、假设、学说或者研究计划；④研究成果发表或出版中的科学不端行为；⑤故意干扰或妨碍他人的研究活动；⑥在科研活动过程中违背社会道德等。

综上所述，从学术规范的视角，可以将学术不端定义为：学术行为主体违反学术规范，破坏正当的学术活动秩序，损害组织或他人知识产权等合法权益的行为。此外，还有一些违反学术规范的行为，其危害尚未达到学术不端行为的严重程度，被称为"学术失范行为""学术研究中欠完善的行为""非故意性错误""疏漏性错误"等。这些行为的发生更为多见，马虎草率是造成这些行为的主要原因之一。

二、学术不端的表现

学术不端行为的表现尽管多种多样，根据上述内涵分析归纳起来，其典型的主要有六类：捏造篡改、剽窃抄袭、违反科研伦理、一稿多投、重复发表、不当署名。就单个学术不端事件而言，其表现形式既可能是单一的，也可能是多重的。

（1）捏造篡改。捏造是指凭主观臆测假造事实的行为。通俗地讲，就是"无中生有"。如在学术活动中，故意作出错误的陈述，编造、杜撰数据或结果，破坏原始数据的完整性；在项目申请、成果申报、求职和提职申请、学位申请中作出虚假的陈述，虚报发表文章数或引文数；提供虚假获奖证书、学历证书、论文发表证明、文献引用证明等信息；伪造指导教师、专家等审核者的签名；伪造或者变造专利证书、专利文件或者专利申请文件等。篡改是指用作伪手段改动或曲解观点、数据等行为。如在学术活动中，故意改动经典理论及其他文字记录和结果，对研究内容断章取义，使其符合自己意愿的行为；故意取舍研究实验数据（含电子数据），改动原始图片、图像等学术信息，使之带有误导性和欺骗性。

（2）剽窃抄袭。剽窃抄袭，是指窃取别人作品的行为。汉语中剽窃亦称"剿袭""剿说""抄袭"等，"剽窃"与"抄袭"两词多并用。如在学术活动中，行为人或花钱雇"枪手"剽窃抄袭他人学术成果、科研项目申请书、学位论文等。学位论文中常见的剽窃抄袭情形有：一是引用未公开发表的学术成果（包括涉密的学术成果）不作注释说明。二是引用别人的作品或未公开发表的学术成果，虽作出标注或注释，但将其引用部分变为自己作品的主要内容或实质内容。三是直接或间接引文不作标注，使人产生错觉，误以为是抄袭者自己的。常见的情形有故意漏引或者故意错引、虚假引用等学术不端行为。故意漏引，是指正文中已引用的文献，在"参考文献"中故意不作标注。故意错引，是指在"参考文献"中人为造成错误，如把正文未引用的文献或者引用关联不紧密的文献列入"参考文献"，却将引用实质内容的文献排除在外。虚假引用，亦称伪引，是指在"参考文献"中标注与其正文内容无关联的文献。剽窃抄袭是典型的侵犯著作权的行为。

（3）违反科研伦理。违反科研伦理，是指在学术活动中，个人或组织违反伦理观念和行为准则，侵犯他人或合作者权益的行为。如在医学研究实（试）验中，违反知情同意与知情选择原则，侵犯受试者人格、隐私权等权益的行为；在进行动物实验中，违反动物实验伦理、虐待实验动物的行为。

（4）一稿多投。一稿多投，是指著作权人违反法定或约定的再次投送期限，将同一作品、用同一种语言向两个以上的报社、期刊社投稿的行为。

（5）重复发表。重复发表，是指著作权人将本质上相同的作品改头换面或将其内容分解为多篇稿件再次在报社、期刊社登载的行为。

（6）不当署名。不当署名，是指学术成果署名与其学术贡献不符的行为。如将未做出实质性贡献的人在学术成果上署名；将上级领导、提供学术研究资金者等没有参与学术研究和著述的人，在作品上署名或担任主编；作品署名按职级高低、人际关系排序，甚至将对研究工作做出实质性贡献的人排除在作者名单之外；为拔高学术成果的影响力或增强刊用率，擅自将其他专家学者署名在自己的学术成果上。

此外，学术不端行为还存在着其他表现形式。如虚报冒领科研经费、装备；故意损坏、强占或扣压他人研究活动中必需的仪器设备、文献资料、数据、软件或其他与科研有关的财物；故意拖延对他人项目或成果的审查、评价时间或提出无法证明的判断，对竞争项目或结果的审查设置障碍；骗取科研奖励和荣誉等。需要注意的是，随着科技发展，学术不端行为还会出现一些新的表现形式，尤其在新兴学科领域的科技研发、电子网络环境下的国际学术交流活动中易出现新的学术不端行为。对此，应防患于未然，制定相应的学术规范，以保证学术活动的有序健康发展。

三、学术不端的原因

引发学术不端的原因错综复杂，是多维度、多方面的。既有主观原因也有客观原因，既有个人原因也有体制机制等方面的原因。归纳起来，其成因主要涉及四方面。

（1）价值观扭曲是发生学术不端的根本原因。从社会学视角考察，人在社会活动中其行为具有目的性，因此，行为方式的选择，明显受到有意识的思想的支配。然而，驱动人的行为方式选择的"杠杆"是各式各样的，有精神因素也有物质因素，有内在因素也有外界因素。内在因素包括目的、动机、观念、意识、价值观等多种因素的影响，而欲望是引发人的行为的动机和根源。随着经济体制的深刻变革，社会结构的深刻变动，利益格局的深刻调整，思想观念的深刻变化，人们思想活动的独立性、选择性、多变性、差异性明显增强，思想观念、道德意识、价值取向和行为方式呈现多样化趋向。面对各种诱惑和巨大冲击，人在行为方式选择上，如果不能正确处理个人利益与社会责任、道德规范之间的关系，就会背离学术研究的宗旨，抛弃社会责任和道义责任。在贪婪欲望的驱使下，为了牟取个人名利和竞争优势，采取不正当手段（非法的或不道德的手段）甚至不惜丧失人格争名夺利，从而导致学术不端的发生。梁启超曾对清代所谓"新学家"失败的根源做过深刻的分析，指出这是由于学者的道德"缺焉"，学术"动机已不纯洁"，"不以学问为目的而以为手段"，并以此作为获得名誉地位的"敲门砖"。缺失"道德的血液"是产生学术不端的根本原因。

（2）学术规范系统教育不到位是引发学术不端的重要原因。当前，高等院校在大学生学术规范系统教育方面，还存在着一些薄弱环节。其一，缺乏学术道德的系统教育，恪守学术道德和知识产权保护意识不强。中国科协组织对"应届毕业的博士研究生对学术不端行为认知度"的调查，其结果显示在高等教育中学术道德的系统教育亟待加强。有半数以上被调查者，听说过自己周围的老师或同学有过学术不端行为；身边的学术不端行为越是普遍，被调查者越容易表现出对此行为的宽容态度，有近四成博士研究生认为"值得同情"，两成多博士研究生表示"可以原谅"；一些研究生恪守学术道德、保护知识产权、遵守学术规范的意识薄弱，对身边发生学术不端行为不以为然，甚至存有侥幸心理。其二，缺乏正确学术行为的系统指导,对学术规范的认知有限。由于缺乏学术行为实践的系统指导,使一些学者和大学生对学术规范的认知零散、一知半解,甚至存在认知"盲点"。中国科协"第二次科技工作者状况调查结果"报告指出:38.6%的科技工作者表示对科研道德和学术规范"了解很少"或者"不了解",49.6%的科技工作者表示没有系统地学习过科研道德和学术规范知识;被调查者获取学术规范认知的路径,主要是通过导师的言传身教和自己学习材料,仅有21%的博士生通过课程教学获取相关知识。另有调查表明,近四成研究生对学术规范知之甚少,在研究生课程论文学术规范指导上,受到任课教师系统指导的占33.6%,有时候指导的占45.9%,从来没有指导的占20.5%。这意味着有六成多的研究生,由于缺少学术规范的系统教育和行为指导,导致发生学术不端问题的可能性增加。

(3)行为风险成本低、利益收益大是发生学术不端的直接诱因。行为风险成本是行为人对自身行为风险所付出的费用或代价。从经济学角度分析,驱使某种行为发生的原动力,取决于这种行为发生的风险成本与利益收益的价值比。当"利益收益"大大高于"风险成本"时,就会促使这一行为的发生,反之,就会停止。衡量学术不端行为的利益收益与风险成本,一般通过两者之间的差距得出,差距越大则意味着面临的行为风险也越大。由于学术不端行为采用不正当的学术竞争手段,谋取不应有的荣誉、地位、职务和利益等,它所获取实际利益收益大大高于风险成本。加之,在我国的法律法规中,虽有针对学术不端行为调查、处理的相关条款,但从查处的实际情况看,仍普遍存在着对学术不端行为取证甄别难、诉讼时间长、赔偿金额低、人力物力投入大等问题,致使维权成本和代价相对较高。这是引发学术不端行为的直接诱因。

(4)学术评价机制不完善是发生学术不端的关联因素。随着社会的进步和科技的发展,中国学术评价机制不断调整与完善,但还不同程度地存在着一些矛盾和问题。《关于进一步改进高等学校哲学社会科学研究评价的意见》指出,高等学校哲学社会科学研究评价工作存在一些亟待解决的问题,主要表现为:注重理论创新和实际应用价值的质量评价导向有待进一步强化;符合哲学社会科学特点和发展规律的分类评价标准有待进一步完善;科学合理、诚信公正的评价制度有待进一步健全;重数量轻质量、重形式轻内容的评价方法亟待根本扭转;重人情、拉关系、本位主义、门户之见等不良现象亟待有效遏制。由于把学术成果评价与科技人员专业技术职务晋升、科研经费分配、论文发表数量直接挂钩,在学术成果评价标准确立上,有过于依赖发表论文数量以及被列入文献索引数量的倾向,引发一些人片面追求论文数量,导致学术造假。

第三节　研究方法选择的趋势

一、注意使用新的研究方法

研究方法的趋势是随着科学技术的进步和学科交叉融合的加深而不断演变的。学术创新往往会伴随产生许多新的研究方法,而新的研究方法同时也会推动学术更大的发展。民国时期的许多学者,如梁启超、严复、胡适、王国维、冯友兰等大师都十分重视方法的作用。他们在自己的研究领域大量使用西方自然科学的研究方法,取得了很多有别于通过传统研究方法取得的成果。现代学者也继承了前人的研究传统,十分注重新方法的使用。如李宗桂用协同法、相似理论法研究董仲舒哲学思想,为人们研究哲学提供了一种新的思路。刘青峰等人用系统论的方法研究中国封建社会结构,认为中国封建社会是由政治上的宗法制度、小农经济和儒家思想为三个子系统之间相互作用的方式和作用机制,形成了一个超稳定的结构系统。中国数学家吴文俊先生用"古证复原、古为今用"的方法创立了数学机械化理论的研究。产生于20世纪40年代的系统科学方法、信息方法和自组织方法是现代科学技术发展的结晶,它们的出现为人们更科学、更理性地解决问题提供了新的思路,并促进了许多新的理论和实践的产生。如遗传算法的基本思想来源于达尔文的进化论和孟德尔的遗传学说,它现在被大量应用于网络的学习、网络结构的设计和网络分析等研究领域,取得了很多新的成果。

将定性和定量研究方法结合起来的综合研究方法,能够充分利用定性研究的深度和定量研究的广度,从而得到全面且深入的研究结果。综合研究方法可以弥补定性和定量研究方法的局限性。定性研究方法注重对被研究对象的深度理解,但结果通常难以推广到整个群体;定量研究方法注重数据的量化和分析,但可能忽略了具体情境和个体的细节。通过结合两种方法,综合研究可以在保持研究深度的基础上提供更具广泛适用性的结果。综合研究方法可以提高研究的可信度和效度。通过多种研究方法的互相验证和交叉比对,可以减少单一研究方法可能存在的偏见和错误,从而提高研究结论的可信度和效度。综合研究方法还可以促进跨学科合作和研究创新。不同学科的研究方法和理论常常相互补充和交叉,通过综合研究方法,可以更好地整合跨学科知识,促进学科间的交流和合作,从而推动研究的创新和发展。综合研究方法的优势在于结合了定性和定量研究方法的优点,弥补了它们的局限性,提高了研究的可信度和效度,促进了跨学科合作和研究创新。在当代管理研究中,综合研究方法具有重要意义,并值得研究者们进一步探索和应用。

随着科技的飞速发展,新技术在当代管理研究中的应用越来越广泛。这些新技术包括人工智能、大数据分析、虚拟现实、区块链等,为研究者提供了更多的可能性和便利性。人工智能在管理研究中发挥了重要作用。人工智能可以帮助研究者进行大规模的数据分析和模式识别,快速找出数据中的规律和趋势。通过机器学习和深度学习算法,研究者可以更准确地预测社会现象的发展趋势,提高研究的准确性和效率。虚拟现实和增强现实技术也为管理研究提供了全新的研究方式。通过虚拟现实技术,研究者可以建立虚拟的社会场景,模拟社会生活中的各种情境和实验,从而更好地研究人类行为和社会关系。新技术的应用极大地丰富了管理研究的手段和工具,为研究者提供了更多的创新可能性和应用场景。在未来的研究中,新技术仍将继续发挥重要作用,推动管理研究不断向前发展。

大数据时代的到来,为社会科学研究提供了更全面、更准确的数据来源。传统的管理研究往往依赖于样本调查和统计分析,受限于采样量和目标群体的限制,其结论可能存在一定的偏差和不确定性。然而,大数据时代的到来使得研究者可以利用海量的数据源,提取信息并进行分析,从而得出更精准、更客观的结论。例如,在人口统计方面,传统研究往往只能通过调查一部分人口来了解整体情况,而大数据时代可以通过分析人口普查、社交平台等大数据,来全面了解人口结构、流动状况等信息。这种基于大数据的研究方法,大大提高了研究结论的准确性和普适性。大数据分析也成了管理研究中不可或缺的工具。大数据的应用使得研究者可以更全面地了解社会现象的背后规律,通过海量的数据挖掘和分析,可以揭示出隐藏在数据中的有价值信息,帮助研究者作出更准确的结论和预测。

大数据时代下社会科学研究方法的创新与发展也面临一些挑战。首先,大数据的采集与处理需要强大的计算和存储能力,这对研究机构和研究者提出了更高的要求。其次,大数据的分析和挖掘过程存在隐私和伦理的问题。在利用大数据进行研究时,需要处理大量的个人信息,如何保护被研究对象的隐私成为一个重要的考量因素。同时,大数据的分析过程也需要遵循科学伦理,确保研究的合法性和可靠性。此外,如何将大数据与传统社会科学研究方法相结合也是一个挑战。传统的社会科学研究方法经过长期的发展和验证,其研究框架和方法体系相对成熟,而大数据方法还处于发展初期,其研究范式和标准尚不完善。因此,如何将大数据与传统方法相结合,充分发挥各自的优势,是一个需要深入研究和探索的问题。

二、注意使用多种研究方法

现代科学的发展呈现出一个相互融合、相互渗透、相互影响的趋势,其中一个突出的表现就是研究方法的相互借鉴。另外不同的方法既有其优点,也有它的不足之处,只有使用多种研究方法,才能从多个角度来对问题进行全面的研究,才能得到科学的结论。如分析法是把客观对象的整体分解为一定部分、单元、环节、要素并加以认识的思维方法。它的优点是可以深入事物的内部,从各个不同的侧面,研究各个细节,为从整体上认识事物积累材料,以便把握事物的本质。但分析法也有一定的局限性,由于它割裂事物的联系而局限于要素或部分的研究,其结果往往使人们形成一种孤立、静止、片面看问题的习惯,缺乏对事物整体的认识。正如黑格尔所说:"用分析方法来研究对象就好像剥葱一样,将葱一层层地剥掉,但原葱已不存在了。综合法是在分析的基础上把客观事物一定部分、单元、环节、要素的认识有机地联系起来,形成对客观事物统一整体认识的思维方法。它是从抽象的规定上升到思维的具体,从已知推广到未知的科学发现方法;但是它的不足是无法认识事物的各个细节。分析是综合的前提和基础,综合是分析的发展和提高,所以人们在使用时通常将两种方法共同来使用,取得比单独使用一种方法更好的效果。"水稻之父"袁隆平先生用信息联比法来启发自己,用辩证分析法来引导其科研工作,用灵感思维来推进他的科学研究,以试验法探索为突破,取得了令人注目的成就。

研究方法的未来将是多元化、智能化、跨学科以及伦理导向的综合体现。未来的研究将更加注重跨学科融合。不同学科之间的交叉合作将推动研究方法的创新和发展。研究人员将综合运用多种研究方法来全面、深入地了解研究对象。例如,管理学研究将可能会结合问卷调查、深度访谈、案例研究等多种方法来收集和分析数据,也可能结合计算机科学、人工智能等多个学科的知识和技术。

跨学科合作是当代管理研究中的一种重要创新方式,其主要目的是整合不同学科领域的知识与方法,从而更全面地理解复杂的社会问题。跨学科合作可以促使研究者拓宽思路,突破学科壁垒,从多个学科角度出发去分析问题。在研究社会问题时,结合社会学、心理学、经济学等多个学科的知识,可以帮助研究者更全面地理解问题的本质。跨学科合作可以促进创新的方法与技术的应用。不同学科领域的研究者在合作过程中,会带来各自学科的最新研究方法和技术,从而进一步提高研究的深度和广度。跨学科合作也可以促进学科间的交流与合作,促进学术界的交流与合作。通过跨学科合作,不同学科领域的研究者可以共同探讨问题,交流经验,从而加深对于其他学科领域的理解,拓展学术交流的范围。跨学科合作在当代管理研究中起着不可替代的作用,其创新性体现在多学科知识整合、方法技术创新以及学术交流合作等方面。未来,随着社会问题日益复杂化和跨学科研究需求的增加,跨学科合作将会成为管理研究的重要趋势。

随着互联网的普及和远程技术的发展,远程研究方法如远程实验、远程调查等逐渐兴起。远程研究方法可以突破地域限制,实现全球范围内的数据收集和分析。在线研究方法如在线问卷、社交媒体数据分析等已成为社会科学研究的重要手段。在线研究方法具有便捷、高效、低成本等优点,能够迅速收集大量数据并进行分析。

三、注意不同阶段使用不同的研究方法

科学研究通常是分阶段进行的,在不同的阶段应该选择不同的研究方法来完成相应的研究任务。选题阶段通过可以借观察法、文献调查法、历史研究法等来获取相关的数据进而保持所选课题的学术价值、社会价值和经济价值等。

管理问题研究在酝酿思想设计方案的准备阶段,往往需要非常规的直觉、想象或猜测,而付诸实施时,要运用常规的实验方法。但在常规的实验过程中,又可能发现偶然的新现象,此时,则需要运用非常规的方法进行捕捉和运用常规的方法进行深入的追踪研究。

调研文献阶段可以借助问卷调查法、文献调查法,从各种期刊、图书、档案等传统文献和现代的光盘、网络等新型资源当中,查找相关的学术信息和研究成果。在提出假说和构建理论阶段,可以借助公理化方法、从抽象到具体方法、历史与逻辑相统一法等,将自己的想法和观念通过符号化而成为显性信息。在推出研究成果阶段,可以借助数学方法或统计方法把相关的数据或理论以文字、图表甚至是影像的方式实现成果的表现。

基于经验证据的研究通常采用实证研究法,旨在通过收集和分析实际数据来探究事物的本质和规律,强调客观性、可验证性和科学性,避免主观臆断和偏见,以实际数据为依据探究事物的本质和规律。实证研究法要求研究结果可验证,可以通过重复实验或调查来验证结果的可靠性和有效性。

通过观察和实验来验证假设和理论通常使用实验性研究,通过控制实验条件来观察变量之间的关系,从而揭示事物之间的因果关系,是一种通过实验来探究因果关系的研究方法。实验研究法通过观察实验结果的变化来分析变量之间的因果关,要求实验设计科学、合理,实验结果可重复验证,以提高研究的可信度和有效性。

以实践经验为基础的研究也可以是行动研究法,旨在通过实践来探究和解决实际问题,强调实践者在研究中的主体性,通过在实践中不断反思和调整,达到对实践的深入理解和改进。行动研究法的目的是解决实际问题,因此研究与应用相结合,注重实际效果。

综上,管理问题研究的目的是解决某个具体问题、验证某个假设、探索某个现象等,首先要明确研究目的,才能有目标地选择合适的方法和步骤。

选择定量研究还是定性研究、选择哪种定量方法或者定性方法,要根据研究目的、研究性质、研究阶段来确定。例如,如果研究目的是了解全球变暖对农作物产量的影响,可以选择通过调查问卷收集农民的意见和统计数据的方法进行定量研究;如果研究目的是探索农民在适应全球变暖过程中采取的具体行动和策略,可以选择进行访谈和观察的定性研究方法。为了保证研究过程有条不紊进行的关键,需要按照一定的逻辑顺序来描述每个步骤的

内容和操作流程。具体的步骤可以根据研究方法的特点来确定。例如,如果采用实验方法进行研究,可以按照以下步骤进行描述:确定实验设计、制定实验方案、收集数据、进行数据分析等。

四、防治学术不端

管理问题研究的结果应该建立在确凿的实验、试验、观察或调查数据的基础上,因此数据必须是真实可靠的,不能有丝毫的虚假。研究人员应该忠实地记录和保存原始数据,不能捏造和篡改。如果研究人员没有做过某个实验、试验、观察或调查,却谎称做过,无中生有地编造数据,这就构成了最严重的学术不端行为。如果确实做过某个实验、试验、观察或调查,也获得了一些数据,但是对数据进行了窜改或故意误报,这虽然不像捏造数据那么严重,但是同样是一种不可接受的不端行为。常见的窜改数据行为包括:去掉不利的数据,只保留有利的数据;添加有利的数据;夸大实验重复次数(例如只做过一次实验,却声称是 3 次重复实验的结果);夸大实验动物或试验患者的数量;对图片记录进行修饰。实事求是人们已习惯用图像软件对图像数据进行处理绘制论文插图,因此又出现了窜改数据的新形式。

防治学术不端是一项紧迫、艰巨而长期的任务。建立健全防治学术不端体系,既要注重教育引导、提高防范能力,又要加强监督、严厉查处学术不端,以增加其行为的成本和风险。《学位论文作假行为处理办法》是教育部颁布的首部处理学术不端行为的部门规章。首次明确界定了学位论文作假行为,规定了对各有关主体作假行为的处理措施。一是对学位申请人员出现学位论文作假行为的处理。未获得学位的,取消其学位申请资格;已获得学位的,撤销其学位,并注销学位证书。同时,从处理决定之日起 3 年内,各学位授予单位不得再接受其学位申请。学位申请人员为在读学生,可以开除其学籍;为在职人员,学位授予单位除给予其纪律处分外,还应当通报其所在单位。取消学位申请资格或者撤销学位的处理决定应当向社会公布。从作出处理决定之日起至少 3 年内,各学位授予单位不得再接受其学位申请。二是对指导教师、学生培养部门(相关院系)、学位授予单位及相关责任人未尽到相应职责的处理。指导教师未履行学术道德和学术规范教育、论文指导和审查把关等职责,其指导的学位论文存在作假情形的,学位授予单位可以给予警告、记过处分;情节严重的,可以降低岗位等级直至给予开除处分或者解除聘任合同。学生培养部门,多次出现学位论文作假或者学位论文作假行为影响恶劣的,学位授予单位应当对该学院(系)等学生培养部门予以通报批评,并可以给予该学院(系)负责人相应的处分。学位授予单位,制度不健全、管理混乱,多次出现学位论文作假或者学位论文作假行为影响恶劣的,国务院学位委员会或者省、自治区、直辖市人民政府学位委员会可以暂停或者撤销其相应学科、专业授予学位的资格;国务院教育行政部门或者省、自治区、直辖市人民政府教育行政部门可以核减其招生计划;并由有关主管部门按照国家有关规定对负有直接管理责任的学位授予单位负责人进行问责。三是对帮助作假者人员的处理。为他人代写学位论文、出售学位论文或者组织学位论文买卖、代写的人员,属于在读学生的,可以给予开除学籍处分;属于学位授予单位的教师或其他工作人员的,可以开除或解除聘任合同。

为加强监督和查处在网络发表科技论文中的学术不端行为,保护论文作者知识产权,《中国科技论文在线学术监督管理办法》对版权、署名、引文和相关责任等进行了详细规范:网络发表科技论文的个人和单位若存在侵犯他人著作权、名誉权或专利权等情况,须依照有关法律法规,要求当事人依法承担相应的法律责任,停止侵害、消除影响、赔偿损失。若发现在中国科技论文在线网站发表的论文存在学术不端问题,本网站将在学术监督栏目发表声明,公开点名谴责,并撤销其已发表的论文,相关发表证明失效,同时将作者列入有学术不端行为者名单,通知其所在单位,建议根据相关法律法规对其进行相应处理。科技论文存在学术不端问题,所有署名者都须承担相应责任。科研单位有义务定期核查本机构人员学术行为,若有学术不端行为发生,相应科研单位须负主要查处责任。中国科技论文在线网站若发现上网用户学术不端行为,署名者所在科研单位有责任配合采取适当的处理措施,防止和杜绝再次发生学术不端行为。此外,地方性法规、学会章程等也对查处学术不端行为作出规定。

中国科协所属全国学会科技期刊呼吁,科技工作者和科技期刊从业人员要充分尊重作者权益,明确署名责任权利,加强同行评议建设,建立明确的审稿、撤稿及发布制度,维护学术记录的真实性和准确性。该声明就如何查处学术不端提出明确要求:对存在署名有争议,引用他人著述未注明出处,以及抄袭、剽窃、弄虚作假等学术不端行为的文章,坚决拒绝刊登。一经发现,由该刊或联合中国科协所属相关科技期刊,视情节轻重给予书面警告、拒绝刊登有其署名的稿件、通知其所在单位等处理;轻者给予3～5年不允许刊发其论文的处罚;情节严重者,将以适当方式予以公布,该作者的论文终生不得刊用,同时通报国家基金资助部门,并转请有关部门进行处理;如发现审稿人利用审稿谋取私利乃至剽窃所审稿件内容时,将根据情节轻重分别予以警告、终身禁止其审稿乃至公开披露等处分等。

综上所述,防治学术不端是全社会共同的责任。我国坚持"标本兼治、综合治理、惩防并举、注重预防"的方针,构筑起教育引导、制度规范、监督约束、查处警示为一体的防治屏障。但是也要看到,遏制学术不端形势依然严峻,综合治理任务依然艰巨。

参考文献

[1]郑毓信.数学文化学[M].成都:四川教育出版社,2001.

[2]王宪昌,刘鹏飞,耿鑫彪.数学文化概论[M].北京:科学出版社,2010.

[3]刘大椿.比较方法论[M].北京:中国文化书院,1987.

[4]邱吉宝.加权赋值法的理论与应用[M].北京:宇航出版社,1991.

[5]张素兰.加权概念格理论与应用[M].北京:科学出版社,2014.

[6]陈晓鹏.原型法、比例法对比裁剪[M].上海:上海科学技术出版社,2000.

[7]刘权.比例原则[M].北京:清华大学出版社,2022.

[8]许玉镇.比例原则的法理研究[M].北京:中国社会科学出版社,2009.

[9]王莲芬,许树柏.层次分析法引论[M].北京:中国人民大学出版社,1990.

[10]张炳江.层次分析法及其应用案例[M].北京:电子工业出版社,2014.

[11]胡永宏.对 TOPSIS 法用于综合评价的改进[J].数学的实践与认识,2002,32(4):572-575.

[12]余雁,梁樑.多指标决策 TOPSIS 方法的进一步探讨[J].系统工程,2003,21(2):98-101.

[13]陈雷,王延章.基于熵权系数与 TOPSIS 集成评价决策方法的研究[J].控制与决策,2003,18(4):4.

[14]田凤调.秩和比法的应用[M].北京:人民卫生出版社,2002.

[15]王荷,宋培歌,安琳.运用 TOPSIS 法和秩和比法综合评价我国孕产妇保健情况[J].中国卫生统计,2015,32(2):240-242.

[16]孙振球,王乐三.综合评价方法及其医学应用[M].北京:人民卫生出版社,2014.

[17]罗党,刘思峰.灰色关联决策方法研究[J].中国管理科学,2005,13(1):101-106.

[18]罗庆成,徐国新.灰色关联分析与应用[M].南京:江苏科学技术出版社,1989.

[19]周秀文.灰色关联度的研究与应用[D].长春:吉林大学,2007.

[20]张杰,唐宏,苏凯.效能评估方法研究[M].北京:国防工业出版社,2009.

[21]郭文理.偏离份额分析法在分离经济增长因素中的应用[J].预测,2001,20(2):78-80.

[22]谢巧燕.城市群经济与金融系统耦合协调发展机理(基于耦合协调四维研究框架)[M].北京:中国经济出版社,2020.

[23]姚建建,门金来.中国区域经济-科技创新-科技人才耦合协调发展及时空演化研究[J].干旱区资源与环境,2020,34(5):28-36.

[24]张文彤.SPSS11.0统计分析教程:高级篇[M].北京:北京希望电子出版社,2002.

[25]吴明隆.问卷统计分析实务:SPSS 操作与应用[M].重庆:重庆大学出版社,2010.

［26］郭志刚.社会统计方法:SPSS 软件应用［M］.北京:中国人民大学出版社,1999.

［27］叶芳,王燕.双重差分模型介绍及其应用［J］.中国卫生统计,2013,30(1):131-134.

［28］李明宰.匹配、断点回归、双重差分及其他［M］.朱保华,译.上海:格致出版社,2021.

［29］刘婷,徐鹤.双重差分模型在政策环境评价中的应用研究——以农业支持保护补贴政策为例［J］.环境工程技术学报,2022,12(6):1838-1844.

［30］刘冲,沙学康,张妍.交错双重差分:处理效应异质性与估计方法选择［J］.数量经济技术经济研究,2022,39(9):177-204.

［31］董焱,王晓红,牟静.问卷调查数据分析实务［M］.北京:首都经济贸易大学出版社,2019.

［32］罗胜强,姜嬿.管理学问卷调查研究方法［M］.重庆:重庆大学出版社,2014.

［33］朱红兵.问卷调查及统计分析方法［M］.北京:电子工业出版社,2019.

［34］吴明隆.结构方程模型:AMOS 的操作与应用［M］.重庆:重庆大学出版社,2010.

［35］黄芳铭.结构方程模式［M］.北京:中国税务出版社,2005.

［36］黄芳铭.结构方程模式:理论与应用［M］.北京:中国税务出版社,2005.

［37］王济川,王小倩,姜宝法.结构方程模型:方法与应用［M］.北京:高等教育出版社,2011.

［38］侯杰泰,温忠麟,成子娟.结构方程模型及其应用(附光盘)［M］.北京:教育科学出版社,2006.

［39］吴文江.数据包络分析及其应用［M］.北京:中国统计出版社,2002.

［40］马占新.数据包络分析模型与方法［M］.北京:科学出版社,2010.

［41］段永瑞.数据包络分析:理论和应用［M］.上海:上海科学普及出版社,2006.

［42］刘军.社会网络分析导论［M］.北京:社会科学文献出版社,2004.

［43］林聚任.社会网络分析:理论、方法与应用［M］.北京:北京师范大学出版社,2009.

［44］刘寿光.社会网络分析导论［M］.北京:社会科学文献出版社,2004.

［45］李蔚,何海兵.定性比较分析方法的研究逻辑及其应用［J］.上海行政学院学报,2015,16(5):92-100.

［46］阿克塞尔·马克斯,贝努瓦·里候科斯,查尔斯 C·拉金,等.社会科学研究中的定性比较分析法——近 25 年的发展及应用评估［J］.国外社会科学,2015(6):105-112.

［47］杜运周,贾良定.组态视角与定性比较分析(QCA):管理学研究的一条新道路［J］.管理世界,2017(6):155-167.

［48］查尔斯 C.拉金.QCA 设计原理与应用［M］.杜运周,译.北京:机械工业出版社,2017.

［49］查尔斯 C.拉金.重新设计社会科学研究［M］.杜运周,译.北京:机械工业出版社,2019.

［50］李杰,陈超美.CiteSpace:科技文本挖掘及可视化［M］.北京:首都经济贸易大学出版社,2016.

［51］陈悦.引文空间分析原理与应用:CiteSpace 实用指南［M］.北京:科学出版社,2014.

［52］罗润东,沈君.基于 CiteSpace 的社会科学文献计量研究［M］.北京:知识产权出版社,2021.

［53］王其藩.高级系统动力学［M］.北京:清华大学出版社,1995.

［54］常绍舜.系统科学方法概论［M］.北京:中国政法大学出版社,2004.

［55］钟永光,贾晓菁,钱颖.系统动力学［M］.北京:科学出版社,2023.

［56］祝琴.系统动力学建模与反馈环分析理论与应用研究［M］.北京:经济管理出版社,2022.

［57］马歆,王文彬.系统动力学建模与应用研究［M］.北京:水利水电出版社,2019.

后　记

在担任研究生课程《管理研究方法论》的过程中，发现刚入门的硕士研究生在进行学术研究时，往往缺乏科学的研究方法指导，特别是不知道如何选择合适的研究方法，也不知道如何有效地收集、整理和分析数据。定量研究强调研究工具的标准化，定量研究工具的质量直接影响到研究结果的准确性和可靠性，需要确保数据的可重复性和可比性。对于刚刚入门的研究者而言，针对如何处理数据、选择什么方法、遵循什么程序存在比较模糊的认知，导致研究工具设计不合理、测量指标不准确或数据处理方法不当，从而影响到研究结论的可靠性。尽管新的定量研究工具和技术不断涌现，但新兴的数据收集工具可能受到技术条件的限制，无法在所有环境中都有效运行。针对上述情况，也为了合理安排《管理研究方法论》54个学时的教学进度，我们组织了一场学术沙龙。大家一致认为，以量化方法为主线，按照研究方法的难易程度编写一本教材，侧重于方法的应用，配以相关软件的使用，使刚入门的研究人员能够充分熟悉常见的量化研究方法。既为了教学需要，也为了系统提升自己的研究能力，做到教学相长，我们按照自己专长，进行了分工，就有了今天见到的拙著。

本教材是到河南省研究生教育改革与质量提升工程项目《管理研究量化方法入门》（YJS2023JC30）与河南省教育科学规划项目《非正式组织对教师职业生涯的影响研究（2023YB0143）》的研究成果。在研究过程中，团队成员参考了大量的文献和资料。这些文献和资料为我们提供了丰富的研究素材和理论基础，他们的研究成果提供了很大的帮助，在此一并致谢。我们还得到了许多同行的帮助和合作。他们提供了许多有价值的意见和建议，使得研究更加全面和准确，这样的友好交流使得整个研究过程变得更加愉快和充实。

在编写过程中，第一主编孙兆刚对教材的篇章结构、内容安排和体例选择等进行了设计，并对全稿进行了审校。第二主编高霞负责全书段、篇、章逻辑的安排与审校，第三主编刘大宁负责全书字、词、句以及图表设计的审校，河南财经政法大学的刘蕴老师负责第一、二、三、四章的撰写，郑州财税金融职业学院的余留源老师负责第五、六、七、八章的撰写，刘大宁负责第九、十章的撰写，河南牧业经济学院的王贺老师负责第十一、十二、十三章的撰写，郑州工业应用技术学院的樊慈老师负责第十四、十五、十六章的撰写，河南农业大学高霞老师负责第十七、十八章的撰写，郑州航空工业管理学院臧红波老师负责第十九、二十章的撰写。

感谢郑州大学出版社的编辑和排版人员，他们在出版过程中付出了大量的努力和精力，使得这本教材的质量得到了保障，他们的专业知识和耐心工作为本书的成功出版提供了坚实的保障。

编　者

2024 年 7 月 1 日